全国中等职业技术学校汽车类专业教材

汽车故障诊断与排除

人力资源社会保障部教材办公室组织编写

中国劳动社会保障出版社

简介

本书主要内容包括：汽车故障诊断概述、汽车发动机故障诊断与排除、汽车底盘故障诊断与排除、汽车电气设备故障诊断与排除。

本书由祖国海主编，杨瑞岩、闫宝奇、吕建强、戴红、珠娜、潘艳华参加编写。

图书在版编目(CIP)数据

汽车故障诊断与排除/人力资源社会保障部教材办公室组织编写. —北京：中国劳动社会保障出版社，2017

全国中等职业技术学校汽车类专业教材

ISBN 978-7-5167-3159-8

Ⅰ.①汽… Ⅱ.①人… Ⅲ.①汽车-故障诊断-中等专业学校-教材②汽车-故障修复-中等专业学校-教材 Ⅳ.①U472.4

中国版本图书馆 CIP 数据核字(2017)第 209326 号

中国劳动社会保障出版社出版发行

（北京市惠新东街1号 邮政编码：100029）

*

三河市华骏印务包装有限公司印刷装订 新华书店经销

787毫米×1092毫米 16开本 15印张 342千字

2017年9月第1版 2022年12月第9次印刷

定价：29.00元

营销中心电话：400-606-6496

出版社网址：http://www.class.com.cn

http://jg.class.com.cn

前　言

为了更好地适应中等职业技术学校汽车类专业教学要求，全面提升教学质量，人力资源社会保障部教材办公室组织有关学校的骨干教师和行业、企业专家，在充分调研企业生产和学校教学情况、广泛听取教材用户反馈意见的基础上，对全国中等职业技术学校汽车类专业教材进行了修订和补充开发。

本次教材修订和补充开发工作的重点主要体现在以下几个方面：

第一，完善教材体系，更好地满足教学需求。

结合职业院校汽车类专业设置和办学特点，调整并完善了教材体系，与专业通用基础教材相衔接，开发了汽车维修、汽车电器维修、汽车钣金与美容、汽车检测、汽车营销等专业方向教材，构建了“通用基础平台+不同专业方向平台”的教材体系。此外，还针对学校对电控技术、车载网络技术、新能源汽车等高新技术的教学需求，开发了相应的教材。

第二，反映技术发展，适应岗位职业能力需求变化。

随着汽车制造水平的不断提高，汽车维修的内容和工艺发生了相应变化；伴随着私家车保有量的不断增长，汽车营销、汽车美容等相关从业人员的职业能力要求也在发生相应变化。因此，本次修订工作注重在教材中增加新知识、新技术、新材料、新工艺等方面的内容，体现教材的先进性。同时，根据中级工从事相关岗位工作的实际需要，合理确定学习目标，对教材内容的深度、难度做了适当调整，同时注重综合职业能力的培养。

第三，融入先进教学理念，创新教材表现形式。

专业通用基础教材的编写以汽车及其零部件为载体，充分体现专业特色；专业方向教材的编写根据学校教学实际，充分体现一体化教学思路，增加了实训内容在教材中的比重。为了增强教材的表现效果，提高学生的学习兴趣，教材中使用了大量高质量的实物图片，部分教材采用双色或彩色印刷。

第四，开发辅助产品，提供教学服务。

为了方便教学，配套开发了习题册、教学参考书和电子课件。电子课件可通过职业教育教学资源和数字学习中心（http://zyjy.class.com.cn）免费下载。

本次教材修订工作得到了河北、江苏、浙江、山东、山西、广东、广西、陕西等省、自治区人力资源社会保障厅及有关学校的大力支持，在此表示诚挚的谢意。

人力资源社会保障部教材办公室

2017年1月

目　录

第一章　汽车故障诊断概述

§1—1　汽车故障的一般表现症状

学习目标

1. 了解汽车故障症状的类型。
2. 熟悉汽车各故障症状的表现形式。

汽车的运用条件十分复杂，形成故障的因素也多种多样，要准确地判断汽车故障，必须先熟悉其表现出来的症状，才能根据这些症状来迅速排除。汽车故障症状大致可分为以下几类：

一、运行异常

运行异常是指汽车在起动和行驶中所存在的不正常工作情况，也就是平常讲的工况突变。例如，发动机突然熄火后再起动困难，甚至不能起动；发动机不易起动或起动后运转不稳定；在行驶中动力性突然降低，使汽车行驶无力；行驶中突然制动失灵或跑偏、方向盘和前轮晃动甚至失控等。

二、气味异常

气味异常是可用鼻子嗅出的不正常气味，如电路短路，烧着时的橡皮臭味；汽车行驶中，制动拖滞、离合器打滑等故障导致离合器摩擦片、制动蹄片烧蚀时的焦烟味；排气管排出的烟雾味、生油味，以及发动机过热、机油或制动液燃烧时，也会散发特殊气味等。

三、外观异常

将汽车停放在平坦场地上，检查其外形，如有横向或纵向歪斜等现象，则为外观异常。汽车外观异常的原因多为车架、车身、悬挂装置、轮胎等出现异常，这样会引起行驶方向不稳、行驶跑偏、重心偏移、轮胎摩擦不均匀等问题。

四、温度异常

温度异常是指水温表的指示超过正常值或用手指触摸能感觉温度过高。过热现象通常表现在发动机、变速器总成、驱动桥总成、制动鼓总成上。在正常情况下，无论汽车工作多长时间，这些总成均应保持在一定的温度范围内。除发动机外，若用手触摸这些总成时，感到烫痛难忍，即表明该处过热，说明此处有故障。

五、排烟颜色异常

在发动机工作过程中，正常的燃烧生成物主要是二氧化碳和少量的水蒸气。如果发动机燃烧不正常，则废气中会掺有未完全燃烧的碳粒、碳化氢、一氧化碳或者大量水蒸气。这时废气的颜色可能变黑、变蓝、变白，也就是说排烟颜色异常。

对于汽油机而言，正常的废气应无明显的烟雾。气缸上窜机油时，废气呈蓝色；燃烧不完全时，废气呈黑色；油中掺水时，废气呈白色

六、耗油异常

耗油异常一般指燃油、润滑油消耗异常。燃油、润滑油消耗异常也是一种故障症状，是发动机技术状况不良的一个重要标志。

七、异响

汽车在起动后或行驶时，由于机件的运转、振动会发出声响，这种声响可分为正常声响和异常声响。所谓正常声响，是指允许存在的轻微噪声，例如，发动机内部的活塞环与气缸壁的摩擦声、机油的激溅声、发动机运行时的声音以及其他一些汽车运行过程

中允许出现的声音。异常声响则是指不正常的金属敲击声，或其他不应有的声音，例如，敲缸响、销子响、轴承响、窜气声等。这些异常声音存在说明有故障，应立即排除。

八、渗漏

渗漏是指汽车的燃油、润滑油、冷却液、制动液以及动力转向系油液等的渗漏。此故障症状明显，可通过观察发现。

§1—2　汽车故障产生的主要原因

学习目标

了解汽车故障产生的主要原因。

汽车在使用过程中，由于各种各样的原因不可避免地会发生故障，使汽车的动力性、经济性、操纵稳定性、使用安全性等发生变化。汽车故障有的是突发性的，有的是逐渐形成的。当汽车发生故障时，能够用经验和科学知识准确、快速地诊断出故障原因，找出损坏的零部件和部位，并尽快排除故障，对汽车的使用和维修至关重要。

一、本身存在易损零件

汽车设计中不可能做到汽车上所有的零件都具有同等寿命，汽车本身有些零件为易损件，例如，空气滤清器芯、火花塞等使用寿命较短，均需定期更换，如没有及时更换或提前损坏，汽车就会发生故障。

二、零件本身质量差异

汽车和汽车零件是由不同厂家生产的，不可避免地存在质量差异。原厂配件使用过程中可能会出现问题，协作厂和不合格的配件装到汽车上更可能会出现问题，因此所有汽车厂家都在努力提高配件质量，消除零件本身的质量缺陷。

三、汽车消耗品质量差异

汽车上的消耗品主要有燃油和润滑油等，这些添加用品质量差会严重影响汽车的使用性能和使用寿命，使汽车较易发生故障。而这些用品的添加往往很难由用户来保证，稍不注意就会加入劣质汽油或劣质润滑油，对汽车的危害极大。

四、汽车使用环境影响

汽车受环境影响较大。高速公路路面宽阔平坦，汽车速度快，易出故障和事故；道路不平，汽车振动颠簸严重，易受损伤。山区汽车动力消耗大，城市由于道路拥堵，汽车起停频繁都使汽车使用工况发生很大变化，有时适应不了，就容易发生故障。

五、驾驶技术和驾驶方法的影响

驾驶技术对汽车使用寿命影响很大，使用方法不当影响更大。汽车使用管理不善，不能按规定进行走合和定期维护，野蛮起动和野蛮驾驶都会使汽车过早损坏和出现故障。

六、汽车故障诊断技术和维修技术的影响

汽车使用中要定期维修，出了故障要做出准确的诊断，才能确保修复。高新技术在现代汽车上应用较多，这就要求汽车维修人员具备专业的知识和技能，不会修不能乱修，不懂不能乱动，以免旧故障未除，新故障又出现。

汽车故障广泛地存在于汽车制造、使用、维护和修理工作的全过程，对于每个环节都应十分注意，特别是在使用中要注意及时发现汽车的故障，及时排除。

§1—3　汽车故障诊断的基本原则

学习目标

了解汽车故障诊断的基本原则。

一、先简后繁、先易后难

由于汽车的使用环境十分恶劣，经常在高温、振动、灰尘、潮湿、水淋等环境下工作，一些故障可能是由于很简单的原因造成的，例如，线束折断、插接器松动或锈蚀、真空管龟裂或脱落等，因此，能以简单方法检查的可能故障部位应优先予以检查。例如直观检查，用眼看（用眼睛观察线路或插接器是否有断裂、松脱，进气管路有无破损等），用耳听（用耳

朵或借助旋具、听诊器等听一听发动机有无异响，怠速和急加速是否粗暴，有无漏气声、喷油器有无规律的“咔嗒”声等)，用手摸（用手摸一摸相关电器总成、继电器、可疑的线路插接器连接是否有松动，摸一摸电子部件表面的温度有无异常以判断该处是否接触不良，摸一摸喷油器、电磁阀是否有规律地振动来判断其工作正常与否等)，通过采用简便的直观检查方法，将一些较为显露的故障迅速查找出来。

二、先思后行、先熟后生

在对汽车故障诊断和维修时，首先应针对故障现象进行故障分析，列出引起故障的可能原因，确定优先检查的方向和部位，做到有的放矢，避免对与故障无关的部位做无谓的检查，也防止有关的应检项目漏检而多走弯路，即为“先思后行”。

“先熟后生”指由于车辆设计制造以及使用环境等方面的因素，一些车型的某个部件或总成故障比较常见，这样根据平时积累下来的经验，对这些部件或总成优先给予检查；另一方面，有些故障形成的原因很复杂，涉及的应检项目和部位也很烦琐，因此，可以先挑一些自己熟悉的部件、部位或系统优先给予检查，往往也能达到事半功倍的效果。

三、先上后下、先外后里

当前汽车电子装置越来越多，使发动机舱布置紧凑，由于空间有限，有时为了检查一个部件要拆除周围一大堆零件，这样做既费工又费时，因此，掌握好先上后下、先外后里的原则也是十分有益的。能随手检查的项目先做，能在发动机舱做的检查不去底盘做，能在外部做的项目不去里面做。

四、先备后用、代码优先

先备后用是指在检修车辆时，应准备好维修车型的有关检修资料。除了从维修手册、专业维修资源库上收集整理这些检修资料外，另一个有效途径是对无故障车辆系统的有关参数进行测量并记录下来，作为日后检修同类型车辆的检测比较参数。

电子控制系统一般都有故障自诊断功能，当电子控制系统出现某种故障时，故障自诊断系统就会立刻监测到故障并通过警告灯向驾驶员报警，与此同时以代码的方式储存该故障信息。但是对于有些故障，故障自诊断系统只储存故障代码，但并不报警。因此，在检查前，应先按制造厂提供的方法，读取故障代码，并检查和排除代码所指的故障部位。故障代码所指的故障消除后如果故障现象还未消除，或者开始就无故障代码输出，则继续对可能的故障部位进行检查。

第二章　汽车发动机故障诊断与排除

§2—1　汽油机燃料系故障诊断与排除

学习目标

1. 掌握汽油机燃料系故障诊断的基本方法。
2. 了解电控燃油喷射系统的故障自诊断。
3. 能够用解码器调取故障码。
4. 熟悉汽油机燃料系的基本组成。
5. 了解汽油机燃料系常见故障现象、原因。
6. 能够对汽油机燃料系常见故障进行诊断与排除。

相关知识

一、汽油机燃料系故障诊断基本方法

1. 向车主调查

为了能快速、准确地查找出故障原因并排除故障，首先向车主了解发生故障前后的情况、近期检修情况，倾听车主对故障现象的描述，这样对诊断故障原因有很大帮助。

2. 外部检查

外部检查是排除一般性故障的重要程序，通过外部检查，可以避免走弯路。

外部检查的主要内容：

（1）ECU 插头是否连接良好
（2）传感器、执行器的插头连接是否良好
（3）线束的连接是否良好
（4）线束是否有断裂或氧化、腐蚀现象
（5）传感器和执行器是否有明显裂痕
（6）ECU、传感器是否受潮、进水
（7）检查真空软管是否破裂、老化或漏气
（8）检查空气滤清器是否过脏，必要时更换

3. 模拟故障征兆诊断

有些故障由于受到外界因素的影响而时有时无，没有明显的故障现象，诊断比较困难，一般需模拟故障征兆查明故障原因。常用方法有以下几种：

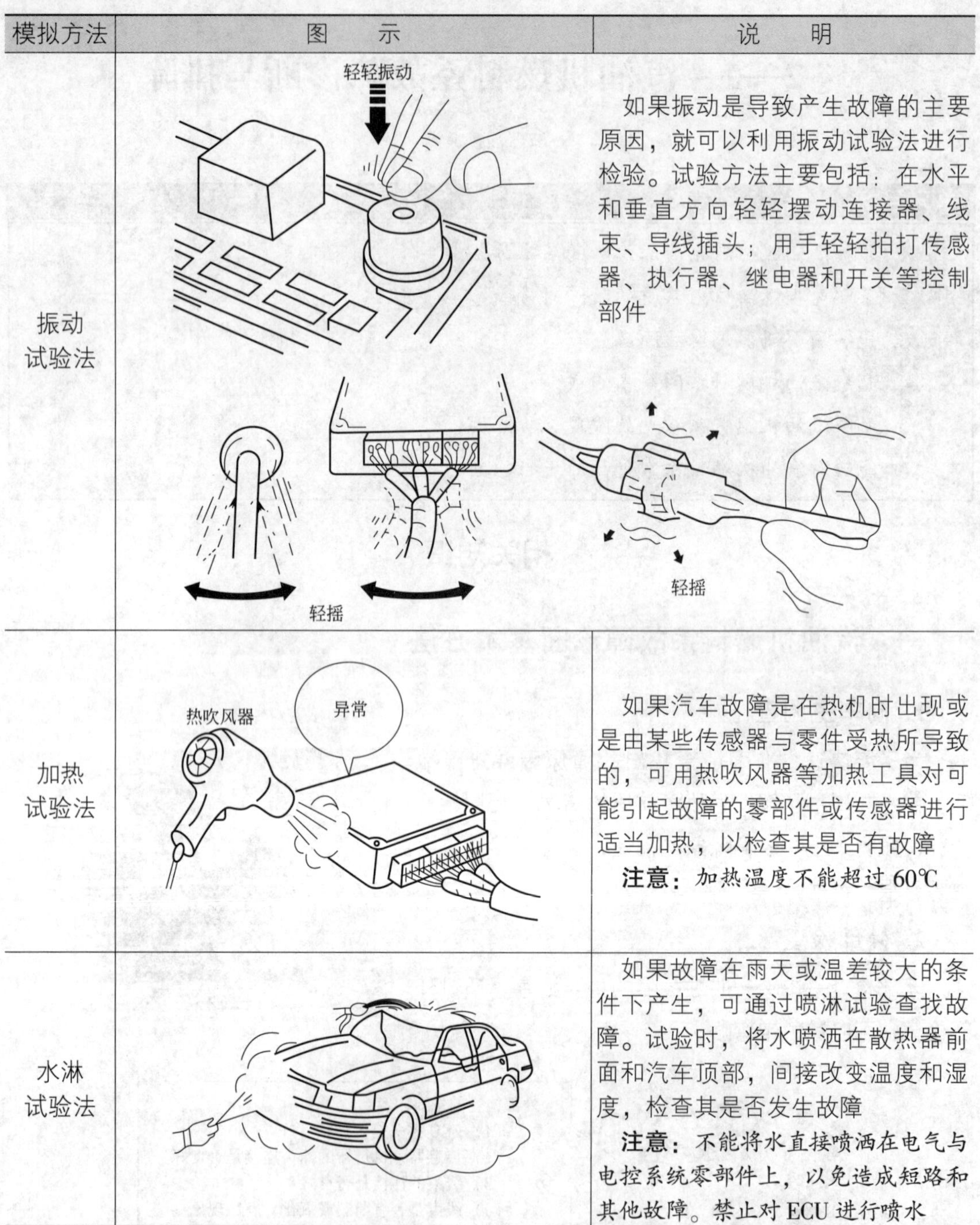

模拟方法	图　　示	说　　明
振动试验法		如果振动是导致产生故障的主要原因，就可以利用振动试验法进行检验。试验方法主要包括：在水平和垂直方向轻轻摆动连接器、线束、导线插头；用手轻轻拍打传感器、执行器、继电器和开关等控制部件
加热试验法		如果汽车故障是在热机时出现或是由某些传感器与零件受热所导致的，可用热吹风器等加热工具对可能引起故障的零部件或传感器进行适当加热，以检查其是否有故障 **注意：**加热温度不能超过 60℃
水淋试验法		如果故障在雨天或温差较大的条件下产生，可通过喷淋试验查找故障。试验时，将水喷洒在散热器前面和汽车顶部，间接改变温度和湿度，检查其是否发生故障 **注意：**不能将水直接喷洒在电气与电控系统零部件上，以免造成短路和其他故障。禁止对 ECU 进行喷水

4. 自诊断检查

现代汽车微机控制系统都具有自诊断功能，当电控系统出现故障时“CHECK ENGINE”

(发动机检查)灯点亮，同时 ECU 将故障码存入存储器，通过一定的程序可将故障码从 ECU 中调出，根据故障码所显示的内容，能迅速准确地确定故障部位和性质。当故障排除后，还应当清除存储器中所存储的故障码。

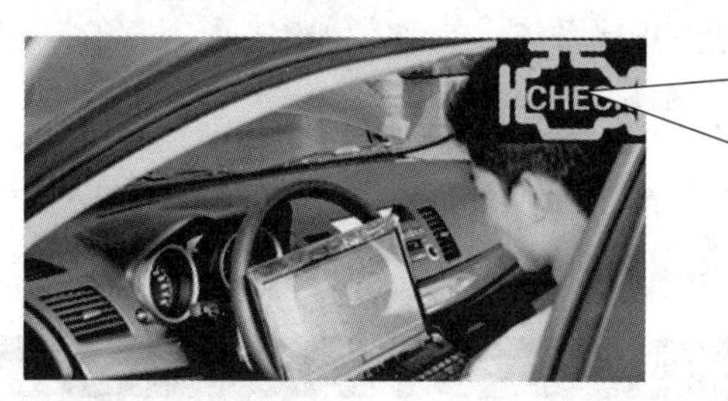

如果发动机故障灯亮起，应尽快到专业维修机构进行车辆检查，以免给车辆造成更大的损伤

5. 简单仪表诊断法

简单仪表诊断法是利用万用表和示波器为主的通用仪表，对汽车电控系统故障进行诊断的方法。因为电控系统中各部件均有一定的电阻值范围，工作时有输出电压信号范围和输出脉冲波形，所以可用万用表测量元件的电阻或输出电压，用示波器测试元件工作时的输出电压波形，用万用表测量导通性等来判断元器件或线路是否正常。

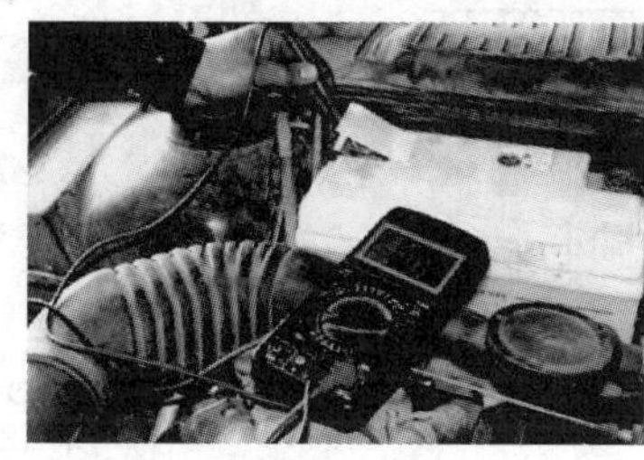

万用表诊断

示波器诊断

6. 专用仪器诊断法

汽车的电子化促进了汽车故障诊断手段的变革，随着汽车电子化程度不断提高，各种汽车专用诊断仪应运而生，如发动机电脑故障综合诊断仪、电脑解码仪等。这些专用诊断仪器大多数为带有微处理器的专业设备，对汽车的故障诊断十分有效。

解码器设备诊断

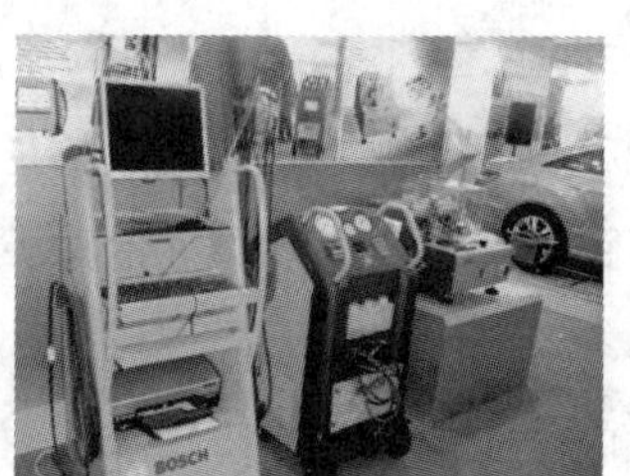

微机检测设备诊断

二、电控燃油喷射系统的故障自诊断

1. 随车电脑诊断系统 OBD 简介

20 世纪 80 年代开始，国外各汽车制造厂开始在其生产的车辆上配备控制与诊断系统。

这些系统在车辆发生故障时，可以警示驾驶员并且存储故障码，而维修人员可以经过特定的方式读取这些故障码，缩短维修时间。这种系统称为随车电脑诊断系统 OBD。

1985 年美国加利福尼亚州（简称“加州”）大气资源局（CARB）制定法规，要求各汽车制造厂在加州销售的车辆上必须装备 OBD 系统，也称为 OBD-Ⅰ。它的制定主要针对环保，控制汽车尾气排放，但标准不统一、规格不健全。

OBD-Ⅱ由美国汽车工程师学会（SAE）制定，它是一套标准规范，经美国环保局及美国加州大气资源局认证通过的汽车环保法规标准。

OBD-Ⅱ规定的特定内容

（1）诊断座为 16 端子形状，安装在驾驶员侧仪表板的下方。

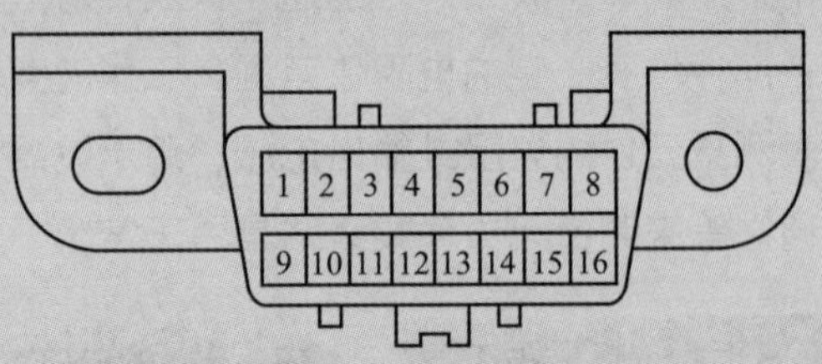

16 端子诊断座

（2）具有数值分析资料传输功能（Data Link Connector，简称 DLC）。它有两个标准：ISO 标准利用 7#、15#端子，SAE 标准利用 2#、10#端子。

（3）统一各车故障码及意义。

（4）具有行车记录器功能。

（5）具有重新显示记忆的故障功能。

（6）具有可由仪器直接消除故障码功能。

OBD-Ⅲ由美国汽车工程师学会制定，称为多用随车诊断系统。在 OBD-Ⅱ控制系统中，每一个电脑都是相对独立的。在维修过程中诊断仪器要分别进入发动机、变速箱、ABS、防盗电脑等中去读取故障码和相关数据。OBD-Ⅲ中所有电脑都通过 CAN-BUS 线路连接，电脑利用 CAN-BUS 线路同时监控其他电脑的故障码和数据，检查车辆的技术状况是否符合环保要求。

OBD-Ⅲ系统能对汽车重要的行车状况进行记录，相当于汽车控制部分的“黑匣子”。它的系统将所有电脑连接在一起进行规划，俗称汽车局域网。

2. 故障码常见的显示方式

汽车电子控制系统中的故障自诊断结果，大都以故障码的形式显示出来，由此可以很方便地查找故障源。不同汽车生产厂家生产的不同型号的汽车电子控制系统的故障码显示方式有所不同，但归纳起来，一般常见的故障码显示方法有以下几种：

显示方法	图　　示	说　　明
数字显示	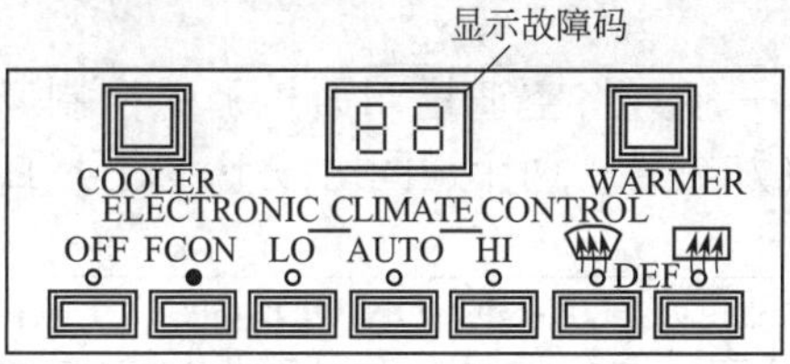 显示故障码	目前，在许多高级轿车上，已采用较先进的数字方式来显示故障码（一般是显示在数字式温度显示屏上）
脉冲电压显示	 表示故障码为“13”和“22”	大部分发动机微机控制自诊断系统均采用脉冲电压显示的方法，即由自诊断输出接头向外输送脉冲电压的信号，以仪表板上的故障指示灯（CHECK ENGINE）的闪烁显示故障码
发光二极管（LED）显示	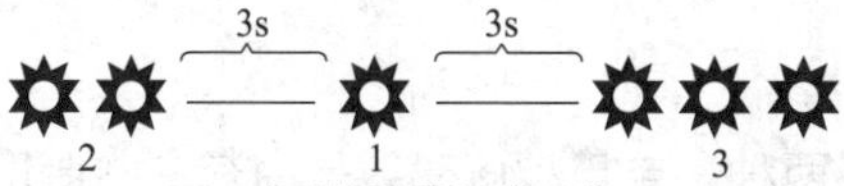 表示故障码为“213”	采用一个发光二极管显示故障码时，其显示方法与采用仪表板故障指示灯的显示方法相同
	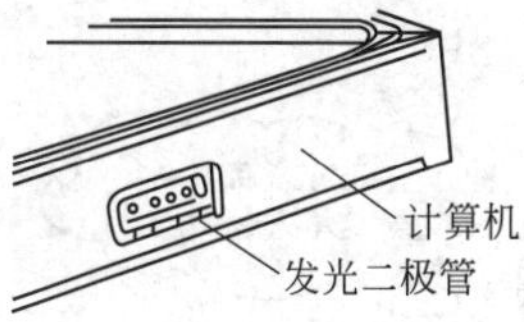 计算机 发光二极管	采用两个发光二极管显示故障码时，两个发光二极管选用不同的颜色，红色发光二极管的闪烁次数为故障码的十位数，绿色发光二极管的闪烁次数为故障码的个位数 采用四个发光二极管显示故障码时，利用了二进制的编码方式。发光二极管点亮时，四个发光二极管从左到右分别代表 8、4、2、1，不亮的发光二极管表示这一数值为“0”。故障码为这四个发光二极管所对应的数值相加
专用仪器显示	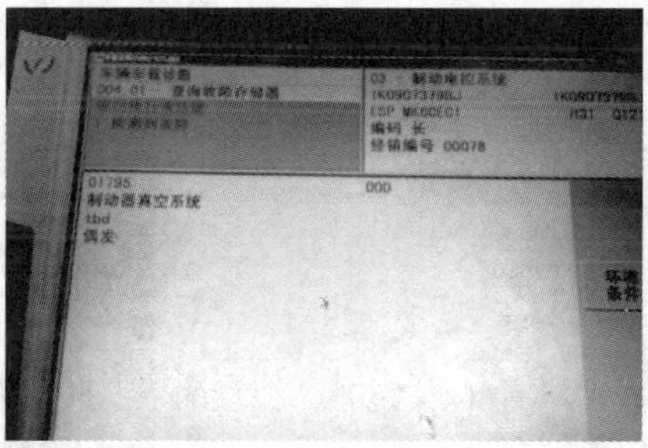	汽车上通常都配有专门的故障码阅读器接口。专用的故障码阅读器（电脑检测仪）与汽车输出插口连接后，便可直接在阅读器上显示或打印故障码。一些高级检测仪器内还存有汽车微机系统故障诊断卡，在进行微机故障自诊断操作时，仪器可直接显示故障的区域、检查的方法、检测的标准数据等。对于不同的车型，或同一车型不同年份的汽车电控系统，其诊断项目、标准数据均不同，但只要换用相应的故障诊断卡就可以很方便地使用

3. 故障码的读取方法

读取方法	说　　明
跨接导线读取法	有些电子控制系统在进入故障自诊断状态时，需要将“诊断输入接头”和“搭铁接头”用跨接导线进行短接，即可读取故障码
打开专用诊断开关法	在一些车上设置有“按钮式诊断开关”（如沃尔沃轿车）或在电子控制单元 ECU 上设置有“旋钮式诊断开关”（如日产轿车），当需要读取故障码时，按下或旋转这些专用诊断开关，即可读取故障码

续表

读取方法	说　　明
打开兼顾诊断开关功能的共用开关法	有些电子控制系统中，一般是将空调控制面板上的控制开关“OFF”（关机）和“WARMER”（加热器）两个键同时按下，即可进入故障自诊断系统读取故障码
利用点火开关的约定操作法读取	将点火开关在 5 s 内开关三次（ON-OFF-ON-OFF-ON-OFF 循环一次）即可。例如，美国克莱斯勒公司生产的多种车型以及北京切诺基采用此法
利用加速踏板的约定操作法读取	将点火开关打开，发动机不起动时，在 5 s 内踩加速踏板 5 次即可，如宝马轿车
利用解码器读取	所有轿车的故障码读取均可采用解码器进行，有些轿车只能用此法，如奥迪 100 型（V6）、桑塔纳 2000 型可用 V. A. G1551/1552 读取

4. 解码器的使用方法

解码器分为专用型解码器和通用型解码器两种。专用型解码器是由汽车制造厂家为检测本厂生产的汽车而专门制造的，不能检测其他公司生产的汽车，一般只配备在汽车 4S 店；通用型解码器是由专门生产检测仪器设备的公司制造的，可以检测不同生产厂家制造的多种车型。

解码器是汽车维修中非常重要的工具，一般具有如下几项或全部的功能：

(1) 读取故障码。

(2) 清除故障码。

(3) 读取发动机动态数据流。

(4) 示波功能。

(5) 元件动作测试。

(6) 匹配、设定和编码等功能。

(7) 英汉辞典、计算器及其他辅助功能。

解码器

解码器大都随机带有使用手册，按照说明极易操作。一般来说有以下几步：

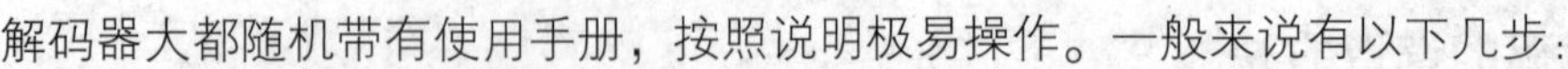

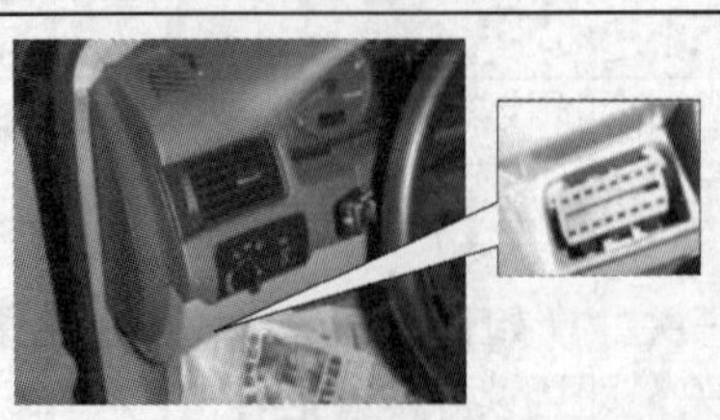	1. 在车上找到诊断座，并选用相应的诊断接口

续表

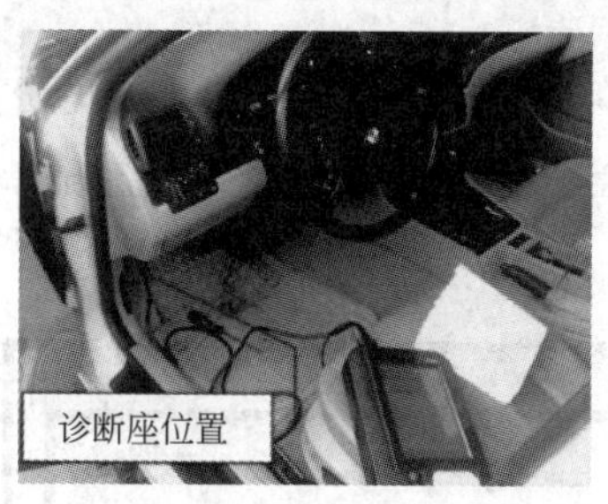	2. 连接设备
	3. 打开点火开关到 ON 挡，再打开诊断仪，在页面中选择“汽车诊断”，然后选择相对应的车型、发动机型号
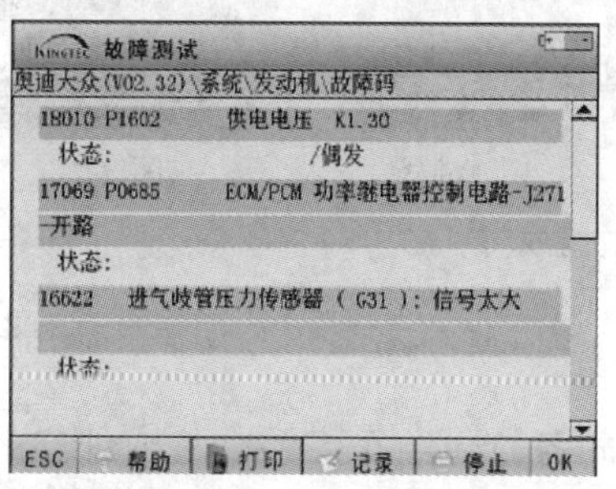	4. 读取故障码
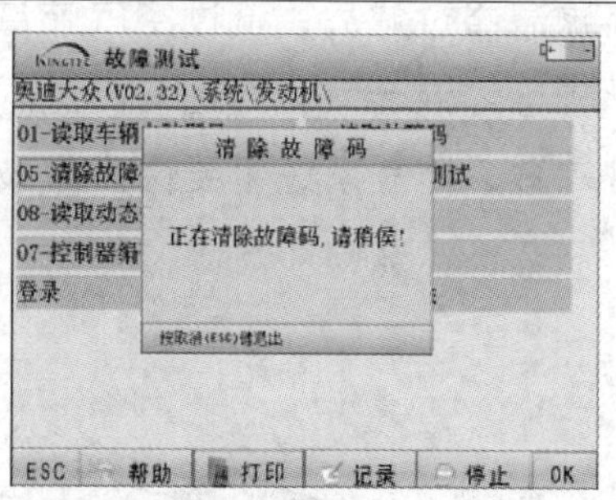	5. 清除故障码
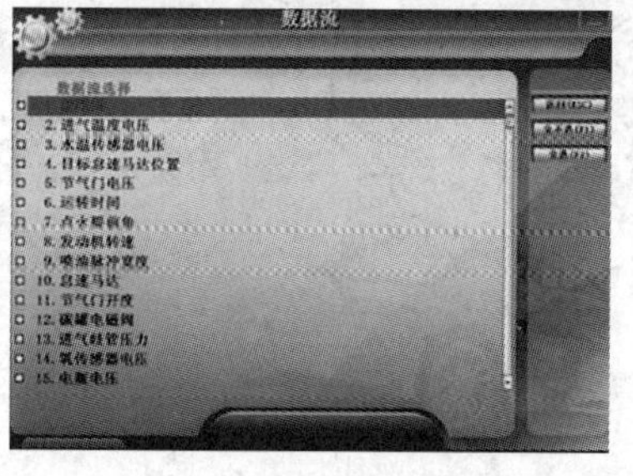	6. 若检查不出时，可选择读取数据流，查看数据的变化再对照维修手册

三、汽油机燃料系的组成

汽油机燃料系由进排气系统、燃油供给系统、电子控制系统组成。在发动机运转过程中，任何一个装置的任何一个或多个零部件出现故障，都会影响汽车运行工况。

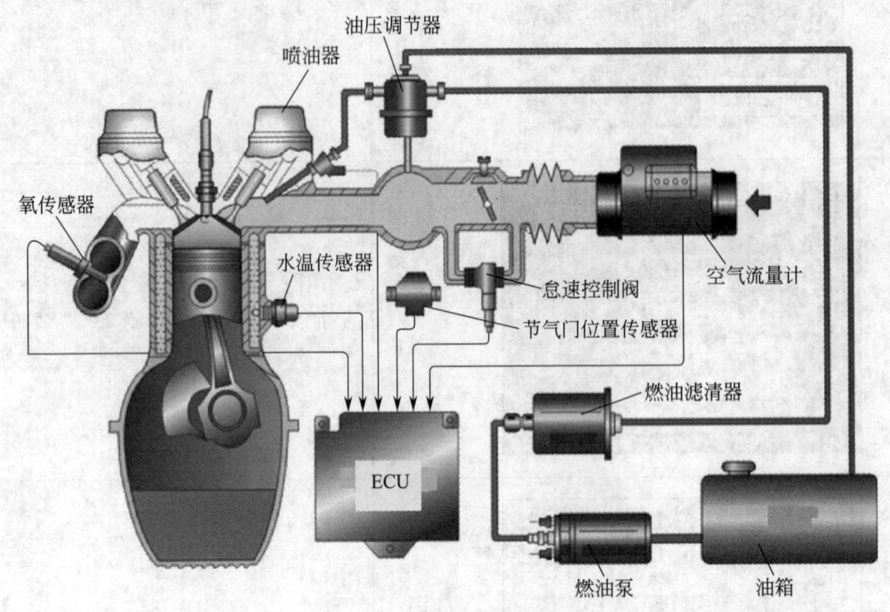

汽油机燃料系的组成

1. 进排气系统

进气系统的功用是尽可能多、尽可能均匀地向各缸供给可燃混合气或纯空气。进气系统由空气滤清器和进气歧管等组成。空气经空气滤清器过滤后，流过空气流量计，由进气道进入进气歧管，与喷油嘴喷出的汽油混合形成可燃混合气，经进气门进入气缸。排气系统的功用是尽可能多地把燃烧后的废气排出气缸。排气系统主要由排气歧管和消声器等组成。

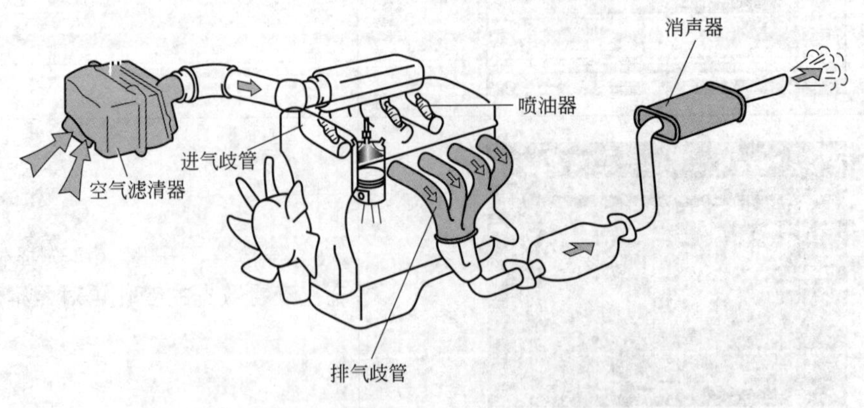

进排气系统

2. 燃油供给装置

燃油供给装置是用来向气缸供给燃烧所需汽油的装置。它主要由燃油箱、电动燃油泵、燃油滤清器、喷油器、燃油压力调节器和燃油管路等组成。

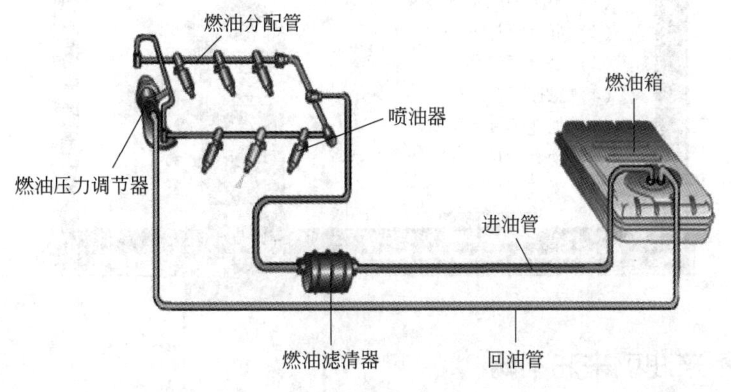

燃油供给装置

3. 电子控制系统

发动机电子控制系统主要由传感器、电控单元（ECU）和执行器组成。

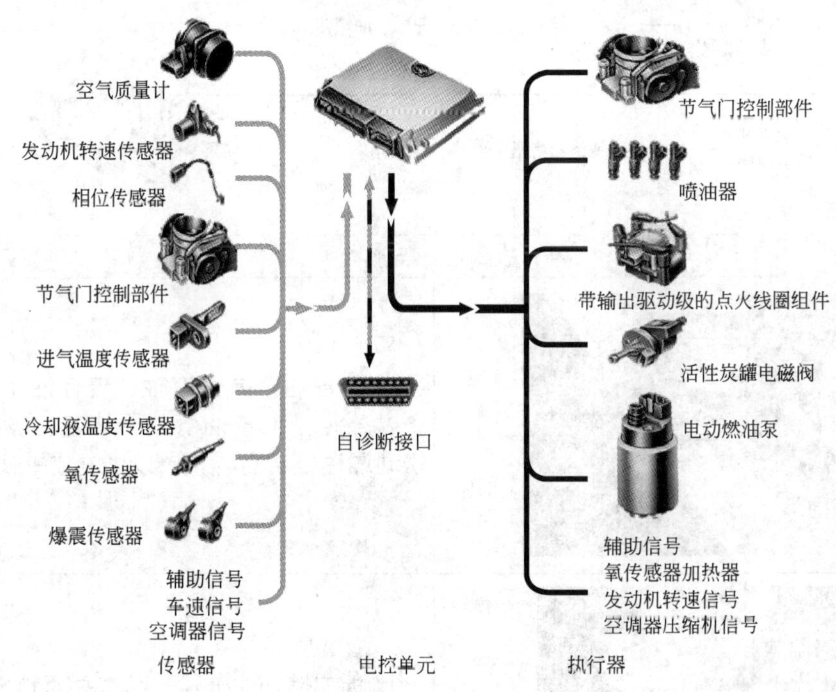

发动机电子控制系统

常见故障诊断与排除

故障1　不来油或来油不畅

故障现象

☞点火系工作正常，但发动机不能起动

☞勉强能起动，但发动机不能正常运行

故障原因

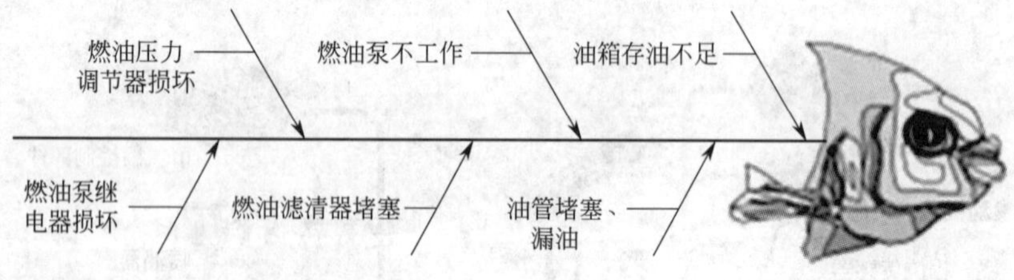

故障诊断与排除

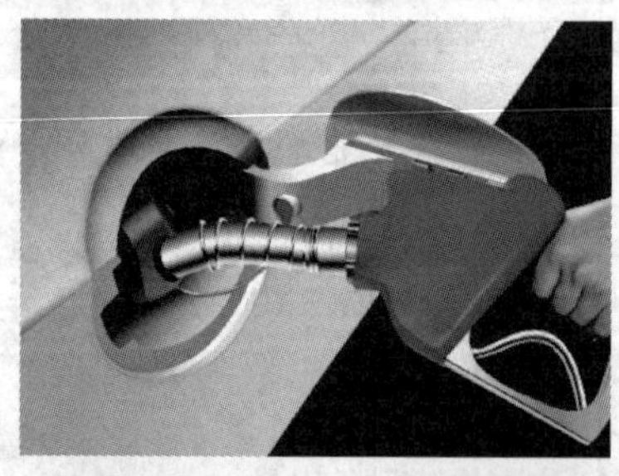	1. 检查油箱是否有油，若存油量过少，则予以补足；检查油管是否堵塞、破裂或接头松动漏油，若有异常予以修复或更换
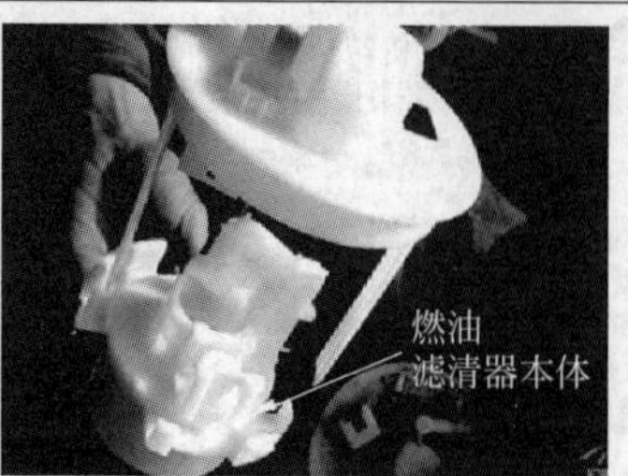	2. 拆下燃油滤清器，检查是否堵塞或失效。若有异常，更换燃油滤清器

续表

故障诊断与排除	
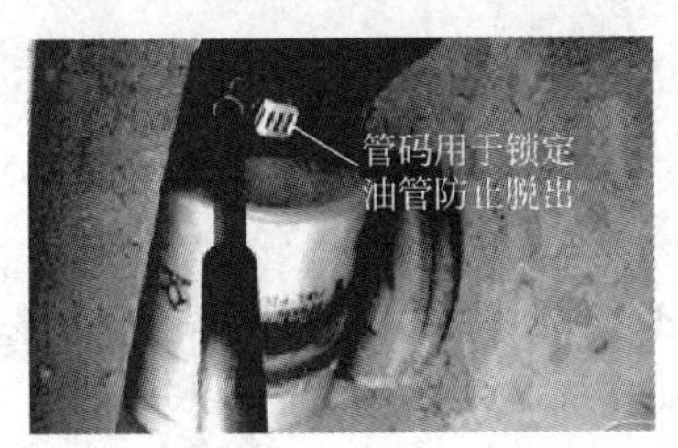	说明：燃油滤清器集成于油泵总成中，一般位于后排座椅下，拆卸燃油滤清器需要拆除整个油泵；也有的安装在底盘上
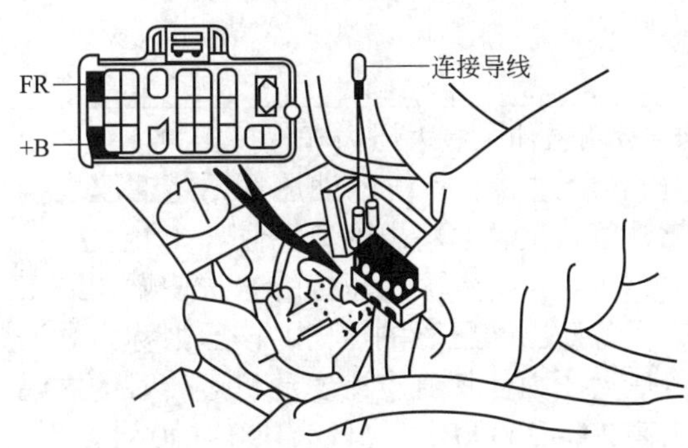	3. 检查燃油泵是否工作 （1）用一根导线将故障诊断插座内两个燃油泵检测插孔短接（丰田轿车燃油泵检测插孔为 FR 和+B）。将点火开关置 ON（但不起动发动机），燃油泵将运转
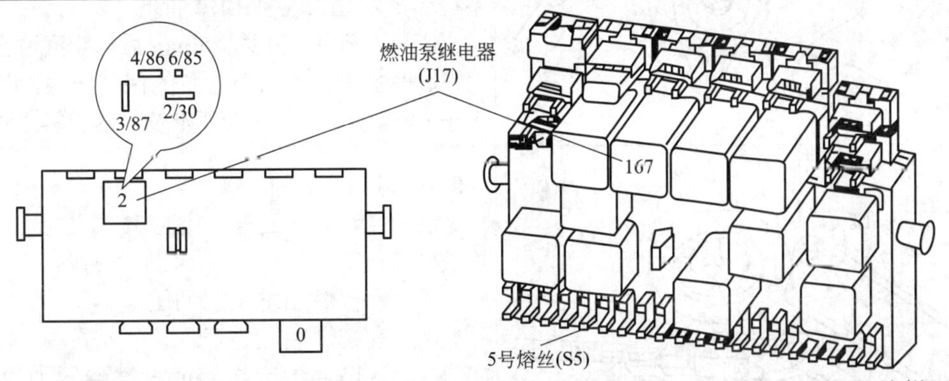 说明：上海桑塔纳 2000GSi 时代超人轿车可拔下装在中央控制盒上 2 号位置的燃油泵继电器，并用一金属导线将燃油泵继电器插座 30、87 脚座短接，此时燃油泵应运转	
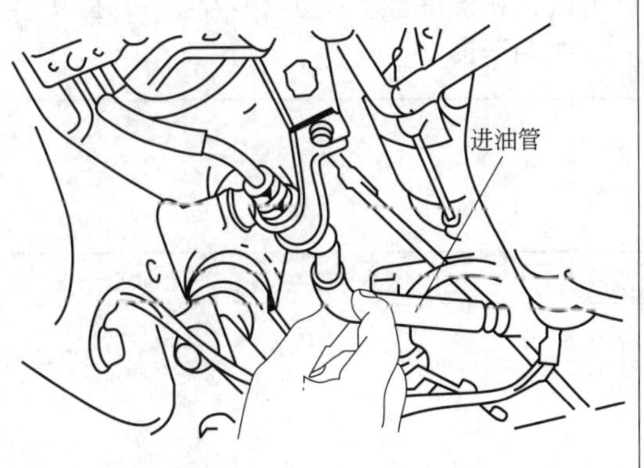	（2）打开油箱盖，仔细听有无燃油泵运转的声音。若听不清或无燃油泵运转的声音，也可以用手检查进油软管有无压力。若听不见燃油泵运转的声音，也感觉不到进油管的压力，说明燃油泵不工作

续表

故障诊断与排除	
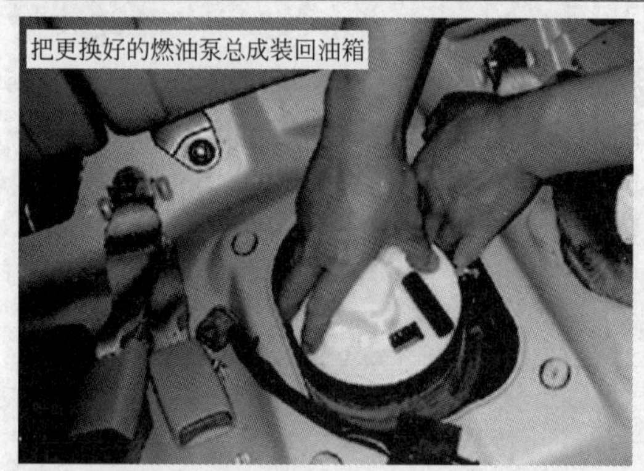	（3）检查电动燃油泵熔丝有无烧断，燃油泵继电器有无损坏，控制线路有无断路。若上述检查都正常，则应拆检或更换燃油泵
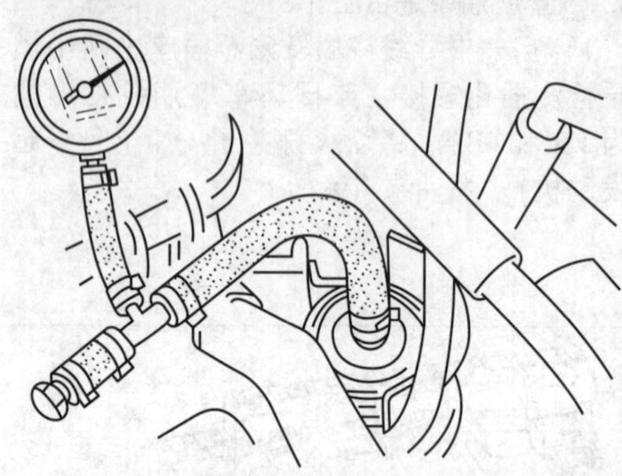	4. 检测燃油泵最大压力和保持压力 （1）释放燃油系统的油压后，将油压表接在燃油管路上，并将出油口塞住 （2）用上述步骤 3 短接的方法使燃油泵工作，同时读出油压表的压力，该压力称为燃油泵的最大压力，其值应比发动机运转时的燃油压力高 200~300 kPa，一般为 490~640 kPa。如不符合标准值，应更换燃油泵 （3）关闭点火开关，5 min 后再观察油压表压力，此时的压力称为燃油泵的保持压力，其值应大于 340 kPa。如不符合标准值，应更换燃油泵
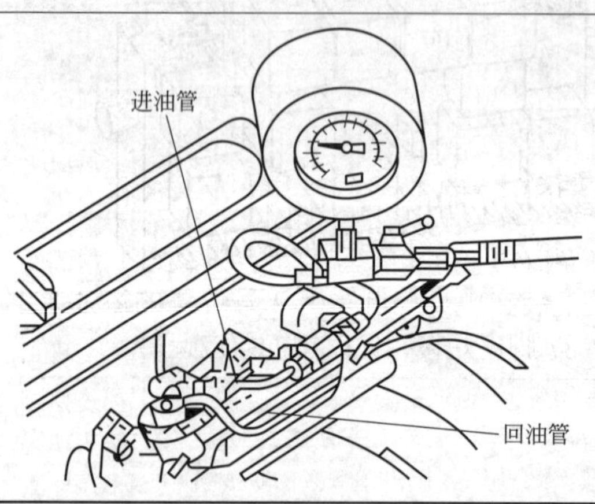	5. 检测燃油压力 如上述检查都正常，则应对燃油压力进行检测 （1）释放燃油系统的油压 （2）安装燃油压力表 （3）让燃油泵运转，读出燃油压力表指示的压力值，该值应不小于 350 kPa。若不符合，则用包上软布的钳子夹住燃油压力调节器的回油管再试，如燃油压力达到标准值，则应更换燃油压力调节器

故障 2　混合气过浓

故障现象
☞发动机怠速不稳 ☞排气管冒黑烟且伴有“突、突、突”的放炮声 ☞发动机功率下降，油耗增加 ☞火花塞有大量的积炭

续表

故障原因	
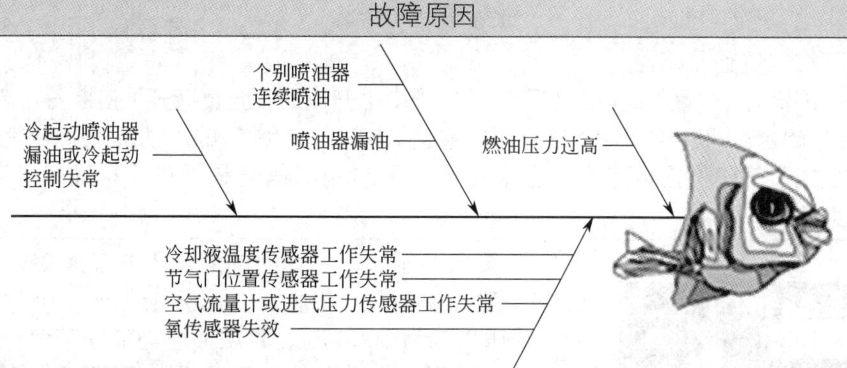	
故障诊断与排除	
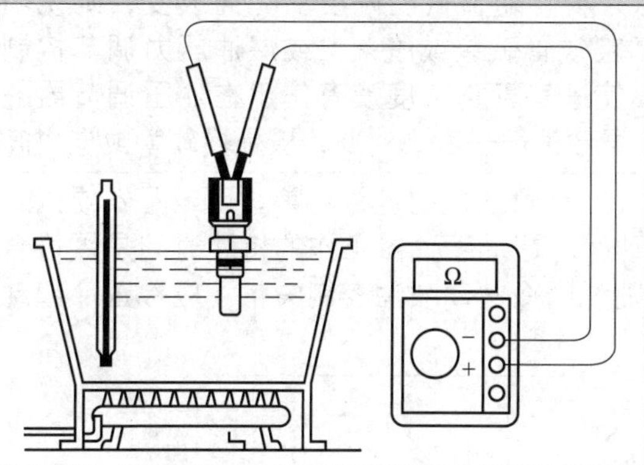	1. 检测冷却液温度传感器，其在不同温度下的电阻值应符合标准。若电阻值大于实际温度下的电阻值，会使 ECU 误认为发动机处于低温状态，从而进行冷车加浓控制，使混合气过浓
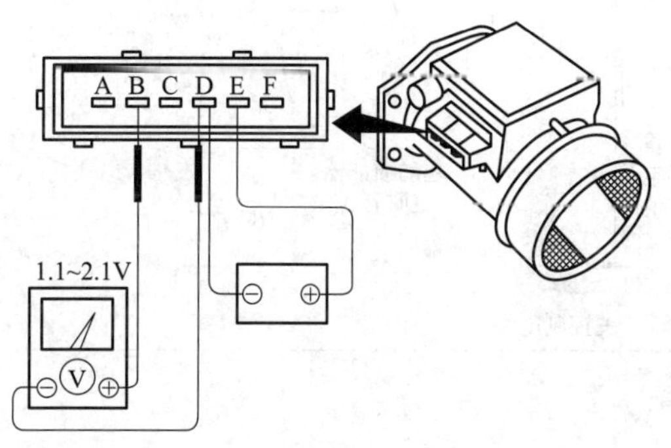	2. 检测空气流量计或进气压力传感器，其数值应符合标准。空气流量计或进气压力传感器的误差会直接影响喷油量。检测结果如有异常，应更换空气流量计或进气压力传感器
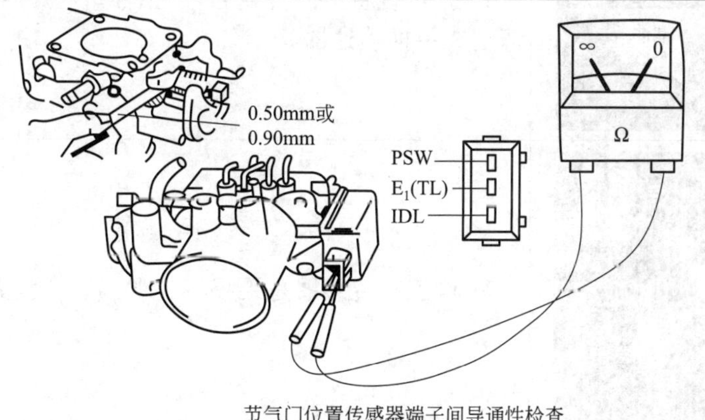 节气门位置传感器端子间导通性检查	

续表

<table>
<tr><th colspan="2">故障诊断与排除</th></tr>
<tr><td colspan="2">3. 检查节气门位置传感器
（1）开关式节气门位置传感器，在节气门处于中小开度时，全负荷开关应断开。若全负荷开关始终闭合或闭合时间过早，会使 ECU 始终或过早地进行全负荷加浓，从而使混合气过浓
（2）线性式节气门位置传感器，应检查各工况的输出信号是否符合标准值。若有异常，应予以更换</td></tr>
<tr><td></td><td>4. 检测燃油压力。怠速时的燃油压力应为 250 kPa 左右。随着节气门的开启，燃油压力应逐渐上升，节气门全开时的燃油压力约为 300 kPa。若燃油压力能随节气门开度变化而改变，但压力始终偏高，则说明油压调节器有故障，应更换。若燃油压力不能随节气门开度变化而改变，则说明油压调节器的真空软管破裂或脱落，或燃油压力调节控制电磁阀有故障，使进气管真空度没有作用在油压调节器的真空膜片室上，导致油压过高。对此，应更换软管或电磁阀</td></tr>
<tr><td colspan="2">5. 带有冷起动喷油器的电喷发动机，应检查冷起动喷油控制是否正常。用电压表或试灯接在冷起动喷油器线束插头上，检查发动机起动时冷起动喷油器工作的持续时间是否符合标准值。若工作时间过长或起动后一直工作，则说明冷起动喷油控制失常，应检查冷起动时间温度开关及控制电路
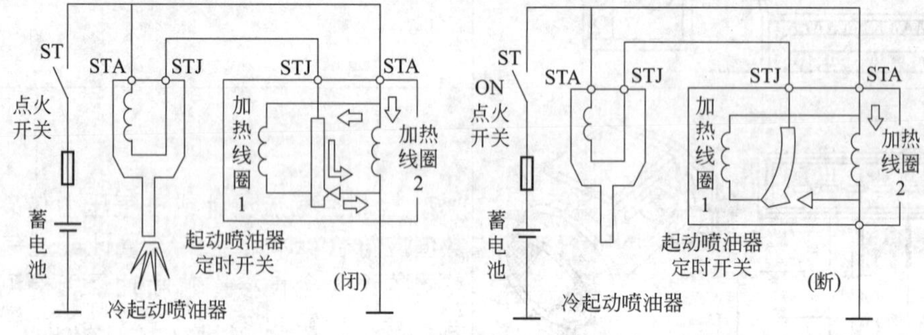
丰田车系冷起动定时开关控制电路</td></tr>
<tr><td></td><td>6. 拆卸喷油器，检查各喷油器有无漏油。如有异常，应清洗或更换喷油器</td></tr>
<tr><td>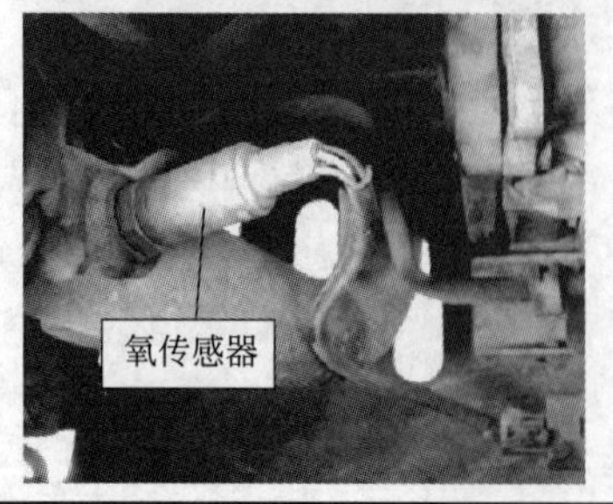</td><td>7. 检查氧传感器是否损坏，如损坏，应更换</td></tr>
</table>

故障3　混合气过稀

故障现象

☞发动机不易起动
☞发动机功率下降，温度过高
☞发动机转速不易提高，加速时有回火现象
☞怠速不稳，容易熄火

故障原因

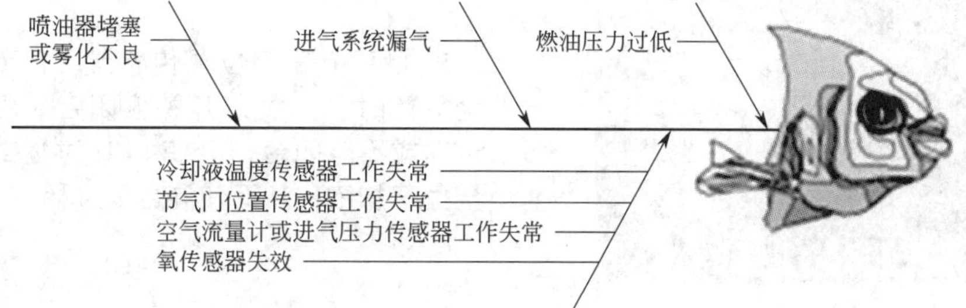

故障诊断与排除

	1. 检查进气系统有无漏气现象 （1）检查进气管接头是否松动漏气 （2）检查进气管是否破裂 （3）检查进气歧管上的真空管有无脱落或折断
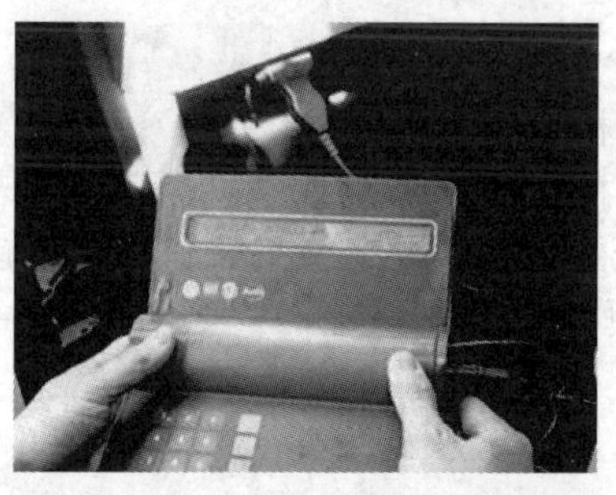	2. 进行故障自诊断，检测有无故障码。若有故障码，则按故障码查找故障原因
	3. 检测冷却液温度传感器，其在不同温度下的电阻值应符合标准。若电阻值小于实际温度下的电阻值，会使ECU误认为发动机处于高温状态，使混合气过稀

续表

故障诊断与排除	
	4. 检测空气流量计或进气压力传感器，其数值应符合标准。检测结果如有异常，应更换空气流量计或进气压力传感器
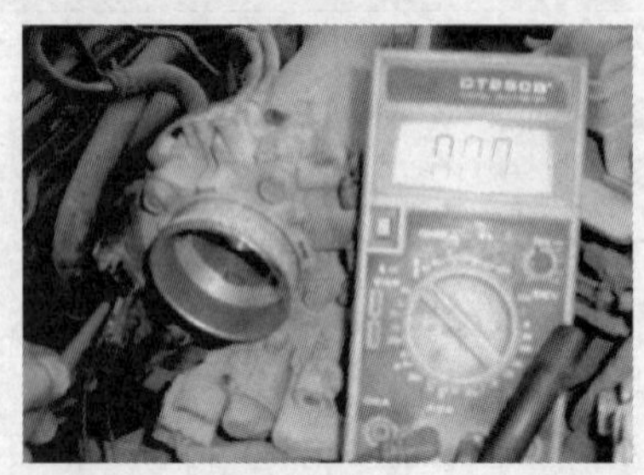	5. 检查节气门位置传感器。在节气门处于全负荷时，全负荷开关应闭合。若闭合时间过迟或不能闭合，会使 ECU 过迟或不能进行全负荷加浓，从而使混合气过稀
	6. 检测燃油压力。如压力过低，应进一步检查燃油泵、燃油压力调节器、汽油滤清器等
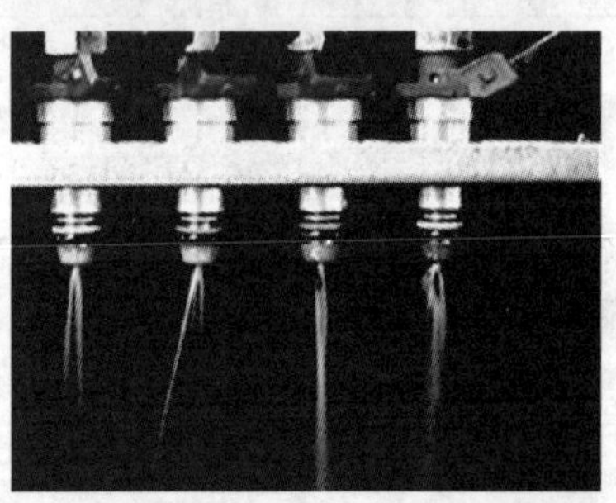	7. 拆检喷油器 （1）检测喷油器的喷油是否正常。若喷油器的喷油量小于规定值或雾化不良，应清洗或更换喷油器
	（2）检查喷油器滤网和喷口是否堵塞。若有异常，应清洗或更换喷油器

续表

故障诊断与排除	
	8. 检查氧传感器是否良好，损坏应更换

故障4　怠速不良

怠速不良是发动机最常见的故障。怠速不良包括怠速不稳、易熄火，冷车怠速不良，热车怠速不良等。造成怠速不良的原因有很多，常常是由几种原因综合引起的。在故障诊断与排除过程中，要根据故障的具体表现来分析故障原因。

1. 怠速不稳、易熄火

故障现象
发动机起动正常，但不论冷车或热车，怠速均不稳定，怠速转速过低，易熄火
故障原因
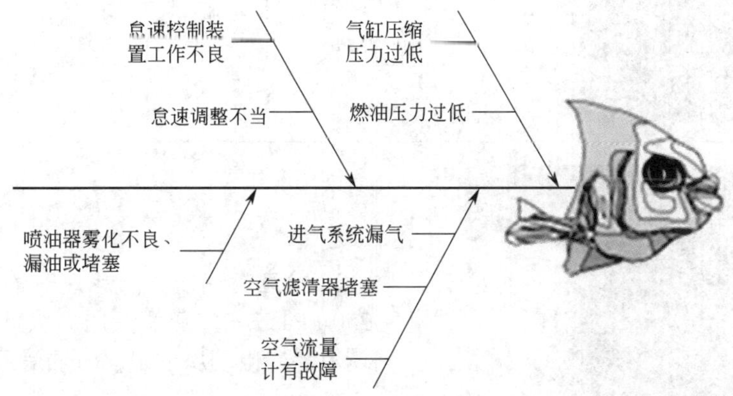

故障诊断与排除	
	1. 检查进气系统各管接头、各真空软管、废气再循环系统和燃油蒸发回收系统有无漏气

续表

故障诊断与排除	
	2. 进行故障自诊断，检查有无故障码。若有故障码，则按所显示的故障码查找故障原因和故障部位
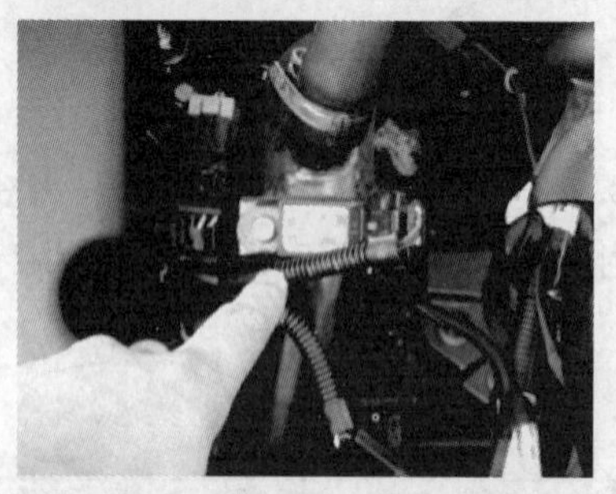	3. 检查怠速控制装置的工作是否正常。拔下怠速控制装置导线连接器。如果发动机转速无变化，说明怠速控制装置或控制电路有故障，应检修电路或更换怠速控制装置
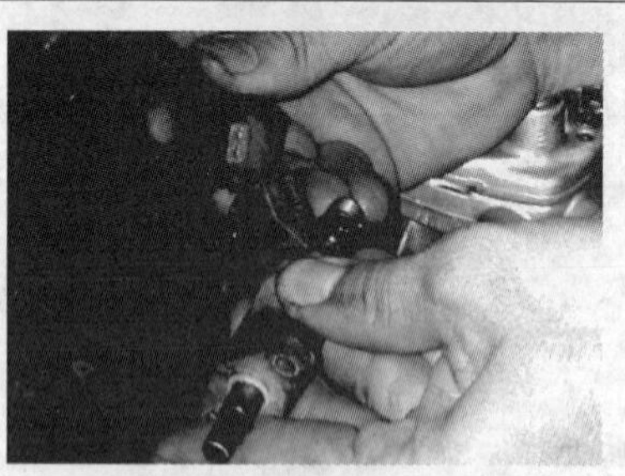	4. 仔细倾听各缸喷油器在怠速时的工作声音。如果各缸喷油器工作声音不均匀，说明各缸喷油器喷油不均匀，应拆检、清洗或更换
	5. 检查燃油压力。怠速时的燃油压力应为250 kPa左右。若燃油压力太低，应检查油压调节器、电动燃油泵、汽油滤清器等
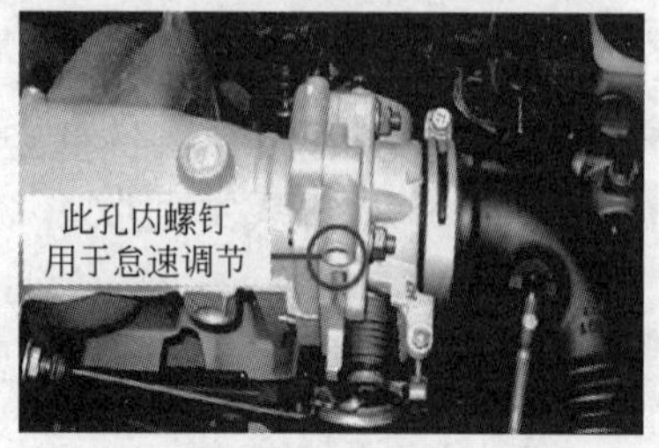	6. 按规定的程序调整发动机怠速

续表

故障诊断与排除	
	7. 检查翼板式或量芯式空气流量计有无卡滞。如不良，应更换
	8. 检查气缸压缩压力。如压力低于0.8 MPa，应拆检发动机

2. 冷车怠速不良

故障现象
发动机冷车运转时怠速不稳或过低，易熄火，但热车后怠速恢复正常
故障原因

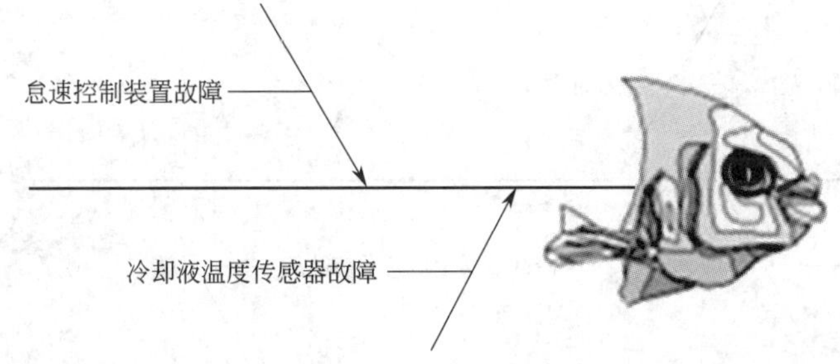

故障诊断与排除	
	1. 进行故障自诊断，检查有无故障码。如有，则按显示的故障码查找故障原因

续表

<table>
<tr><th colspan="2">故障诊断与排除</th></tr>
<tr><td></td><td>2. 检查怠速控制装置。熄火后拔下怠速控制装置线束连接器，待发动机起动后再插上。如果发动机转速无变化，说明怠速控制装置不工作，应检查控制电路或拆检怠速控制装置</td></tr>
<tr><td></td><td>3. 测量冷却液温度传感器。如有短路、断路或阻值不符合标准，应更换冷却液温度传感器。如果没有被测车型的冷却液温度传感器检测标准数据，也可拔下冷却液温度传感器线束连接器，用一个 4~8 kΩ 的电阻代替冷却液温度传感器。如果发动机怠速恢复正常，说明冷却液温度传感器已损坏，应更换</td></tr>
</table>

3. 热车怠速不良

故障现象
发动机冷车运转时怠速正常，但热车后怠速不稳，怠速转速过低或熄火

故障原因

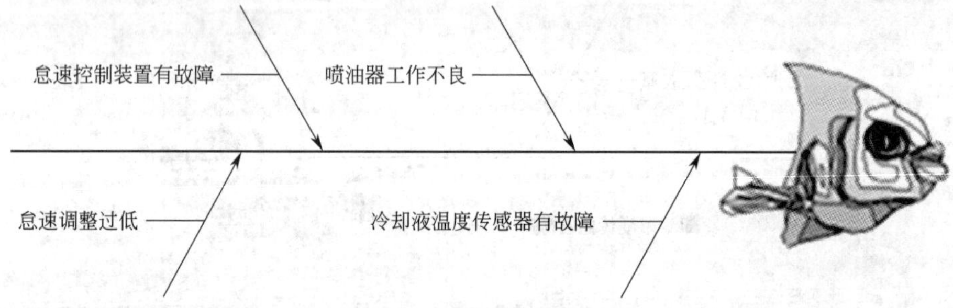

<table>
<tr><th colspan="2">故障诊断与排除</th></tr>
<tr><td></td><td>1. 进行故障自诊断。如有故障代码，则按所显示的故障代码查找故障原因</td></tr>
</table>

续表

<table>
<tr><th colspan="2">故障诊断与排除</th></tr>
<tr><td colspan="2">

2. 检查发动机的初始怠速转速。若过低，应按规定的程序予以调整或重新进行匹配。怠速的调整步骤如下：
（1）起动发动机，运转一段时间直至达到正常工作温度
（2）将变速器置于空挡或停车挡位置，让转向轮处于直行位置，关闭空调器、前照灯、加热器等所有附属设备
（3）用一根导线将故障检测插座内的 TE1 和 E1 两插孔短接，让发动机以“初始状态”运转
（4）检查怠速转速。此时的怠速转速称为发动机的初始怠速转速，其标准为 800±50 r/min。若不符合要求，可通过拧动节气门体上的怠速旁通气道调节螺钉来调整
（5）调整结束后，拔掉故障检测插座内的短接导线</td></tr>
<tr><td>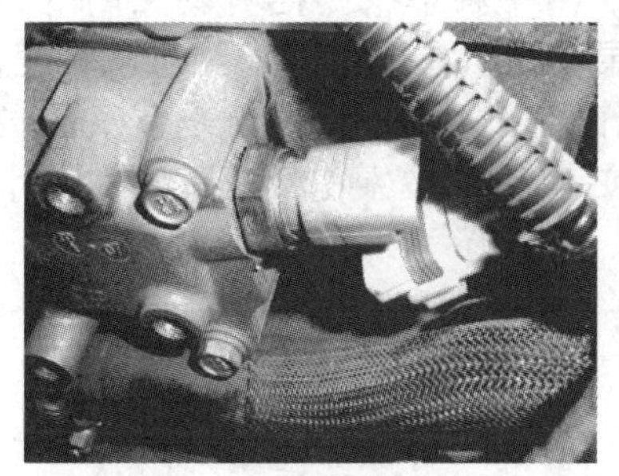</td><td>3. 检查冷却液温度传感器。如果拔下冷却液温度传感器线束连接器后，怠速不稳现象消除，则说明冷却液温度传感器有故障，应更换。或者测量冷却液温度传感器的电阻，如不符合标准值，应更换冷却液温度传感器</td></tr>
<tr><td></td><td>4. 检查怠速控制装置是否工作。拔下怠速控制装置导线连接器，若发动机转速无变化，则说明怠速控制装置工作不良，应检查控制电路或更换怠速控制装置</td></tr>
<tr><td>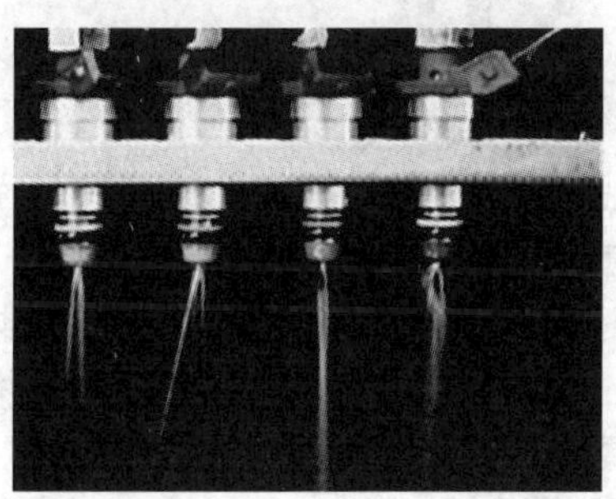</td><td>5. 检测喷油器的工作情况。若各缸喷油器喷油量不均匀或雾化不良，特别是怠速工况喷油量不均匀，应清洗或更换喷油器</td></tr>
</table>

4. 热车怠速过高

故障现象
冷车时发动机能以正常快怠速运转，但热车后仍保持快怠速，导致怠速过高

故障原因

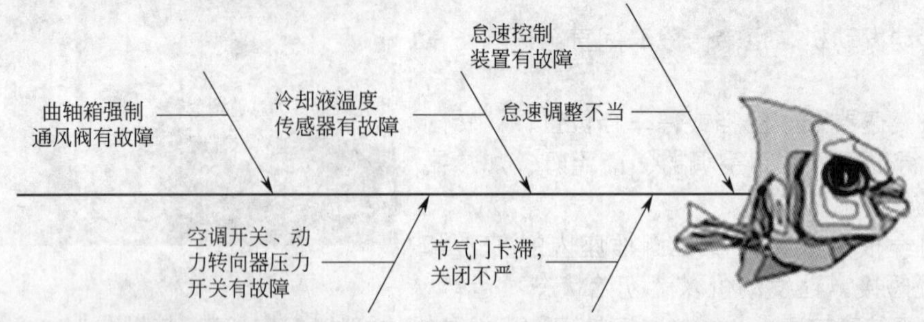

故障诊断与排除	
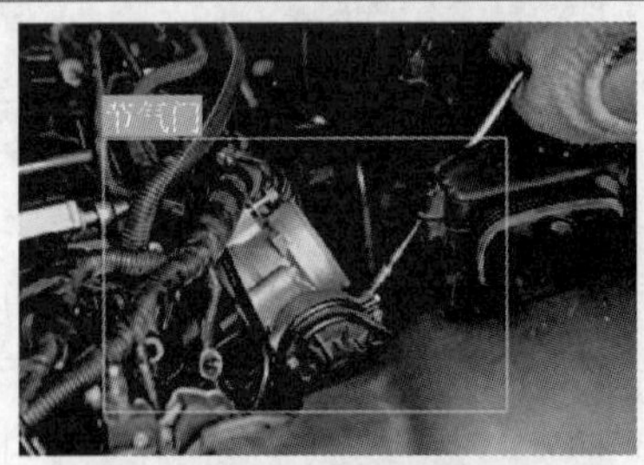	1. 检查怠速时节气门是否全闭，节气门拉索有无卡滞。用手将节气门摇臂朝关闭的方向扳动。如果发动机怠速能下降至正常转速，说明节气门卡滞，关闭不严。若是节气门拉索卡滞，应更换新的拉索；若是节气门轴卡滞，应拆卸、清洗节气门体
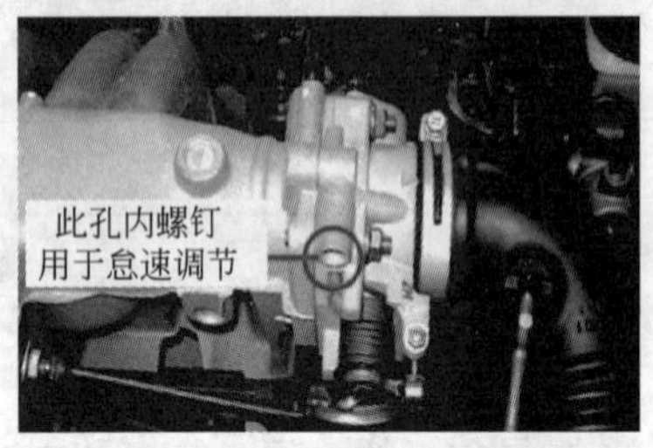	2. 按规定程序重新调整怠速。如调整无效，则应做进一步的检查
	3. 进行故障自诊断。如有故障代码，则按所显示的故障代码查找故障原因
	4. 检查怠速控制装置。发动机熄火后拔下怠速控制装置线束连接器，待起动后再插上。如果发动机转速随之变化，说明怠速控制装置工作正常；否则，应检查控制线路或更换怠速控制装置

续表

故障诊断与排除	
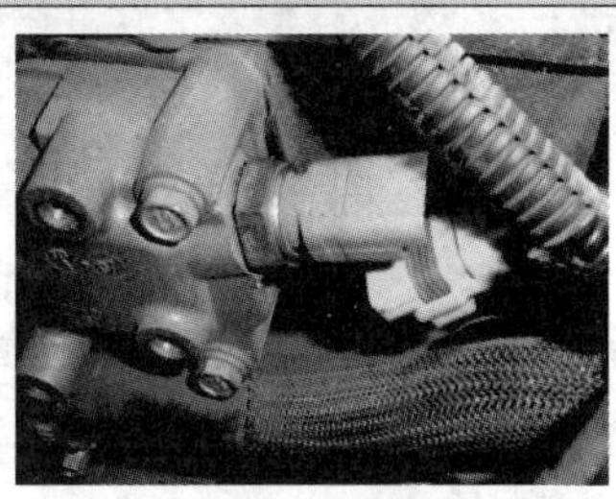	5. 检查冷却液温度传感器。若拔掉冷却液温度传感器线束连接器后，发动机怠速恢复正常，说明冷却液温度传感器有故障，向ECU输送过低的冷却液温度信号
6. 在打开空调开关后或转动转向盘时，如果发动机转速没有变化，说明怠速自动控制系统有故障，应检查空调压力开关、动力转向器压力开关及怠速自动控制线路  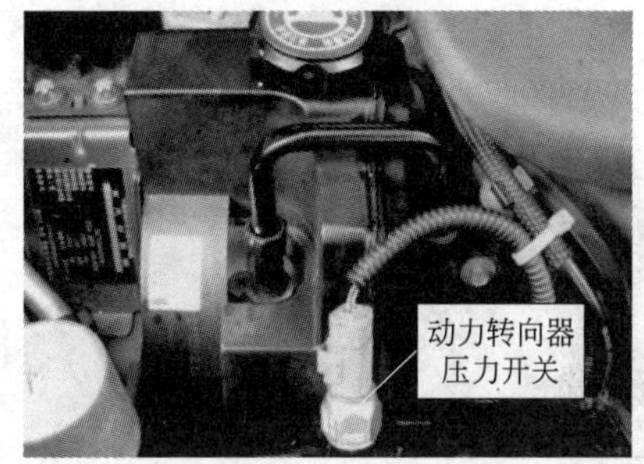	
	7. 用钳子包上软布将曲轴箱强制通风阀软管夹紧。如果发动机转速随之下降，则说明曲轴箱强制通风阀在怠速时漏气，使发动机进气量过大，影响怠速。对此，应更换曲轴箱强制通风阀

故障5 加速不良

故障现象
☞踩下加速踏板后发动机转速不能马上升高，有迟滞现象，加速反应迟缓 ☞在加速过程中发动机有轻微抖动
故障原因
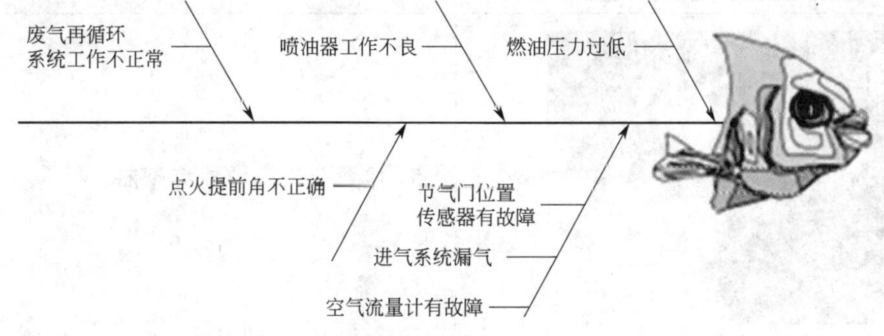

续表

故障诊断与排除	
	1. 进行故障自诊断，检查有无故障代码。空气流量计、节气门位置传感器等故障都会影响汽车的加速性能。按显示的故障代码查找故障原因
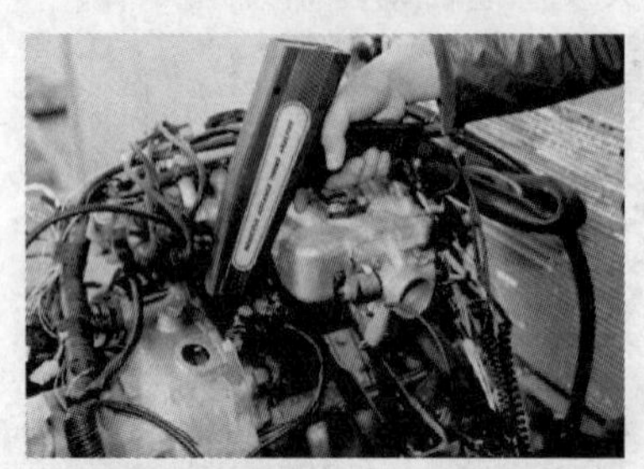	2. 检查点火正时。在发动机怠速时，点火提前角应为 10°~15°。如不正确，应调整发动机的初始点火提前角。加速时点火提前角应能自动加大到 20°~30°。若有异常，应检查点火控制系统或更换 ECU
	3. 检查进气系统有无漏气。测量进气管真空度。怠速时真空度应大于 66.7 kPa。如真空度太小，说明进气系统有漏气，应仔细检查各进气管接头处及各软管、真空管等
	4. 检查空气滤清器。如有堵塞，应清洗或更换
	5. 检查节气门位置传感器

续表

故障诊断与排除	
	6. 检查燃油压力。怠速时燃油压力应为250 kPa左右，加速时燃油压力应能上升至300 kPa左右。如油压过低，应检查油压调节器、电动汽油泵等
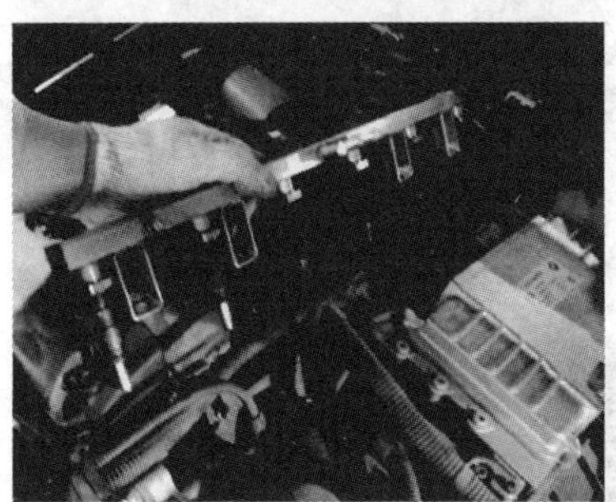	7. 拆卸、清洗各喷油器。检查喷油器在加速工况下的喷油量。如有异常，应更换
	8. 检测空气流量计。如有异常，应更换
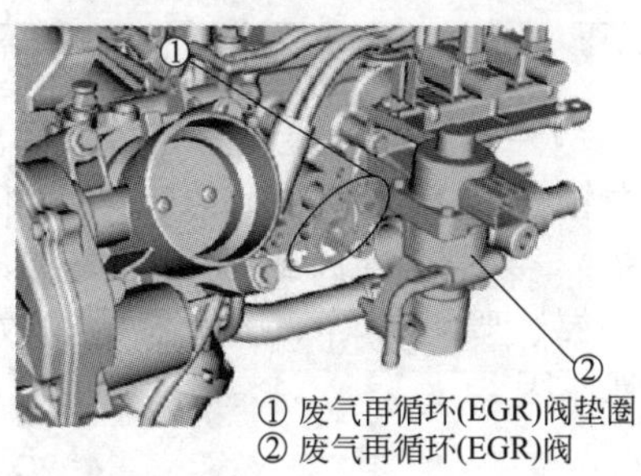 ① 废气再循环(EGR)阀垫圈 ② 废气再循环(EGR)阀	9. 对于设有废气再循环系统的发动机，可以拔下废气再循环阀上的真空软管，并将其塞住，然后再检查发动机的加速性能。如果此时加速性能恢复正常，则说明废气再循环系统工作不正常，再循环的废气量太大，影响了发动机的加速性能。对此，应检查废气调整阀、三通电磁阀工作是否正常。如有异常，应更换

故障 6　动力不足

故障现象
发动机无负荷运转时基本正常，但带负荷运转时加速缓慢，上坡无力，加速踏板踩到底时仍感到动力不足，转速提不高，达不到最高车速

续表

故障原因	
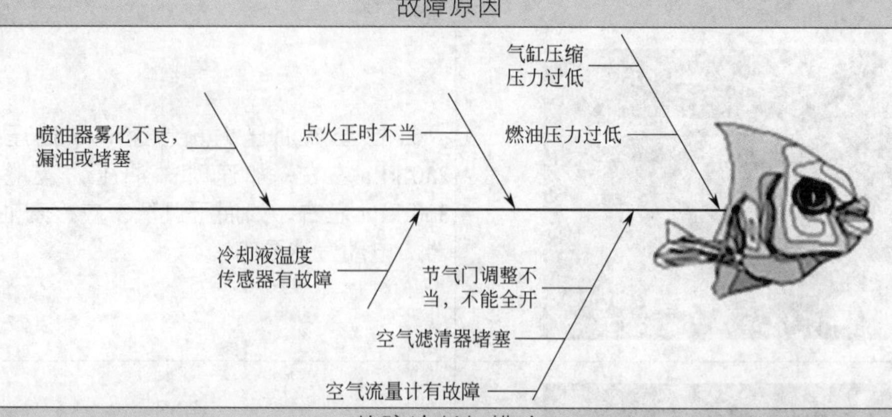	
故障诊断与排除	
1. 将加速踏板踩到底，检查节气门能否全开。如不能全开，应调整节气门拉索 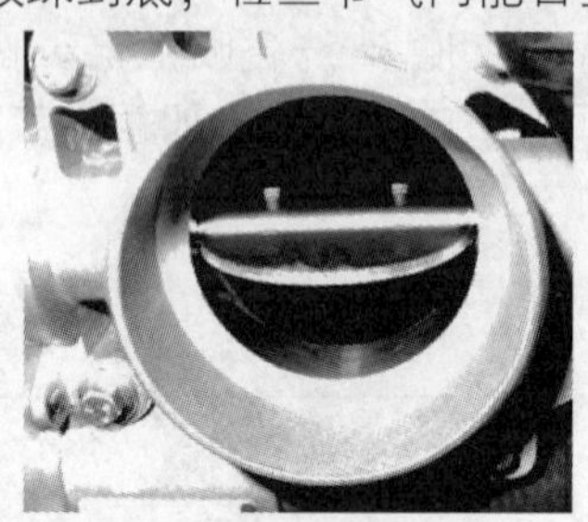 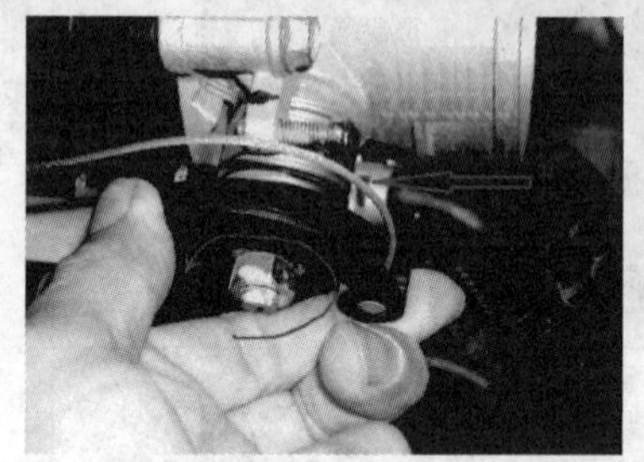	
	2. 检查空气滤清器有无堵塞。如有堵塞，应清洗或更换
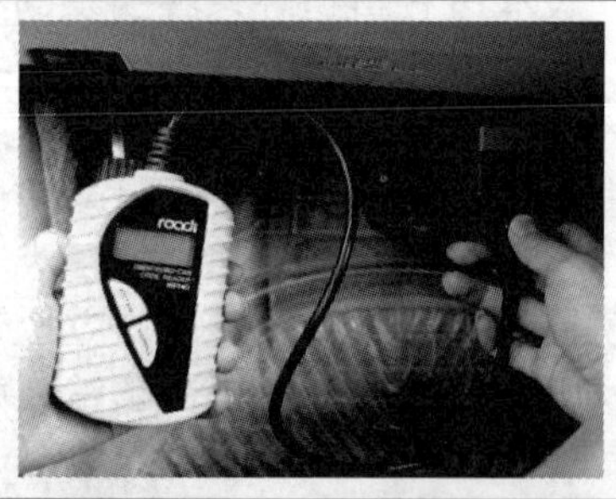	3. 进行故障自诊断，检查有无故障码出现。影响动力性的传感器和执行器有：冷却液温度传感器、空气流量计或进气压力传感器、点火控制器、喷油器等。按所显示的故障码查找故障原因
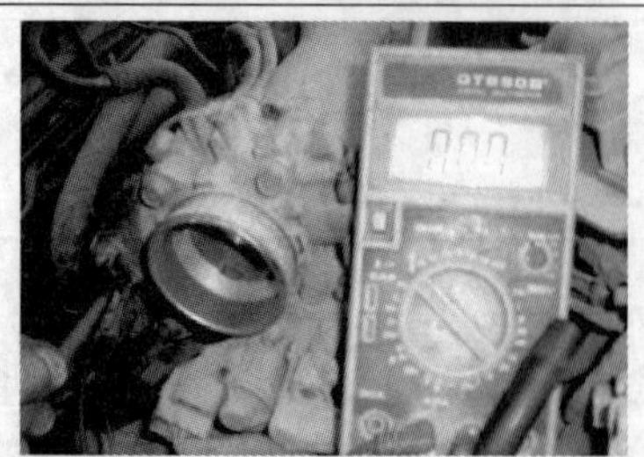	4. 检查节气门位置传感器是否调整正确。如不正确，应按标准重新调整

续表

故障诊断与排除	
	5. 检查点火正时
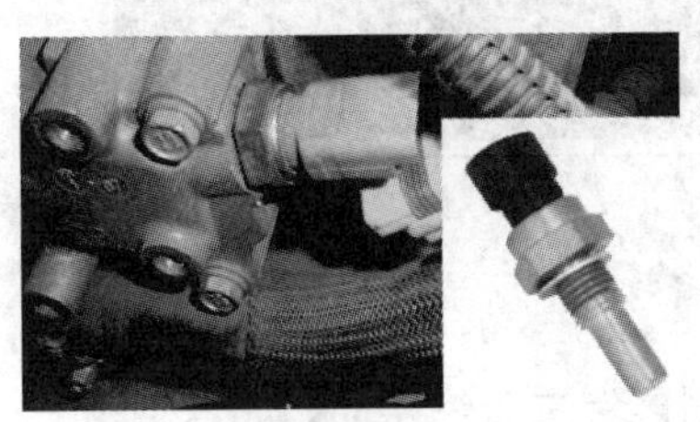	6. 检查冷却液温度传感器。在不同温度下，冷却液温度传感器的电阻应能按规定标准值变化。如不符合标准值，应更换冷却液温度传感器
	7. 检测空气流量计或进气压力传感器。如有异常，应更换
	8. 检查所有火花塞、高压线、点火线圈。如有异常，应更换
	9. 检查燃油压力。如压力过低，应进一步检查电动燃油泵、油压调节器、汽油滤清器等

续表

故障诊断与排除	
10. 拆检喷油器，检查喷油量是否正常。如喷油量不正常或喷油雾化不良，应清洗或更换喷油器 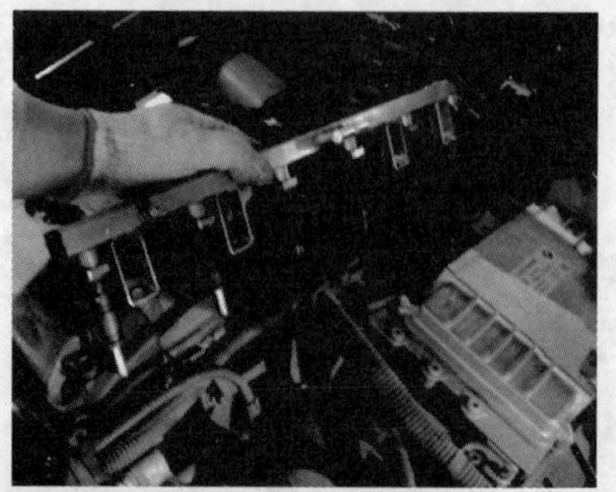 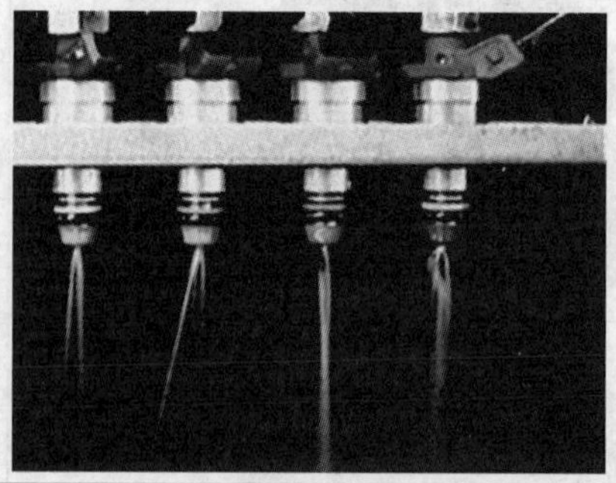	
	11. 测量气缸压缩压力。如压力过低，应拆检发动机

故障 7　减速不良

故障现象	
怠速运转正常，但在行驶中突然松开加速踏板减速时，发动机经常熄火	
故障原因	
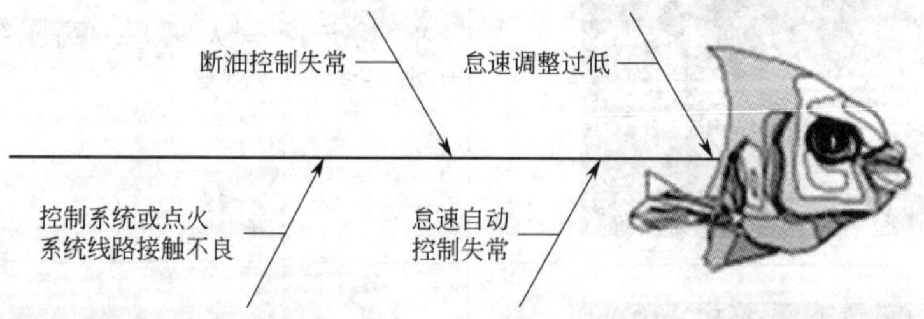	
故障诊断与排除	
	1. 如有怠速不稳现象，应先按“怠速不良”故障检查方法进行检查

续表

故障诊断与排除	
	2. 检查发动机初始怠速。如果初始怠速过低，应按规定程序和标准进行调整
	3. 检查节气门位置传感器。在节气门全闭时，节气门位置传感器内的怠速开关应闭合。如不能闭合，应按标准进行调整。如果调整无效，应更换节气门位置传感器
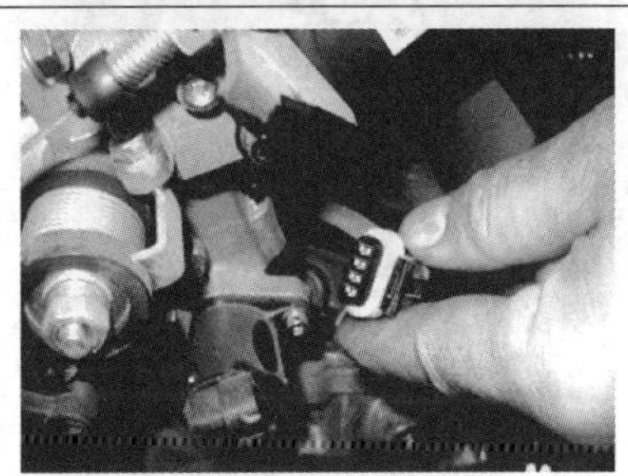	4. 检查怠速控制装置。发动机熄火后拔下怠速控制装置线束连接器，待发动机起动后再插上。如果发动机转速无变化，说明怠速控制装置不工作，应检查在发动机怠速运转时怠速控制装置线束连接插头内有无脉冲电压信号输出。如无信号，则应检查控制线路；如有信号，则说明怠速控制装置已损坏，应更换
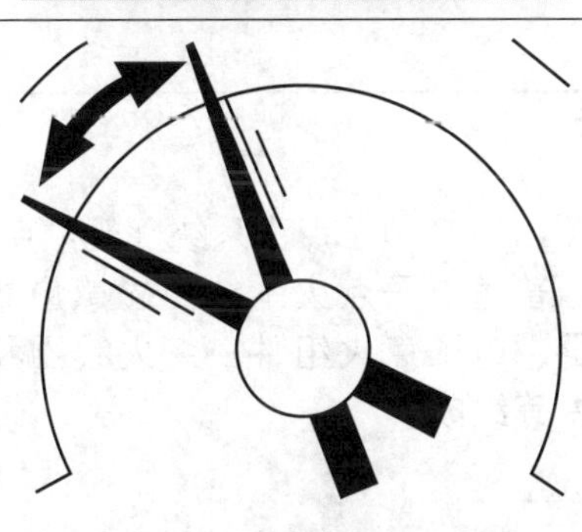	5. 检查减速断油功能是否正常。拔下节气门位置传感器线束连接器插头，用一根导线将插头内怠速开关的两接线插孔短接，起动发动机，踩下加速踏板加速，观察发动机转速能否在断油转速和回油转速之间来回变化，并记下回油转速的数值。如果回油转速过低（一般不低于 1 200 r/min），说明 ECU 内断油控制功能失常，应更换 ECU
	6. 全面检查 ECU 控制线路及点火线路各连接器处有无接触不良

§2—2 电子点火系故障诊断与排除

学习目标

1. 熟悉电子点火系的组成。
2. 了解电子点火系故障诊断的基本方法。
3. 了解电子点火系故障现象、原因。
4. 能够对电子点火系常见故障进行诊断与排除。

相关知识

一、电子点火系组成

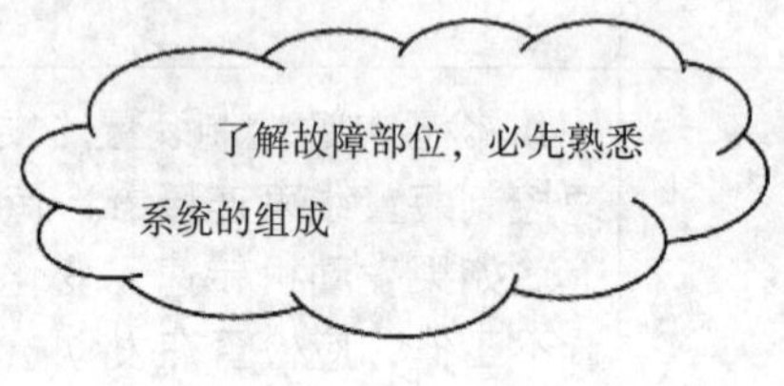

电子点火系分为普通电子点火（无触点式）、电控电子点火（带分电器式）和电控电子点火（无分电器式）三种。

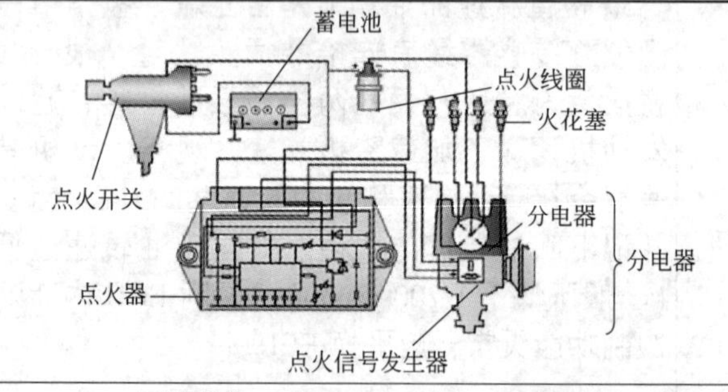	1. 普通电子点火系统（无触点式） 普通电子点火系统由磁感应式分电器、电子点火组件、点火线圈和火花塞等组成
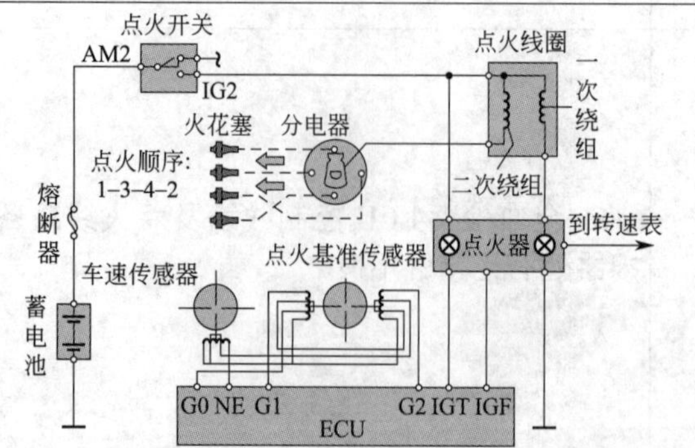	2. 电控电子点火（带分电器式）系统 电控电子点火系统一般由电源、传感器、ECU、点火器、点火线圈、分电器和火花塞组成

续表

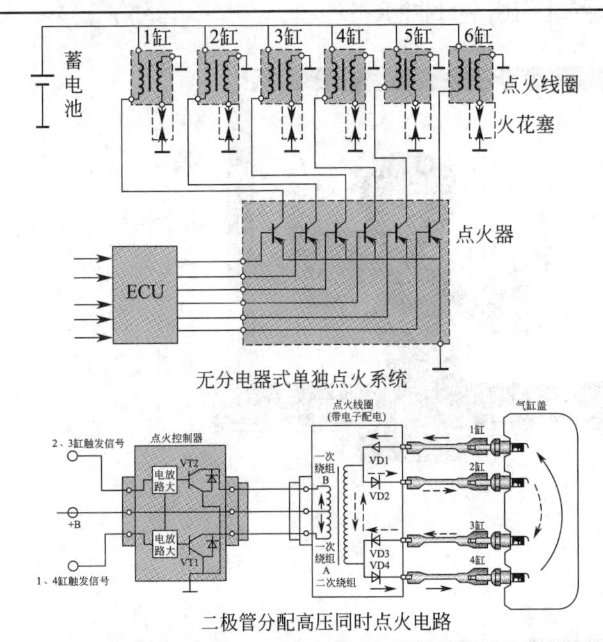 无分电器式单独点火系统 二极管分配高压同时点火电路	3. 电控电子点火（无分电器）系统 无分电器点火系又叫直接点火系，它彻底取消了传统点火系中的分电器，分电器原有的功能（断电、配电、点火提前）由电子控制装置和传感器来完成。利用电子分火控制技术将点火线圈产生的高压电直接送给火花塞进行点火 该系统又分为独立点火方式和同时点火方式两种类型

二、电子点火系故障诊断方法

电子点火系的电路、原理差异较大，因此产生故障的部件和原因也不尽相同，诊断故障的方法自然区别较大，现就一般规律简述如下。

1. 直观检查

仔细检查接线、插接件是否可靠，电线有无老化与破损，蓄电池的技术状况是否良好。

2. 判断故障在低压电路还是在高压电路

采用高压跳火法检查时，从分电器盖上拔出中央高压线，使其端头离缸体5~7 mm，然后接通点火开关，摇转曲轴，观察跳火情况。

（1）跳火正常，说明点火线圈输出的高压电正常，故障在高压电路。

（2）无火花，为低压电路故障。此时应分别检查点火信号发生器、电子组件和高能点火线圈。

注意：

电子点火系与传统点火系中，低压电路故障的诊断方法是完全不同的；而电子点火系中高压电路故障的诊断方法与传统点火系基本相同，如高压火弱、分火头击穿、点火不正时等

常见故障诊断与排除

故障 1　发动机不能起动

1. 普通电子点火系统（磁感应式）

某汽车电子点火系为普通电子点火系统，采用了磁感应式点火信号传感器。它主要由电源、点火开关、带电子点火器（点火模块）的点火线圈、带磁感应式点火信号传感器的分电器总成及火花塞等组成。

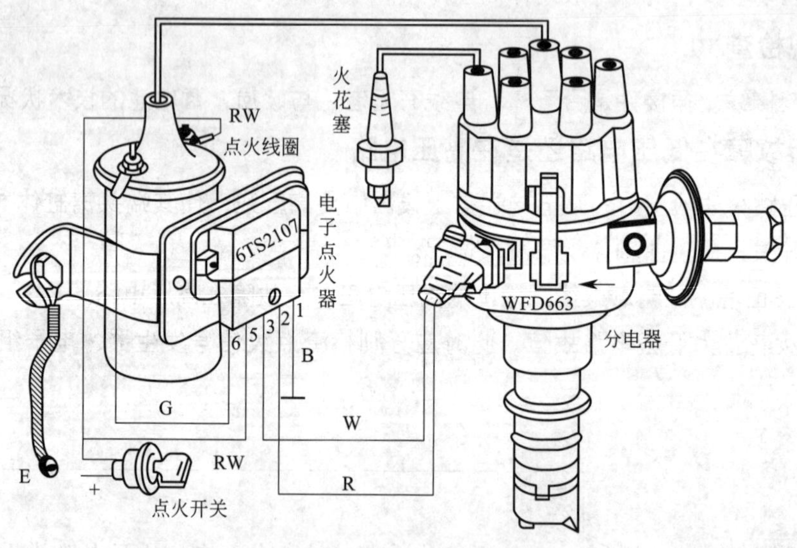

磁感应式电子点火系统

故障现象
☞发动机不能起动，且无着火征兆 ☞打开点火开关，电流表指示 3~5 A 放电值，摇转曲轴，电流表指针不摆动

续表

故障原因
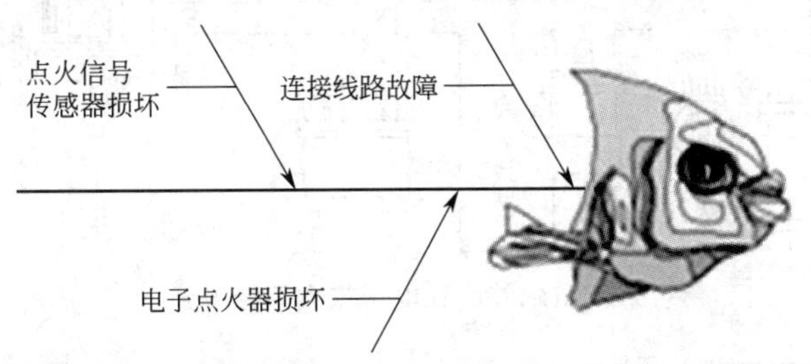

故障诊断与排除	
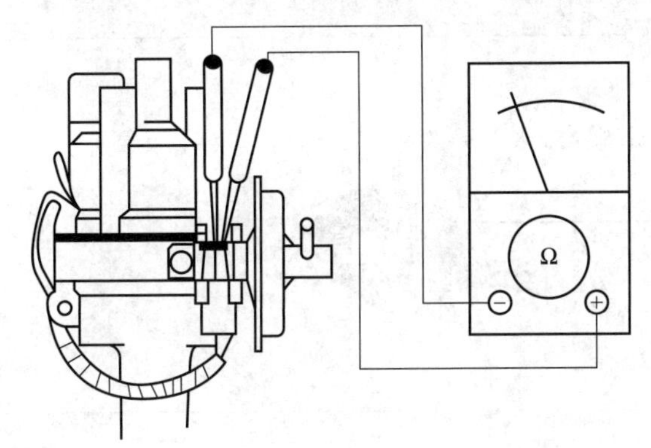	1. 点火信号传感器的检测 （1）拆下分电器线束连接器 （2）用万用表欧姆挡测量点火信号传感器线圈的电阻值，该标准值为600~800 Ω。若不符，则应检修或更换线圈
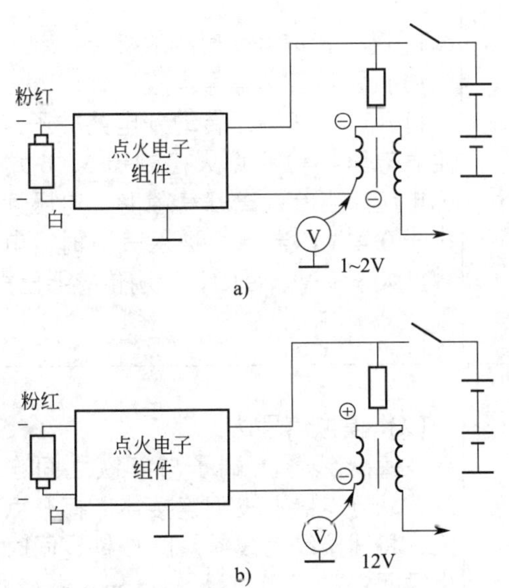	2. 电子点火器的检测 检查时可借助1.5 V干电池进行。接通点火开关，将干电池的正、负极分别接到电子点火器的两输入线，用万用表检查点火线圈负极接线柱与接地之间的电压；然后将干电池的两极颠倒，再测量点火线圈负极接线柱与接地之间的电压。两次的测试结果应分别为1~2 V和12 V，否则说明电子点火器有故障，应予以更换

2. 普通电子点火系统（霍尔效应式）

某汽车电子点火系采用了霍尔效应式点火信号传感器。

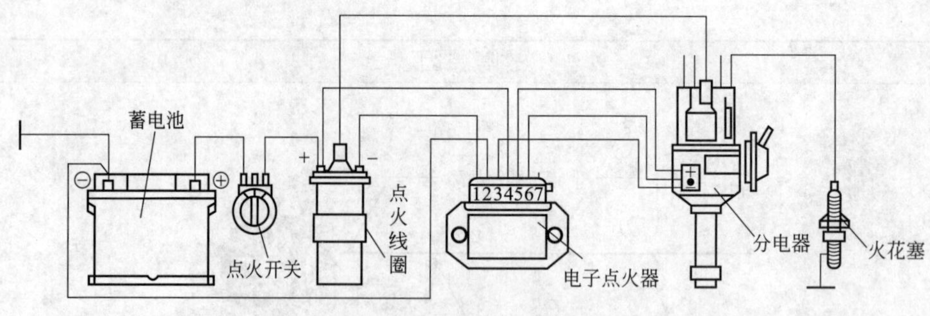

霍尔效应式电子点火系统

故障现象

发动机不能起动，且无着火征兆

故障原因

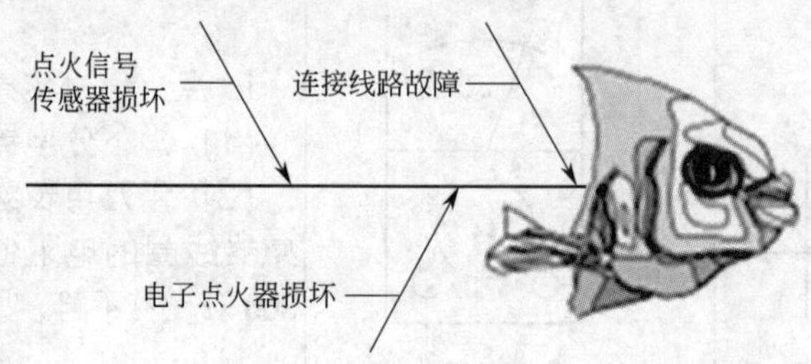

故障诊断与排除

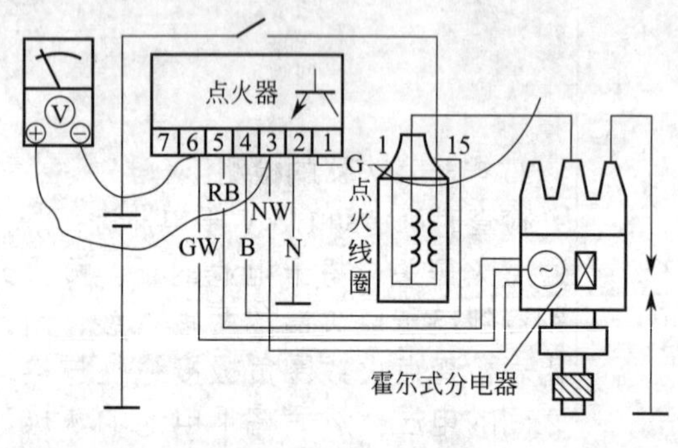

1. 霍尔式信号传感器的检查

(1) 测量霍尔信号电压

打开点火开关，转动分电器转子，用万用表电压挡检测点火控制器 3、6 端子上的电压。当叶片离开气隙时，电压读数应小于 0.4 V；当叶片进入气隙时，电压读数应大于 9 V。否则，说明传感器已损坏

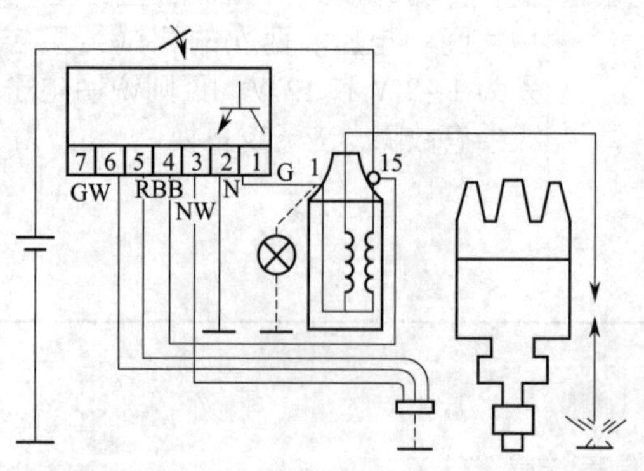

(2) 模拟信号法

在点火线圈 1 端子与搭铁之间连一试灯，从分电器上拔下连接器。打开点火开关，将插接绿色线作短路搭铁，同时取点火线圈中心线距缸体 3 ~ 5 mm 进行跳火。若试灯暗亮变化，中心线跳火强烈，说明传感器已损坏；若试灯亮度不变，说明电子点火器损坏或信号线断路

续表

故障诊断与排除
2. 电子点火器的检测 （1）通过测量信号线电压进行判断 1）打开点火开关，用万用表电压挡测量电子点火器 2、4 端子电压，应为 12 V，测 3、5 端子电压，应为 12 V。否则，说明电子点火器已坏，应予以更换 2）测分电器信号插接器红黑与棕白线头，应为 12 V，否则说明线路有断路 （2）通过测量点火线圈一次侧电压进行判断 将万用表红表笔连接点火线圈 15 端子，黑表笔连接 1 端子，拔出分电器信号线连接器，打开点火开关，电压表读数应为 6 V，并在 2 s 内降到零。否则，说明电子点火器已失效，应予以更换

3. 电控电子点火系统（带分电器）

某发动机点火系属于带分电器电控电子点火系统，由 ECU 控制点火器，点火器控制点火线圈，其点火系统原理如图所示。

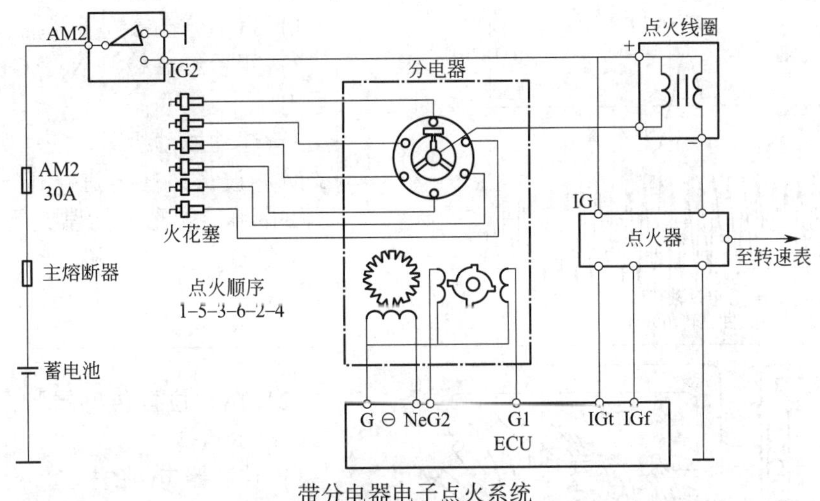

带分电器电子点火系统

故障现象
发动机不能起动，且无着火征兆

故障原因

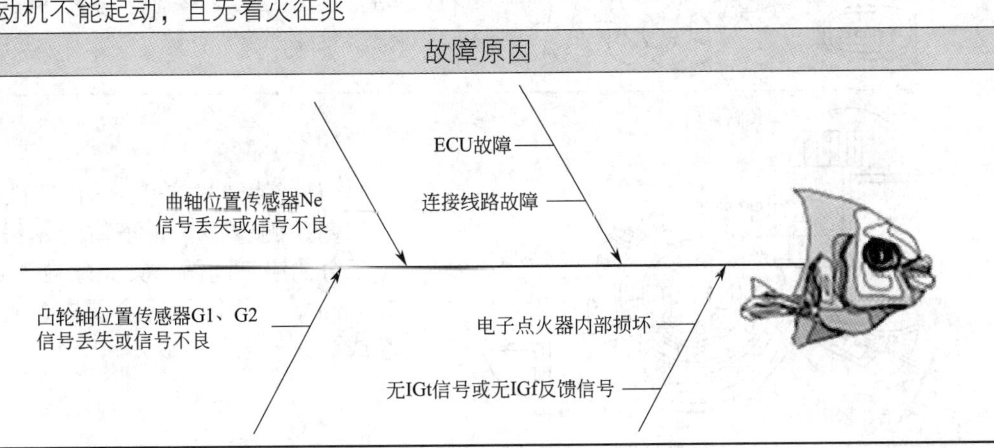

续表

故障诊断与排除	

1. 显示故障码 12（起动时无 Ne 信号或 G 信号 2 s 以上），应对曲轴位置传感器和凸轮轴位置传感器进行检测	
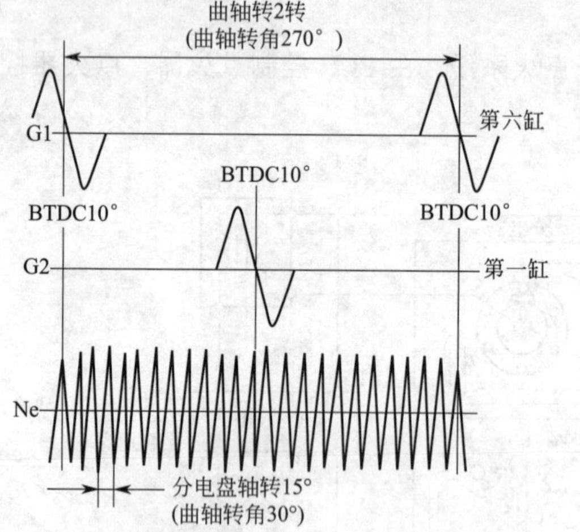	（1）曲轴位置传感器和凸轮轴位置传感器输出信号的检测 1）拆下分电器连接器插头 2）用示波器检测 Ne、G1、G2 的信号电压 3）起动发动机时，应有如左图所示的脉冲波形输出，进行下一步；若检测到的脉冲波形有异常或无脉冲波形，则应做进一步的检测
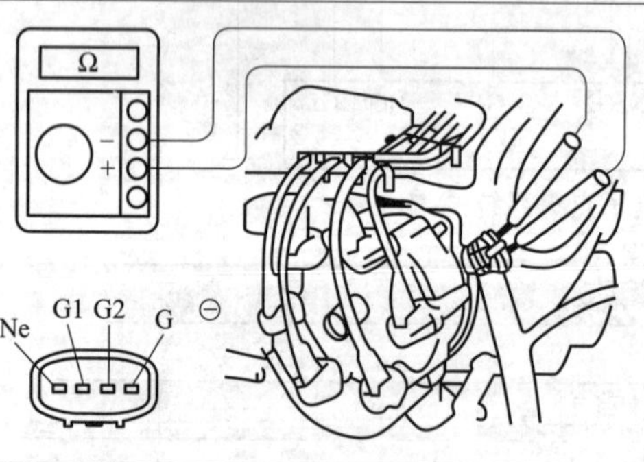	（2）曲轴位置传感器和凸轮轴位置传感器的检测 1）传感器电阻的检查 拔开传感器的导线连接器，用万用表欧姆挡测量传感器上各端子间的电阻，其值应符合要求。若不符，则应更换传感器
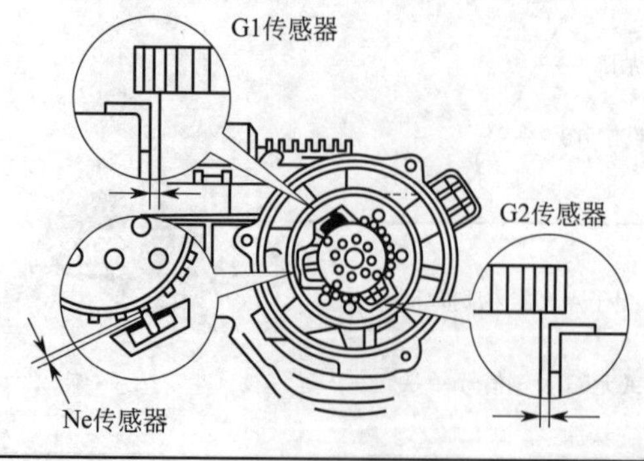	2）传感线圈与信号转子的间隙检查 用塞尺测量信号转子与传感线圈凸出部分的空气间隙，其间隙应为 0.2～0.4 mm。若间隙不符合要求，则应调整或更换分电器总成

续表

故障诊断与排除
2. 显示故障码 14（点火系统 IGt 或 IGf 信号不良），应对电子点火器、ECU 及 ECU 与电子点火器的连接线路进行检测 从分电器上拔下中央高压线，距离搭铁部位 5~6 mm；或插上跳火器，起动发动机，检查跳火情况 （1）若跳火检查火花正常 1）检查 ECU 与电子点火器之间 IGf 信号电路是否短路或断路，如有异常，应修理或更换配线或连接器 2）如检查线路情况正常，则拔下电子点火器线束连接器，打开点火开关，检查 IGf 端子的搭铁电压，标准值为 4.5~5 V。若不符，应检查或更换 ECU 3）若上述检查都正常，则故障在电子点火器，应更换 （2）若跳火检查无火花 检测 IGt 端子的搭铁电压。打开点火开关时，其标准值为 9~14 V；起动发动机时，其标准值为 0.5~1.0 V 1）若检查符合标准值 ①打开点火开关，检查电子点火器 IG 端子的电压，其值应等于蓄电池电压。若不符，应检查点火开关、电源熔丝 ②检查点火线圈连接电路 ③拔下点火线圈的线束连接器，用万用表检测点火线圈的电阻值，其阻值应符合标准。如不符，则应更换点火线圈 ④若上述检查都正常，则故障在电子点火器，应更换 2）若检查不符合标准值 ①检查 ECU 与电子点火器之间 IGt 信号电路有无短路或断路。若有异常，修理或更换配线或连接器 ②检查或更换 ECU

4. 电控电子点火系统（无分电器）

某发动机点火系采用电子控制无分电器电子点火系统。点火控制组件（N152）包括二

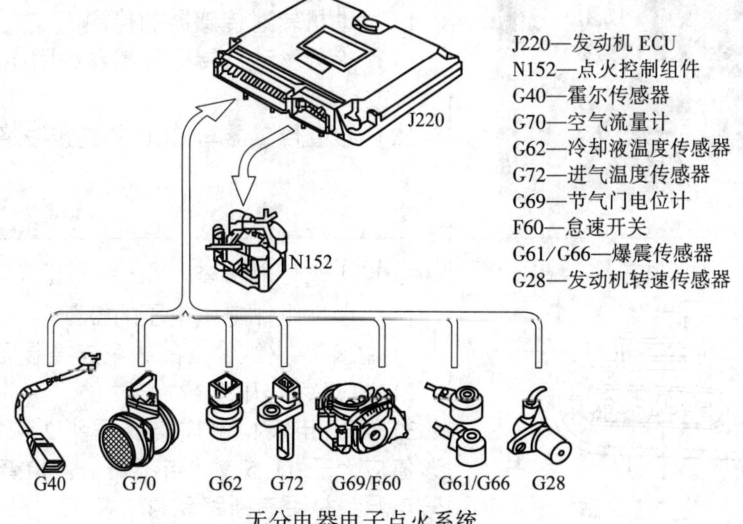

无分电器电子点火系统

个点火线圈和点火模块（N128）。在点火控制组件壳体上标有 A、B、C、D 高压插孔，分别对应 1、2、3、4 高压线。1、4 缸共用一个点火线圈，2、3 缸共用一个点火线圈。

故障现象
发动机不能起动，且无着火征兆

故障原因

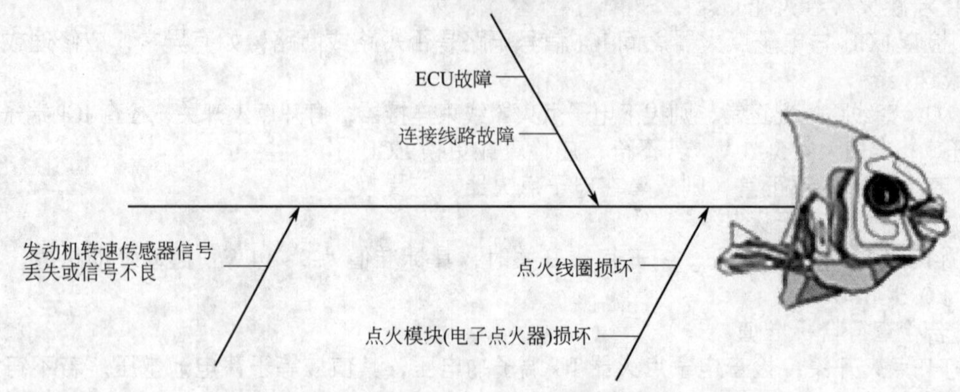

故障诊断与排除

	1. 发动机转速传感器的检测 （1）检测发动机转速传感器线圈电阻，若有异常，拆检或更换 （2）检查传感器与 ECU 的连接线路
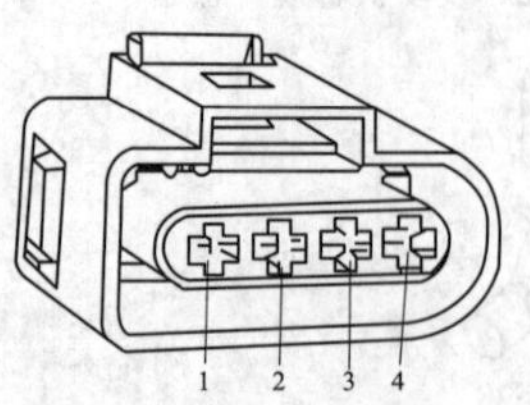	2. 点火组件的检查 （1）点火组件电源电压的检查 1）拔下点火组件上的线束连接器插头 2）打开点火开关 3）用万用表检测连接器插头 2 和 4 端子的电压，该值应大于 11.5 V。若不符，应检查点火线圈到 15 号电源线是否有断路现象

续表

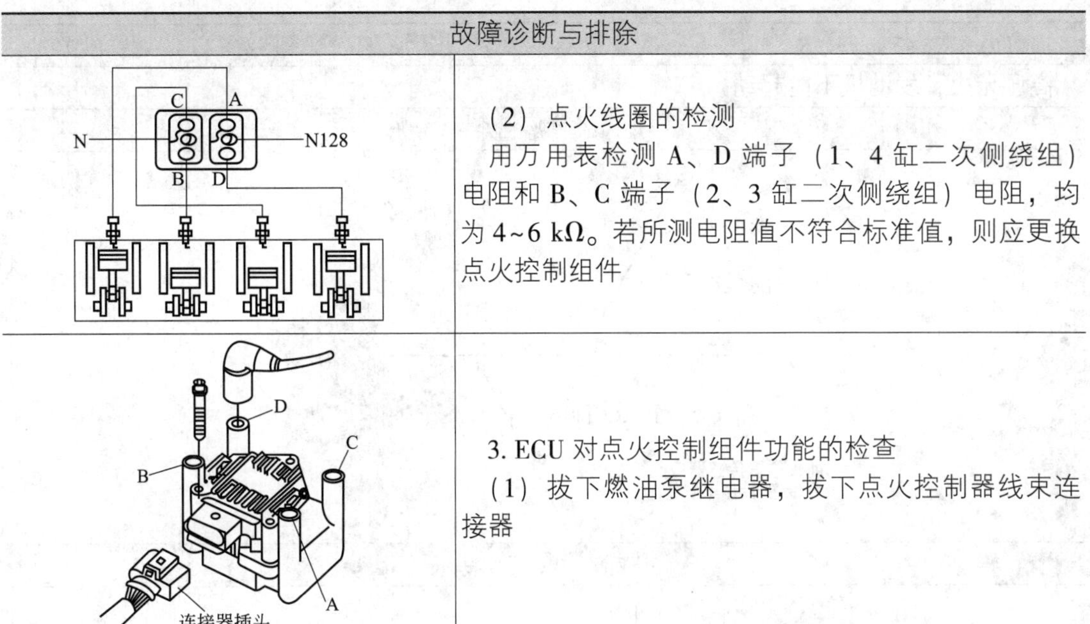

故障诊断与排除	
C A N N128 B D	（2）点火线圈的检测 用万用表检测 A、D 端子（1、4 缸二次侧绕组）电阻和 B、C 端子（2、3 缸二次侧绕组）电阻，均为 4~6 kΩ。若所测电阻值不符合标准值，则应更换点火控制组件
D C B A 连接器插头	3. ECU 对点火控制组件功能的检查 （1）拔下燃油泵继电器，拔下点火控制器线束连接器

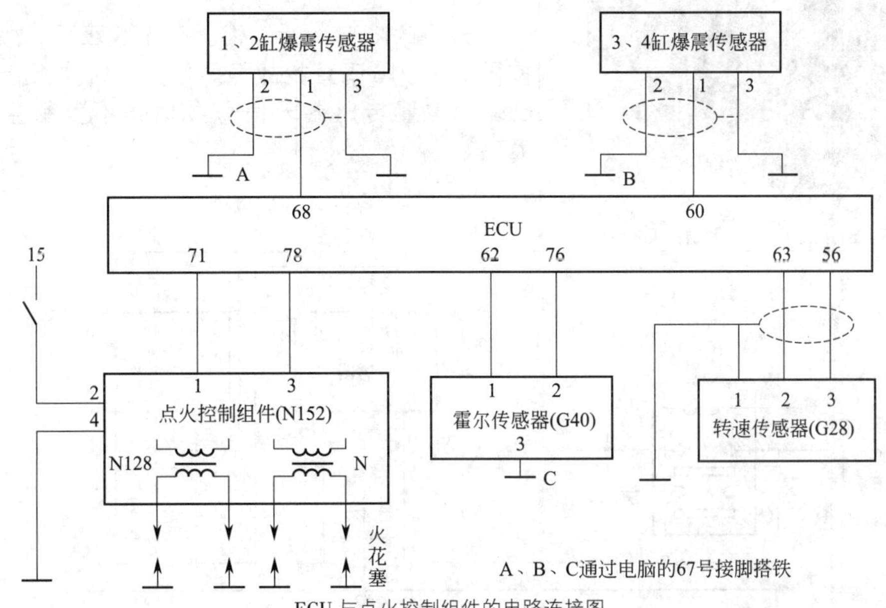

ECU 与点火控制组件的电路连接图

（2）用示波器或二极管检测灯，检测起动时点火控制器线束连接器插头 1 与 4 端子、3 与 4 端子，是否有点火脉冲信号或检测灯闪亮

1）点火脉冲信号正常或检测灯闪亮，说明 ECU 的点火功能正常，故障在点火控制器，应更换

2）无点火脉冲信号或检测灯不闪亮，说明 ECU 至点火控制组件之间连接导线存在故障或 ECU 存在故障。检查连接导线或更换 ECU

5. 电子控制直接点火系统

某轿车发动机点火系统属于无分电器电子控制直接点火系统，每缸设有一个点火控制器和一个点火线圈。一个点火控制器和一个点火线圈组合安装在一起，采用光电式曲轴位置传

感器和凸轮轴位置传感器。

故障现象
高压无火，发动机不能起动

故障原因

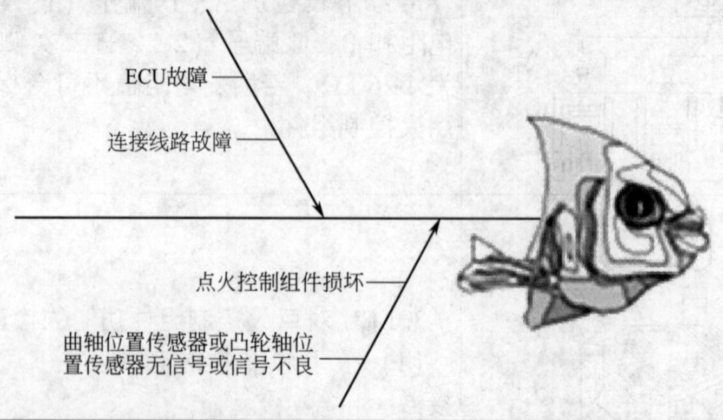

故障诊断与排除

1. 进行故障自诊断，检查有无故障码。如有，则按显示的故障码查找故障原因。曲轴位置传感器或凸轮轴位置传感器无信号或信号不良都会出现故障码

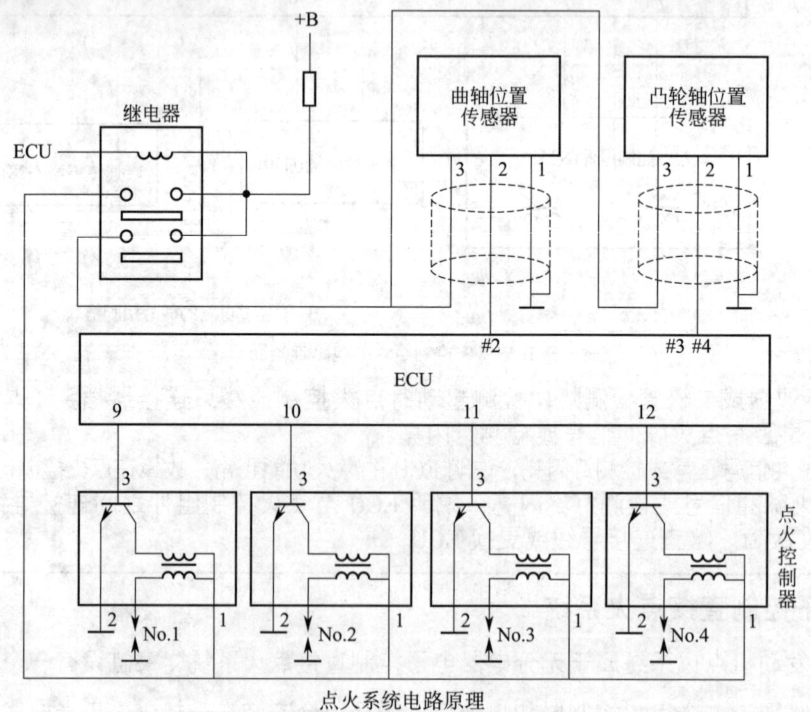

点火系统电路原理

续表

故障诊断与排除
2. 点火控制组件的检测 点火控制组件包括点火控制器和点火线圈 （1）用万用表电压挡检测点火控制器端子 1 与火花塞插孔之间点火线圈二次侧的电阻值，应为几千欧姆。若不符，应更换点火控制组件 （2）用万用表电压挡检测点火控制器端子 1 与搭铁的电压，应为 12 V。若不符，应检查继电器和熔丝，若有异常，应更换 3. ECU 对点火控制组件功能的检查 （1）关闭点火开关，拔下点火控制器线束连接器 （2）用示波器或二极管检测灯分别检测起动时各缸点火控制器线束连接器插头 3 与端子 2 是否有点火脉冲信号或检测灯是否闪亮 1）点火脉冲信号正常或检测灯闪亮，说明 ECU 的点火功能正常，故障在点火控制器，应予以更换 2）无点火脉冲信号或检测灯不闪亮，说明 ECU 至点火控制组件之间连接导线存在故障或 ECU 存在故障。检查连接导线或更换 ECU

故障 2　高压无火

故障现象

☞发动机不能起动，无着火征兆

☞带有电流表的汽车，起动发动机，电流表指示正常

故障原因

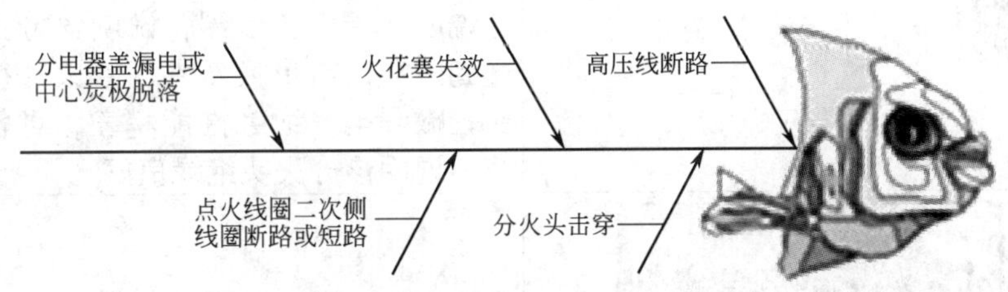

故障诊断与排除

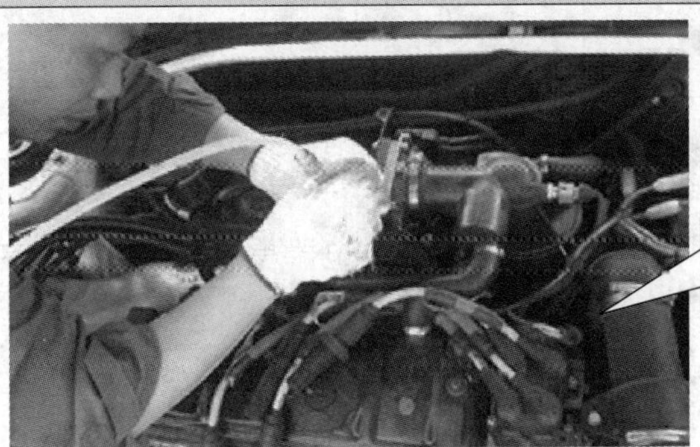

续表

故障诊断与排除	
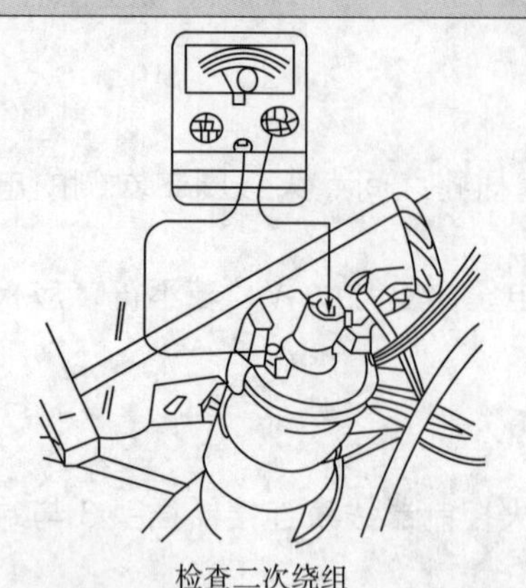 检查二次绕组	1. 无火 （1）检查点火线圈二次绕组的电阻。若电阻值不符合规定值，更换点火线圈
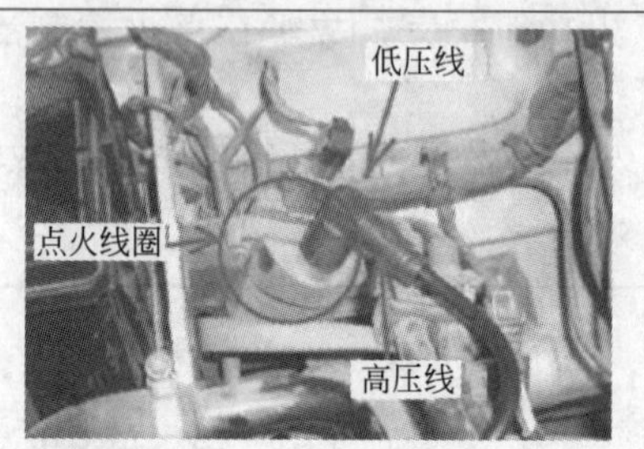	（2）检查中央高压线是否断路。如有异常，应更换
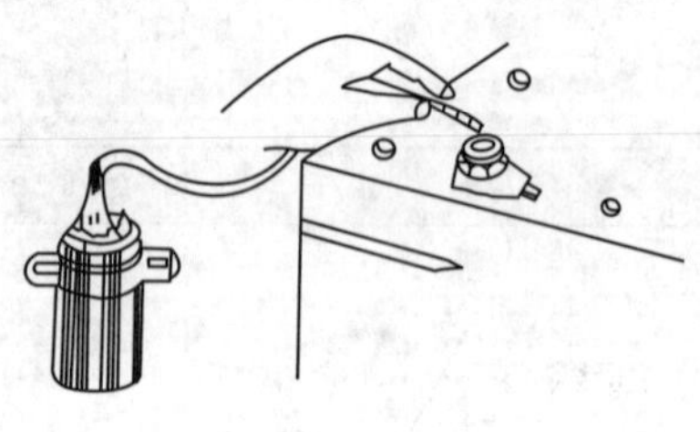	2. 有火 （1）检查分火头是否击穿 将分火头平放在缸盖上，并使导电片与缸盖接触。将总火线从分电器盖上拔出，使其端头对准分火头孔底约 5~7 mm。打开点火开关并转动发动机曲轴，观察该间隙处有无火花 说明：若火花强烈，说明该分火头被击穿，绝缘遭到破坏，需更换新件；若火花微弱，说明该分火头轻微漏电，绝缘性能稍差，可暂时使用；若无火花，说明该分火头绝缘良好
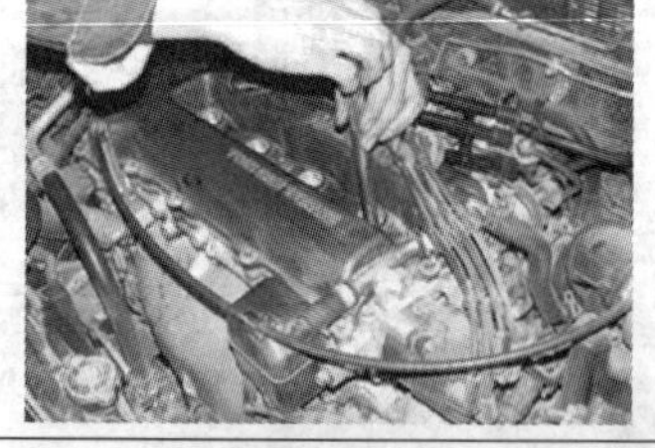	（2）检查高压分线是否老化漏电，是否断路
	（3）检查分电器盖中心炭极是否完好，盖体是否裂损或窜电

续表

故障诊断与排除	
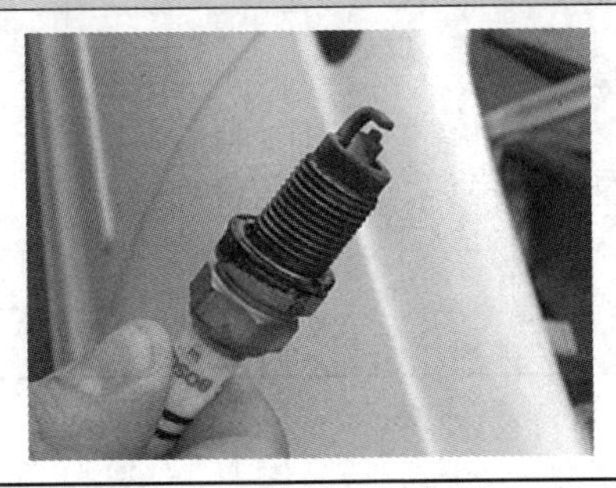	（4）检查火花塞是否漏电，电极是否潮湿或积炭过多，间隙是否符合标准（一般为 0.7～1.2 mm）。若不符，应调整或更换

故障 3　高压火弱

故障现象

☞发动机不易起动，起动后发动机沉闷无力、运转不均匀

☞排气管冒黑烟并伴有“突、突”声

☞发动机温度过高，怠速不稳易熄火

故障原因

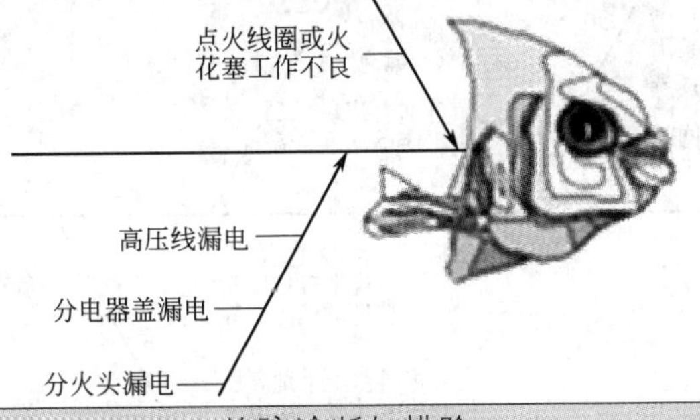

故障诊断与排除	
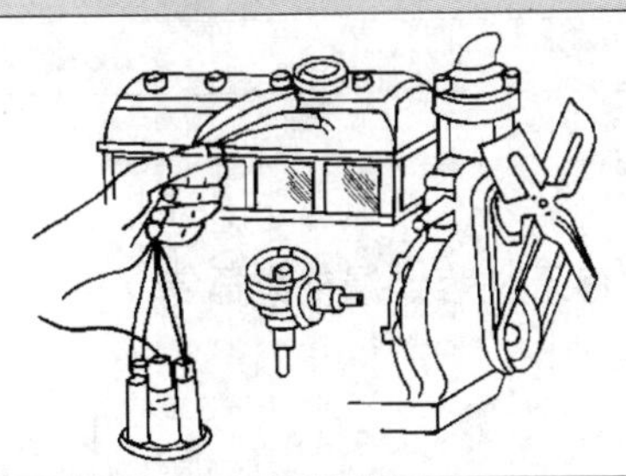	1. 检查分电器盖是否漏电、窜电 将分电器盖拆下并悬空。拔下连接火花塞的分火线，使其端头距离缸盖约 6 mm。接通点火开关，转动发动机曲轴，注意观察各缸分火线跳火情况。若某根分火线跳火，说明分电器盖上有裂纹或砂眼而造成窜电，应更换
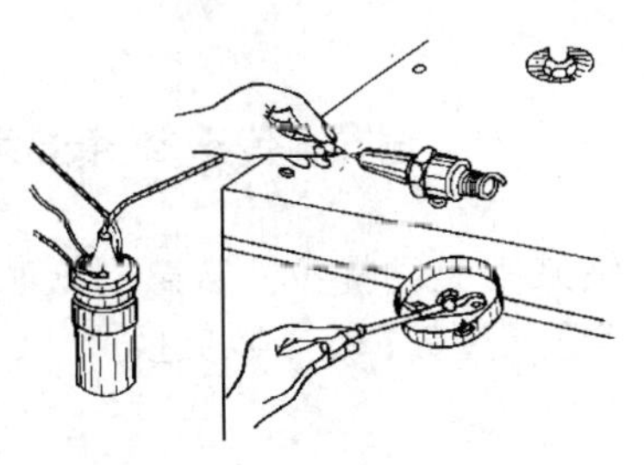	2. 检查火花塞的工作性能是否良好，如有异常，应更换 从分电器中央插孔内拔出中央高压线，将其端头对准从发动机上拆下，放置在缸体上的火花塞尾部，并距其约 6 mm，然后打开点火开关，转动发动机，同时观察火花塞的跳火情况。若火花强烈，说明火花塞性能良好；若无火或火弱，说明火花塞有故障，应更换

续表

故障诊断与排除	
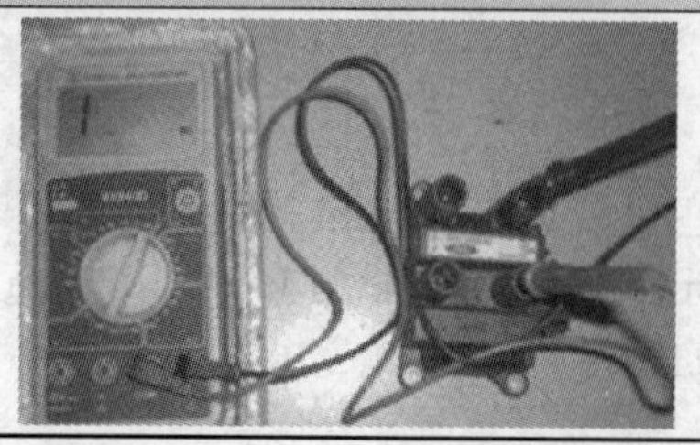	3. 检查点火线圈是否良好，有问题应更换

故障4　个别缸不工作

故障现象

☞发动机在各种转速运转时，排气管均发出有节奏的“突突”声

☞发动机运转不稳、抖动

☞有时有“回火”“放炮”现象，排气管冒黑烟

☞动力下降，怠速不稳，易熄火

故障原因

无分电器点火系采用双点火线圈点火系统，其中一个点火线圈损坏、高压分线断路、火花塞间隙过大，造成两个缸不工作

个别缸高压分线脱落或漏电

个别火花塞工作不良

分电器轴松旷偏摆，传感器信号齿轮缺齿

分电器盖上个别高压分线插孔漏电或窜电

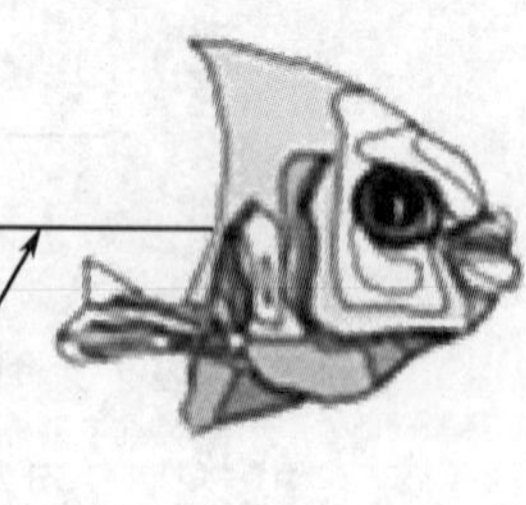

故障诊断与排除	
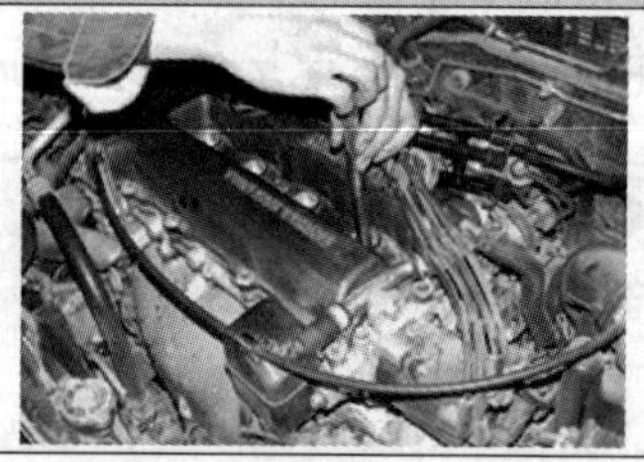	1. 检查高压分线有无脱落、漏电或插错
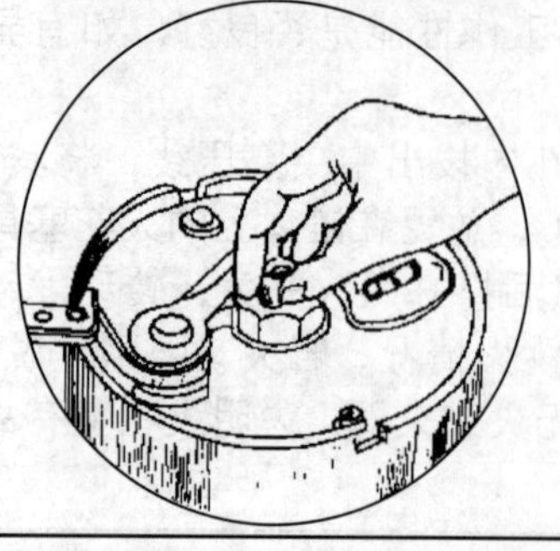	2. 检查分电器轴是否松旷偏摆，传感器信号齿轮是否缺齿 用手捏住分电器轴来回晃动提拉，若感到松旷严重，说明分电器衬套磨损过甚，应予以更换

续表

故障诊断与排除	
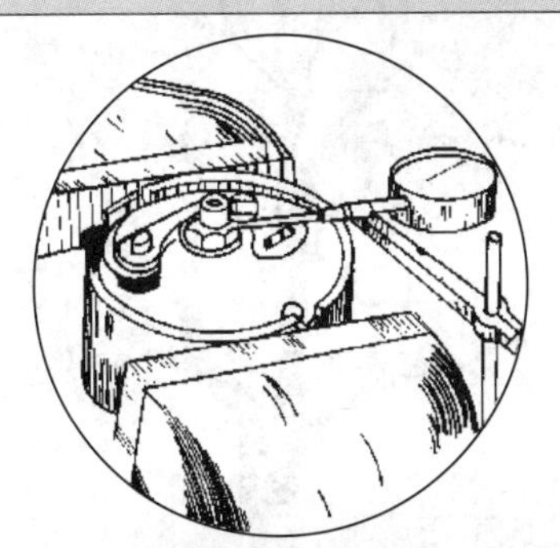	用百分表测量分电器轴径向间隙，其间隙值应不超过0.7 mm，否则应更换
	3. 检查不工作缸分电器盖的旁插孔或高压分线是否漏电
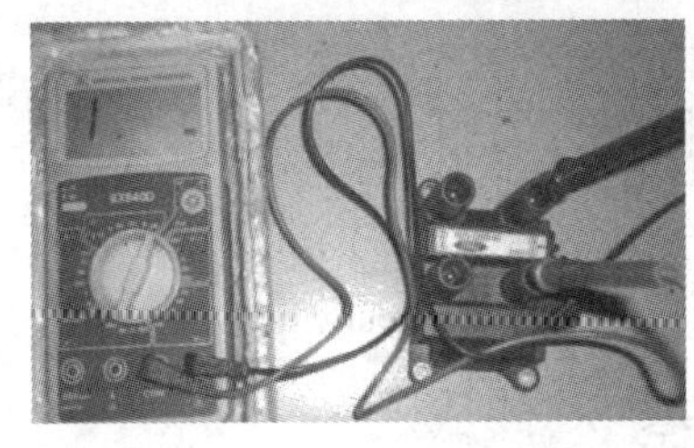	4. 检查点火线圈、高压分线。如有异常，应更换

§2—3 汽油机油、电路综合故障诊断与排除

学习目标

1. 掌握故障树分析法。
2. 熟悉汽油机油、电路综合故障的现象、原因。
3. 能够对汽油机油、电路综合故障进行诊断与排除。

相关知识

故障树分析法

故障树分析法是一种图形演绎方法，它以系统故障作为分析对象，通过对可能造

成故障症状的各种原因进行分析，用图形表示其发生原因的逻辑关系，列出故障症状与故障原因的相互关系。

对发生的故障事件从总体到部分，从系统到元件按树枝状做逐级展开的细化分析，进一步判明基本故障，确定故障原因、故障影响和发生概率以及分析系统可靠性的方法，称为故障树分析法。

由故障症状、故障原因的层级关系，确定从顶端到中间，再到底端事件的全部事件列表在故障树中，首先要分析的系统故障事件称为顶端事件，在汽车故障中顶端事件是指最初故障症状；其次，把不能再分开的基本事件称为底端事件；最后，把其他事件称为中间事件。故障树是由第一层顶端事件，多层中间事件，最后一层底端事件构成的。

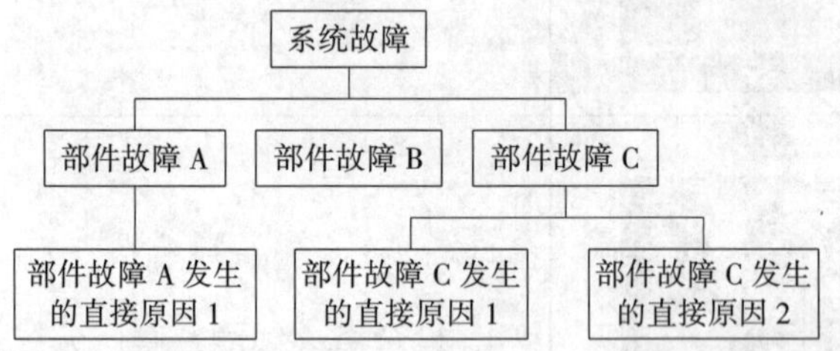

注意：故障树中的底端事件不是最终故障原因，而仅仅是最小故障点。

常见故障诊断与排除

故障 1　发动机起动困难

故障现象
起动时曲轴转动速度正常，但需要较长时间才能起动，或有明显着车征兆而不能起动

续表

故障原因

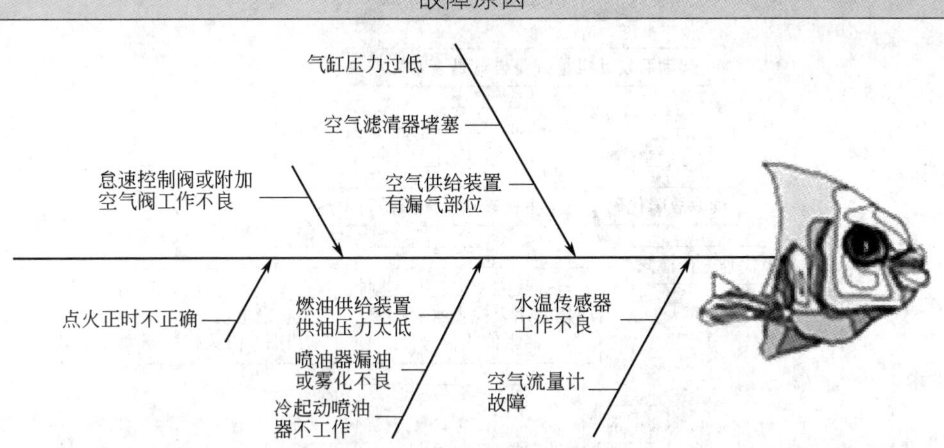

故障诊断与排除

对于起动困难的故障，应分清是在冷车时出现还是在热车时出现，或者不论冷车、热车时均出现

所谓冷车起动困难是指冷车起动时需要几次才能起动着车，而热车起动时较容易着车。冷车起动困难的故障原因主要有冷起动喷油器不喷油、水温传感器故障、进气温度传感器故障、喷油器雾化不良、怠速控制阀或辅助空气阀故障。其诊断步骤如下：

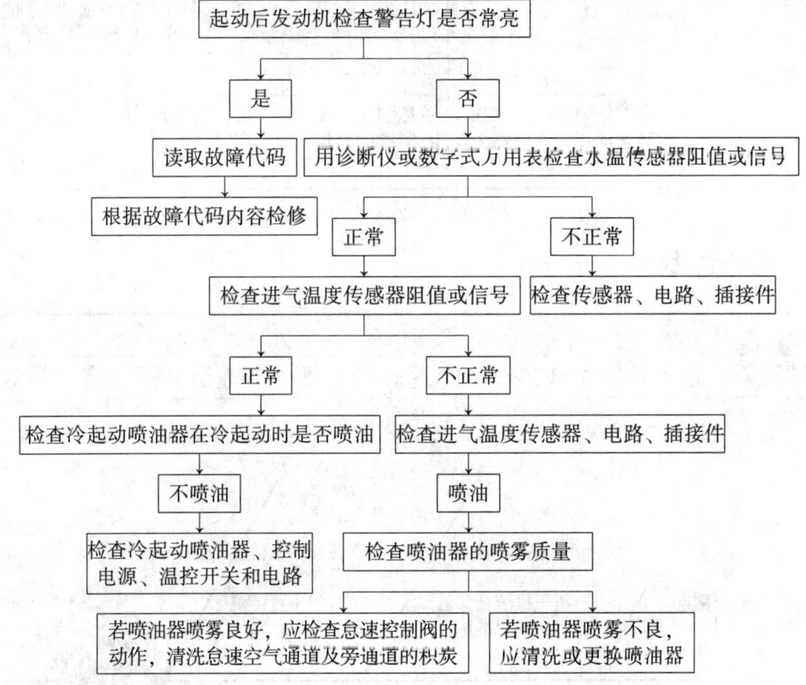

所谓热车起动困难是指冷车起动正常，而热车起动困难，甚至不能起动

热车起动困难的原因有水温传感器故障、进气温度传感器故障、个别喷油器漏油或严重雾化不良、冷起动喷油器漏油、怠速控制故障、燃油压力过高、点火线圈故障、点火控制器故障等。其诊断步骤如下：

续表

故障诊断与排除
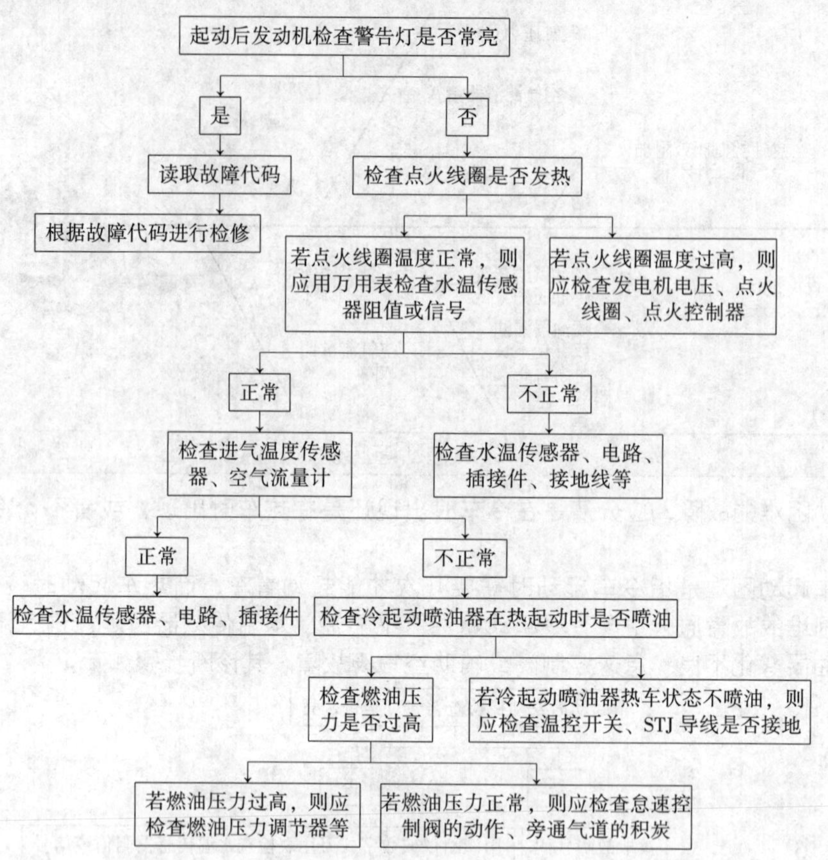

故障 2　怠速过低

故障现象
发动机起动正常，但不论冷车或热车，怠速转速过低，怠速运转不稳定，易熄火
故障原因
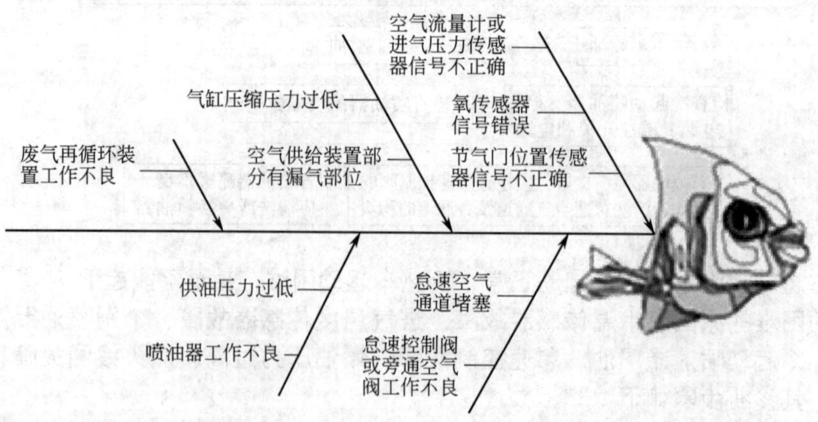

续表

故障诊断与排除
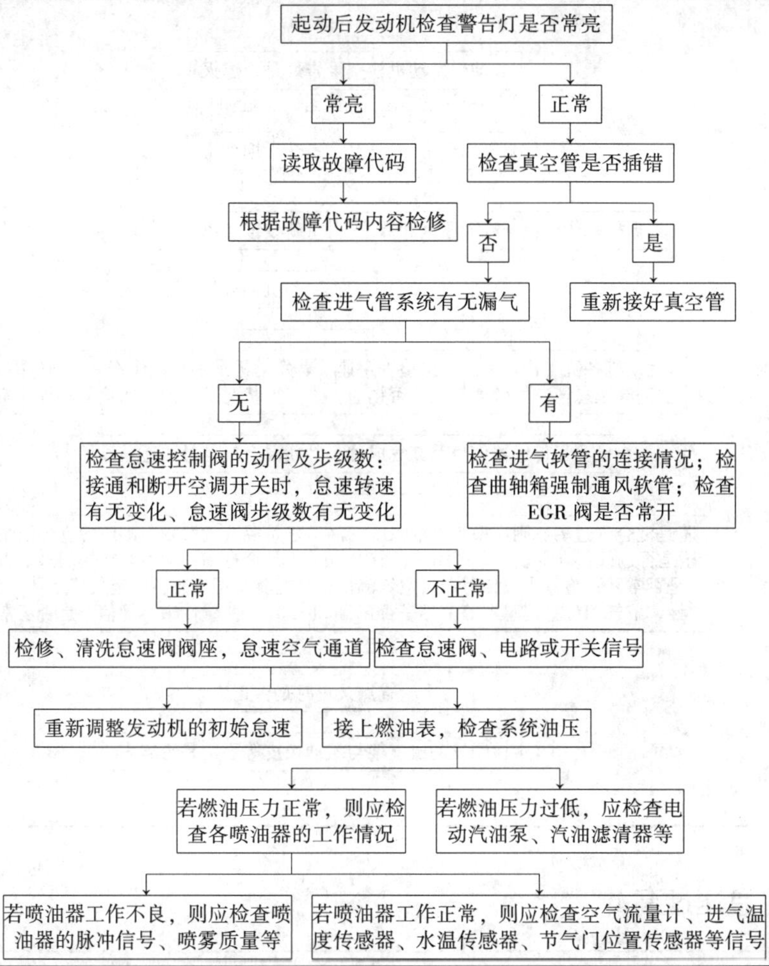 起动后发动机检查警告灯是否常亮 → 常亮 → 读取故障代码 → 根据故障代码内容检修 → 正常 → 检查真空管是否插错 　→ 是 → 重新接好真空管 　→ 否 → 检查进气管系统有无漏气 　　→ 有 → 检查进气软管的连接情况；检查曲轴箱强制通风软管；检查EGR阀是否常开 　　→ 无 → 检查怠速控制阀的动作及步级数：接通和断开空调开关时，怠速转速有无变化、怠速阀步级数有无变化 　　　→ 正常 → 检修、清洗怠速阀阀座，怠速空气通道 　　　→ 不正常 → 检查怠速阀、电路或开关信号 　　　　→ 重新调整发动机的初始怠速 　　　　→ 接上燃油表，检查系统油压 　　　　　→ 若燃油压力过低，应检查电动汽油泵、汽油滤清器等 　　　　　→ 若燃油压力正常，则应检查各喷油器的工作情况 　　　　　　→ 若喷油器工作不良，则应检查喷油器的脉冲信号、喷雾质量等 　　　　　　→ 若喷油器工作正常，则应检查空气流量计、进气温度传感器、水温传感器、节气门位置传感器等信号

故障3　怠速抖动与喘车

故障现象
怠速抖动是指发动机怠速运转时机体抖动且转速表上下快速抖动；怠速喘车是指怠速运转时发动机转速忽高忽低
故障原因
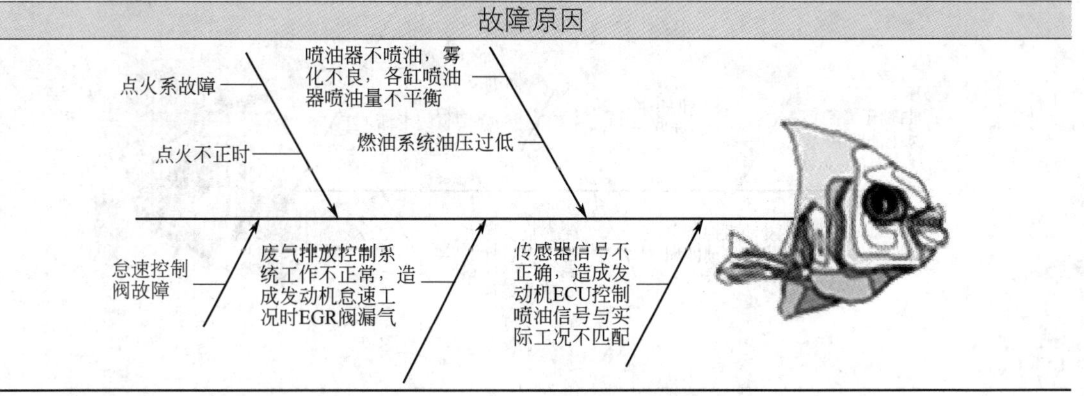

续表

故障诊断与排除

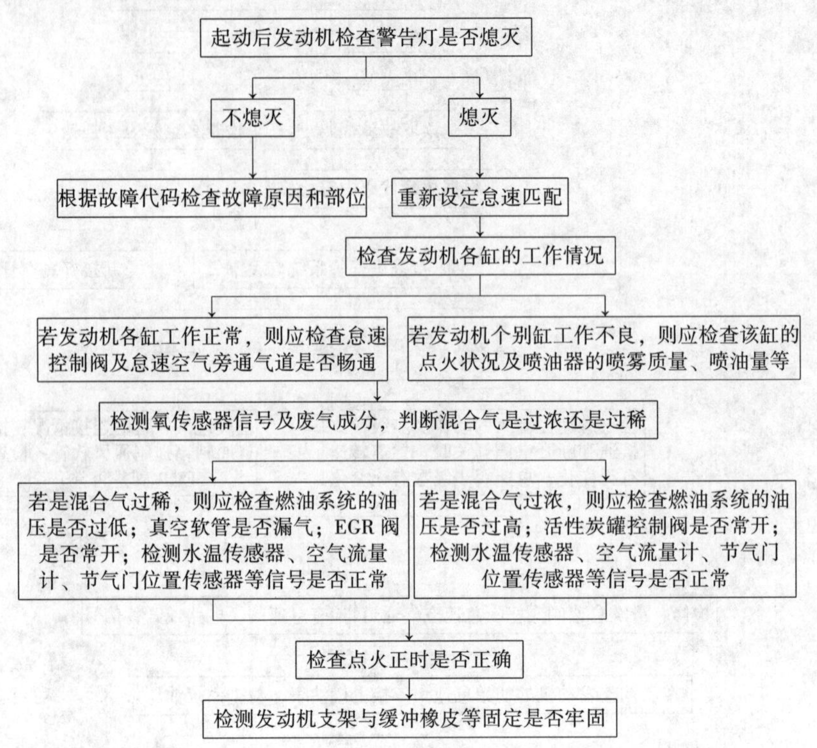

故障 4 怠速过高

故障现象

发动机冷车时能以正常快怠速运转，但热车后仍保持快怠速，导致怠速过高

故障原因

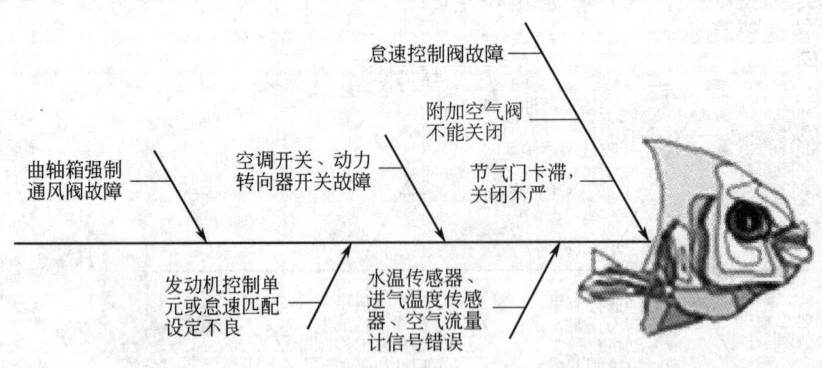

续表

故障诊断与排除

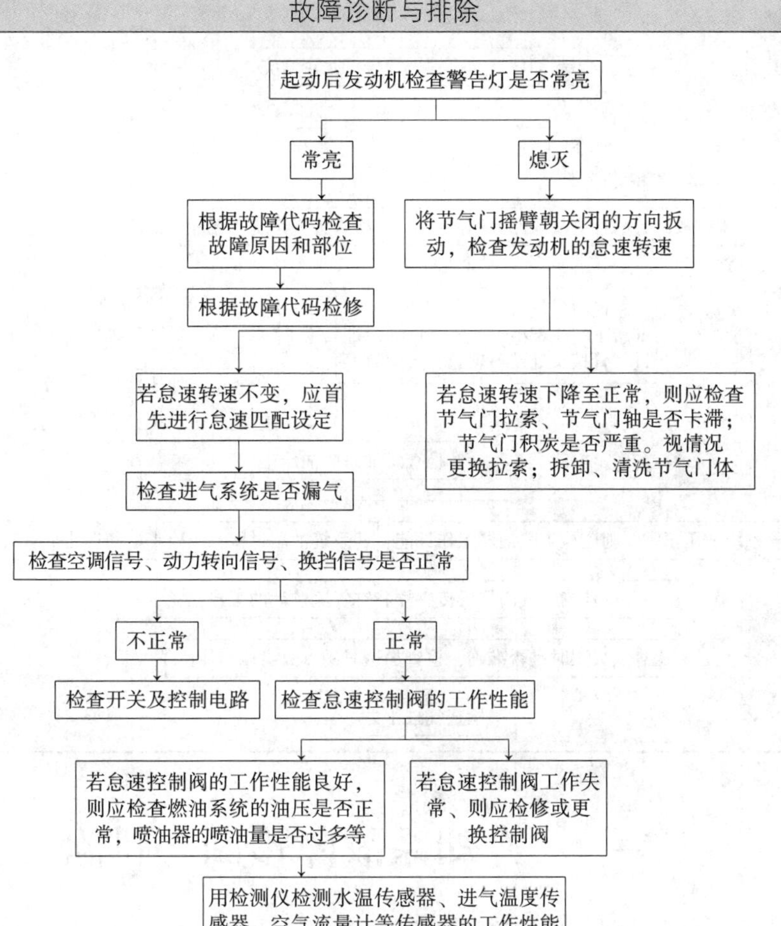

故障 5　发动机动力不足

故障现象

☞发动机无负荷运转时基本正常，但带负荷运转时加速缓慢，上坡无力，加速踏板踩到底时仍感到动力不足，转速不能提高，车速达不到最高车速

☞踩下加速踏板后发动机加速有迟滞现象，在加速过程中发动机有轻微的波动

故障原因

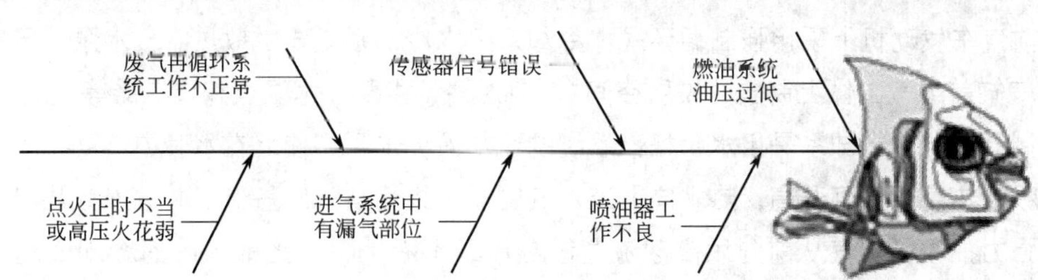

续表

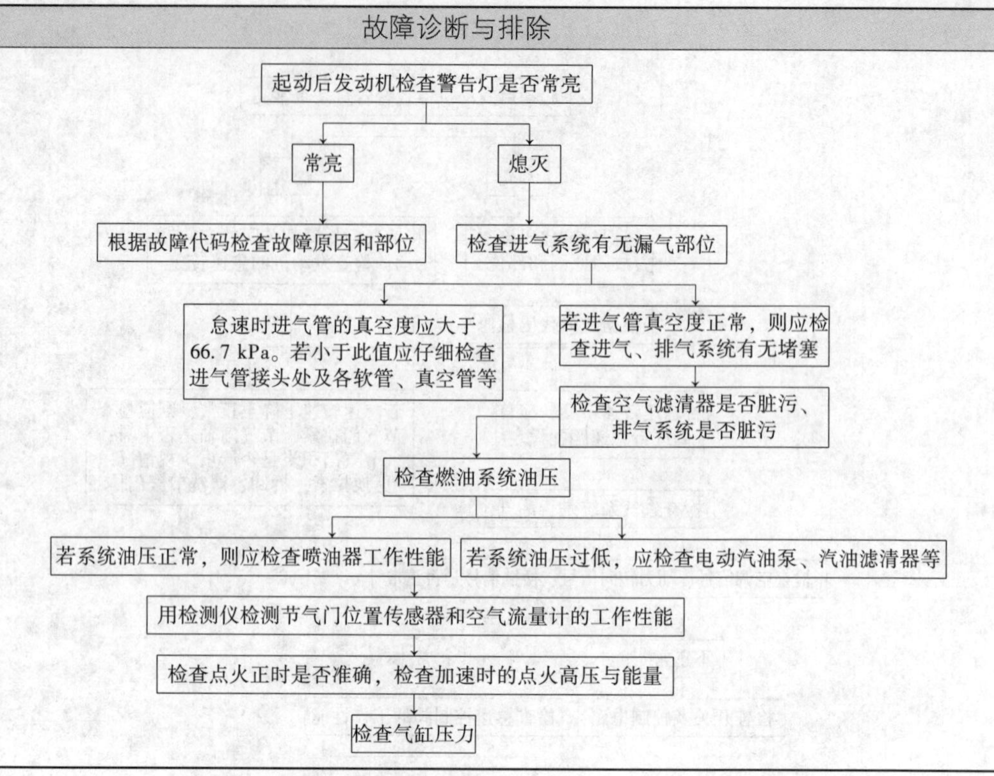

§2—4 冷却系故障诊断与排除

学习目标

1. 熟悉冷却系的组成。
2. 了解冷却系常见故障现象、原因。
3. 能够对冷却系常见故障进行诊断与排除。

相关知识

冷却系组成

目前汽车发动机上采用强制循环式水冷却系。水冷却系主要由散热器、水泵、风扇、水套（在气缸盖或气缸体上制出的夹层空间）、节温器、水管、水温表和传感器等组成。

强制循环式水冷却系是用水泵把该系统的冷却液体加压，使之在水套中流动，冷却液从气缸壁吸收热量，温度升高，热水向上流入气缸盖，继而从气缸盖流出并进入散热器。由于风扇的强力抽吸，空气从前向后高速流过散热器，不断地将流经散热器的冷却液的热量带走。冷却后的冷却液由水泵从散热器底部重新泵入水套，冷却液在冷却系中不断循环。

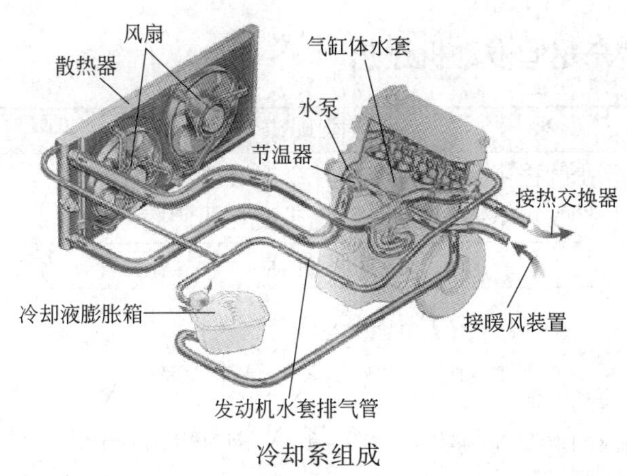

冷却系组成

通常，冷却液在冷却系内的循环流动路线有两条，一条为大循环，另一条为小循环。

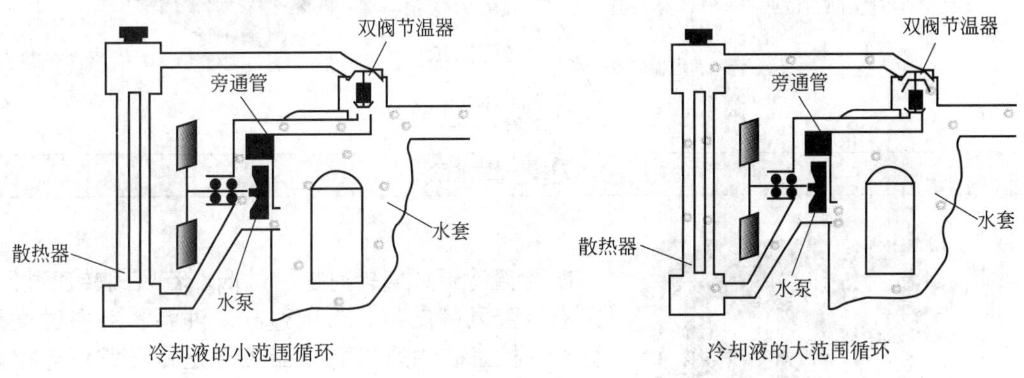

水冷系统的大、小循环

冷却液经水泵→水套→节温器后不经散热器，而直接由水泵压入水套的循环，其水流路线短，散热强度小，称为水冷却系的小循环。

冷却液经水泵→水套→节温器→散热器，又经水泵压入水套的循环，其水流路线长，散热强度大，称为水冷却系的大循环。

常见故障诊断与排除

故障 1 冷却液充足但发动机过热

故障现象

☞冷却液充足，但行驶过程中发动机无力，冷却液温度过高

☞汽车行驶中发动机温度正常，一旦停车冷却液立即沸腾

故障原因

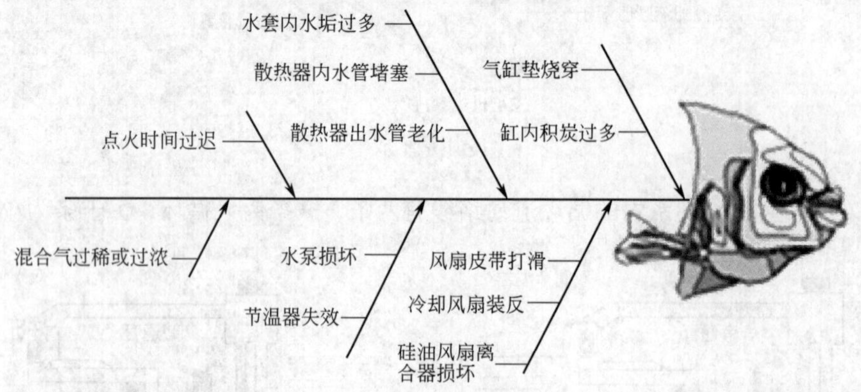

故障诊断与排除

	1. 检查冷却风扇转速是否过低。若风扇转速过低，则应检查风扇皮带是否因过松、油污、磨损过度而打滑；检查硅油风扇离合器工作是否正常；电控风扇的热敏开关、直流电动机、控制电路工作是否良好
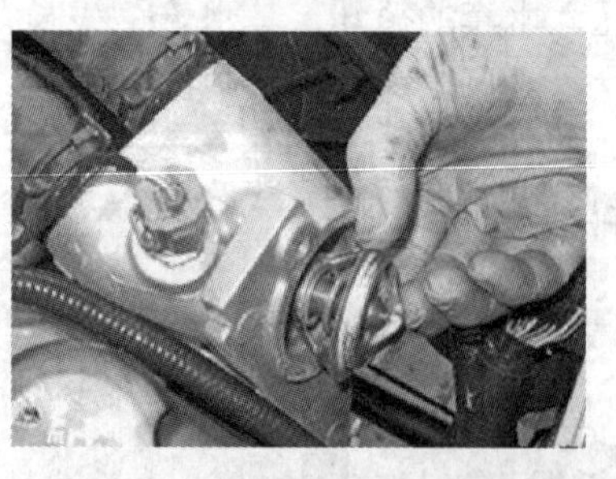	2. 检测散热器及发动机的温度。若散热器温度过低，而发动机温度过高，说明冷却液循环不良。逐渐提高发动机的转速，观察散热器出水胶管是否被吸瘪。若胶管被吸瘪，说明散热器的进水管堵塞严重，应进行清洗。若散热器出水管良好，则应拆下散热器进水管，提高发动机的转速，冷却液应有力地喷出，否则说明水泵或节温器有故障。拆下节温器重复试验，若排水量明显增加，则应进一步检查水泵的工作性能、气缸体内的水垢是否过厚过多等
	3. 散热器进水管冷却液喷出有力，则应检查散热器各部位温度是否均匀。如果散热器冷热不均，则应检查散热器芯管是否堵塞

续表

故障诊断与排除	
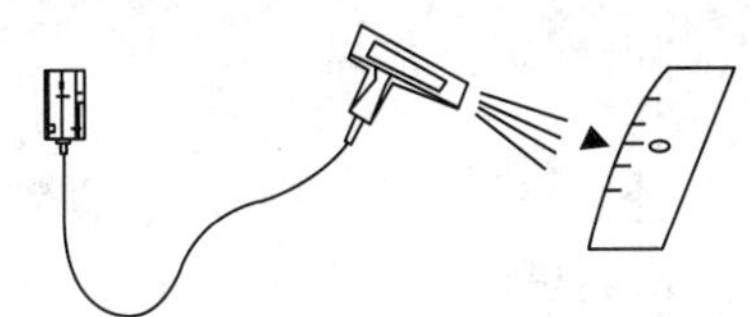	4. 若以上检查正常，在水温过高的同时，发动机动力明显下降，则应检查点火时间是否正确；混合气是否过稀、燃烧室积炭是否过多等
	5. 对于长期未清洗水垢的发动机，应检查水套内积垢是否过厚。检查方法是：将冷却液全部放出，再加满冷却液并测量注入冷却液的体积。若比规定量明显减少，则减少的体积即为水垢所占据的容积。若水垢过厚，则应对发动机进行清洗
	6. 若发动机及冷却液温度正常，而水温表指示水温过高，则应检查水温表、冷却液温度传感器及控制电路是否正常

故障 2　冷却液不足使发动机过热

故障现象
发动机冷却系容纳不了规定的冷却液量，或在运行中冷却液消耗异常，使发动机过热
故障原因
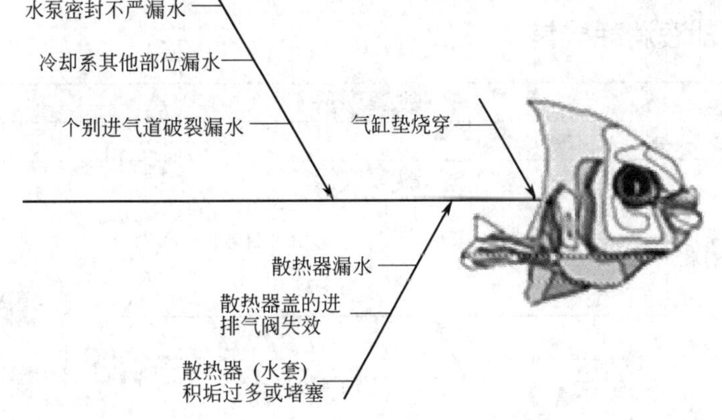

续表

故障诊断与排除	
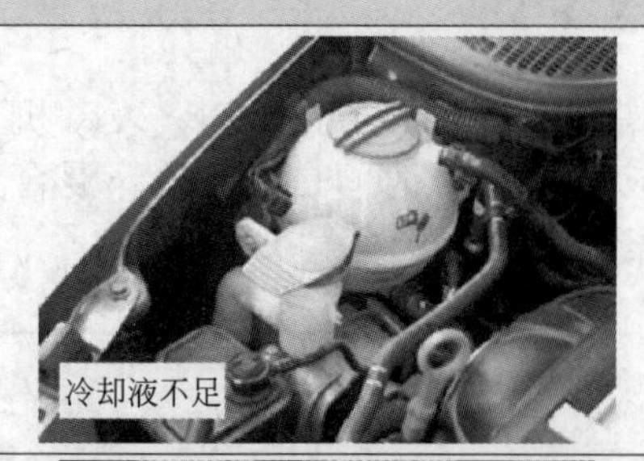	1. 首先检查冷却系中的冷却液容量。若冷却液液位正常，则应检查冷却系内的水垢是否过多
	2. 冷却液液位过低（冷却液液位应在“MAX”与“MIN”之间），应检查冷却系是否存在泄漏部位。观察散热器、软管和水泵等是否有泄漏部位
	3. 加入适量的冷却液（高温时不超过“MAX”，发动机冷态时不低于“MIN”），起动发动机，观察散热盖的密封状况
	4. 若冷却系外部无漏水部位，则应检查冷却系是否存在内漏现象。拆下风扇皮带，停止水泵转动，起动发动机怠速运转，在散热器注液口处检查是否有气泡出现；检查排气管处的发动机尾气是否呈水气状；检查发动机是否有工作不良的气缸；拆下工作不良缸的火花塞，检查火花塞电极处是否存在水珠。若有上述现象存在，则应检查发动机的气缸垫是否损坏，水道与气缸间是否相通。拔出机油标尺，检查油底壳内的机油中是否有水，同时检查冷却液中是否出现油珠。若机油中掺入了水分，冷却液中应有油珠出现，应检查气缸垫是否损坏

故障 3　冷却液消耗异常

故障现象
汽车行驶中冷却液异常消耗
故障原因

冷却系其他部位漏水
水泵水封损坏
进出水管破裂
气缸垫水道孔与气缸窜通
散热器漏水

续表

故障诊断与排除	
	1. 发动机运转状态下，首先检查冷却系外部是否漏水
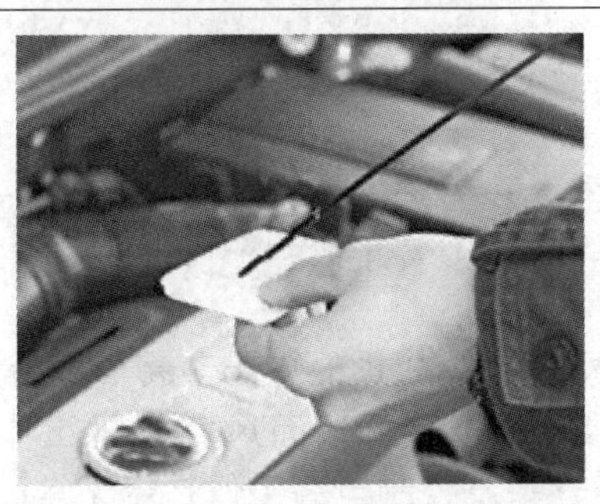	2. 若外部无漏水部位，则应检查排气管处的尾气状态。若尾气中含有水蒸气，且散热器盖处有水溢出，拔出机油尺发现机油中有水，则为水套破裂或气缸垫水道孔破损，致使冷却液进入气缸及曲轴箱

故障4 冷却液温度过低

故障现象
汽车冬季行驶时冷却液长时间温度过低，发动机起动困难，汽车行驶无力，消声器有时出现放炮声

故障原因
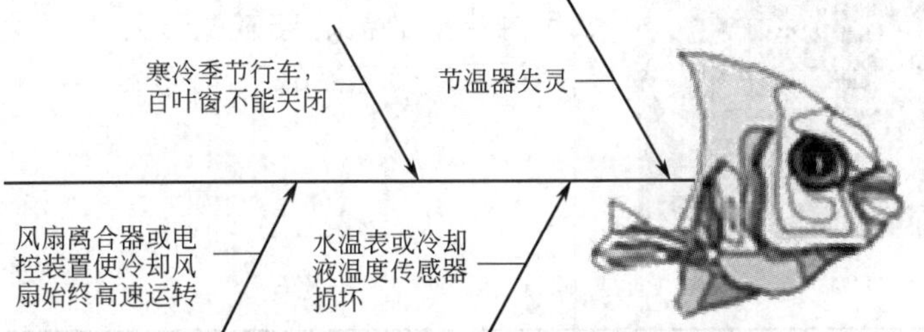

故障诊断与排除	
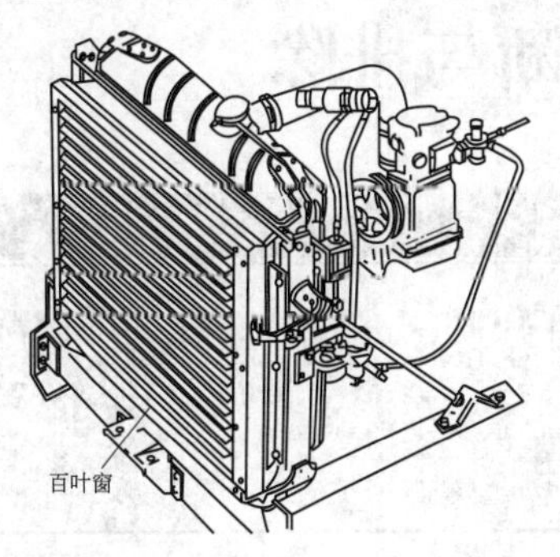	1. 在冬季行车时，首先检查百叶窗是否开闭自如。若百叶窗不能关闭，则应检查拉杆机构运动是否灵活或调整是否正常

续表

故障诊断与排除	
	2. 在冷却液温度较低时，使发动机处于怠速运转状态，检查冷却液是否进行大循环。若冷却液进行大循环，则应检查节温器是否失灵
	3. 对安装电控风扇的冷却系，应检查冷却风扇的转动状况。若冷却液温度较低，而风扇处于工作状态，则应检查温控开关及控制电路工作是否正常
	4. 上述检查正常，而水温表指示温度较低，可用手触摸散热器。若感觉冷却液温度不低，则应检查水温表或传感器的工作是否正常

§2—5　润滑系故障诊断与排除

学习目标

1. 熟悉润滑系的组成。
2. 了解润滑系常见故障现象、原因。
3. 能够对润滑系常见故障进行诊断与排除。

相关知识

润滑系组成

润滑系统一般由机油泵、油底壳、机油滤清器、机油散热器、各种阀、传感器和机油压力指示器等组成。机油泵将润滑油送到润滑部位后，机油再滴回油底壳，如此往复循环润滑。

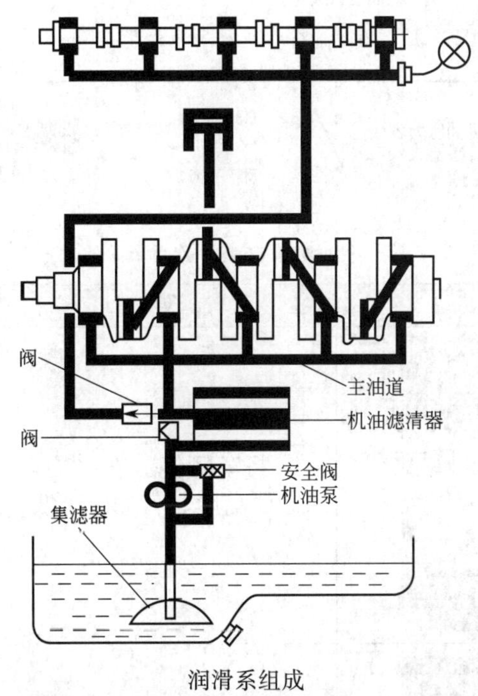

润滑系组成

常见故障诊断与排除

故障1 机油压力过低

故障现象

☞发动机怠速运转时，机油压力表指示压力过低或机油警示灯亮
☞发动机转速高达一定程度时，报警灯闪亮，蜂鸣器报警

故障原因

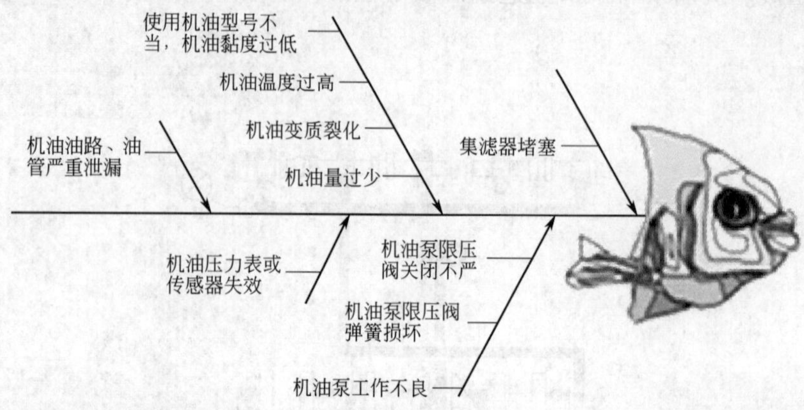

故障诊断与排除

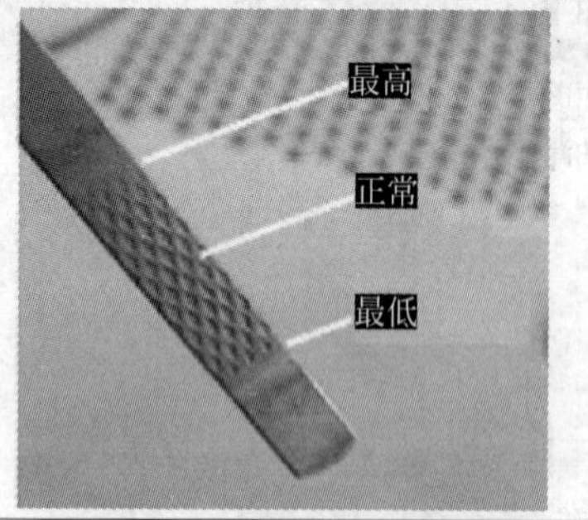	1. 将车辆停放在平坦地面上，拔出油尺，检查机油油面高度。若油面过低，应加注机油
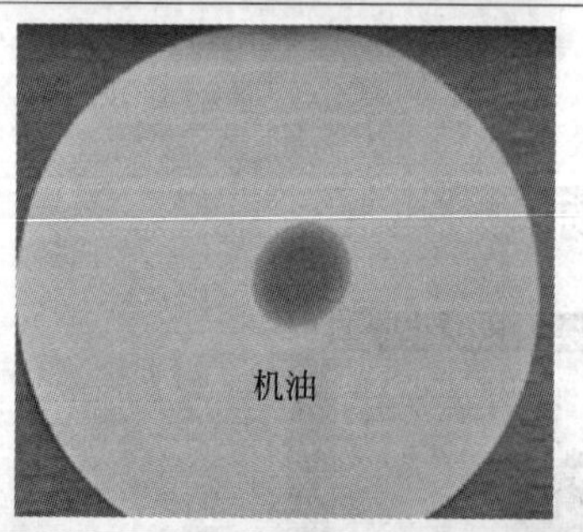	2. 观察油尺上机油颜色，若呈现乳白色，说明机油渗入水分已变质，黏度下降使油压偏低，应给予更换
	3. 拆下机油压力传感器，装上机油压力检测表，若机油压力达到规定值，而机油压力表指示的油压过低（或机油警示灯不灭），说明机油压力传感器或机油压力表故障。换上新的机油压力传感器，起动发动机怠速运行，若机油压力表指示正常（或机油警示灯灭），则机油压力传感器故障。若故障现象依旧，表明机油压力表故障

续表

故障诊断与排除	
	4. 若机油压力表指示的机油压力在怠速、2 000 r/min时均低于规定值，应将检测表安装在气缸体主油道机油压力传感器位置上，起动发动机，检测机油压力。若压力仍高于规定值，说明滤清器至主油道间有堵塞或限压阀故障；若压力无多大变化且较低，应拆下限压阀清洗，在弹簧后端面加装垫片后重新进行压力检测；若机油压力明显提高，说明限压阀故障
	5. 若加垫后压力仍偏低，应拆下油底壳，检查集滤器是否堵塞、曲轴轴承和连杆轴承间隙是否过大。若是，应加以修复
	6. 上述检查均正常，说明故障为机油泵磨损过多

故障 2　机油压力过高

故障现象
发动机在正常工作温度和转速下运转，机油压力表读数始终高于规定值；发动机在运转过程中，机油压力突然升高

续表

故障原因	
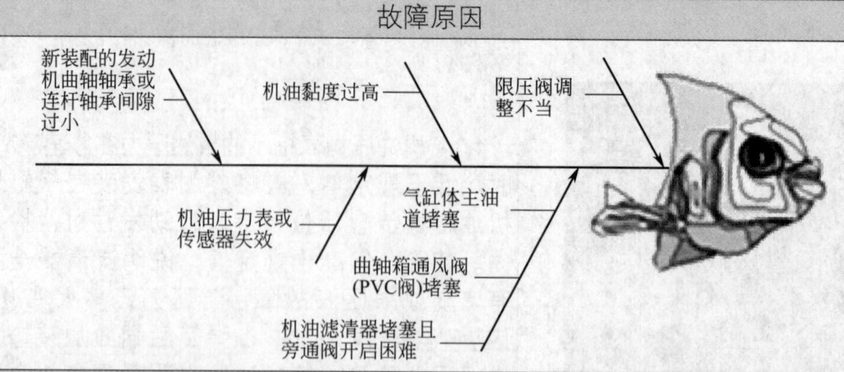	
故障诊断与排除	
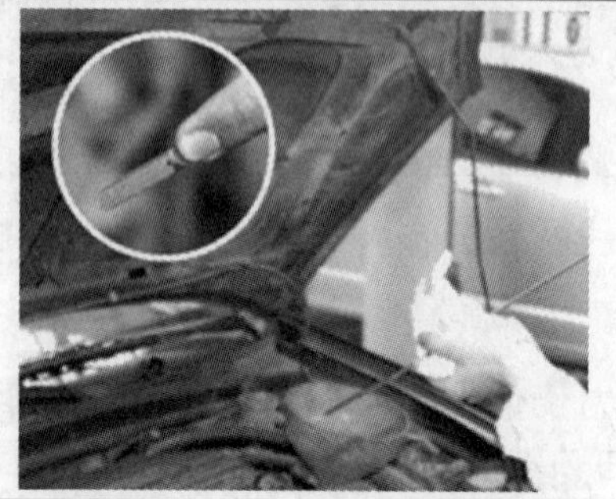	1. 拔出油尺检查润滑油黏度。若黏度过大，应予以更换
	2. 拆下曲轴箱通风管检查 PVC 阀是否堵塞，若堵塞，说明机油压力偏高是因曲轴箱通风不良引起的，应更换 PVC 阀

3. 在机油滤清器支架的机油压力传感器位置安装机油压力检测表。起动发动机，怠速运行，观察机油压力检测表读数

（1）若机油压力达到规定值，说明机油压力传感器或机油压力表故障。换上新的机油压力传感器，起动发动机，怠速运行。若机油压力表指示正常，则机油压力传感器故障；若故障现象依旧，表明机油压力表故障

（2）若机油压力高于规定值，拆下旁通阀，取出旁通阀弹簧，起动发动机，怠速运行。若此时机油压力正常，说明机油滤清器堵塞，旁通阀开启困难引起压力过高。若故障现象依旧，将限压阀调整螺栓退出少许；若机油压力降低，说明故障为限压阀调整不当

续表

故障诊断与排除	
	4. 在缸盖主油道上安装压力表检测机油压力，如果机油压力过低，说明缸体主油道到缸盖间有堵塞，应予以修复
	5. 对于刚大修好或新装配的发动机，转动曲轴感觉其旋转灵活性，若转动曲轴时感觉很重，说明曲轴装配过紧引起机油压力偏高

故障 3　机油消耗异常

故障现象
车辆正常行驶，每天检查机油时均发现机油消耗量过多；排气管冒蓝烟，机油加注口也出现脉动冒烟；燃烧室积炭增多
故障原因
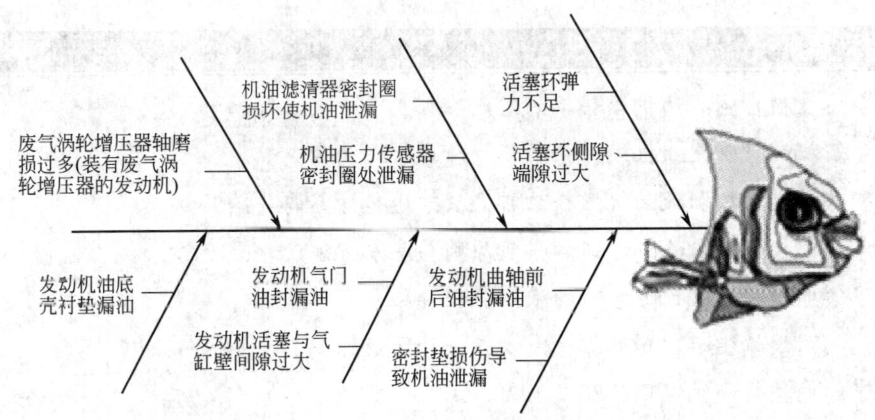

续表

故障诊断与排除	
	1. 检查发动机上是否有机油泄漏的痕迹。若有，在清洁好发动机外部油污之后，起动发动机，观察泄漏情况；或往发动机润滑油中加入荧光检漏剂，起动发动机后用荧光检漏仪检查机油泄漏部位。如有泄漏，应修复
	2. 使发动机中速运转，观察发动机排气颜色。若排气管排出的是蓝烟，则应检测发动机气缸压力。若气缸压力过低，同时出现发动机动力不足，起动困难，急加速敲缸，则说明发动机活塞环磨损过多或活塞与气缸壁间隙过大，应对发动机进行维修
	3. 若发动机气缸压力正常，则故障应为气门油封漏油，或废气涡轮增压器轴磨损过多，润滑油进入气管内（装有废气涡轮增压器的发动机）

§2—6　柴油机燃料系故障诊断与排除

学习目标

1. 熟悉机械控制柴油机燃料系的组成。
2. 了解机械控制柴油机燃料系常见故障现象、原因。
3. 能够对机械控制柴油机燃料系常见故障进行诊断与排除。
4. 掌握电控柴油机故障诊断的一般原则与基本方法。
5. 了解电控柴油机故障诊断的基本流程。
6. 能利用故障指示灯和故障诊断仪正确读取故障码。
7. 了解电控柴油机常见故障及原因。

（一）机械控制柴油机燃料系故障诊断与排除

相关知识

一、柴油机故障诊断方法

1. 观察柴油机排气颜色

（1）排气冒黑烟。柴油机排气冒黑烟主要是燃料过浓，可燃混合气形成不良或燃烧不完全等原因造成的。

（2）蓝色烟。一般是发动机使用日久，慢慢开始烧机油引起的，随着蓝色烟雾的加重，烧机油越来越多，应考虑维修柴油机。

（3）白色烟。白色烟是指排气烟色为白色，与无色不同，白色表示排烟中含有水分或含未燃烧的燃油成分。

（4）灰色烟。可能是进气不畅即空气供给不好的原因，空气滤清器可能堵塞。

2. 听柴油机声音

旋具听诊

专用听诊器听诊

（1）柴油机工作粗暴噪声。当调速器调整有误，喷油量过多，喷油过早时，可能会出现工作粗暴噪声，明显高于正常柴油机的声音。特别是当柴油机加速和高负荷时表现更为明显，应适当进行调整。

（2）柴油机敲缸噪声。当调速器调整使喷油过于提前时，燃烧室中燃烧压力发生在活塞上止点附近，燃烧室中燃烧压力上升率偏高，引起柴油机敲缸。敲缸多发生在加速和高负荷工况，如敲缸经常发生，就应适当调整，否则长期敲缸会损坏柴油机。

（3）柴油机排气噪声。柴油机排气噪声比较高，要求从发动机排气管口到排气消声器排气出口的管路不能有损坏和漏气之处，如管路连接处漏气将使噪声大大增加，对使用十分不利，必须换件修复。

（4）气门落座噪声。气门噪声过大，可能是气门间隙过大，应重调气门间隙；如听不到气门落座噪声，还伴有柴油机工作不良等故障，可能是气门间隙过小，应重调气门间隙，恢复柴油机正常工作。

(5) 喷油系统噪声。如听不到某路喷油泵和喷油器的声音，又伴有柴油机工作不良等故障时，可能是某缸不喷油，不工作。

(6) 柴油机声音不正常。发动机加速时，声音变得清脆，“咯咯”作响，可能是喷油过早所致；声音变得沉闷，“呼呼”作响且伴有加速无力，可能是喷油过迟所致。

3. 柴油机振动

柴油机工作中，振动加大，可能是柴油机支承损坏，或柴油机某缸不工作或工作不良。

柴油机高压油管脉动变得特别重时，可能是本缸喷油器针阀卡在喷油关闭位置；当某缸高压油管的脉动变得特别轻滑时，可能是本缸出油针阀处密封不良。

4. 仪表指示

汽车仪表板上装有许多仪表和指示信号，这些仪表不仅供使用者掌握发动机和汽车的工作情况，还能用于发动机的故障诊断。

5. 检查曲轴箱通风

检查时拔下曲轴箱通风管接空气滤清器的接头，在发动机运转中看通风管向外排烟的情况。

对于较新和工作正常的发动机，不应有烟气向外排出；对于使用时间较长但无故障的发动机，可以有少量的烟雾排出，烟色应为无色或微白色；如果通风管排烟量较多且颜色较黑，说明活塞环磨损漏气严重；如果排烟颜色是蓝色，说明发动机烧机油；如果排烟颜色变为黑色且大量排烟，就应检查活塞环是否卡住或已经断裂；在某些特殊情况，可能排烟变为黄色，说明发动机轴瓦可能烧毁，应进一步检查或停机修理。

6. 闻气味

柴油机有异味，主要来自发动机的排气管，总是有未完全燃烧的柴油味。当嗅到排气中的柴油味加大加重，则是柴油燃烧不充分所致。

7. 拆喷油泵

喷油泵是柴油机供油系中的重要部件，可用局部拆开的方法来判断柴油机的故障，方便且有效。

8. 试供油功能

柴油机的正常工作主要靠正常供油来实现。当拆开供油低压管路后，可以改为用手油泵来泵油，寻找供油系低压供油部分的故障。

二、柴油机燃料系的组成

柴油机常见的燃油供给系统有两种不同形式，分别是分配式和柱塞式。

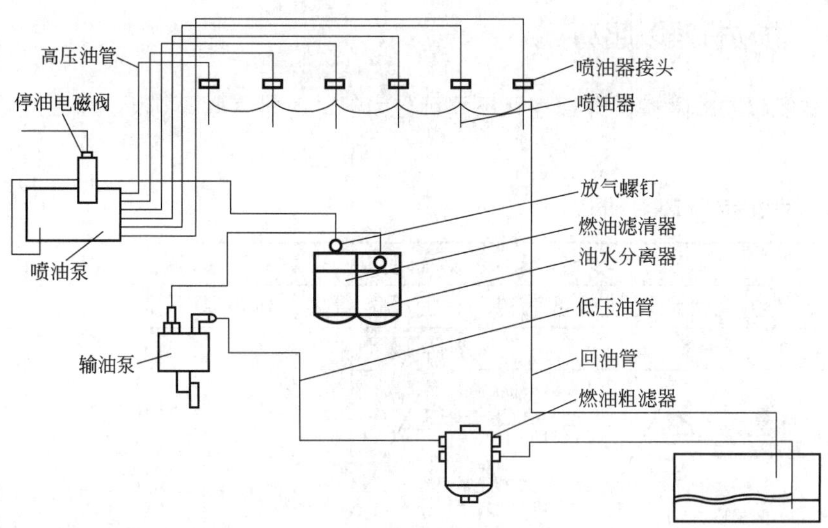

分配式喷油泵燃油供给系油路图

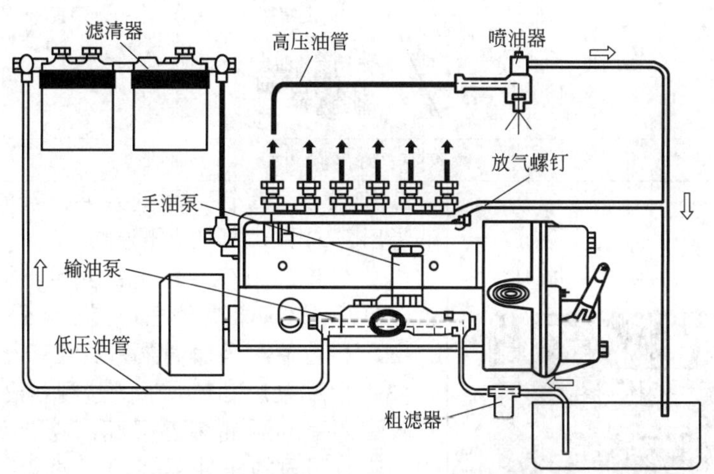

柱塞式喷油泵燃油供给系油路图

常见故障诊断与排除

故障 1　发动机难以起动

发动机难以起动故障按其外部症状不同可分为起动时排气管不排烟、排白烟和排黑烟三种情况。

1. 起动时排气管不排烟

故障现象

起动时，起动机能带动发动机正常转动，但不能着火，排气管不排烟

故障原因

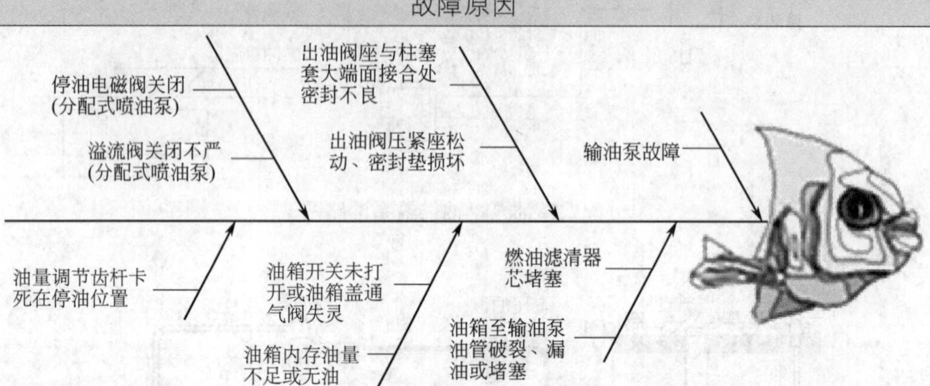

故障诊断与排除

	1. 旋松放气螺钉，手动泵油，若放气螺钉处没有油溢出，说明故障在低压油路 （1）检查油箱存油量是否充足；检查油箱开关是否已打开，燃油箱盖通气阀是否畅通 （2）检查油箱至输油泵间油管有无破裂、漏油 （3）手动泵油。若泵油的过程中没有压、吸油感，则故障为手动泵油装置损坏，应更换；在泵油过程中，若有明显的压油感，但无油溢出，则故障为输油泵进油接头至油箱之间严重堵塞；在泵油过程中，若有明显的吸油感，但只有空气溢出，或带有少许油泡，则故障为油箱中存油不足或油管严重漏气 （4）拆下输油泵进油管接头，关闭油箱开关，往油箱方向吹气，依次用肥皂水抹上各油管接头，若有气泡，说明油管接头漏气
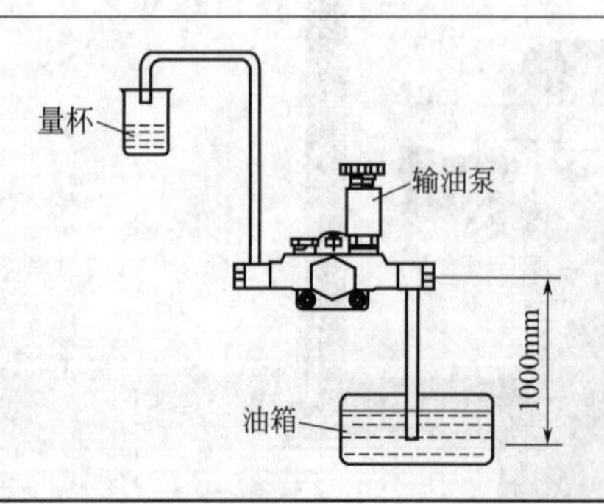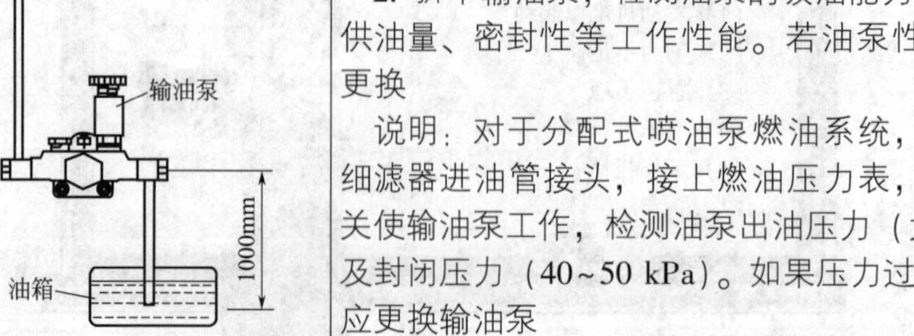	2. 拆下输油泵，检测油泵的吸油能力、供油压力、供油量、密封性等工作性能。若油泵性能较差，应更换 说明：对于分配式喷油泵燃油系统，应拆下燃油细滤器进油管接头，接上燃油压力表，接通起动开关使输油泵工作，检测油泵出油压力（大于 21 kPa）及封闭压力（40~50 kPa）。如果压力过低或无压力，应更换输油泵

续表

故障诊断与排除	
	3. 若放气螺钉处有大量燃油冒出，拧紧放气螺钉后将高压油管接头拧松，起动发动机，观察高压油管接头处是否有油喷出。若高压油管接头处无油喷出，说明故障在高压油路 （1）检查喷油泵各连接机构工作是否可靠 （2）拆下高压油管接头，手动泵油，检查出油阀密封性能是否良好 （3）检查油量调节齿杆是否卡在停油位置 （4）将齿杆置于最大供油位置，用旋具撬动喷油泵柱塞弹簧座，做喷油动作，检查高压油路中是否有空气。当柴油从出油阀喷出不带有气泡时，旋紧高压油管，再撬动几次，使喷油器喷油
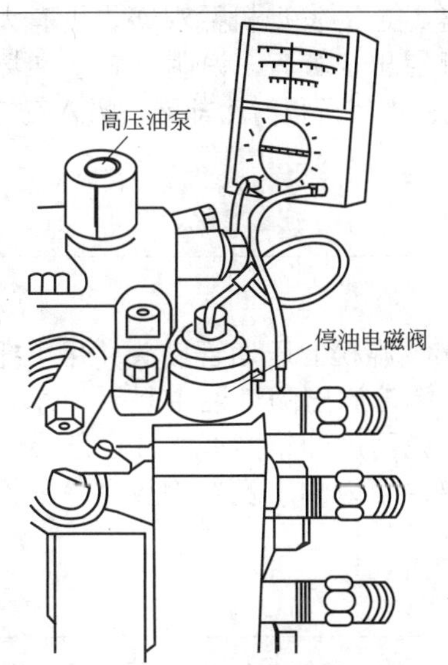	4. 对于分配式喷油泵燃油供给系统高压油路，应检查停油电磁阀是否工作。打开点火开关，同时仔细倾听电磁阀是否发出“答”的响声。如果听不到，拔下电磁阀导线，用万用表测量停油电磁阀电阻
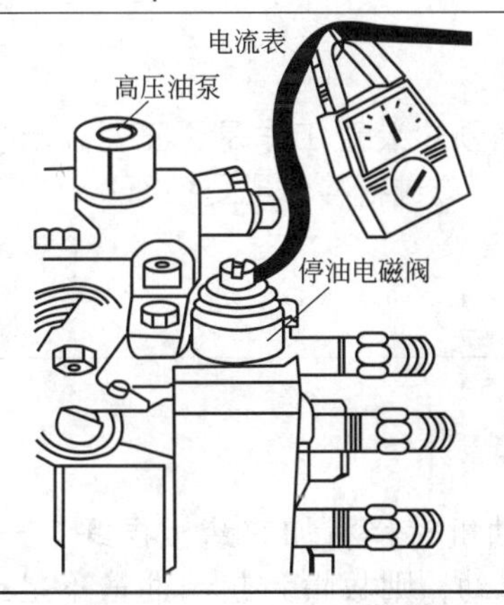	5. 如果电阻正常，将点火开关打开，测量电磁阀导线电压（标准值为 24 V），或用电流表测量电磁阀导线过电电流。如果导线无电压或电流很小，说明电磁阀线路故障。打开点火开关时观察燃油表是否正常，如油箱中有油而燃油表指示无油位置，则应检查点火继电器、点火开关是否正常。当确认电磁阀损坏后应更换，应急时将电磁阀拆下，取出柱塞阀和弹簧，再装上电磁阀并使油道常通，但此时不能再接电磁阀的电源

2. 起动时排气管排白烟

故障现象
起动时，起动机能带动发动机正常运转，但不能着火，排气管排白烟

续表

故障原因	
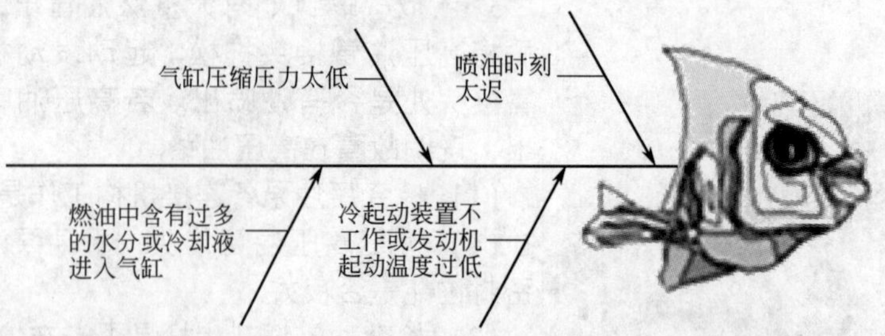	
故障诊断与排除	
	1. 打开散热器盖，起动发动机并观察是否有大量气泡从散热器上部冒出。若有，说明气缸垫冲坏或缸体、缸盖有裂纹，进气行程时冷却液被吸入气缸
	2. 若无气泡冒出，旋松低压油管接头并用小托盘接油，手动泵油，检查放出的燃油中是否有水。如果燃油中有水珠，说明燃油箱内有水，应从燃油箱底部放油螺塞处将油箱内的水及杂物放尽，更换柴油滤清器滤芯
	3. 检查低温起动预热装置工作是否正常，若发现预热装置不能工作，应进行检修或更换新件
	4. 若在起动发动机时稍将加速踏板再踩下一点，发动机就能顺利起动，则故障为起动油量不足或怠速调整过低，应对喷油泵重新进行调整

续表

故障诊断与排除	
	5. 将喷油正时稍稍提前，再起动发动机。若能起动且排气烟色有所好转，说明喷油时刻太迟，应调整喷油正时。若起动后仍然排出大量白烟，加速时白烟量更大，则应检查喷油泵出油压力是否过低、喷油雾化是否不良或气缸压力过低
	6. 若气缸压力不足，应检查增压器工作是否正常，增压器轴是否卡滞、气门间隙是否过小或过大等。必要时，加以调整或检修

3. 起动时排气管排黑烟

故障现象
起动时，起动机能带动发动机正常运转，但不能着火，排气管排黑烟
故障原因

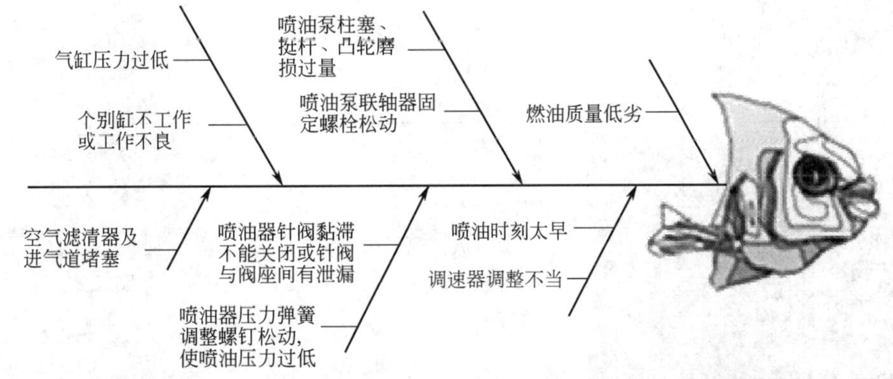

故障诊断与排除	
	1. 检查空气滤清器及进气管道是否畅通，视情况加以修复或更换

续表

故障诊断与排除	
	2. 若柴油机伴有敲击声并排黑烟，表明喷油时间过早，则应检查喷油泵联轴器螺栓是否松动、键与键槽是否松旷、连接从动盘是否错位
	3. 拆下喷油器，在校验台上试验。其喷油压力、喷雾锥角及射程等应符合标准
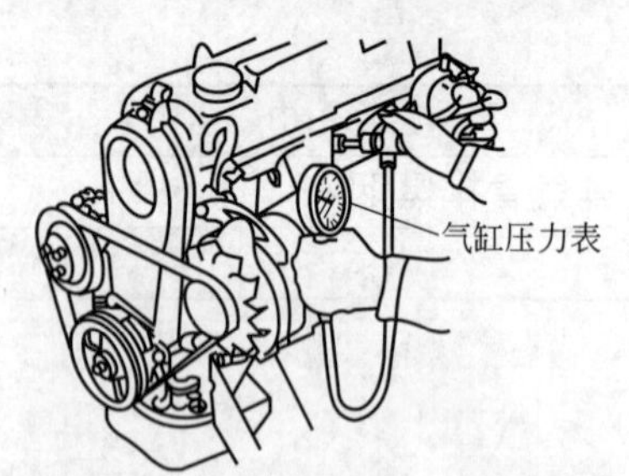	4. 若以上检查均正常，应检测气缸压力，若气缸压力过低，应检修发动机
	5. 拆下喷油泵，检查柱塞、挺杆、凸轮是否磨损过量，必要时进行维修，并在油泵试验台上调整喷油泵

故障 2　动力不足

1. 柴油机运转均匀，但转速提不高，排烟少

故障现象
☞运转均匀，排烟量少，且无力 ☞急加速时，转速不能迅速提高，且排黑烟

续表

故障原因	
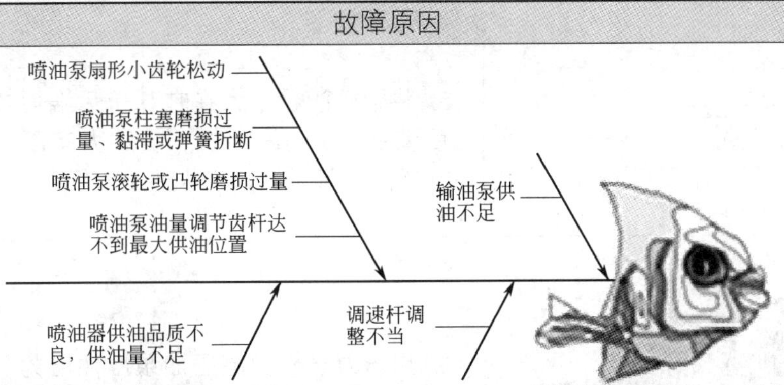	
故障诊断与排除	
	1. 拧松放气螺钉，若放气螺钉处有很多气泡排出，说明燃油系统中有空气。应检查输油泵进油管接头到油箱之间管路及各接头是否有漏气现象。若有漏气，应修复
	2. 将加速踏板踩到底，检查供油调速杆是否能到达最人供油位置，若不能，应进行调整
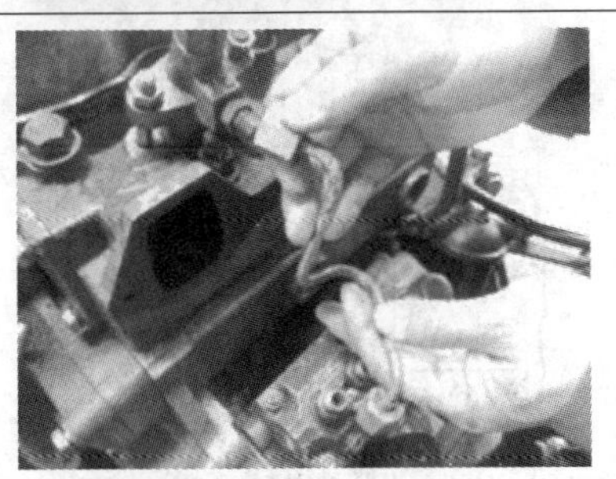	3. 检查油管是否有凹陷节流现象，若有，应更换。检查输油泵滤网、燃油滤清器是否堵塞
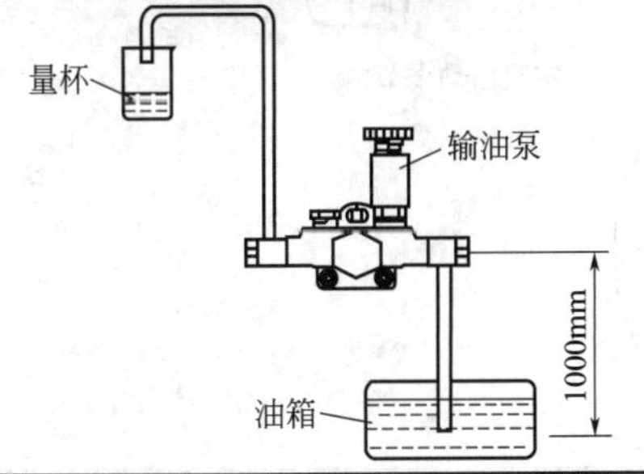	4. 拆下输油泵后检测其工作性能。若油泵性能达不到技术要求，应更换

续表

<table>
<tr><th colspan="2">故障诊断与排除</th></tr>
<tr><td>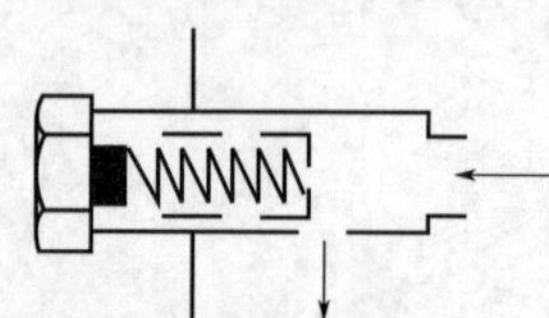</td><td>5. 将限压阀拆下，在其弹簧后端面垫上一块垫片之后装复，起动发动机。若动力有所好转，则故障为限压阀弹簧过软，初级油压偏低</td></tr>
<tr><td>
</td><td>6. 用压力表检测高压油泵出油压力，若出油压力不足，则故障为出油阀密封不良，柱塞、滚轮或凸轮磨损严重，应对高压油泵进行检修、调试</td></tr>
<tr><td>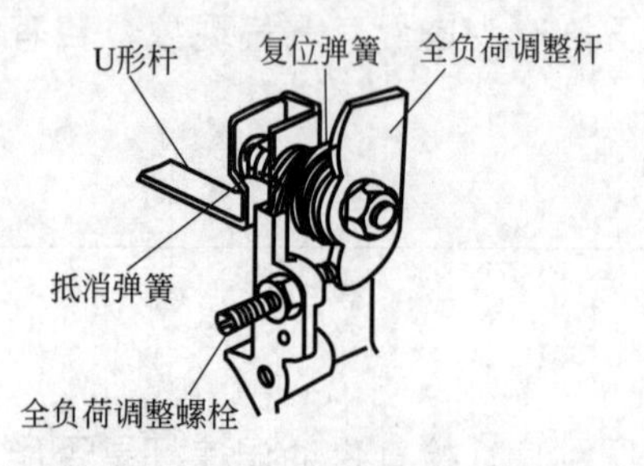
</td><td>7. 检查调速器弹簧弹力是否符合标准，若不符合标准，应拆下喷油泵检修调速器，并重新调试喷油泵</td></tr>
<tr><td colspan="2">8. 检查供油角提前装置是否缺油，各运动件运动是否灵活，弹簧是否变形。若有，应进行维修或更换
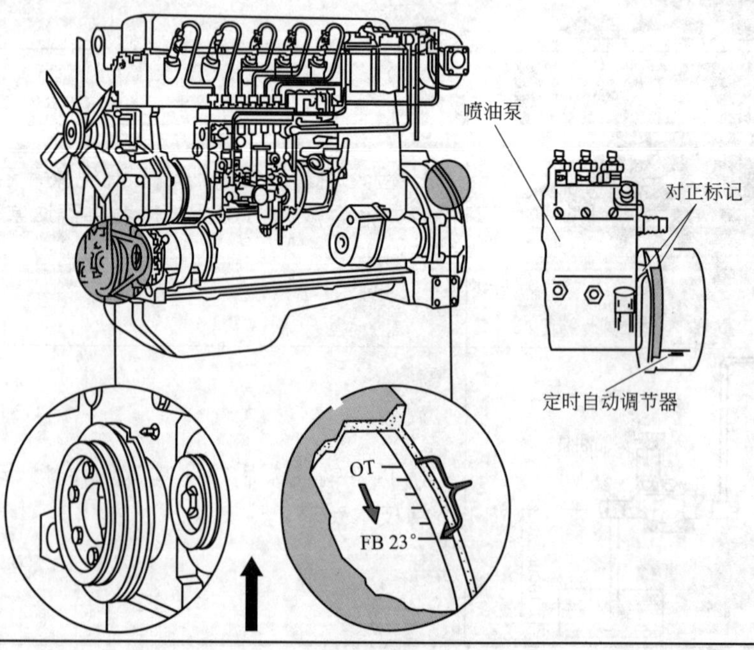
</td></tr>
</table>

续表

<table>
<tr><th colspan="2">故障诊断与排除</th></tr>
<tr><td>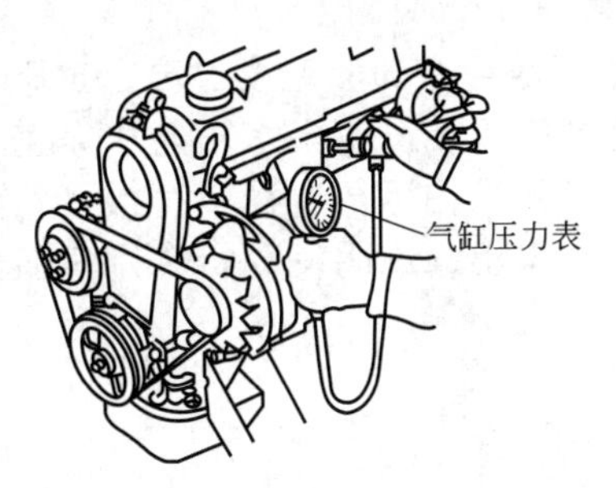</td><td>9. 若以上检查均正常，应检测气缸压力，若气缸压力过低，应检修发动机</td></tr>
</table>

2. 柴油机运转不均匀，排白烟

故障现象
☞发动机无力 ☞运转不均匀且排出灰白色烟雾或白烟 ☞刚起动排白烟，温度升高后排黑烟

故障原因

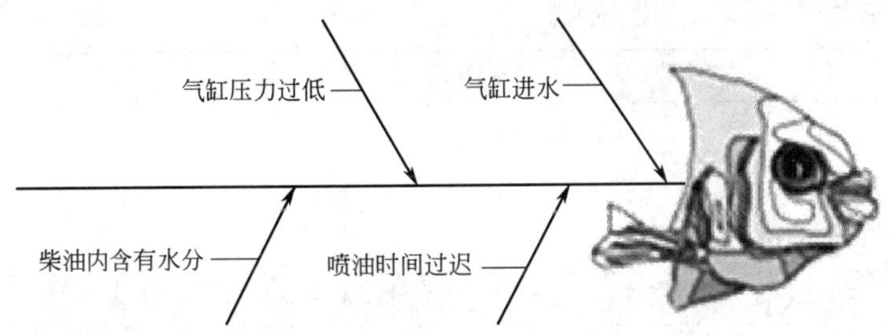

<table>
<tr><th colspan="2">故障诊断与排除</th></tr>
<tr><td></td><td>1. 若柴油机无力，排灰白色烟雾，应检查联轴器固定螺钉是否松动、喷油时间是否过迟</td></tr>
<tr><td>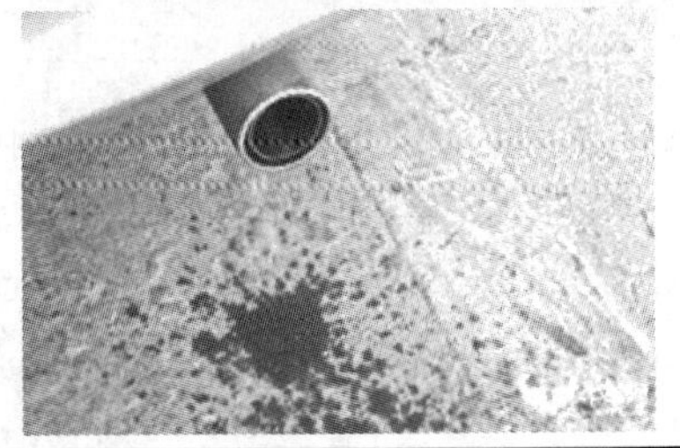</td><td>2. 用干净玻璃片挡住排气管口，几秒后取出，观察玻璃片上是否有水珠。若有水珠，说明气缸中进水</td></tr>
</table>

续表

故障诊断与排除	
	3. 若发动机动力不足且冷却液温度过高，拆下水箱盖，起动发动机怠速运转，观察水箱内水箱盖处气泡涌出情况。若发动机在运行过程中有很多气泡不断涌到水箱盖处并排出，说明发动机个别气缸的气缸垫已被冲坏
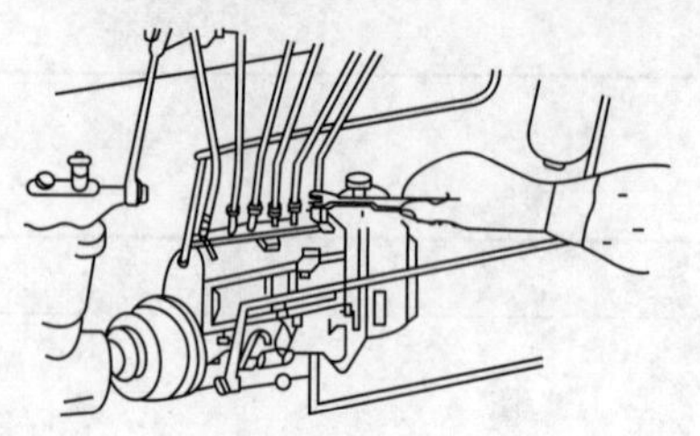	4. 逐缸进行人工断油试验。当某缸高压断油时发动机转速没有明显变化，表明该缸为故障缸。拆下故障缸的喷油器，如果喷油器上有水珠，说明气缸渗水，应更换气缸垫；若水箱盖处无水泡涌出或起泡量很少，则故障为柴油中有水
5. 若起动时排白烟，温度升高后排黑烟，表明气缸压力不足	

3. 柴油机运转不均匀，排黑烟

故障现象
☞发动机运转不均匀 ☞排气管排黑烟 ☞加速无力并伴有敲击声

故障原因

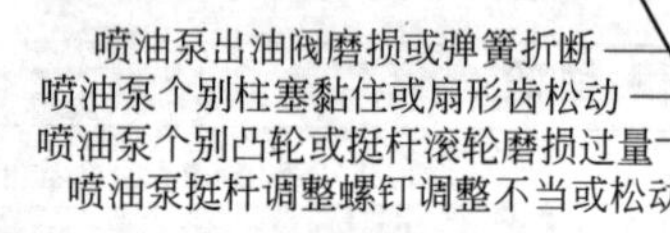

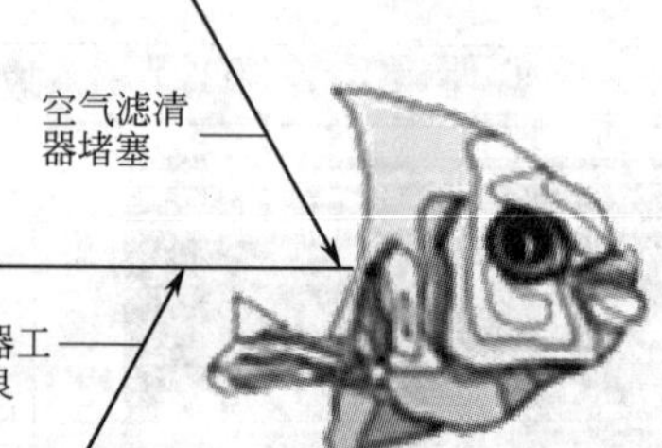

故障诊断与排除	
	1. 拆掉空气滤清器后，发动机烟色正常或黑烟量明显减少，表明滤清器堵塞，应加以清洁或更换

续表

故障诊断与排除	
	2. 检查涡轮增压器进、排气口是否有漏气现象，若有应及时进行检修。检查进入涡轮增压器的空气流量是否正常。若涡轮增压器转速慢，进气不足，应检修或更换增压器
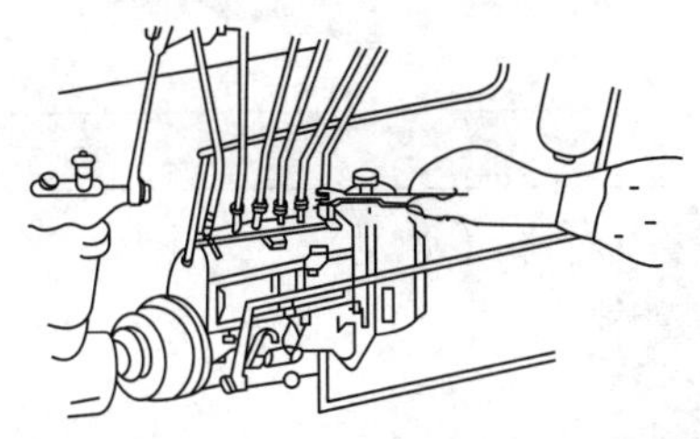	3. 用逐缸断油法诊断。某缸断油后，若发动机转速明显降低、黑烟量少、敲击声减弱或消失，表明该缸供油过多；若发动机转速变化小而黑烟消失，表明该缸喷油器雾化品质差；若无变化，表明该缸不工作
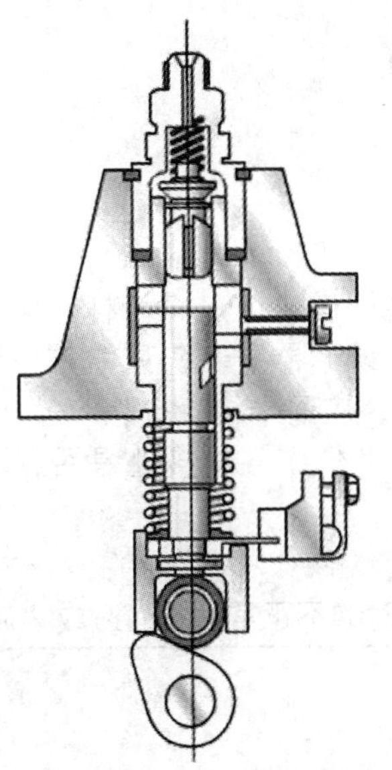	4. 检查故障缸的喷油泵柱塞副是否工作良好，扇形齿轮固定螺钉是否松动，柱塞弹簧是否断裂等。若均正常，应拆检喷油器
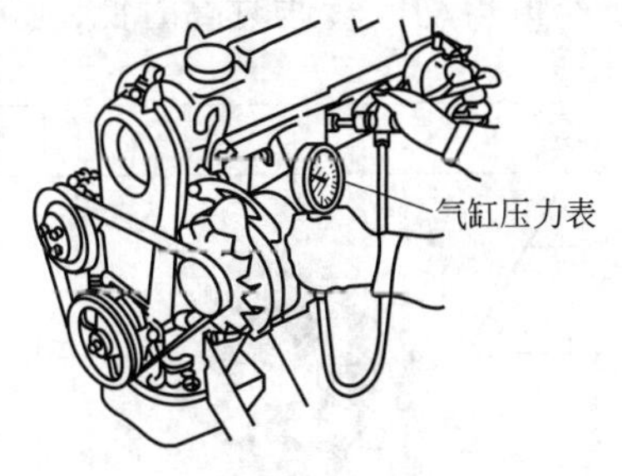	5. 若上述各项均正常，应检测故障缸的气缸压力是否过低

4. 柴油机“游车”

故障现象

☞发动机运转中，出现转速忽高忽低周期性的变化

☞转速提不高，加速无力

故障原因

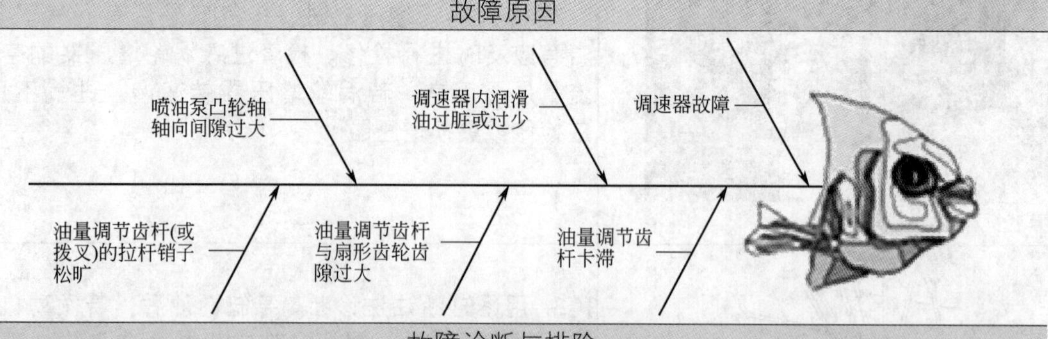

故障诊断与排除

1. 检查供油齿杆的松紧度，若不能前后自如移动或移动范围较小，应将齿杆与调速器连接处拆离做进一步检查。这时若齿杆移动灵活，表明故障在调速器；若仍只能在小范围内移动，表明有个别柱塞移动有阻滞、咬住、弹簧折断的现象，应逐个检查排除

2. 若齿杆移动灵活，应检查调速器内润滑油有无过脏或过少，各连接处是否松旷、变形，飞块收张是否一致。若有问题，应维修

3. 检查喷油泵凸轮轴轴向间隙是否过大。若间隙过大，应维修

4. 若以上检查均正常，应进一步检查是否因挺杆上升或下降时的不正常摆动而造成“游车”

故障 3　怠速不稳

故障现象

不论是在冷机或热机条件下，怠速转速都不稳定。机体严重抖动，转速时高时低，甚至不能维持正常运转而熄火

故障原因

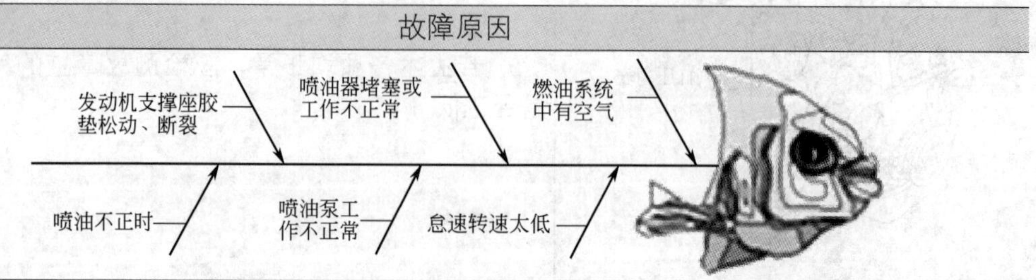

续表

故障诊断与排除	
	1. 检查发动机支撑座胶垫是否断裂、松动而引起发动机抖动。若有，则加以紧固或更换
	2. 起动发动机并观察发动机转速表。若转速表指示的转速值较低并伴有机体抖动现象，应检查怠速限位螺钉是否松动失调。若不是，稍加油使发动机转速提升到规定怠速转速，若发动机能稳定均匀运转无抖动现象，说明故障为怠速调整不当
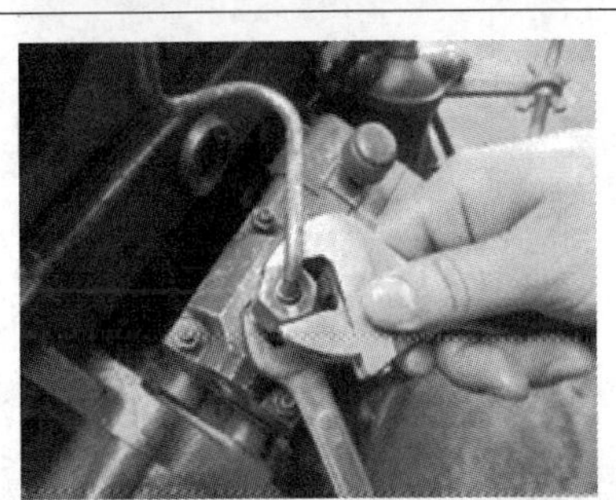	3. 发动机怠速运转时，观察高压油管接头处是否有燃油泄漏现象。若有泄漏，则该缸工作不良导致怠速不稳，应修复或更换高压油管
	4. 发动机怠速运转时，松开放气螺钉观察出油情况。如果有很多气泡自放气螺钉孔冒出，说明燃油中有空气。检查输油泵至油箱之间各接头是否有漏气现象，有则排除
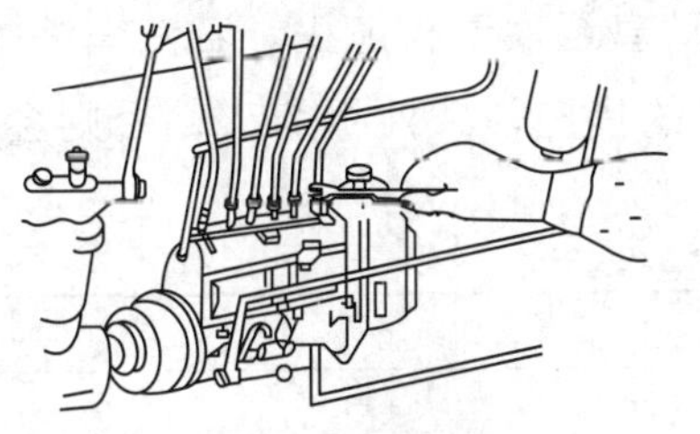	5. 若怠速仍然不稳，可在怠速时用手分别触摸各缸高压油管，感觉各缸喷油脉冲强弱。如果个别气缸喷油脉冲很弱，应进一步对该缸做人工断油。若断油时发动机转速无多大变化，说明该缸工作不良，应将该缸喷油器拆下校验

续表

故障诊断与排除	
6. 急加速时，若发动机有明显的金属敲击声，说明喷油时刻可能过早；若发动机转速迟滞一下后才缓慢提高，说明喷油过迟。喷油不正时，均应重新调整 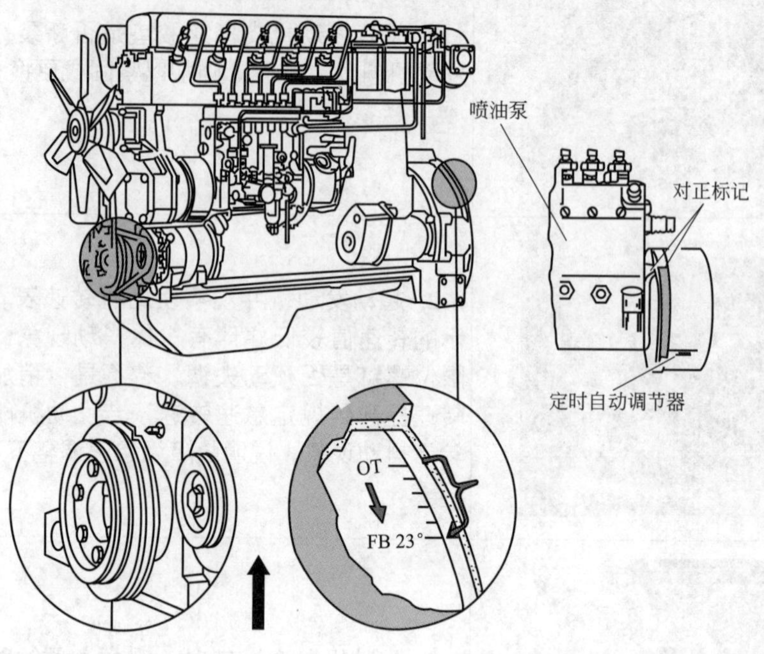 	
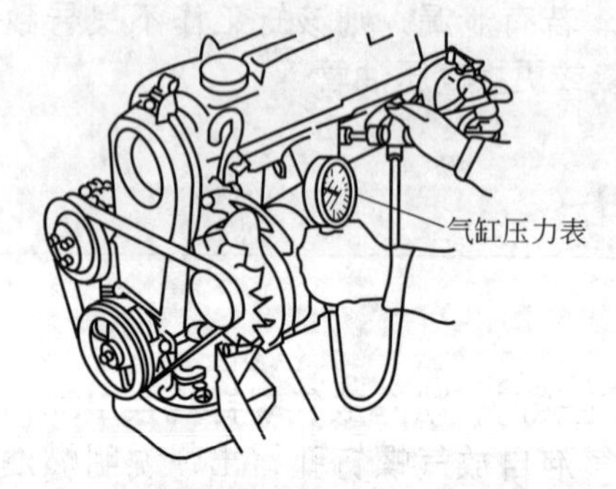 	7. 以上检查均正常，检测发动机各缸的气缸压力，各缸压力差不应大于规定值

故障 4　飞车

飞车是指柴油发动机在运转过程中转速失去控制，突然超过允许的最高转速的故障现象。若汽车在运行中出现飞车现象，应立即紧急制动直至发动机熄火。若汽车静止，发动机空转时出现飞车现象，应及时采取断油或断气的措施使柴油机熄火，否则会造成毁机事故。

故障现象
发动机转速失控突然升高，急转不止，同时伴有极大的异响

续表

故障原因	
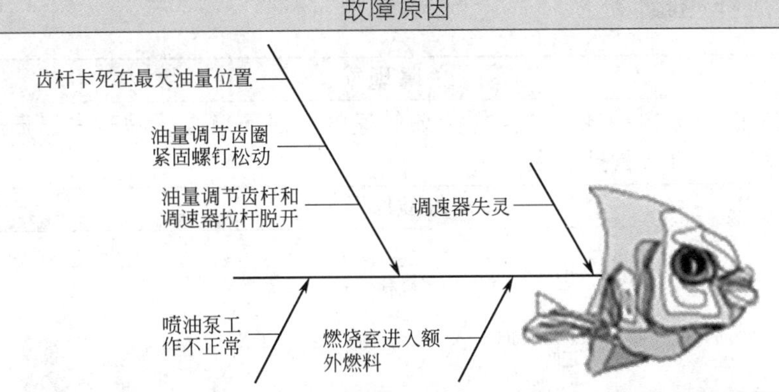	
故障诊断与排除	
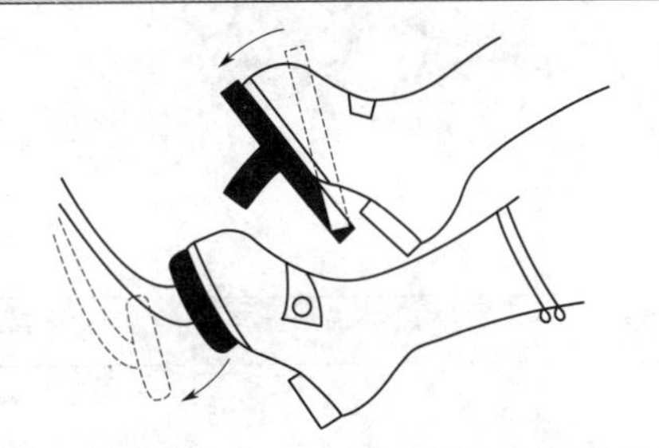	1. 松开加速踏板时，加速踏板应能迅速复位，并能拉动调速拉杆回到怠速位置。若发现调速拉杆有卡滞现象或不能自然复位，应加以修复
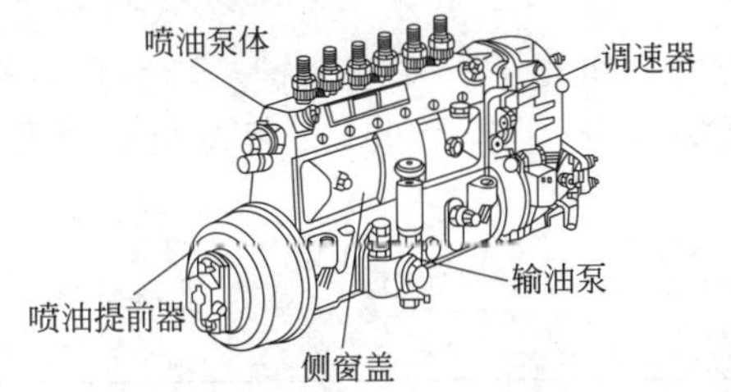	2. 拆下喷油泵侧盖，检查调节齿圈紧固螺钉有无松动、齿杆是否卡在最大供油位置。若有松动或卡死，应修复并重新调试油泵
  3. 拆下调速器后盖（柱塞泵），检查调速器调速弹簧是否变形或断裂。若已变形、断裂，应更换 4. 若总油量调节螺钉已松动，应将油泵拆下重新调整 5. 检查支撑杆、销、拨杆等调速器杆系是否有卡滞、松旷、脱节现象。若有，应加以修复并重新调试喷油泵 6. 若喷油泵及调速器工作良好，则应检查是否有额外的燃油或机油进入气缸，如多次起动不着火，气缸内存留燃油过多；增压器油封严重漏油；气缸磨损窜油等	

故障 5 工作粗暴

故障现象

发动机在运转时有振抖现象，并且振抖随转速的升高而增强，同时发出清脆的敲击声，急加速时声响更大，排气管排黑烟

故障原因

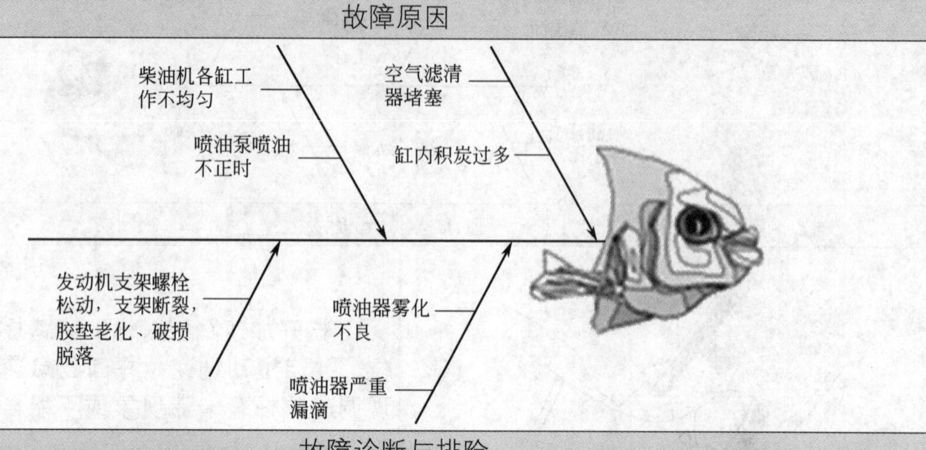

故障诊断与排除

	1. 先检查发动机支架、支架螺栓、胶垫是否有松动或断裂损坏现象，再检查其安装位置是否正确。发现问题应予以修复
	2. 发动机在运转时，有均匀的敲击声，急加速时响声更大，且排黑烟，拆下空气滤清器后若故障消失或响声减弱，则故障为滤清器堵塞。若无变化，调整喷油泵供油提前角
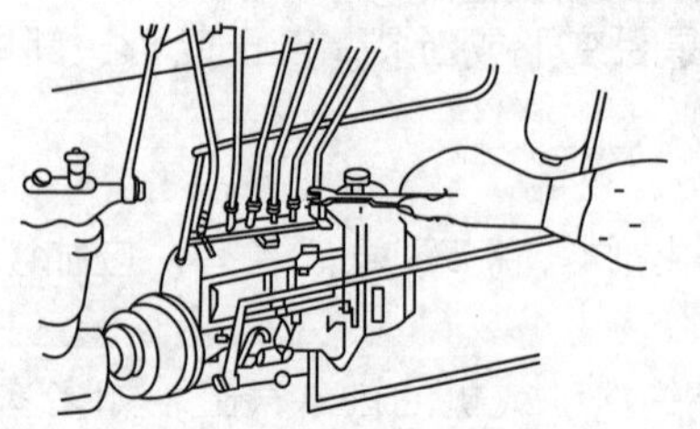	3. 若敲击声不均匀，表明各缸工作不一致，应对发动机进行人工断油试验。若断油后响声消失，说明该气缸供油量过多，应将喷油器拆下进行校验

续表

故障诊断与排除	
4. 若以上检查均正常，应使用工业用内窥镜检查气缸内是否积炭过多，使混合气早燃 	
	5. 拆下喷油泵，在油泵试验台上检查喷油泵各缸供油均匀度。若不符合技术要求，应调整

（二）电控柴油机故障诊断与排除

相关知识

一、电控柴油机故障诊断的基本方法

1. 观察法

通过观察柴油机的排烟等故障特征，判断故障情况。

2. 听诊法

根据柴油机异常声音凭听觉判断故障部位、性质及程度。

3. 断缸法

停止某缸工作，借以判断故障是否出现在该缸。断缸法一般是向怀疑出现故障的气缸停止供油，比较断缸前后发动机的状态变化，为进一步查找故障部位或原因缩小范围。

4. 比较法

对某些总成或零部件，采用更换的办法确定是否存在故障。

5. 故障诊断灯

当车出现故障时，可以通过整车仪表盘上的闪码灯读出闪码，参照闪码表初步判断错误原因。

6. 专用工具

利用故障诊断仪等专用工具判断故障。

二、电控发动机故障诊断的基本流程

1. 细心倾听用户的描述，详细了解故障发生时的一些客观因素，如在什么情况下会发生故障、发生故障的频率、发生故障时发动机工作的一些现象（包括声音、振动、动力性、油耗、烟度情况等），以及过去的故障状况、检修状况和车况等，从而为诊断提供线索，为进一步检查提出方向。

2. 根据了解到的现象，从电控柴油机工作原理入手，分析可能出现这些故障的各种因素，初步判断故障模式和故障部位。

3. 人工或用仪器读取并验证故障代码，查清故障代码表示的故障是否存在，即是否故障已排除而其故障代码仍未清除。

4. 若无故障代码，对有明显故障征兆的，可用诊断仪、示波器、万用表等读取发动机数据，包括各个开关值，各个传感器的电压值，电磁阀的信号及发动机运行数据（如转速、冷却液温度、油温、油压、进气温度压力等），进行数值、波形分析，并依据分析结果，检查有关部件，视需要进行维修或更换。若无明显故障征兆，则采用症状模拟方法对故障进行分析，以进一步查找故障原因。

5. 若有故障代码，则根据故障代码的内容检查并排除故障。

6. 重新起动发动机，验证故障是否已排除。若故障未排除，则继续寻找故障原因。

提示：进行故障分析时应采取按系统分段，逐段检查的原则，如发动机无法起动，可以分为进排气系统、电路系统、油路系统、柴油机本体等几段，再根据实际情况逐段进行分析。

三、电控柴油机故障码的检测

对于柴油机电控系统而言，某些故障出现后，不可能直接通过人的感觉器官准确获得故障信息，需要通过专用设备和方法对柴油机故障进行系统检测。

电控柴油机一般有两种故障码检测方法。一种是通过系统故障指示灯的闪烁来读出故障码，再根据相应的故障码表查出故障内容；另一种是通过故障诊断仪直接读出故障内容。

1. 故障指示灯检测故障码

（1）将点火开关由“OFF”旋转到“ON”的位置，不要起动柴油机，仪表盘上的各种指示灯（包括柴油机故障指示灯）应点亮。

（2）起动柴油机，如果柴油机运行正常，电控系统无故障，柴油机故障指示灯点亮3 s后应熄灭；如果柴油机故障指示灯没有熄灭，说明柴油机控制系统有故障。

（3）打开故障诊断请求开关，故障指示灯以故障码的形式显示故障。

2. 故障诊断仪检测故障码

汽车故障诊断仪是维修中非常重要的工具，一般具有如下几项或全部的功能：读取故障码，清除故障码，读取发动机动态数据流，示波，元件动作测试，匹配、设定和编码，英汉辞典、计算器及其他辅助功能。

故障诊断仪大都随机带有使用手册，操作方便，一般来说有以下几步：

<table>
<tr><th>操作程序</th><th>操作内容</th><th>示意图</th></tr>
<tr><td>连接设备</td><td>先连接好主机、测试延长线和诊断接头后，把测试接头连接到诊断座上</td><td>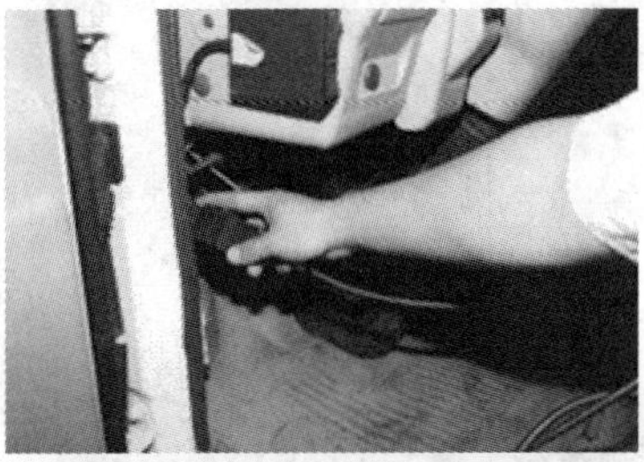</td></tr>
<tr><td>开机</td><td>开启主机电源，经过几秒钟的启动时间后，进入主界面</td><td></td></tr>
<tr><td rowspan="2">测试</td><td>（1）进入柴油系统诊断功能模块</td><td>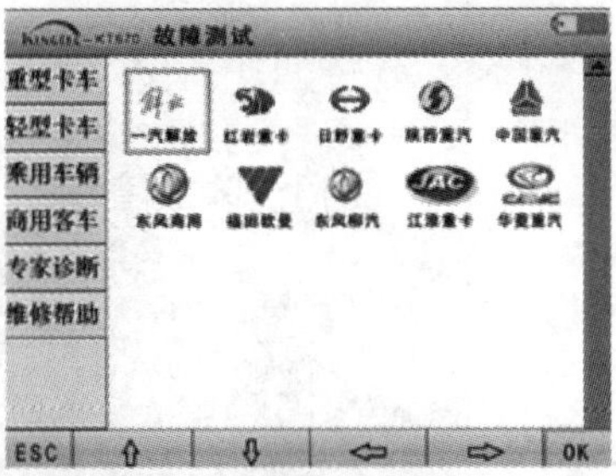</td></tr>
<tr><td>（2）据此选择相应的车型，系统进入故障测试界面</td><td>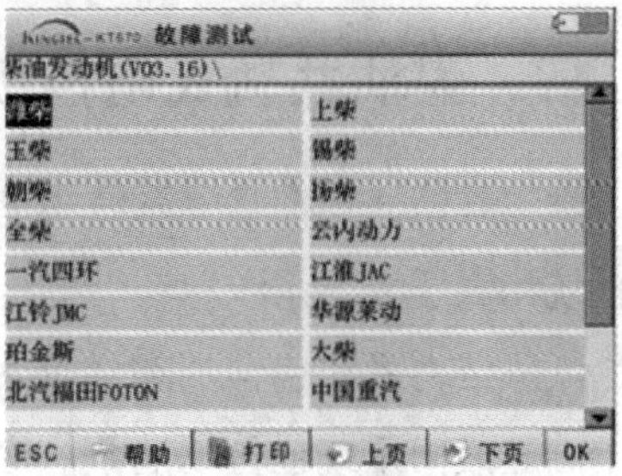</td></tr>
</table>

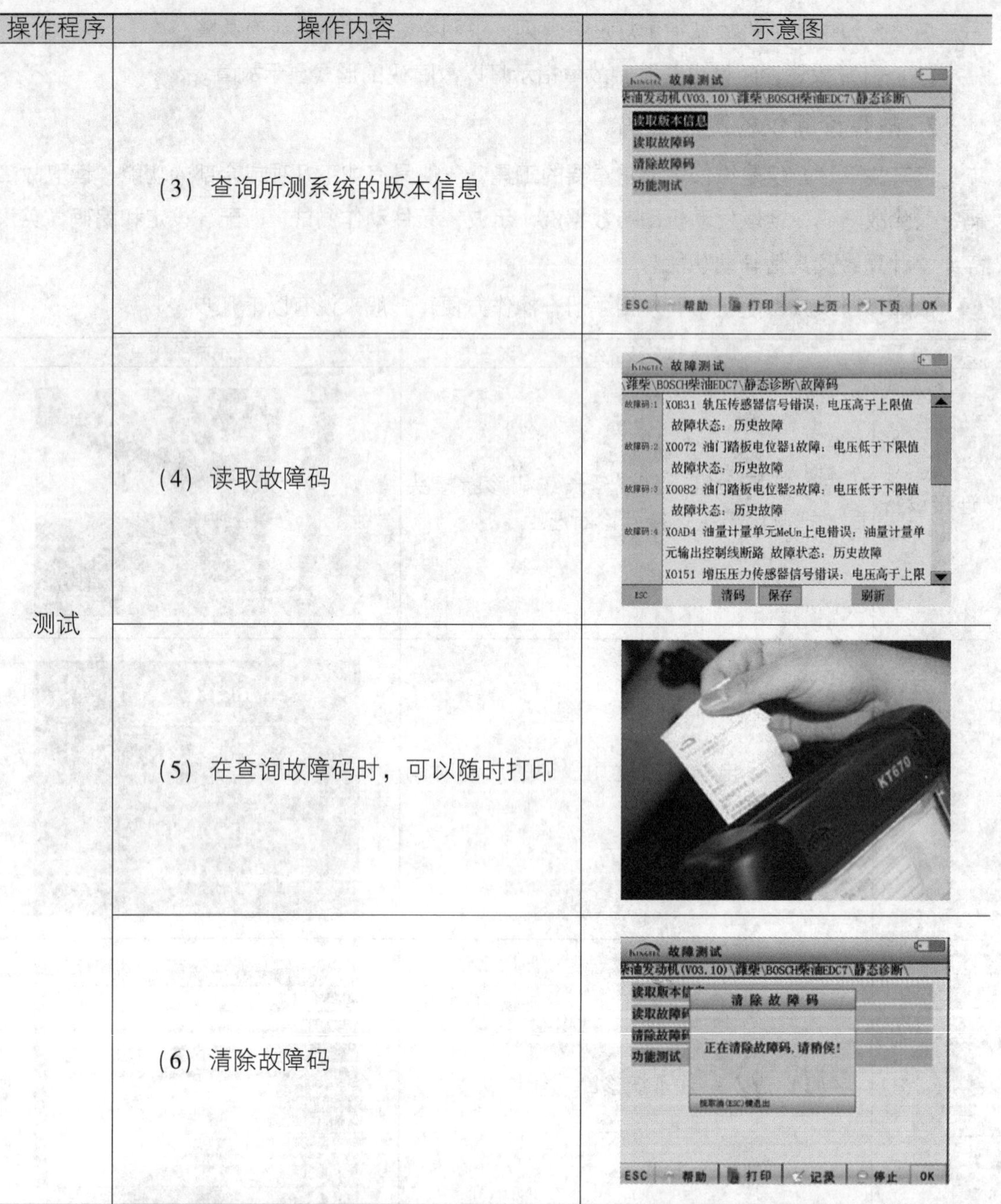

续表

操作程序	操作内容	示意图
测试	(3) 查询所测系统的版本信息	
	(4) 读取故障码	
	(5) 在查询故障码时，可以随时打印	
	(6) 清除故障码	

四、燃油共轨式电控喷油系统的组成

燃油共轨式电控喷油系统由液力系统和电子控制系统构成。其中，液力系统又分低压液力系统和高压液力系统。

低压液力系统包含的部件有油箱、输油泵、燃油滤清器和低压油管。

高压液力系统包含喷油泵、高压油轨、喷油器和高压油管。

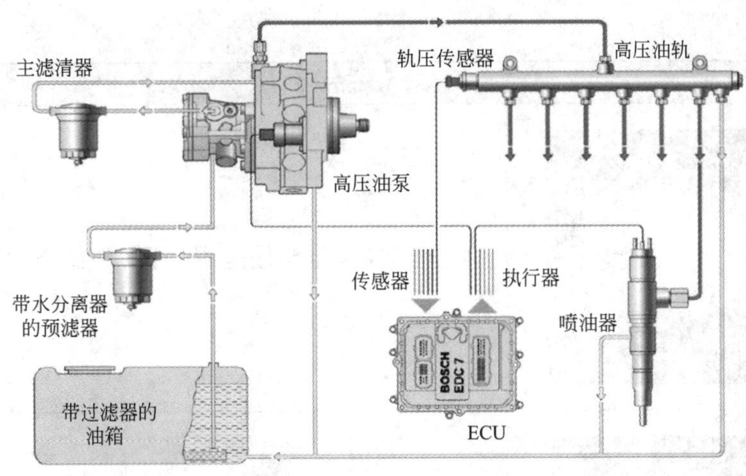

共轨燃油喷射系统的组成

电子控制系统由传感器、电控单元、执行器（包括带电磁阀的喷油器、压力控制阀、预热塞控制单元、增压压力调节器、废气循环调节器、节流阀等）以及线束组成。

常见故障诊断与排除

一、燃油共轨式电控喷油系统常见故障诊断

起动系统故障	
	1. 检查是否挂在空挡位置
	2. 检查车下停车开关的位置（应处于断开状态）
	3. 检查空挡开关（一般安装在变速器上）及接线是否完好，试着使用紧急起动（点火开关持续按下 3 s 以上）

续表

起动系统故障	
	4. 检查蓄电池电压是否过低，以致不能带动起动机
	5. 检查起动机继电器及接线是否完好
	6. 检查起动机是否已烧坏
	7. 检查点火开关及起动开关是否已坏
轨压无法建立故障	
	1. 检查油箱油位是否过低

续表

轨压无法建立故障	
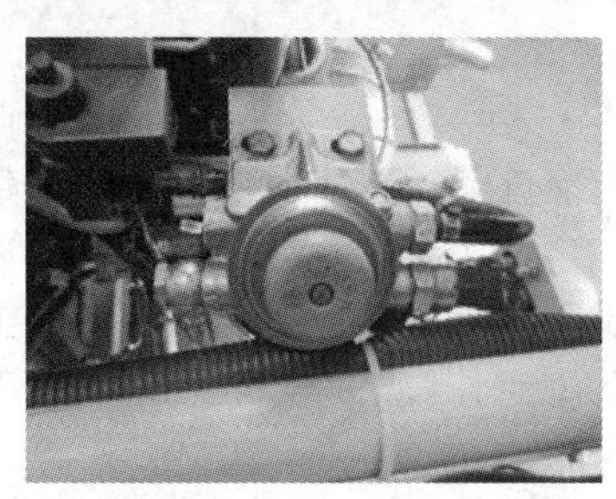	2. 检查手压泵是否工作正常
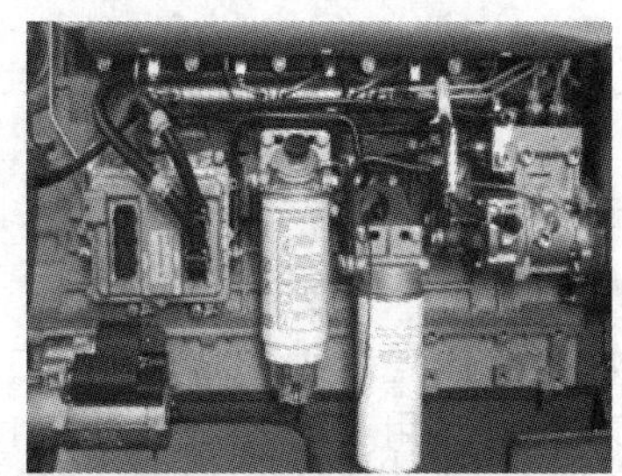	3. 检查低压油路是否有气，并排空气（有时低压油路泄漏不明显，需要仔细检查）
	4. 排气方法：主要排粗滤里面的空气。松开粗滤上的放气螺栓，用手压动粗滤器上的手压泵，直至放气螺栓处持续出油为止
	5. 低压油路空气排净后仍不能起动柴油机，则判断高压油路有空气，也需要排出高压油路的空气 排气方法：松开某缸高压油管，用起动机带动柴油机运转直至高压油管持续出油为止（不建议经常拆卸高压油管接头）
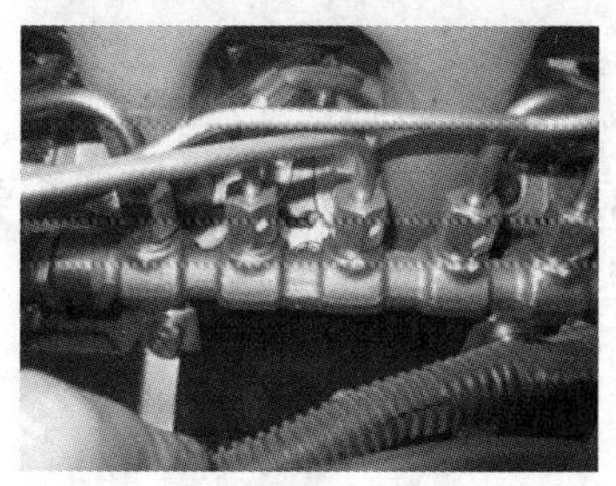	6. 检查高压油路有无泄漏 主要检查油管接头螺栓连接处

续表

<table>
<tr><th colspan="2">轨压无法建立故障</th></tr>
<tr><td></td><td>7. 检查油路是否通畅，检查柴油滤清器是否堵塞，建议及时更换柴油滤芯
检查方法：松开精滤出口螺栓，用起动机带动柴油机运转，看是否有柴油喷出或流出，若只有少量柴油流出，则可以判定滤芯堵塞</td></tr>
<tr><td>
</td><td>8. 检查轨压传感器初始电压值是否为 500 mV 左右，或设定轨压是否为 300~500 bar（用 KTS 故障诊断仪）。若不正常，首先检查接插件是否牢靠。若无检查设备，可以拔掉轨压传感器接插件，尝试再起动</td></tr>
<tr><td>
</td><td>9. 检查流量计量单元是否完好，拔掉接插件，尝试再起动</td></tr>
<tr><th colspan="2">线束接插件未插好或者线束断路或短路故障</th></tr>
<tr><td></td><td>1. 检查喷油器线束接插件是否插好，线束是否断路或短路</td></tr>
</table>

续表

<table>
<tr><th colspan="2">线束接插件未插好或者线束断路或短路故障</th></tr>
<tr><td>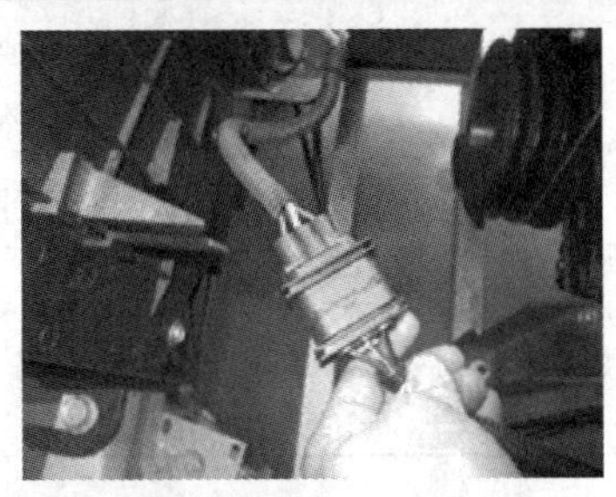</td><td>2. 检查传感器线束
检查时可采用抖动法对传感器线束进行检查</td></tr>
<tr><td></td><td>3. 检查整车线束接插件是否插好，线束是否断路或短路</td></tr>
<tr><th colspan="2">曲轴和凸轮轴传感器故障</th></tr>
<tr><td></td><td>1. 检查曲轴传感器
（1）检查传感器是否损坏，线束是否短路或断路</td></tr>
<tr><td></td><td>（2）检查传感器是否固定牢固，曲轴传感器与感应齿之间的间隙为 1 mm</td></tr>
<tr><td></td><td>2. 检查凸轮轴传感器
（1）检查传感器是否损坏，线束是否短路或断路</td></tr>
</table>

续表

曲轴和凸轮轴传感器故障	
	（2）检查凸轮轴传感器是否固定牢固，传感器与感应齿之间的间隙应为 1 mm

二、电控柴油机常见故障及原因

故障现象	故障可能原因及常见表现	维修建议
无法起动、难以起动、运行熄火	电喷系统无法上电： 通电自检时故障指示灯不亮 诊断仪无法接通 加速踏板接插件没有 5 V 参考电压 开钥匙时故障灯是否会自检（亮一下）	检查电喷系统线束及保险，特别是点火开关方面
	蓄电池电压不足： 万用表或诊断仪显示电压偏低 专用工具测蓄电池在起动时的电压降 起动机拖转无力 前照灯昏暗 打开马达时，马达声音运转无力	更换蓄电池或充电
	无法建立工作时序： 诊断仪显示同步信号故障 示波器显示曲轴、凸轮轴工作相位错误 线路未连接好 曲轴位置传感器上有异物或者划痕	检查曲轴、凸轮轴信号传感器是否完好无损 检查其接插件和导线是否完好无损
	预热不足： 高寒工况下，没有等到冷起动指示灯熄灭就起动 万用表或诊断仪显示预热过程 蓄电池电压变动不正常	检查预热线路是否接线良好 检查预热塞电阻是否正常 检查蓄电池电容量是否足够
	ECU 软/硬件或高压系统故障： 诊断仪显示模数转换模块故障 存在轨压超高的故障	确认后，更换 ECU 或通知专业人员
	喷油器不喷油： 怠速抖动较大 高压油管无脉动 诊断仪显示怠速油量增高 诊断仪显示喷油驱动线路故障	检查喷油驱动线路（含接插件）是否损坏、开路、短路 检查高压油管是否泄漏 检查喷油器是否损坏、积炭

续表

故障现象	故障可能原因及常见表现	维修建议
无法起动、难以起动、运行熄火	高压泵油能力不足： 诊断仪显示轨压偏小	检查高压油泵是否能够提供足够的油轨压力 检查燃油计量阀是否损坏 检查低压油路是否供油畅通、喷油器是否卡死、高压油管是否破裂等
	轨压持续超高： 诊断仪显示轨压持续2 s高于1 600 bar	检查燃油计量阀是否损坏 检查燃油压力泄放阀是否卡滞
	轨压传感器损坏： 艰难起动后存在敲缸、冒白烟等现象	拔掉轨压传感器能顺利起动
	机械组件故障： 油路不畅/油路有气、输油泵进口压力不足 起动电动机损坏 阻力过大，缺机油或者未置空挡 进排气门调整错误等	检查燃油/机油路 检查进/排气路 检查滤清器是否阻塞等
跛行回家模式（故障指示灯亮）	仅靠曲轴信号运行： 诊断仪显示凸轮信号丢失对起动时间的影响不明显	检查凸轮传感器信号线路 检查凸轮传感器是否损坏
	仅靠凸轮信号运行： 诊断仪显示曲轴信号丢失 起动时间较长（例如4 s左右），或者难以起动	检查曲轴传感器信号线路 检查曲轴传感器是否损坏
加速踏板失效，且发动机无怠速（转速维持在1 100 rpm左右）	加速踏板故障： 怠速升高至1 100 rpm，加速踏板失效，诊断仪显示第一、二路加速踏板信号故障 诊断仪显示两路加速踏板信号不一致 诊断仪显示加速踏板卡滞	检查加速踏板线路（含接插件）是否损坏、开路、短路 检查加速踏板电阻特性 检查加速踏板是否进水
热保护引起功率/扭矩不足，转速不受限	水温过高导致热保护 进气温度过高导致热保护 燃油温度传感器、驱动线路故障 进气温度传感器、驱动线路故障 水温传感器、驱动线路故障	检查发动机冷却系 检查发动机供油系 检查发动机气路 检查水温传感器本身或信号线路是否损坏 检查气温传感器本身或信号线路是否损坏
电控系统进入失效模式后导致功率/扭矩不足	轨压传感器损坏或线路故障 燃油计量阀驱动故障，阀损坏或线路故障 诊断仪显示加速踏板无法达到全开等 高原修正导致 油轨压力传感器信号漂移 高压油轨闭环控制类故障	诊断仪显示轨压位于700～760 bar，随转速升高而升高，则可能燃油计量阀、驱动线路损坏 诊断仪显示轨压固定于777 bar，则可能为轨压传感器或线路损坏 发动机最高转速限制在1 600～1 700 rpm 回油管温度明显升高 油轨压力信号漂移，检查物理特性，若损坏应更换 高压油泵闭环控制类故障，首先检查高压油路是否正常，否则更换高压泵

续表

故障现象	故障可能原因及常见表现	维修建议
运行不稳、怠速不稳	信号同步间歇错误： 诊断仪显示同步信号出现偶发故障	检查曲轴、凸轮轴信号线路 检查曲轴、凸轮轴传感器间隙 检查曲轴、凸轮轴信号盘
	喷油器驱动故障： 诊断仪显示喷油器驱动线路出现偶发故障（开路、短路等）	检查喷油器驱动线路
	加速踏板信号波动： 诊断仪显示松开加速踏板后仍有开度信号 诊断仪显示固定加速踏板位置后加速踏板信号波动	检查加速踏板信号线路是否进水或磨损导致加速踏板开度信号漂移 更换加速踏板
	机械方面故障： 进气管路、进排气门泄漏 低压油路阻塞、油路进气 缺机油等导致阻力过大 喷油器积炭、磨损等	参照机械维修经验进行判断
冒黑烟	喷油器雾化不良、滴油等： 诊断仪显示怠速油量增大 诊断仪显示怠速转速波动	根据机械维修经验进行判断 确认后拆检
	油轨压力信号漂移： 诊断仪显示相关故障码	更换传感器
	机械方面故障	参照机械维修经验进行判断
加速性能差	前述各种电喷系统故障原因导致扭矩受到限制： 诊断仪显示相关故障码	按故障代码提示进行维修
	负载过大： 各种附件的损坏导致阻力增大 缺机油、机油变质、组件磨损严重 排气制动系统故障导致排气受阻	检查风扇等附件的转动是否受阻 检查机油情况 检查排气制动情况
	喷油器机械故障： 积炭、针阀卡滞、喷油器体开裂、安装不当导致变形	拆检并更换喷油器
	进气管路泄漏 油路进气	拧紧松脱管路 排除油路中的空气
	加速踏板信号错误： 诊断仪显示加速踏板踩到底时开度达不到100%	检查线路 更换加速踏板

§2—7 发动机异响故障诊断与排除

学习目标

1. 了解发动机异响的特性。
2. 通过发动机异响的现象，分析异响的原因。
3. 能运用听诊器诊断发动机异响。
4. 能对发动机异响故障进行诊断与排除。

相关知识

一、发动机异响的原因

发动机异响标志着发动机某一机构的技术状态已发生变化，主要是因有些零件磨损过甚或装配、调整不当引起的。

可能原因：
(1) 配合间隙过大
(2) 润滑不良
(3) 紧固件松动
(4) 个别机件变形损坏
(5) 不正常燃烧
(6) 装配调整或修理不当
(7) 回转件平衡遭破坏

二、发动机异响的特征

发动机异响常与发动机的转速、温度、负荷、缸位、工作循环等有关。大多数异响的出现，取决于发动机的转速状态；不少异响与其负荷有明显的关系，诊断时可采取逐缸解除负荷的方法进行试验，通常采用单缸或双缸断火法解除一或两缸的负荷，以鉴别异响与负荷的关系；另外，发动机的异响故障往往与发动机的工作循环也有明显的关系，尤其是曲柄连杆机构和配气机构的异响都与工作循环有关。

异响与发动机转速的关系

现象	原因
异响在发动机急加速时出现，维持高速运转时声响仍存在	（1）连杆轴承松旷、轴瓦烧熔或尺寸不符而转动 （2）曲轴轴承松旷或轴瓦烧熔 （3）活塞销折断
在怠速或低速运转时异响	（1）活塞与气缸壁间隙过大 （2）活塞销装配过紧或连杆轴承装配过紧 （3）挺杆与其导孔间隙过大 （4）配气凸轮轮廓磨损 （5）起动爪松动而使皮带轮发响（在转速改变时明显）
维持在某转速时声响紊乱，急减速时相继发出短暂声响	（1）凸轮轴正时齿轮破裂或其固定螺母松动 （2）曲轴折断 （3）活塞销衬套松旷 （4）凸轮轴轴向间隙过大或其衬套松旷

异响与负荷的关系

现象	原因
某缸断火，异响顿无或减轻	（1）活塞敲缸 （2）连杆轴承松旷 （3）活塞环漏气 （4）活塞销折断
某缸断火，则声响加重，或原来无响，此时反而出现声响	（1）活塞销铜套松旷 （2）活塞裙部锥度过大 （3）活塞销窜出 （4）连杆轴承盖固定螺栓松动过甚或连杆轴瓦合金烧熔脱落 （5）飞轮固定螺栓松动过甚
相邻两缸断火异响减轻或消失	曲轴轴承松旷

异响与温度的关系

现象	原因
低温发响，温度升高后声响减轻，甚至消失	（1）活塞与缸壁间隙过大 （2）活塞因主轴承油槽深度和宽度失准 （3）机油压力低而润滑不良
温度升高后有声响，温度降低后声响减轻或消失	（1）过热引起的早燃 （2）活塞裙部椭圆的长、短轴方向相反 （3）活塞椭圆度小、活塞与缸壁间隙过小 （4）活塞变形 （5）活塞环各间隙过小

异响与发动机工作循环的关系

现象	原因
曲柄连杆机构引起的异响	（1）活塞敲击缸壁 （2）活塞销发出的敲击声 （3）活塞顶缸盖连杆轴承松旷过甚 （4）活塞环漏气
配气机构引起的异响	（1）气门间隙过大 （2）挺杆与其导孔间隙过大 （3）凸轮轮廓磨损 （4）气门杆与其导管间隙过大 （5）气门弹簧折断 （6）凸轮轴正时齿轮径向破裂 （7）气门座圈松脱 （8）气门卡滞不能关闭

三、发动机异响的振动区域

发动机常见异响所引起的振动，可分为四个区域。

1. *A*—*A* 区域

该区域为缸盖部位。可用旋具或金属棒触听气缸盖各燃烧室部位，能辅助诊断活塞顶碰缸盖、气缸上部凸肩、气门座圈脱出等故障。

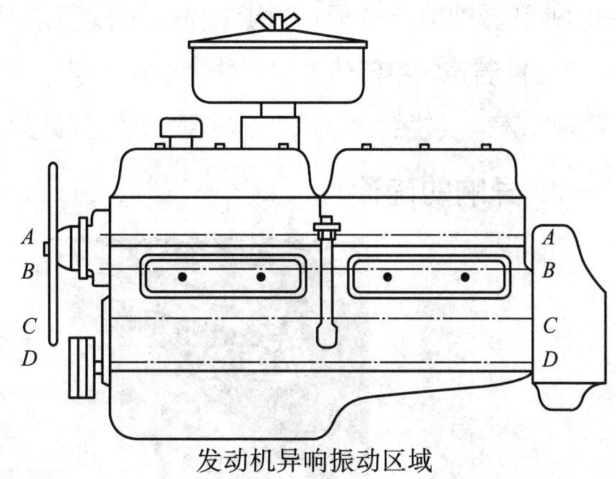

发动机异响振动区域

2. *B*—*B* 区域

该区域为挺杆室及其对面部位。在挺杆室一侧，可听察气门组合件及挺杆等发响；在其对面，能辅助诊断活塞敲缸一类故障。

3. *C*—*C* 区域

该区域为凸轮轴部位。可用旋具或金属棒触听凸轮轴的前、后衬套部位或正时齿轮室盖部位，可辅助诊断凸轮轴正时齿轮破裂或其固定螺母松动、凸轮轴衬套松旷等故障。

4. *D*—*D* 区域

该区域为曲轴部位。用旋具或金属棒触听气缸体与油底壳结合面的附近，可辅助诊断曲轴轴承发响或曲轴裂纹等故障。

四、发动机异响的诊断方法

发动机异响的诊断方法有两种，即人工经验听诊法和仪器诊断法。

在人工经验诊断发动机异响的过程中，常常借助于旋具来听察异响；仪器诊断法常用的仪器主要有听诊器、噪声器、振动分析仪等

五、发动机异响诊断程序

1. 异响的确定原则

在众多混杂的发动机运转声响中，应确定哪些是正常的声响、哪些是异响。异响中哪些是尚

允许存在的，哪些则是不允许继续存在，必须予以排除的，这是异响诊断过程中首先应明确的。

异响的确定原则是：

（1）若声响在低速运转时显得轻微、单纯，在高速运转时虽显得轰鸣但却平稳均匀，在加速和减速时声响显得过渡圆滑，则为正常声响。

（2）若声响中伴随着沉闷的“噹噹”声、清脆的“当当”声、短促的“嗒嗒”声、细微的“唰唰”声、尖锐的“喋喋”声和强烈的“嘎嘎”声等声响，即表明发动机存在不正常的异响。

2. 异响的确诊

（1）当异响出现在怠速或低速运转期间，可依以下顺序进行诊断。

步骤1：用单缸断火法检查异响与缸位是否有关联。若某缸断火后异响有明显的变化，说明故障在该缸。

步骤2：若某缸断火后异响并无明显的变化，说明异响与缸位并无关系。继而应逐缸检查异响与工作循环是否有关联，判定故障出在哪一机构。

步骤3：逐渐提高发动机转速，听察异响有无变化，根据异响随转速的变化，判断运动机制耗损的程度。

步骤4：在诊断过程中，还应注意观察发动机温度的变化对异响的影响。

（2）当异响出现在高速运转期间，可依以下顺序进行诊断。

步骤1：从低速逐渐提高发动机转速，直至高速运转。在此过程中，注意异响出现的时机。

步骤2：当异响出现后，使发动机稳定于该转速运转，仔细听察异响，利用单缸断火法查明缸位。

步骤3：若难以查明缸位，则应听察该异响分布的区域。

步骤4：若从低速逐渐提高转速的过程中，并不出现异响，却在急加速或急减速时出现异响，则用单缸断火法并配以速度的急剧变化，即可判明异响发生在哪个缸位。通过上述诊断，基本可查明异响与发动机的负荷、工作循环、转速和温度之间的关系。如若异响与某种异响特性相符合，即可做出诊断结论。此外，在诊断过程中还应听察异响引起的振动部位及伴随的其他故障现象，注意机油压力、机油加注口和排气管等处的变化，辅以诊断故障，从而得出确诊的结论。

（3）停车发动机运行诊断故障。

运行中的发动机异响，一般都能在停车后使发动机处于同速度运转中得到重现，从而推断出异响的确诊结论。

常见故障诊断与排除

故障 1　发动机曲轴轴承异响

故障现象

曲轴轴承异响是一种沉重发闷的金属敲击声，当转速或负荷突然变化时声响明显；当突然提速时，声响更加突出；当突然降速时，就会出现沉重的“当当”响声，发动机本身有明显的振抖现象，并且机油压力明显降低

故障原因

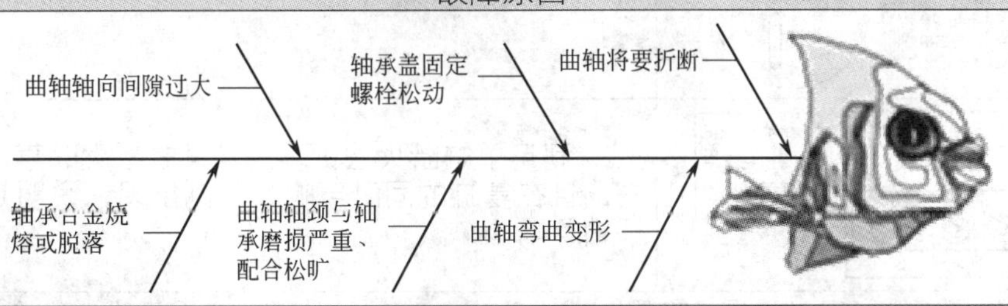

故障诊断与排除

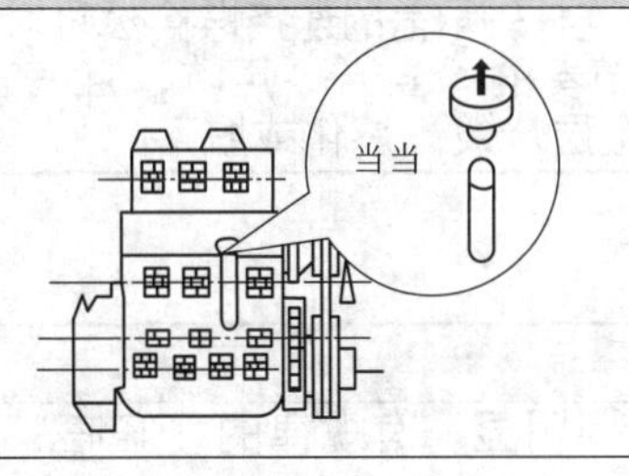	1. 在机油加注口听察，反复变换发动机转速，当突然加速或降速时，若有明显的“当当”金属敲击声，用旋具在缸体曲轴位置听察，变化转速时声响明显，则可断定为曲轴轴承异响
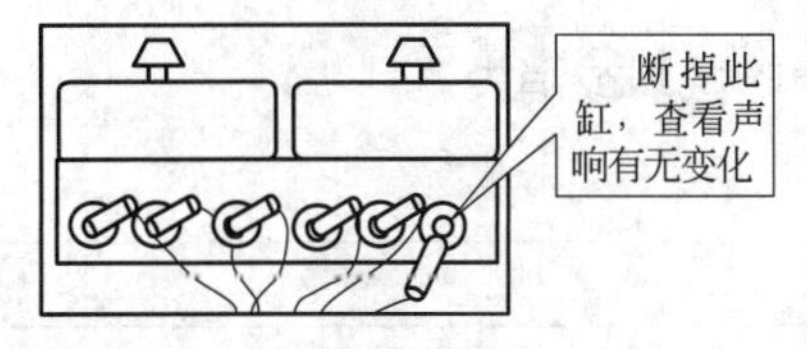	2. 利用单缸断火法听察声响无变化，而相邻两缸断火试验时，声响明显减弱，则说明故障在两缸之间的曲轴轴承处

3. 发动机温度越高，声响越明显，高转速时，声响变得杂乱，则可能是曲轴弯曲变形
4. 高速运转时，机体有较大的抖动，载重爬坡时，有振动感，机油压力明显下降，则说明配合间隙过大或合金脱落
5. 若踏下离合器踏板，声响减轻或消失，则为曲轴轴向间隙过大
6. 若发动机转速并不高，机体却振抖较大，甚至有摆动摇晃现象，同时发生沉闷的“嘭嘭”金属敲击声，则表明曲轴将要折断

故障2 发动机连杆轴承异响

故障现象

它是一种较重而短促的金属敲击声。怠速时，声响较小；中速时，较为明显；突然加速时，声响随发动机转速突然升高，声响清脆短促；断火后，声响明显减弱或消失，发动机温度升高后响声无明显变化；负荷增加时，声响加剧

故障原因

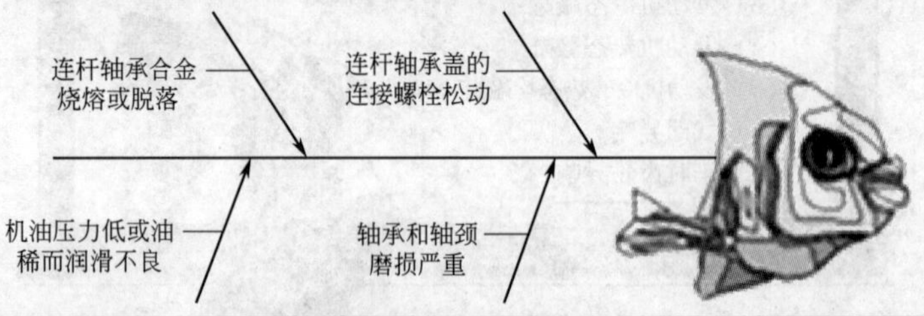

故障诊断与排除

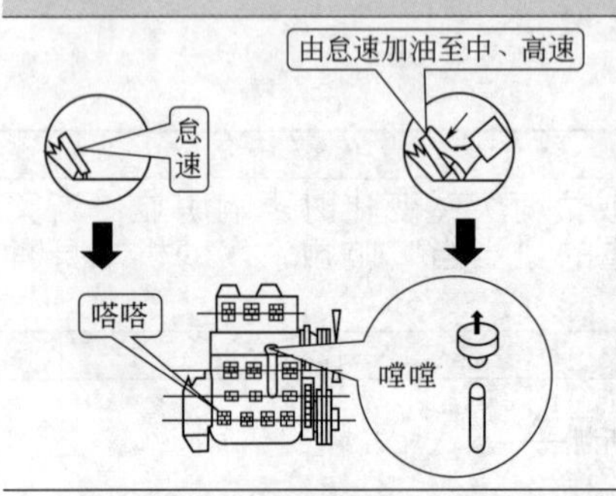

1. 发动机怠速运转时，其声响为短促的“嗒嗒”声，发动机由怠速升至中速时，声响连续且更清晰，随着转速的升高，敲击声更为突出，若在机油加注口处听察，声响为清脆的“噹噹”声，诊断为连杆轴承响

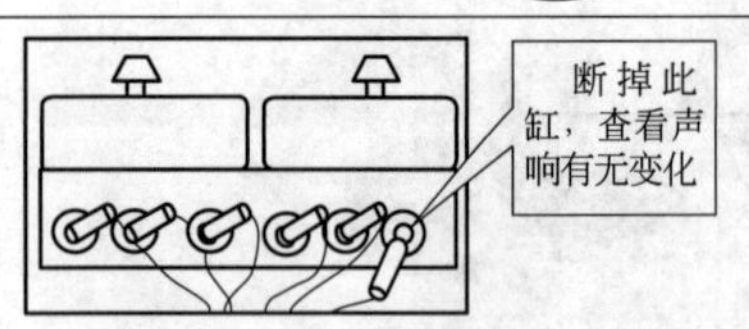

2. 利用单缸断火法试验。若某缸断火时声响减弱或消失，且在复缸的同时声响又立刻出现，说明是该缸的连杆轴承响

3. 若声响混杂，出现“咯楞、咯楞”或“哗啦、哗啦”的声响，再用断火法检查单缸和双缸，若声响减弱或消失，说明多缸连杆轴承和轴颈磨损严重或连杆轴承盖的连接螺栓松动

4. 当发动机温度变化时，在任何转速情况下，都发出有节奏的“当当”声响，且气缸盖抖动很强，做断火和复火试验都一样，则可断定是轴承合金层烧毁、熔化或脱落

故障3 发动机冷态敲缸

故障现象

☞发动机冷车起动并怠速运转时，在气缸上部发出清晰、明显、有规律的“嗒嗒”声，中速以上运转时，声响消失

☞当发动机温度低时，声响明显，正常工作温度下，声响减弱或消失

☞单缸断火，声响消失

☞发动机火花塞跳火一次，发响两次

故障原因

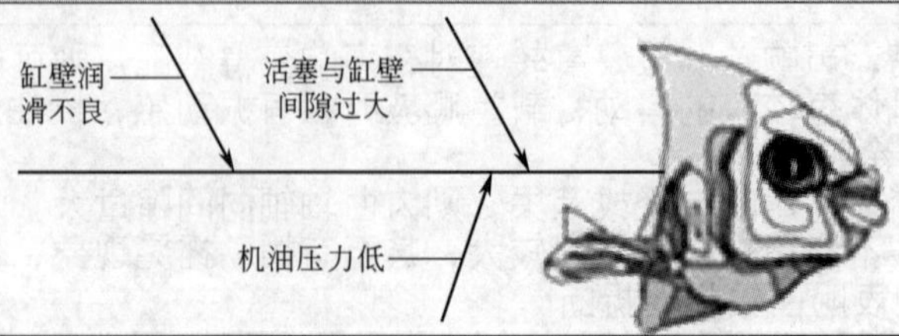

续表

<table>
<tr><th colspan="2">故障诊断与排除</th></tr>
<tr><td>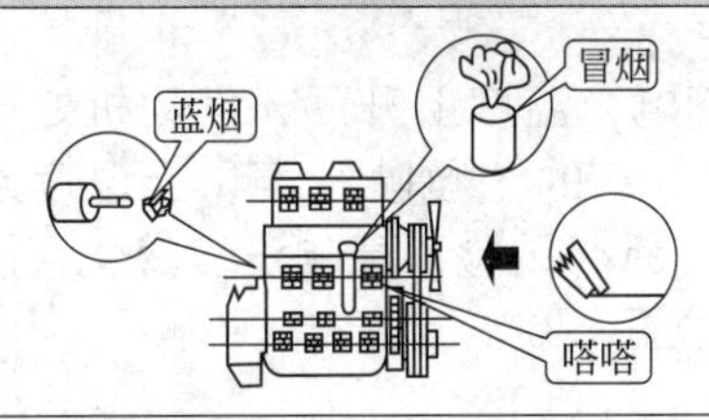</td><td>1. 发动机在冷车起动运转后，发出有节奏的“嗒嗒”声，将发动机转速控制在声响明显的范围内（怠速），察看机油加注口处是否冒烟，排气管处是否冒蓝烟，并用试棒抵在机油加注口处的缸壁，听其是否有振动的敲击声。若有以上情况，则为活塞敲缸响</td></tr>
<tr><td>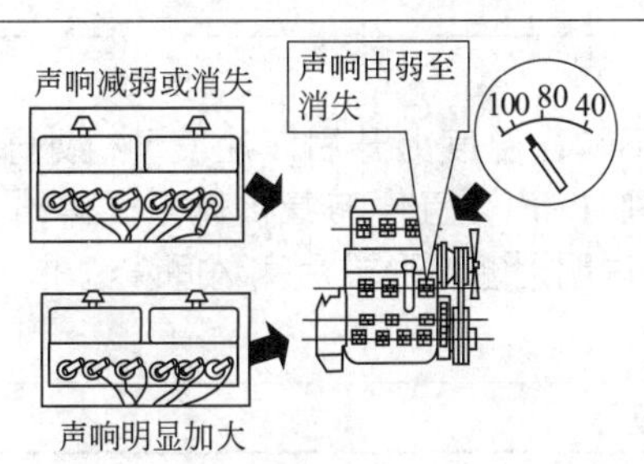</td><td>2. 逐缸断火试验。若某缸断火后声响减弱或消失，复火时声响明显增大，一两声响后又恢复到原来的大小水平，当发动机温度升高后，声响由弱至消失，则为活塞裙部与缸壁敲击产生声响</td></tr>
<tr><td colspan="2">3. 若多只活塞敲缸，将发响的气缸断火，原来的声响会减弱。将怀疑有敲击声的气缸上的火花塞拆卸下来，用油壶向缸内注入少量机油，慢慢摇转发动机，使机油附于气缸壁和活塞之间，然后起动发动机听察声响</td></tr>
<tr><td>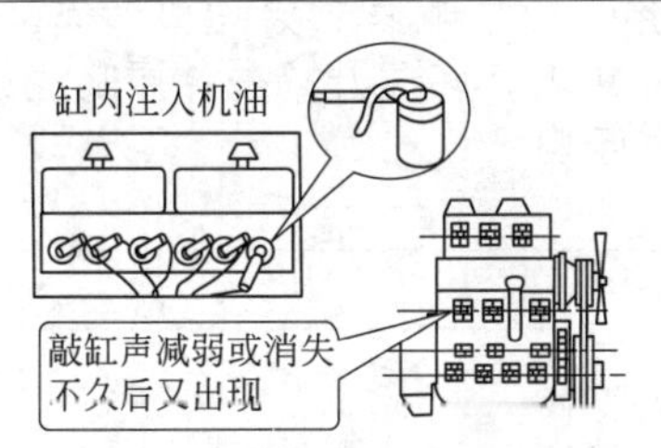</td><td>4. 若敲缸声减弱或消失，但不久后又出现，说明该缸响；若敲击声仅发生在冷车工作时，发动机温度升高后即消失，则可继续使用，伺机进行修理</td></tr>
</table>

故障 4　发动机热态敲缸

故障现象
☞发动机高速运转时发出“嘎嘎”连续金属敲击声 ☞温度升高，声响加重 ☞发动机怠速运转时发出“嗒嗒”声，机体伴有抖动现象 ☞发动机火花塞跳火一次，发响两次 ☞当某缸断火，声响反而加重
故障原因
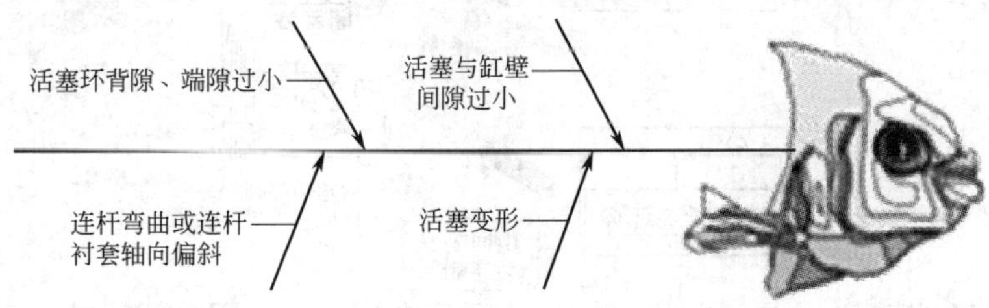

续表

故障诊断与排除	
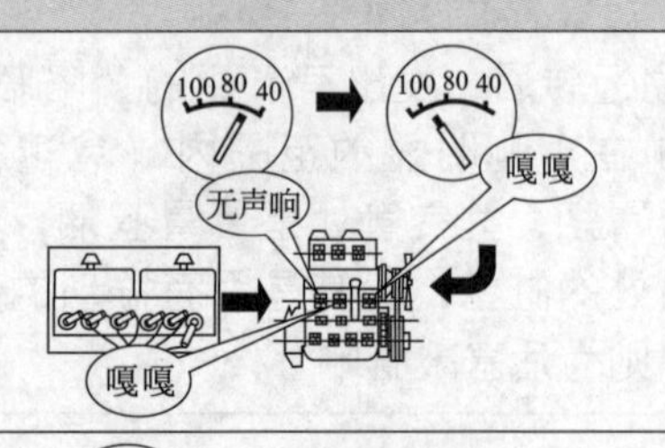	1. 发动机温度低时不响，温度上升后，发动机处于中、高速运转，发出有节奏的“嘎嘎”声，且温度越高，响声越大。利用单缸断火试验，声响没有变化，说明连杆变形或连杆装配位置不准
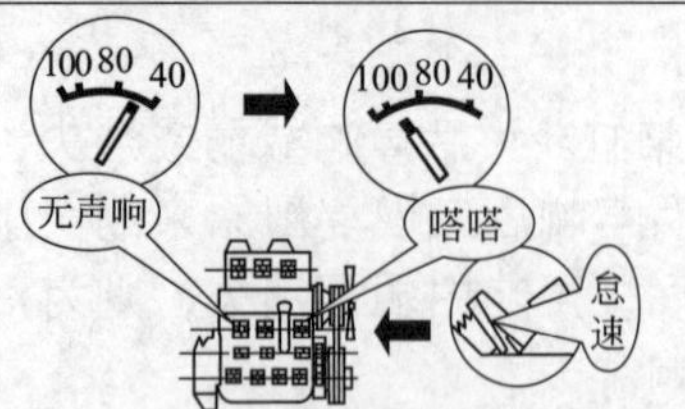	2. 发动机温度低时不响，温度上升后，让发动机处于怠速运转时，出现“嗒嗒”声，且伴随着机体出现抖动，温度越高，声响越大，说明活塞变形或活塞环间隙过小
3. 利用单缸断火试验，声响反而加大，说明该缸活塞敲缸	

故障 5　发动机冷、热态均敲缸

故障现象

☞发动机低速运转时发出有节奏且强弱分明的“刚刚”声，此声响有时会短暂消失，但很快又复出，转速升高后声响会消失；有时低速有“嗒嗒”声响，转速升高后，声响消失

☞某缸断火，声响减弱或反而加重，并由有节奏发响变为连响

☞发动机火花塞跳火一次，发响两次

故障原因

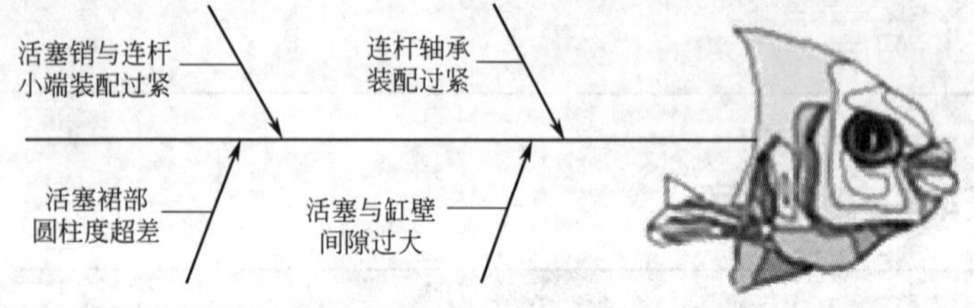

故障诊断与排除

1. 利用单缸断火法试验。若某缸断火，声响减小，但不消失，说明该缸连杆与曲轴或活塞销装配过紧；若某缸断火，声响反而由间响变为连响，说明活塞裙部圆柱度过大，使头部撞击气缸壁

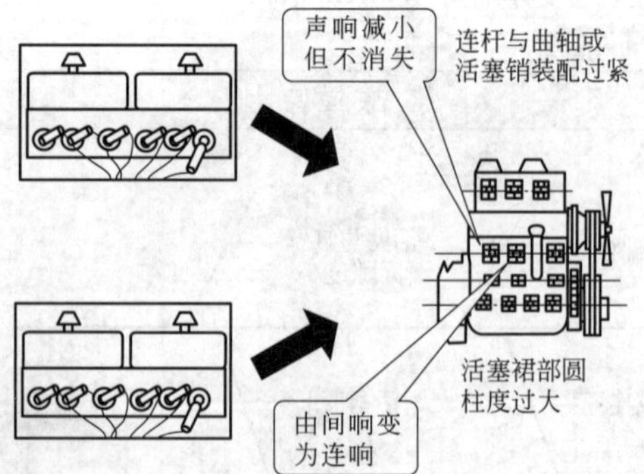

2. 若低速时有“嗒嗒”金属敲击声，转速升高后声响消失，说明活塞裙部圆柱度超差

故障6 气门异响

故障现象

☞发动机怠速运转时，发出连续不断的、有节奏的“嗒嗒”声

☞发动机转速增高时，声响也随着增高，而且变得有些杂乱

☞发动机温度变化时，声响不变化

故障原因

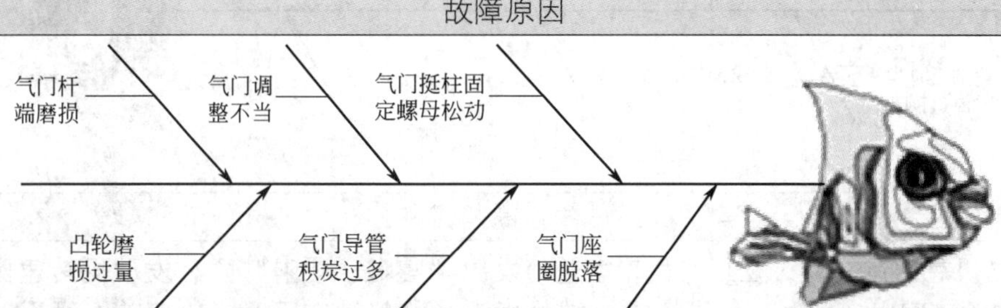

故障诊断与排除

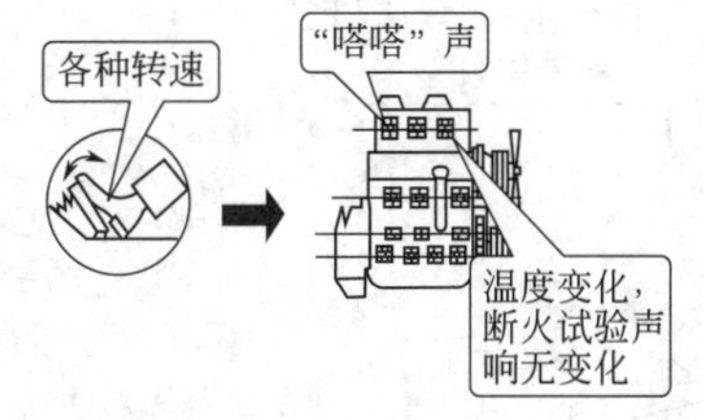

1. 在气门室罩处听察，声响随着发动机转速的变化而变化，并且有明显和有节奏的“嗒嗒”声。若稍踩加速踏板，声响更明显，逐渐加油时声响随转速的提高节奏加快，同时在发动机温度变化或用断火试验时声响无变化，说明气门响

2. 拆下气门室盖（罩），检查气门间隙

若气门间隙过大，应进行调整

若气门间隙正常，说明气门杆端处润滑不良、气门与气门导管配合间隙太大或气门座圈松动

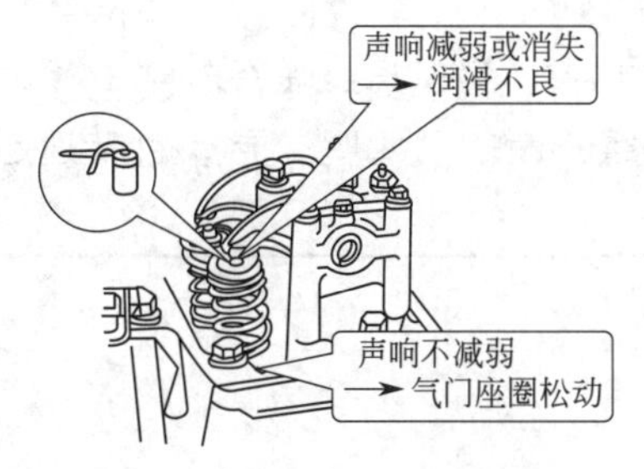

3. 往发响的气门杆端处加少许机油，起动发动机并怠速运转

若声响减弱或消失，说明声响系润滑不良所致，应疏通油道

若声响不减弱，说明气门座圈松动，应拆下重新镶配

故障7 正时齿轮异响

故障现象

☞发动机怠速运转时，在正时齿轮室盖处发出“嘎啦、嘎啦”声，中速时声响明显，高速时声响变得杂乱并带有破碎声

☞声响有时受温度影响，高温时声响明显

☞单缸断火试验声响无变化

☞有的声响伴随正时齿轮室盖振动

续表

故障原因

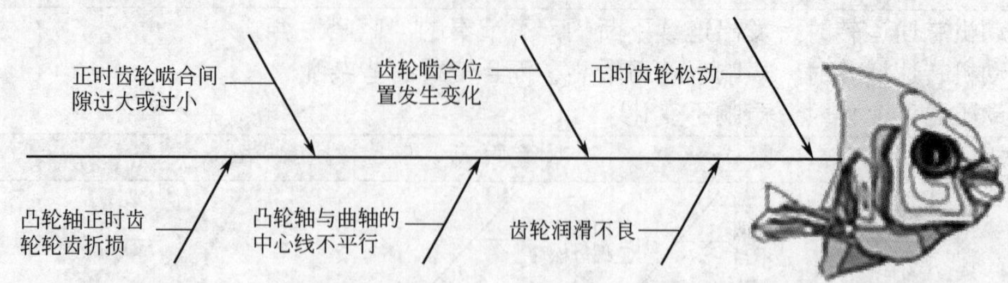

故障诊断与排除

1. 发动机怠速运转时，在正时齿轮室盖处发出“嘎啦、嘎啦”声，发动机转速提高到中速，声响比较突出，此时，用试棒或机械故障听诊器仪触在正时齿轮室盖上倾听，声响更为明显且有振动，说明正时齿轮啮合间隙过大而发响

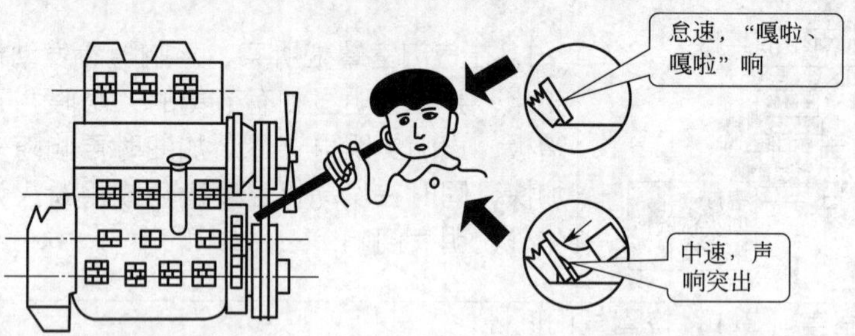

2. 将发动机的转速升高，声响也会随着加大，且发出周期性变化、有节奏的“哽哽”声，说明正时齿轮啮合不均匀

3. 发动机处于高速下运转，发出一种连续的、强烈的“嘎嘎”声，在正时齿轮室盖上有振动感，说明凸轮轴轴向窜动太大

4. 若声响的大小随发动机转速而变化，且类似于“呼啸”声，说明齿轮啮合不良

5. 对于大修或更换正时齿轮后的发动机，运转时发出连续不断的“呜呜”声，且转速越高响声越大，说明正时齿轮啮合间隙过小

第三章　汽车底盘故障诊断与排除

§3—1　传动系故障诊断与排除

学习目标

1. 熟悉传动系的组成。
2. 了解传动系常见故障现象和原因。
3. 能对传动系各主要部件故障进行诊断与排除。

（一）离合器故障诊断与排除

相关知识

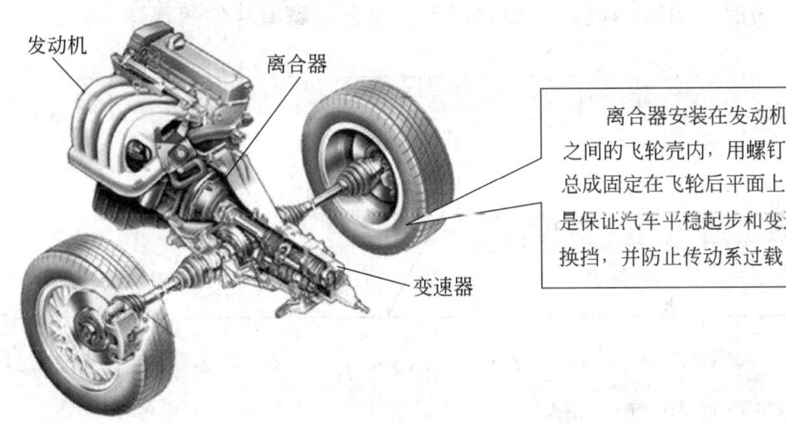

离合器的安装位置

汽车上目前广泛采用摩擦片式离合器，它主要由主动部分、从动部分、压紧机构和操纵机构四部分组成。

离合器的主动部分与发动机的飞轮相连，主要由压盘、离合器盖等零部件组成；从动部分与变速器相连，主要由从动盘、变速器输入轴等零部件组成；压紧机构主要是压紧弹簧；操纵机构主要由分离杠杆、分离轴承、套筒、分离叉和离合器踏板等组成。

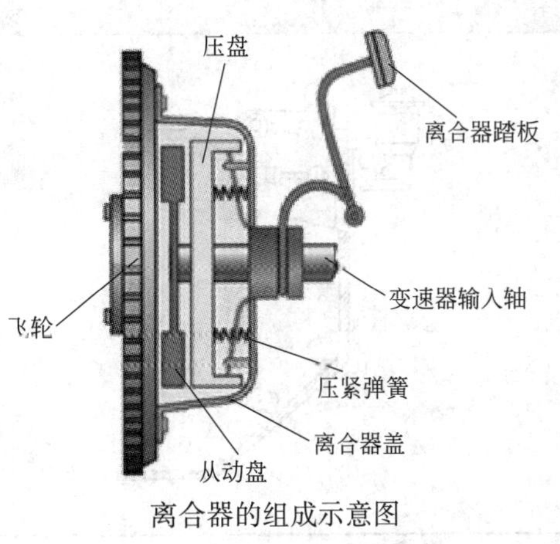

离合器的组成示意图

常见故障诊断与排除

故障1 离合器打滑

故障现象

☞汽车起步时，完全放松离合器踏板，汽车仍不能行走
☞汽车在行驶中加速时，发动机转速升高，但车速不能同步增加
☞汽车重载、上坡时打滑较明显，严重时可嗅到离合器摩擦片的焦臭味
☞发动机过热

故障原因

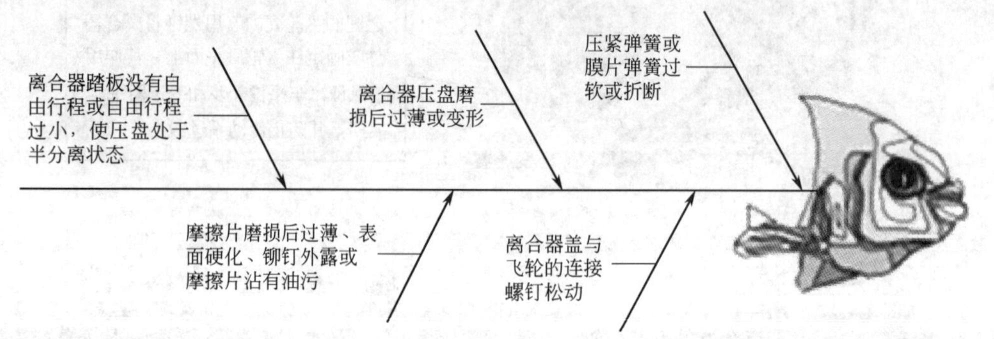

故障诊断与排除

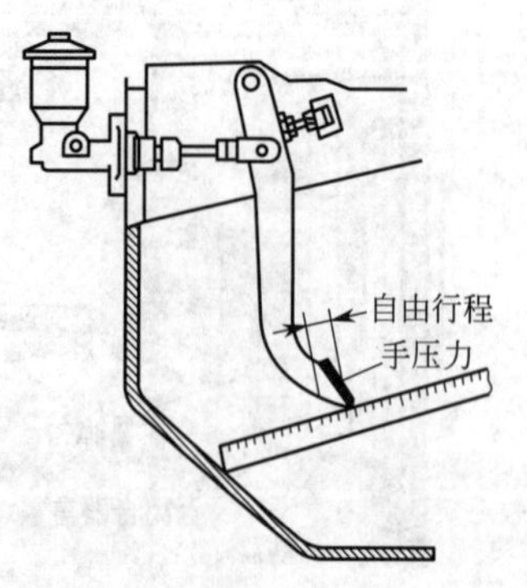

1. 检查离合器踏板自由行程，如不符合要求，应调整

续表

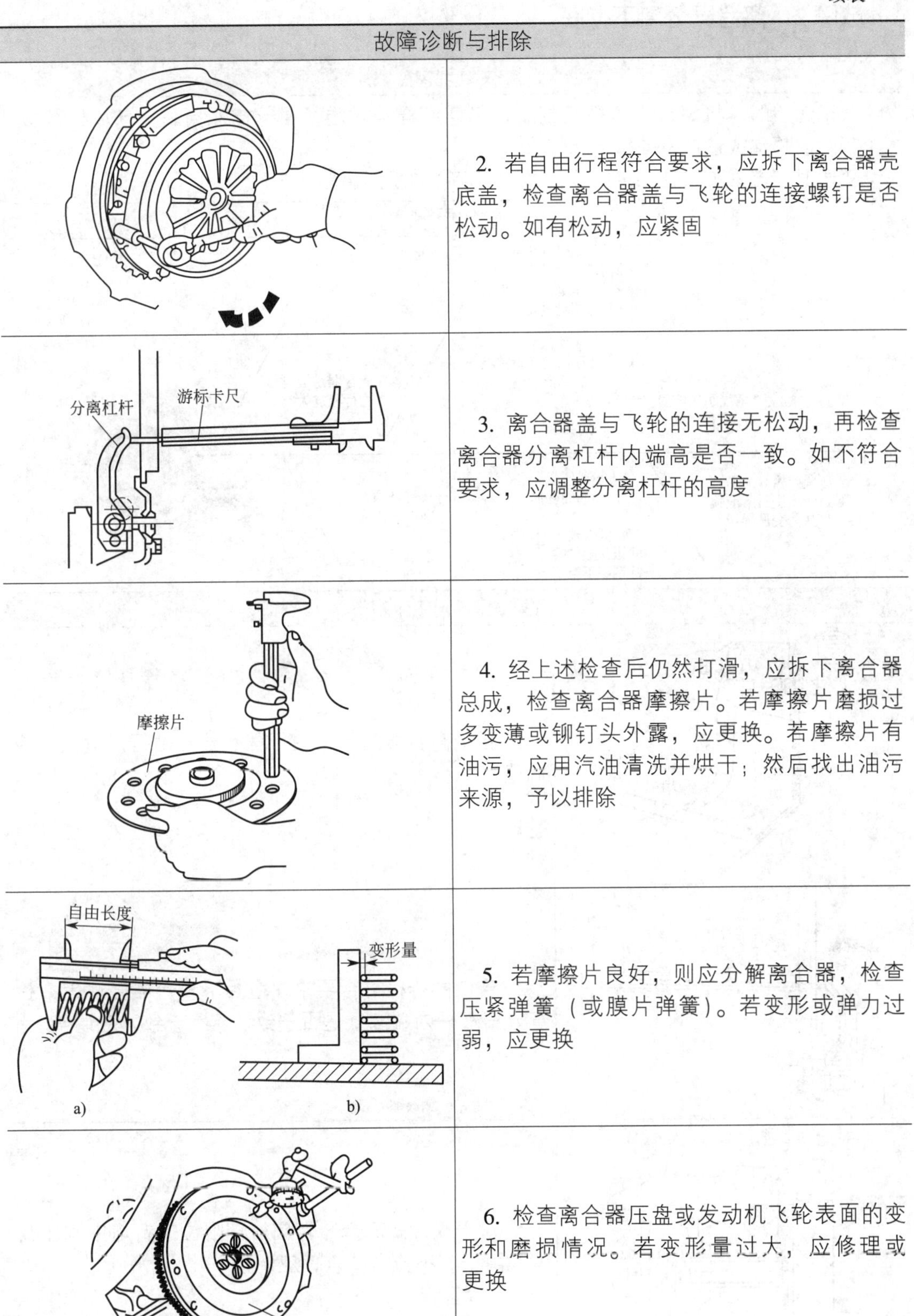

故障诊断与排除	
	2. 若自由行程符合要求，应拆下离合器壳底盖，检查离合器盖与飞轮的连接螺钉是否松动。如有松动，应紧固
	3. 离合器盖与飞轮的连接无松动，再检查离合器分离杠杆内端高是否一致。如不符合要求，应调整分离杠杆的高度
	4. 经上述检查后仍然打滑，应拆下离合器总成，检查离合器摩擦片。若摩擦片磨损过多变薄或铆钉头外露，应更换。若摩擦片有油污，应用汽油清洗并烘干；然后找出油污来源，予以排除
	5. 若摩擦片良好，则应分解离合器，检查压紧弹簧（或膜片弹簧）。若变形或弹力过弱，应更换
	6. 检查离合器压盘或发动机飞轮表面的变形和磨损情况。若变形量过大，应修理或更换

故障2 离合器分离不彻底

故障现象

☞汽车起步时，将离合器踏板踏到底，仍感到挂挡困难，强行挂入挡后，未放松踏板，汽车就向前移动或造成发动机自行熄火

☞变速时挂挡困难或挂不进挡位，同时变速器内发出齿轮撞击声

故障原因

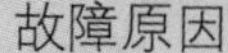

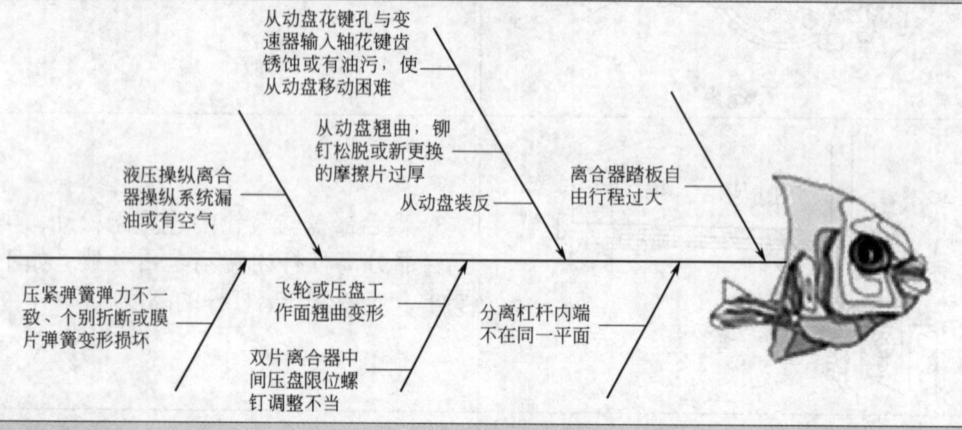

故障诊断与排除

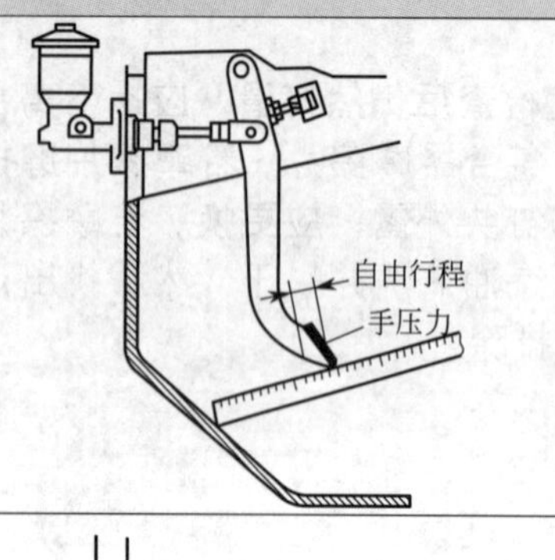 	1. 检查离合器踏板自由行程。若自由行程过大，应调整
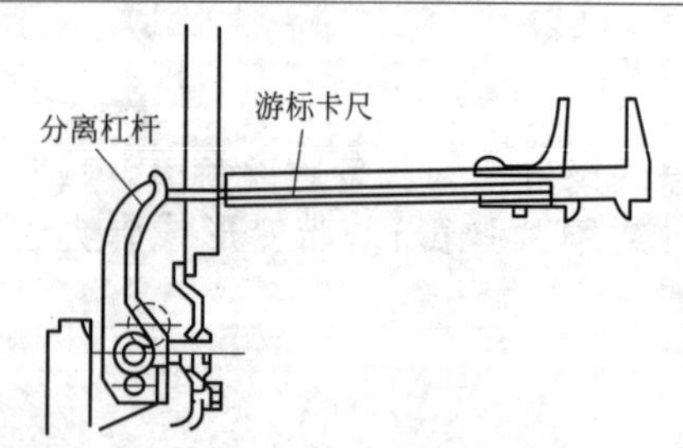 	2. 若自由行程符合要求，应拆下离合器壳底盖，检查分离杠杆内端高低是否一致。若不一致，应调整
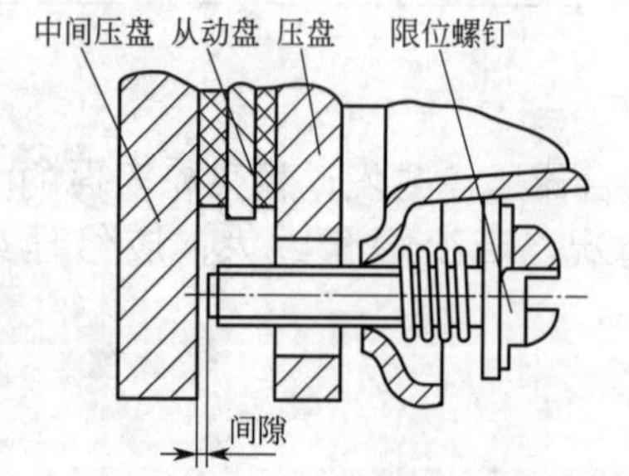 	3. 对于双片式离合器，应检查限位螺钉与中间压盘的间隙。若不符合要求，应调整

续表

<table>
<tr><th colspan="2">故障诊断与排除</th></tr>
<tr><td>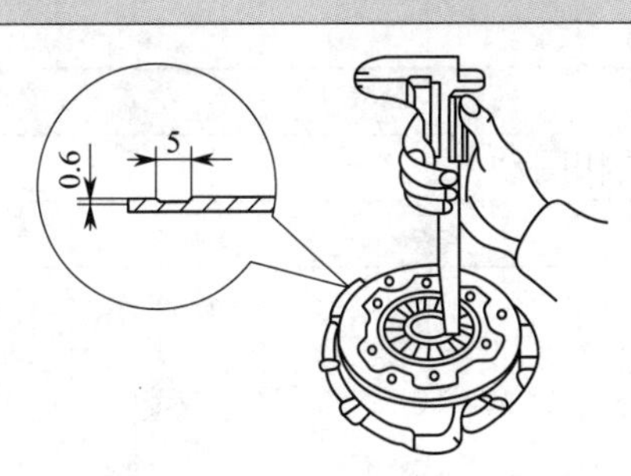</td><td>4. 对于膜片式离合器，应检查膜片弹簧内端是否过软、磨损过多或折断。若过软或有折断，应更换
说明：若属于新换摩擦片过厚，可在离合器盖与飞轮间增加适当厚度的垫片予以调整，但各垫片厚度及内、外径应一致</td></tr>
<tr><td>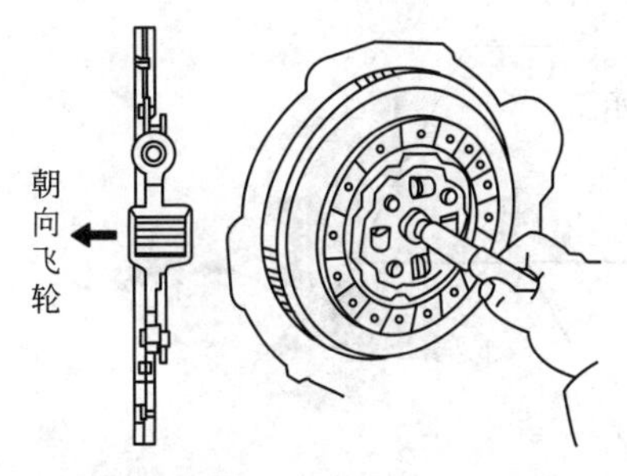</td><td>5. 经上述检查调整后仍然无效，应将离合器拆下，检查从动盘是否装反。若装反，应重新组装</td></tr>
<tr><td>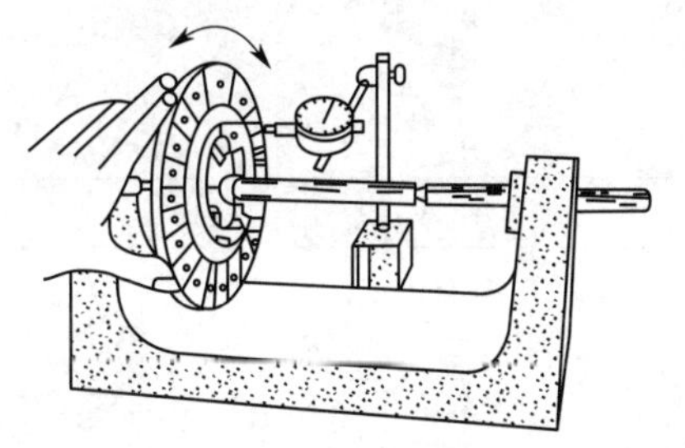</td><td>6. 检查从动盘在变速器输入轴花键齿上移动是否灵活。如发涩，应清除锈蚀和油污。检查从动盘有无铆钉松脱和翘曲变形，若不符合要求，应更换</td></tr>
<tr><td>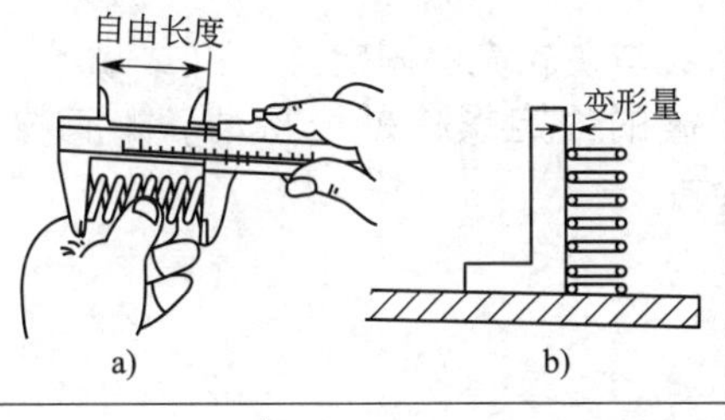</td><td>7. 若经上述检查调整仍然无效，应分解检查离合器总成，分别检查压紧弹簧（或膜片弹簧）、离合器压盘和发动机飞轮表面以及其他有关零件，视情况修理或更换</td></tr>
<tr><td>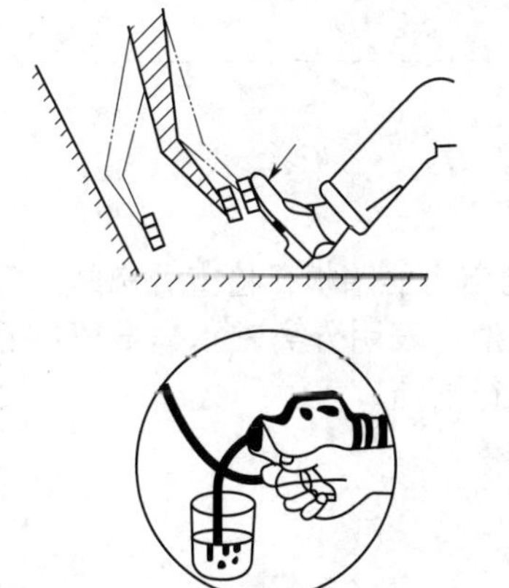</td><td>8. 对于液压操纵式离合器，离合器总成经检查调整后仍分离不彻底，应检查操纵系统有无漏油现象，并对液压操纵系统进行排除空气操作</td></tr>
</table>

故障3 离合器发抖

故障现象
汽车起步时，离合器不能平稳接合，并使汽车发生抖振和闯动

故障原因

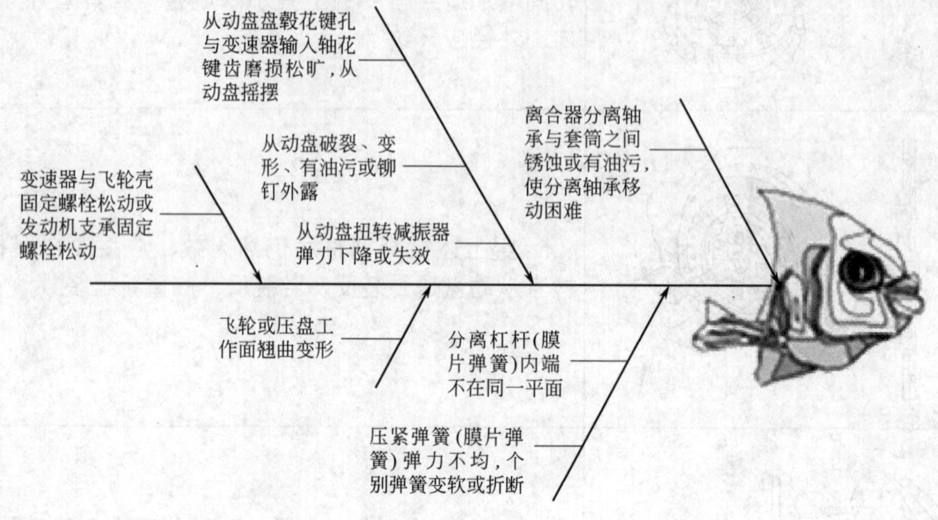

故障诊断与排除	
	1. 检查变速器与飞轮壳的固定螺钉（或螺栓）以及发动机支撑的固定螺栓是否松动。如有松动，应加以紧固
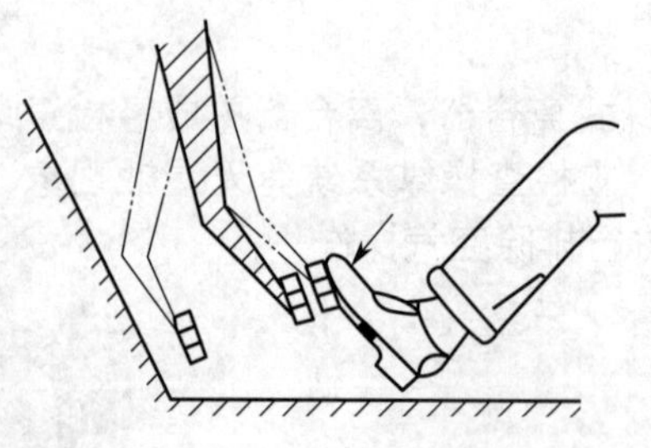	2. 连续踏、抬离合器踏板，检查分离轴承移动是否灵活。若发涩，表明分离轴承与导管间锈蚀或有油污，应进行清洁

续表

<table>
<tr><th colspan="2">故障诊断与排除</th></tr>
<tr><td>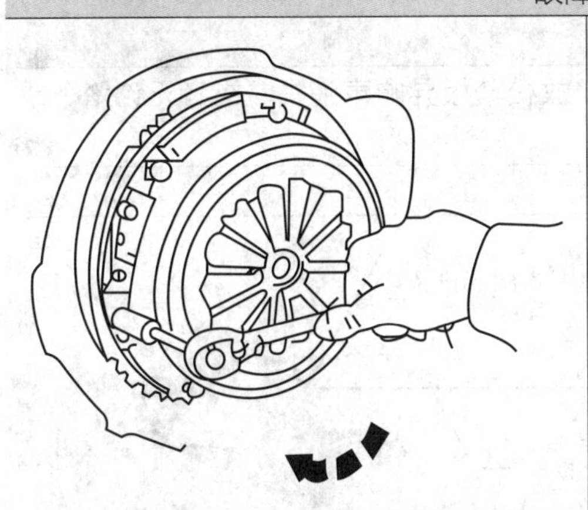</td><td>3. 若分离轴承移动灵活，应拆下离合器壳底盖，检查离合器盖与飞轮的连接螺钉是否松动。如有松动，应加以紧固</td></tr>
<tr><td>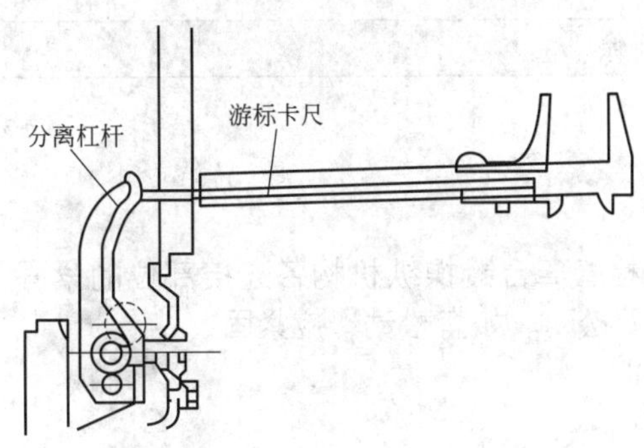</td><td>4. 若故障仍未排除，应检查分离杠杆（或膜片弹簧）内端高低是否一致。如不一致，应调整</td></tr>
<tr><td>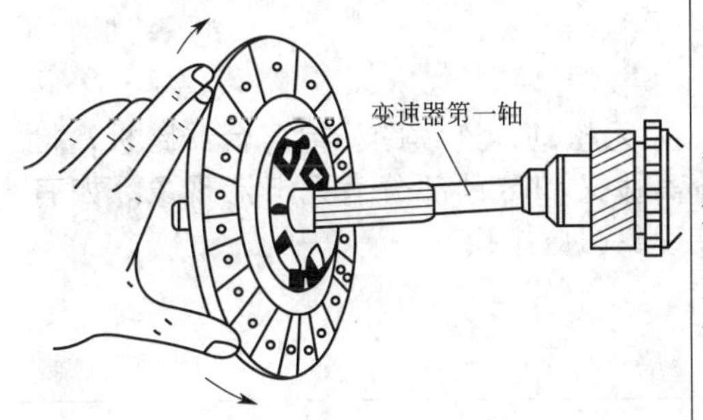</td><td>5. 经上述检查调整后如果仍然发抖，应将离合器拆下，检查离合器从动盘摩擦片是否破裂、变形、沾有油污和铆钉外露，以及从动盘花键孔与变速器输入轴花键齿的配合情况。视情况修理或更换</td></tr>
<tr><td>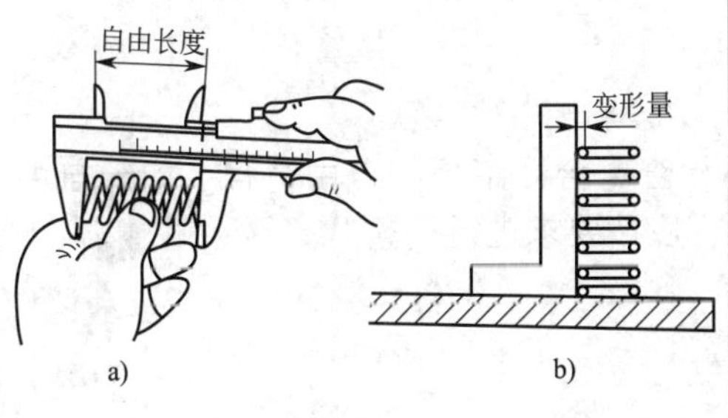</td><td>6. 若离合器从动盘良好，则应分解离合器，分别检查压盘弹簧（或膜片弹簧）和扭转减振器弹簧的弹力、飞轮表面和压盘表面是否翘曲变形。如不符合要求，应予以修理或更换</td></tr>
</table>

故障4 离合器异响

故障现象
发动机运转时，踩下离合器踏板有不正常响声，放松踏板异响声消失。或者无论踏下或放松离合器踏板，均有不正常响声发出

故障原因

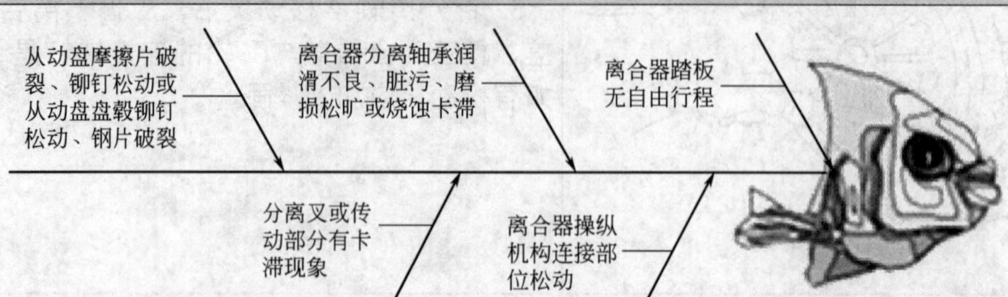

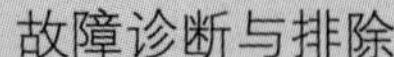

故障诊断与排除	
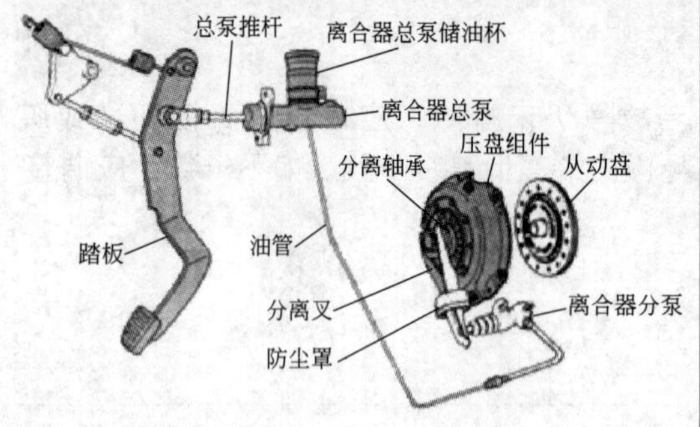	1. 检查离合器操纵机构各连接部位的紧固件有无松动。如有松动，应紧固
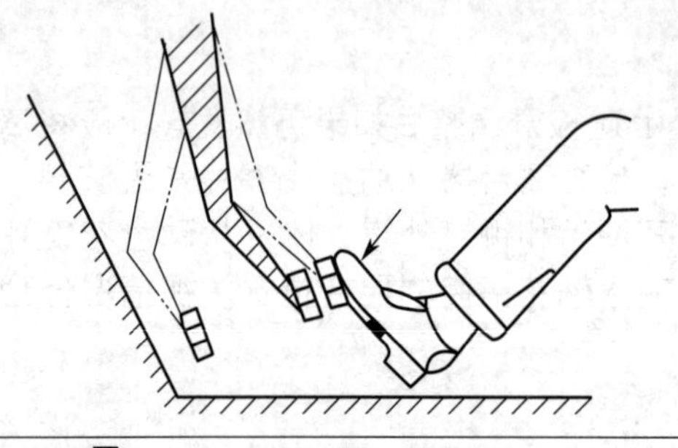	2. 如无松动，连续踏、抬离合器踏板，检查分离拨叉和传动部分有无卡滞现象。如有卡滞现象，应排除
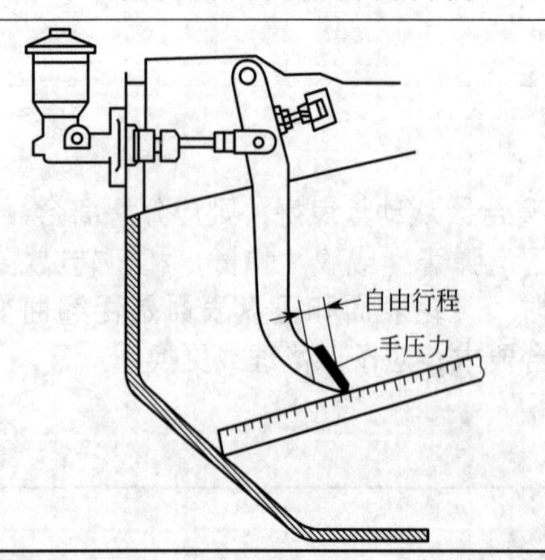	3. 检查离合器踏板的自由行程。如无自由行程，应按要求进行调整

续表

故障诊断与排除	
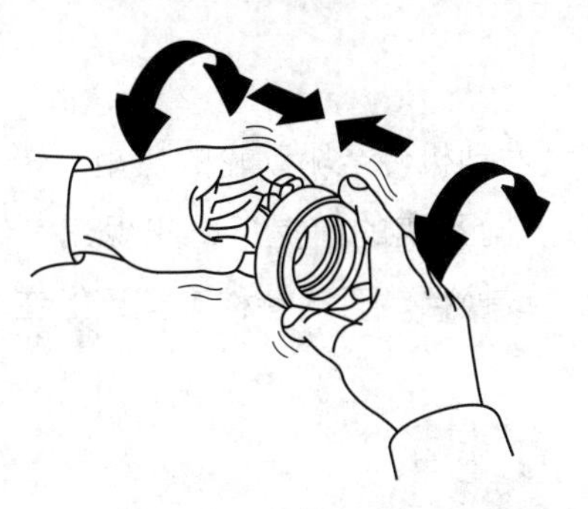	4. 若自由行程符合要求，应将离合器拆下，检查分离轴承的技术状况。如转动不灵活或磨损松旷，应更换
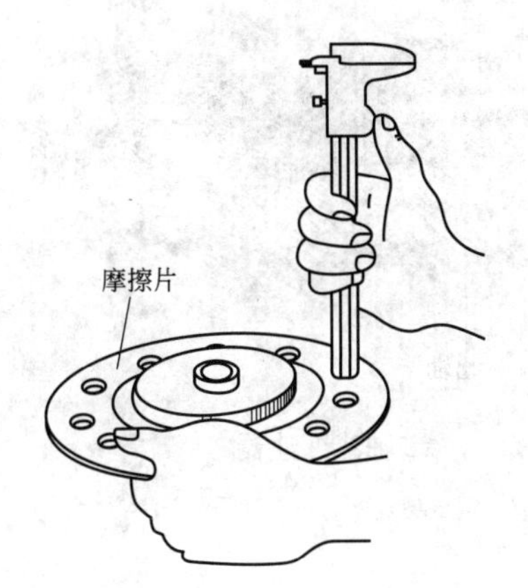	5. 如分离轴承完好，应检查离合器摩擦片的技术状况。若摩擦衬片破裂、铆钉松动或花键毂铆钉松动、花键齿磨损松旷、钢片破裂，应重新铆合或更换从动盘
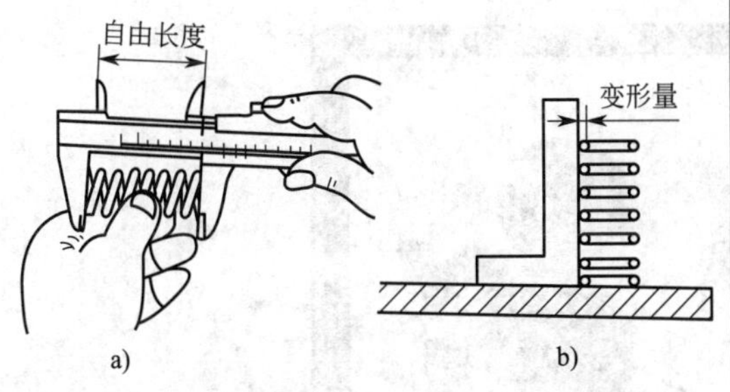	6. 若从动盘完好，应分解离合器总成，检查压盘弹簧、减振弹簧、传动片等有无折断。如有折断，应更换
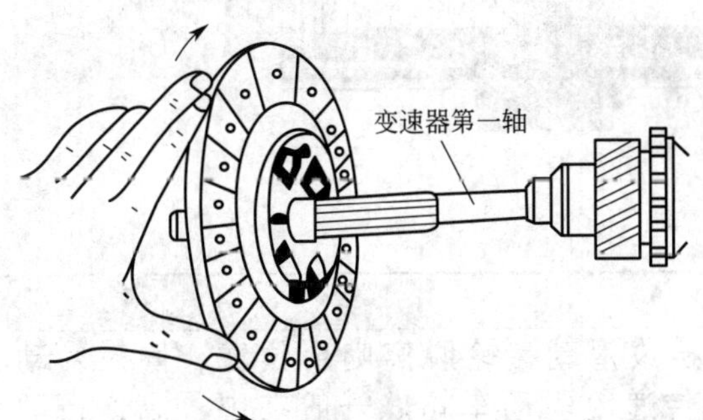	7. 检查变速器第一轴前轴承或衬套是否磨损松旷，视情况加以更换

（二）手动变速器故障诊断与排除

相关知识

变速器是汽车传动系中的主要机构，作用有：增大发动机传至驱动轮的扭矩、转速的变化范围，以适应不同使用条件的要求；在发动机旋转方向不变的前提下，实现汽车倒向行驶；利用空挡，切断动力传递，便于发动机起动、怠速或换挡。有的特种车型还能在车辆静止时，从变速器向外输出动力，供给一些装置使用。

手动变速器分为三轴式和二轴式两种。

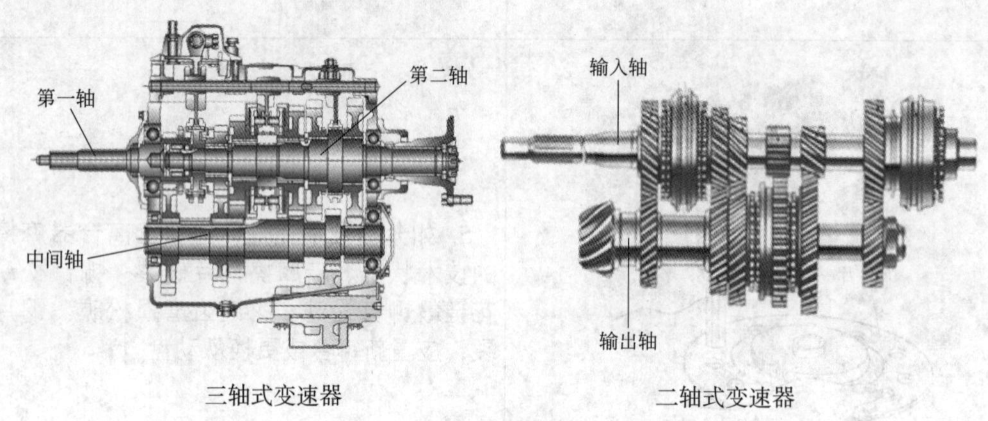

手动变速器的分类

常见故障诊断与排除

故障1　变速器跳挡

故障现象
汽车在正常行驶中，变速器自动跳至空挡或滑动齿轮脱离啮合位置，同时发动机转速升高但车速减慢，动力不能按要求传递给驱动车轮。一般在中、高速行驶时，如果负荷突然变化或车辆剧烈振动，则容易产生跳挡

续表

故障原因
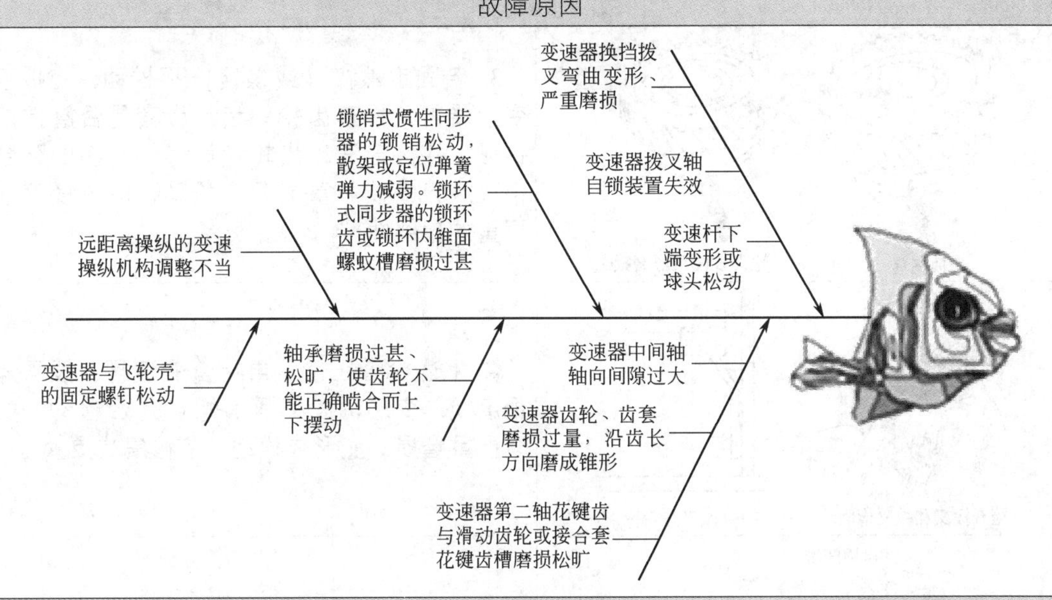
故障诊断与排除
1. 检查远距离操纵的变速操纵机构是否松动或失调。如有松动或失调，应修理或调整 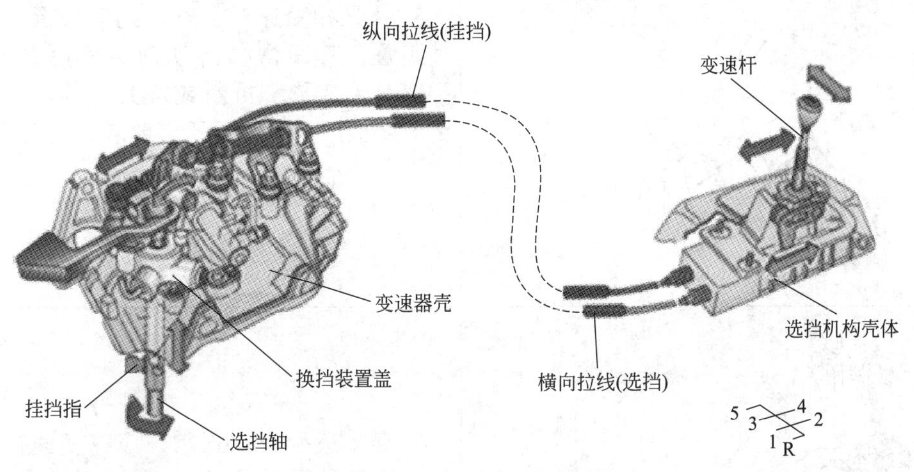

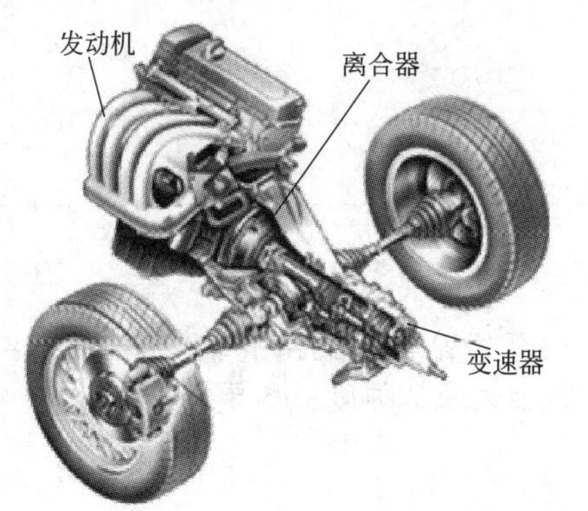	2. 检查变速器与离合器壳的固定螺钉（或螺栓）是否松动。如松动，应紧固

续表

故障诊断与排除	
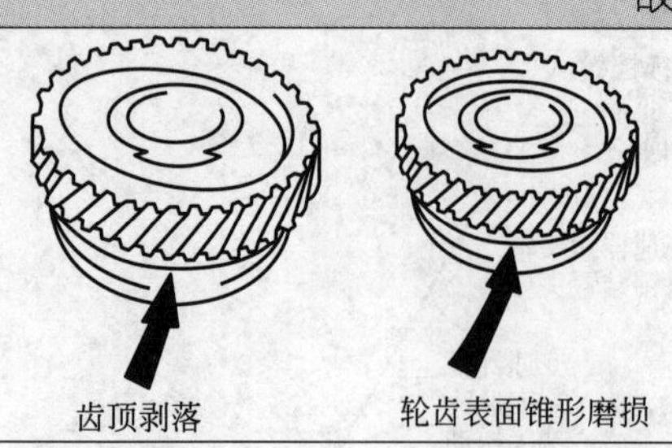 齿顶剥落　轮齿表面锥形磨损	3. 若固定螺钉（或螺栓）不松动，应拆下变速器盖，检查齿轮轮齿、齿套是否磨损成锥形，并检查滑动齿轮和第二轴花键的配合情况。若磨损严重或配合松动，应更换磨损严重的零部件
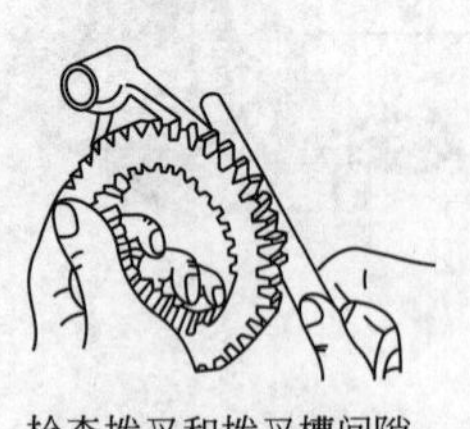 检查拨叉和拨叉槽间隙　检查拨叉是否变形	4. 上述检查正常，再检查变速杆、拨叉是否磨损、变形，拨叉紧固螺钉是否松动。如有严重磨损、变形或松动，应修复或更换
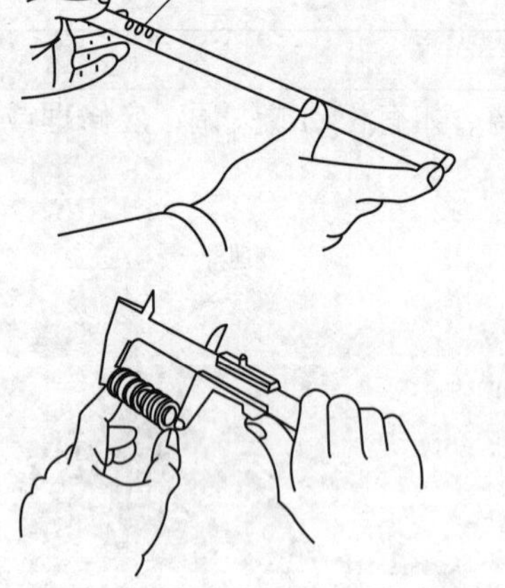	5. 拨叉和变速杆正常，则应检查拨叉轴自锁装置，其凹槽和自锁钢球是否磨损严重，弹簧有无变形、折断或疲劳变软。如凹槽和钢球磨损严重，弹簧不合要求，则应更换
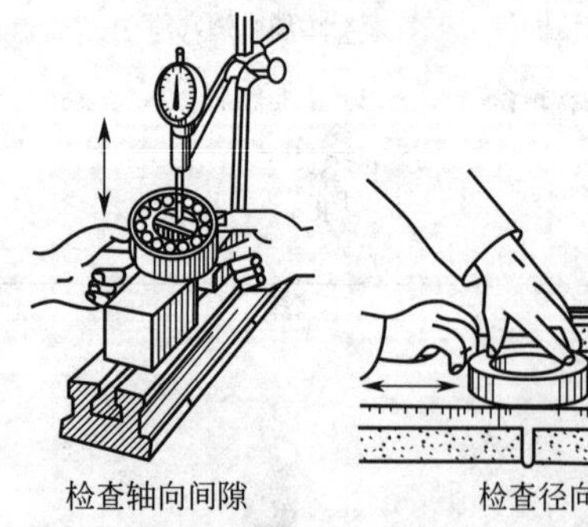 检查轴向间隙　检查径向间隙	6. 若上述检查均正常，应将变速器拆下解体，检查轴承是否严重磨损、松旷。如是，应更换
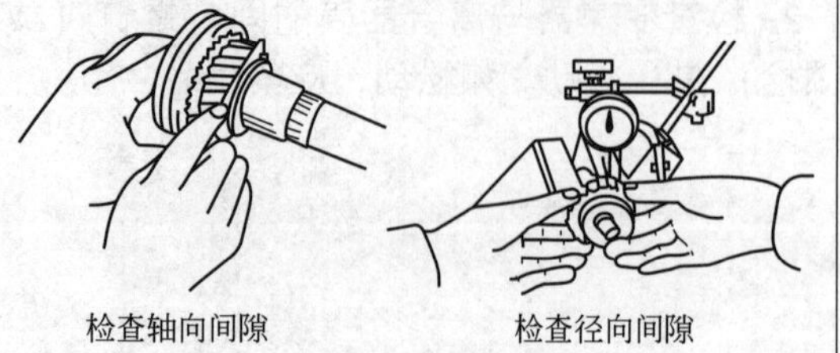 检查轴向间隙　检查径向间隙	7. 检查齿轮与轴配合的轴向间隙和径向间隙。如超过规定限度，应更换

续表

故障诊断与排除	
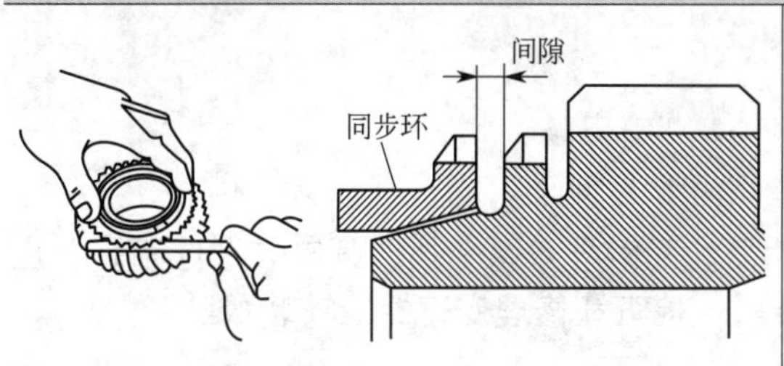	8. 若齿轮与轴的配合不松旷，应检查同步器是否松动、散架，衬套和锥环是否磨损、破碎。如有损坏，应更换同步器
9. 若仍未发现故障，则应检查变速器第一轴与发动机曲轴的同轴度是否超限。检查时，旋松变速器固定螺钉（或螺栓），挂上直接挡，松开驻车制动器，用手摇柄摇转发动机，观察变速器与离合器壳的接触面是否一致。若接触面间隙一边大一边小，则说明变速器第一轴与曲轴不同轴。如同轴度超限，应拆卸检查飞轮壳承孔和变速器第一轴轴承盖、第一轴前轴承的磨损情况。若磨损过甚，视情况加以修复或更换	

故障 2　变速器乱挡

故障现象
☞在换挡时，挂不上所需要的挡位或挂上挡后不能退回空挡 ☞挂入的挡位与应该挂入的挡位不相符，汽车不能正常行驶 ☞一次同时挂入两个挡位，无法传递发动机的动力
故障原因
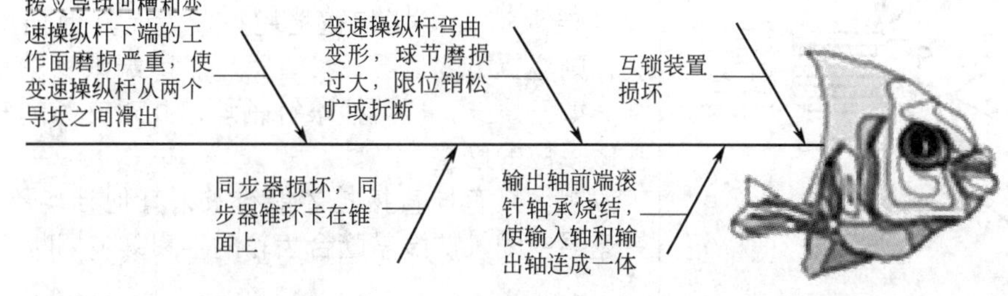

故障诊断与排除	
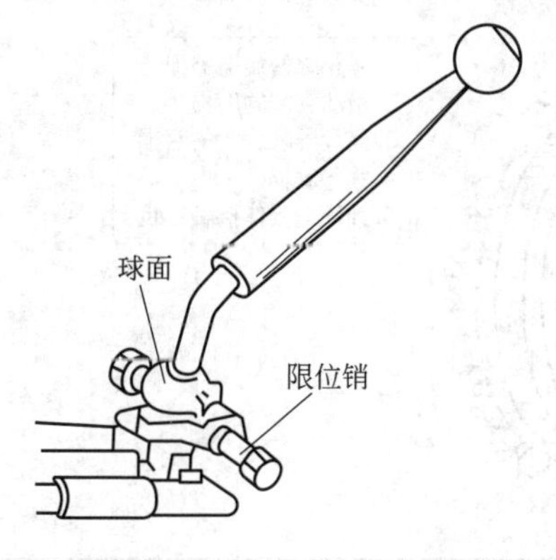	1. 若变速杆能任意转动，表明其球头限位销磨短或脱落，或球面严重磨损，应予以修理或更换

续表

故障诊断与排除	
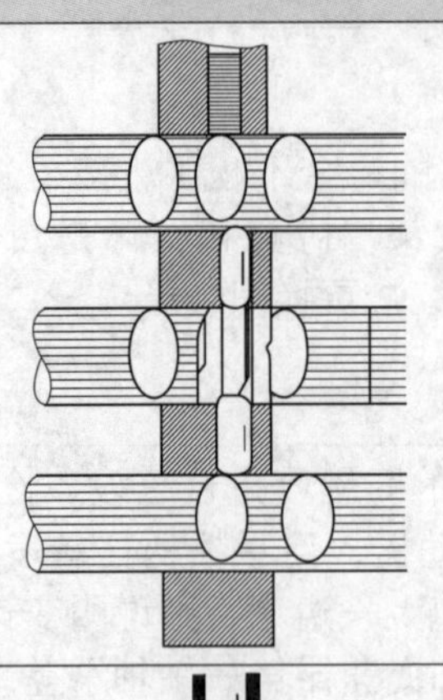	2. 若变速器能同时挂入两个挡，第二轴卡住不转，应拆下变速器盖，检查和修理变速器互锁装置
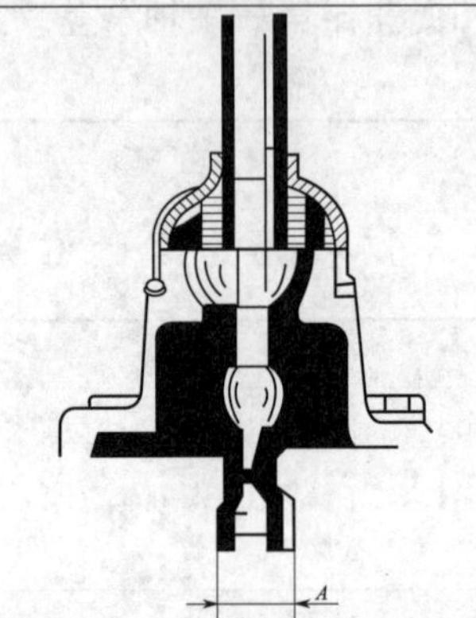	3. 如果变速器不能挂入所需要的挡位，挂挡后不能退回空挡，应拆下变速杆，检查变速杆下端弧形工作面和拨叉导块凹槽磨损是否过大。若磨损过大，应修理
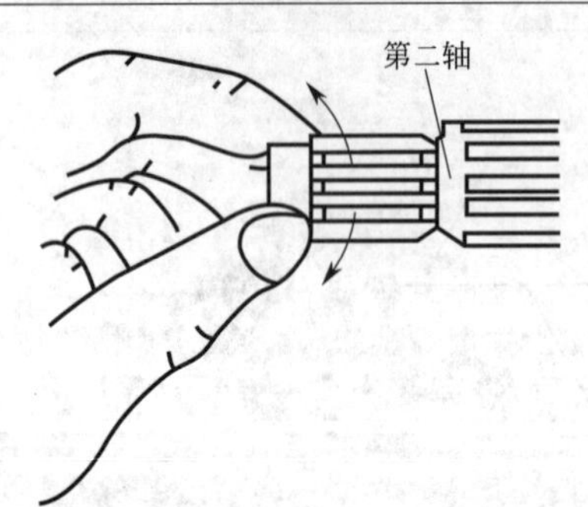	4. 若只有直接挡和空挡能行驶，而其他挡均不能行驶，则应拆下变速器，检查第二轴前端滚针轴承是否烧结。如已烧结，应更换滚针轴承，并对支撑的轴颈和轴孔做相应的修整 说明：只有挂直接挡才能行驶，其他挡均不能行驶，变速器中间轴前端常啮合齿轮的半圆键被切断

5. 拆检变速器同步器。必要时更换同步器磨损严重的零部件

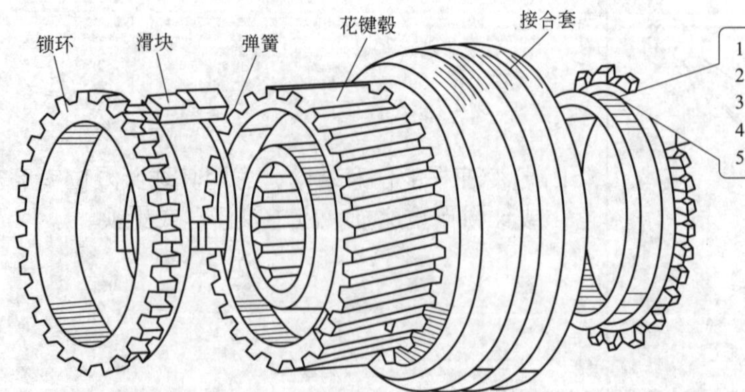

故障 3　变速器异响

故障现象
变速器异响是指变速器内发出不正常的响声，主要是轴承磨损松旷和齿轮间不正常啮合而引起的噪声。变速器异响，大致在空挡位置或挂上某一挡位行驶的两种情况下发生

故障原因

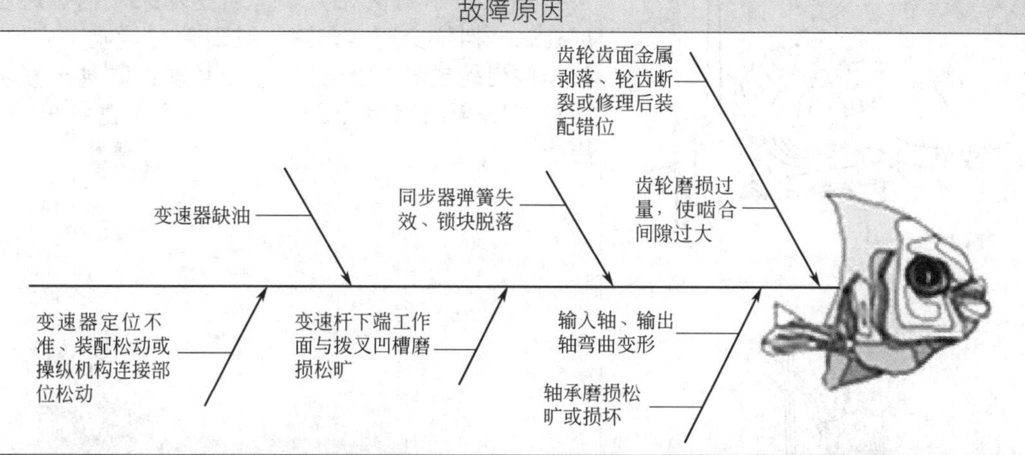

故障诊断与排除	
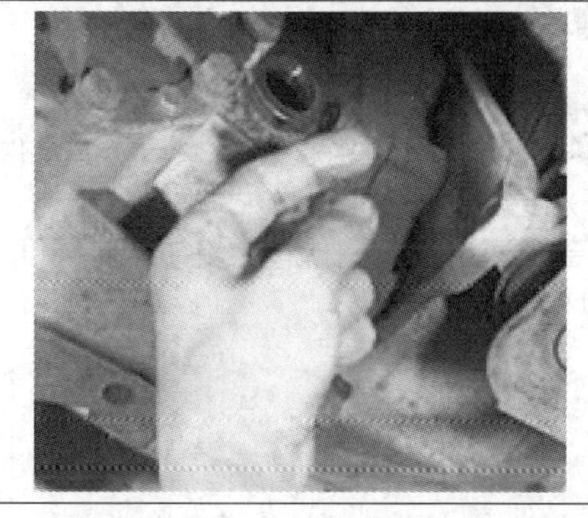	1. 若汽车以任何挡位、任何车速行驶，变速器均有金属干摩擦声，用手摸变速器外壳有烫手的感觉，应检查油质和油量，视情况添加或更换润滑油
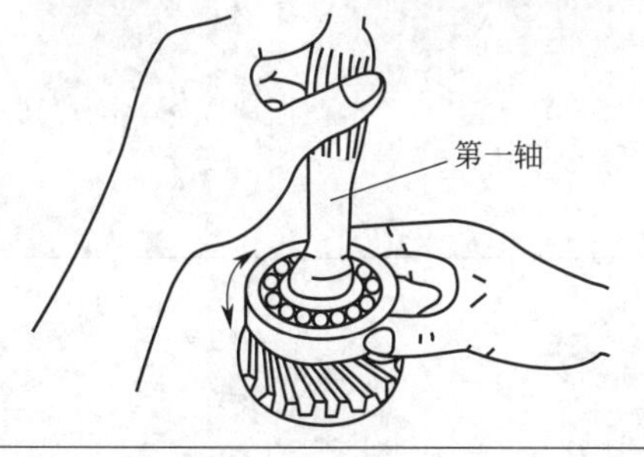	2. 发动机怠速运转时，若变速器空挡有异响，而踏下离合器踏板后响声消失，则应拆下变速器，检查第一轴后轴承和常啮合齿轮。对严重磨损或损坏的零部件，应修理或更换
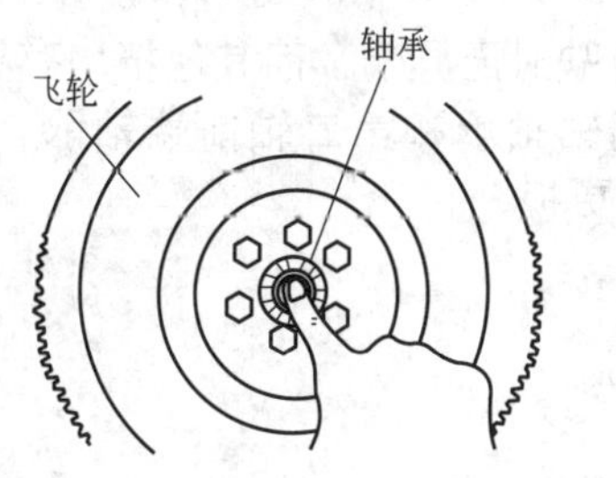	3. 汽车在起步或在换挡过程踏离合器踏板的瞬间，变速器发出强烈的金属摩擦声，而在离合器完全接合后响声消失，应检查变速器第一轴前轴承是否磨损松旷或损坏。如磨损松旷或损坏，应更换

续表

<table>
<tr><th colspan="2">故障诊断与排除</th></tr>
<tr><td>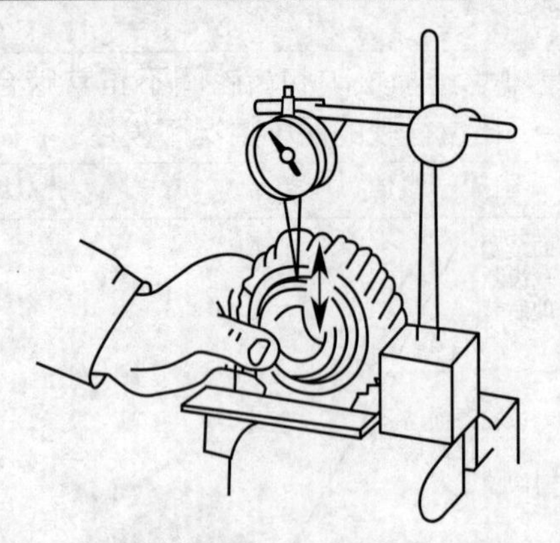</td><td>4. 若空挡滑行时无异响，当挂入某一挡位起步，或在某一挡位变速或匀速行驶时产生异响，应检查该挡位齿轮或花键的啮合是否磨损松旷甚至损坏，或存在啮合间隙过小的情况。必要时进行修理或更换</td></tr>
<tr><td>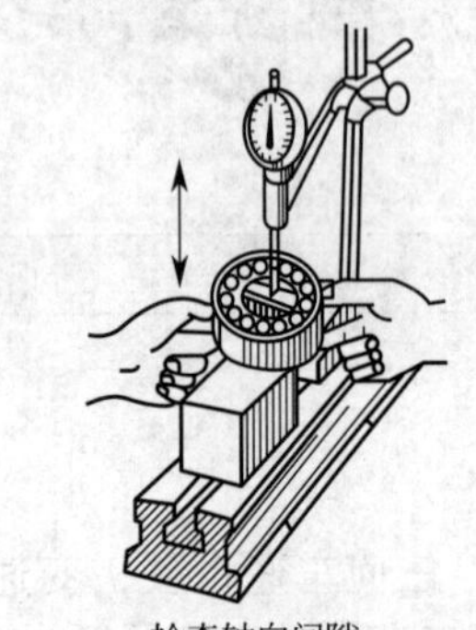
检查轴向间隙
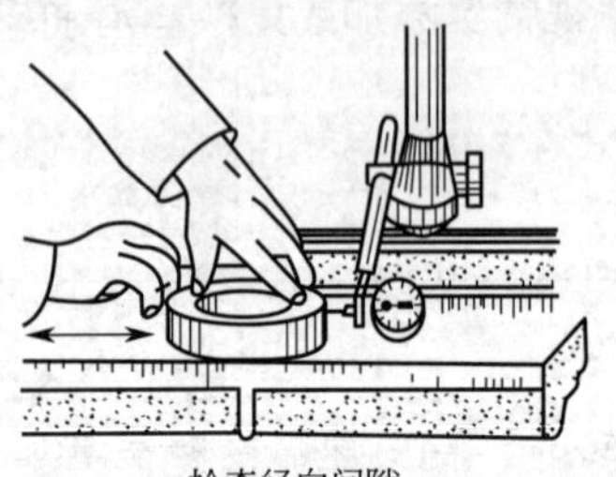
检查径向间隙</td><td>5. 若变速器在低速挡行驶时有异响，但高速挡行驶时声响减弱或消失，空挡滑行时可听到“哗哗”的异响声，应检查变速器第二轴后轴承的松旷程度。如过于松旷或损坏，应更换</td></tr>
<tr><td>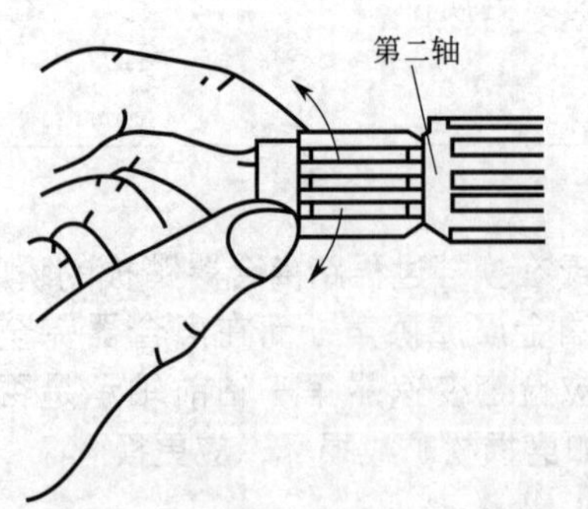
</td><td>6. 若用直接挡行驶时无异响，而其他挡均有异响，应检查变速器中间轴轴承和第二轴前端轴承。如磨损松旷或损坏，应更换</td></tr>
</table>

续表

故障诊断与排除	
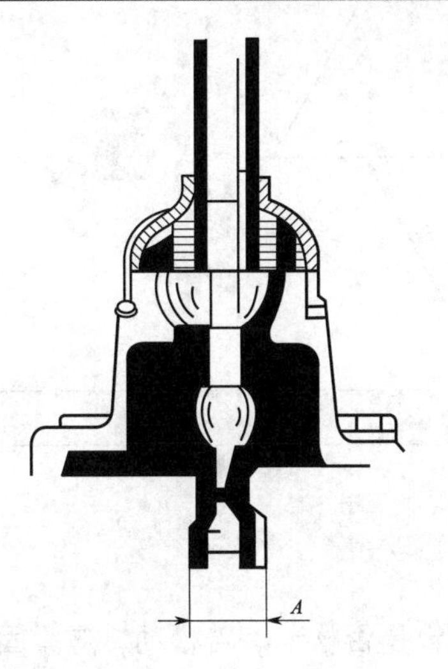	7. 汽车行驶在不平路面时，变速杆摆动且出现无节奏的响声，用手把住变速杆手柄时，响声即可消失，应检查变速叉有无变形或固定螺钉是否松动，变速叉、拨叉导块凹槽或变速杆下端工作面是否磨损严重。如有松动或磨损过大，应修复或更换
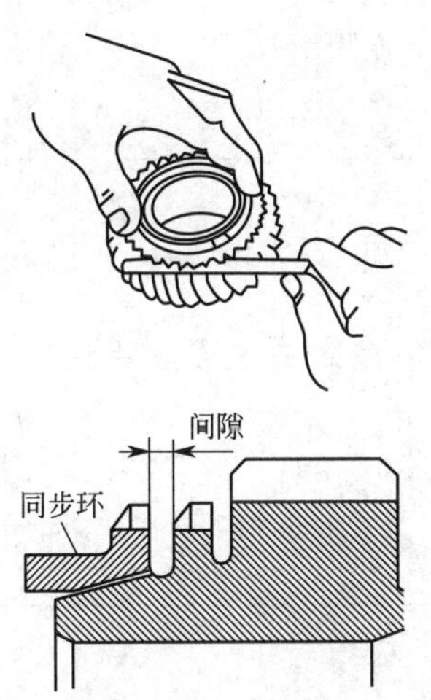	8. 若在挂挡或换挡时，发出“嘎嘎”声并伴有换挡困难的现象，应检查同步器锥环是否磨损严重。若磨损过大，应更换
	9. 变速器在各挡位行驶均有异响，且加速时声响更为明显，则应分解变速器，检查变速器壳体、轴、齿轮、花键和轴承等是否严重磨损或变形。必要时进行修理或更换

故障 4　变速器漏油

故障现象
变速器内的润滑油从变速器盖，前、后轴承盖或其他部位渗漏出来

续表

故障原因

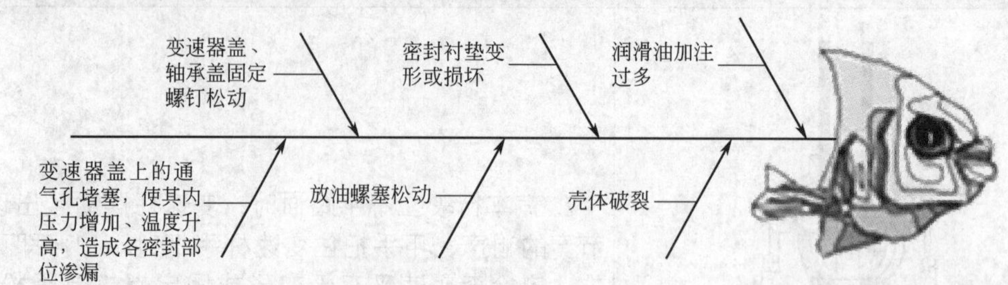

故障诊断与排除	
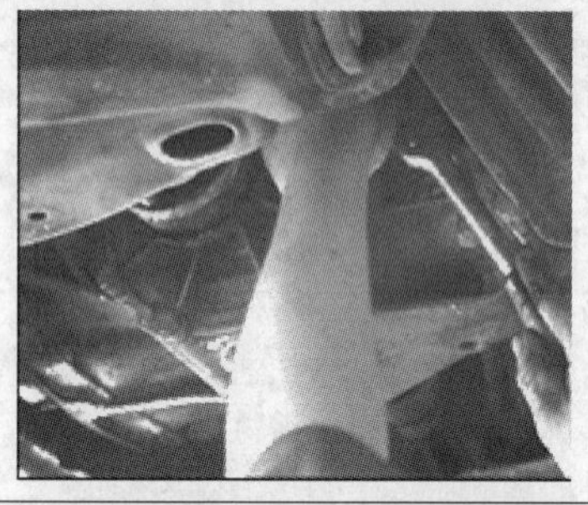	1. 检查各紧固螺钉是否松动。若松动，应紧固
	2. 检查变速器润滑油量是否过多。若过多，应按规定放出多余的润滑油
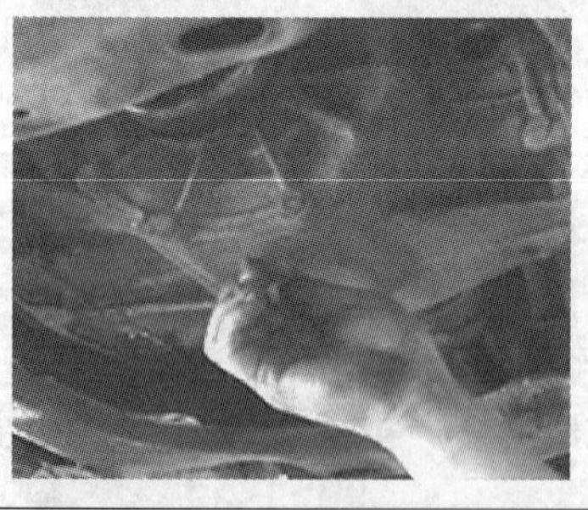	3. 检查通气塞是否堵塞。若堵塞，加以疏通。检查加油螺塞、放油螺塞是否松动、滑扣。若松动，应紧固；若滑扣，应进行修理或更换
	4. 观察变速器漏油处并检查漏油处纸垫、油封的完好情况。如有损坏，应更换

续表

故障诊断与排除	
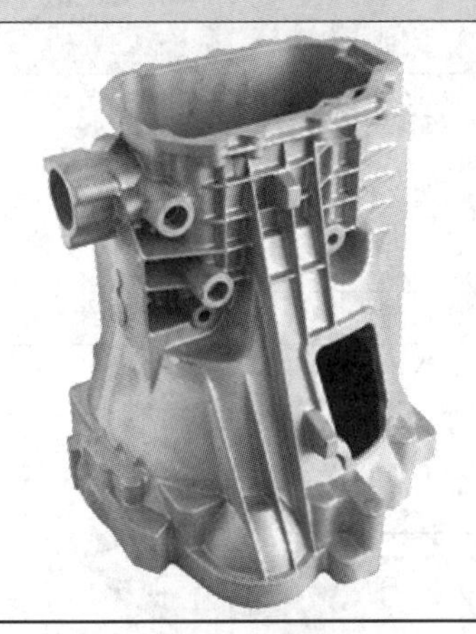	5. 若经上述检查后仍漏油，应将变速器拆下，检查变速器壳体有无裂纹、砂眼、气孔等。若破裂或有砂眼孔，应修理或更换

（三）万向传动装置故障诊断与排除

相关知识

万向传动装置的作用是在轴间夹角及相互位置经常变化的变速器与驱动桥之间传递动力，主要包括万向节和传动轴。对于传动距离较远的分段式传动轴，为了提高传动轴的刚度，还设置有中间支承。

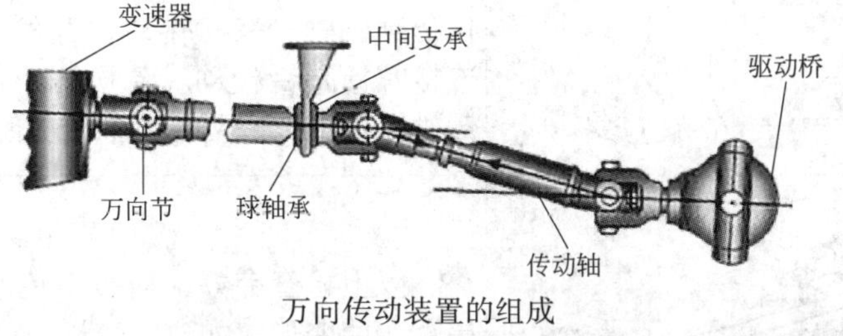

万向传动装置的组成

常见故障诊断与排除

故障1　传动轴发抖或前驱动轴振动

故障现象
☞若为传动轴振动，则当汽车行驶达到一定速度时，车身会出现严重振动，车门、转向盘等强烈振响 ☞若为前驱动轴振动，则当汽车加速行驶或高速行驶时，会出现前驱动轴振动，严重时车身也会出现振响

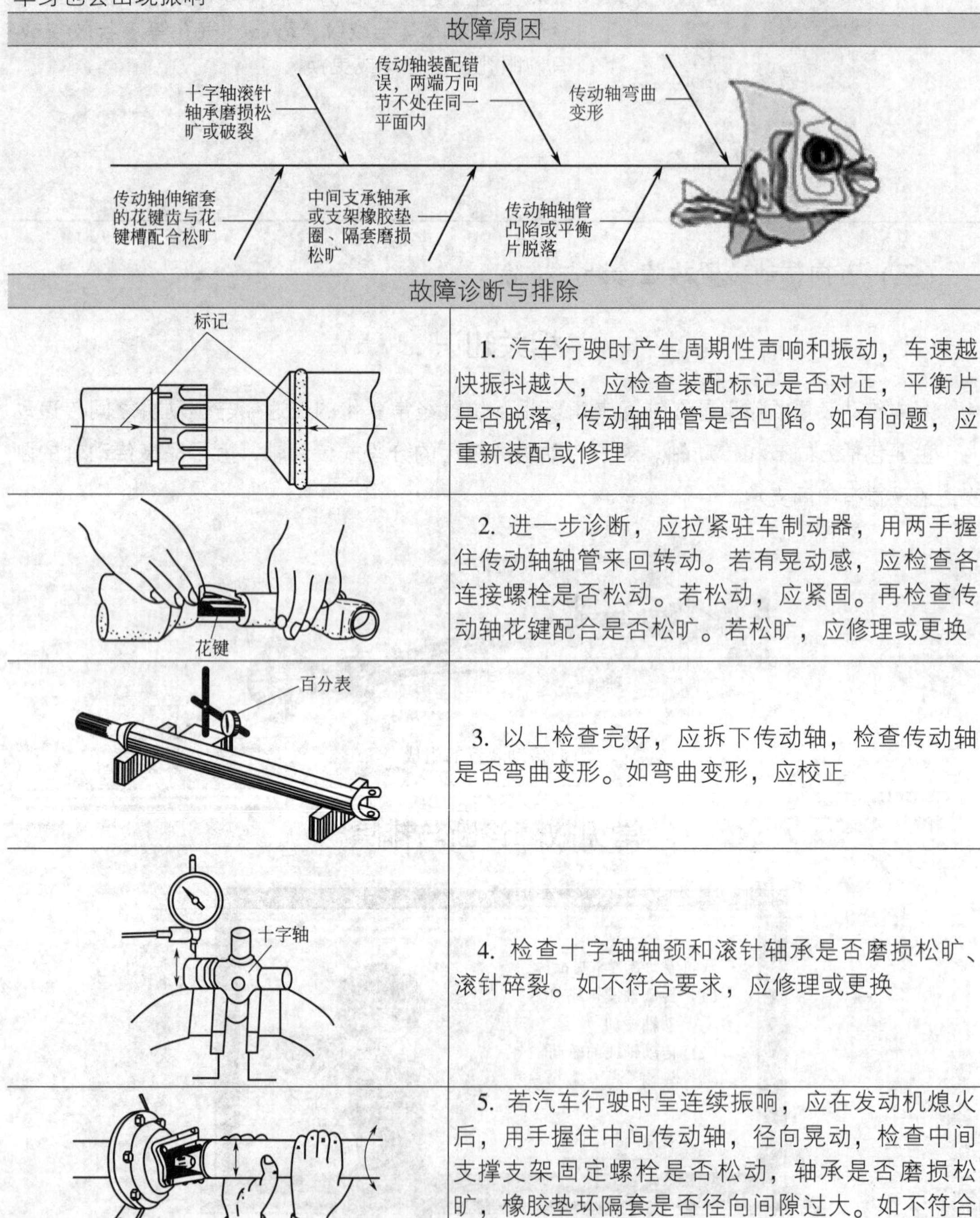

1. 汽车行驶时产生周期性声响和振动，车速越快振抖越大，应检查装配标记是否对正，平衡片是否脱落，传动轴轴管是否凹陷。如有问题，应重新装配或修理

2. 进一步诊断，应拉紧驻车制动器，用两手握住传动轴轴管来回转动。若有晃动感，应检查各连接螺栓是否松动。若松动，应紧固。再检查传动轴花键配合是否松旷。若松旷，应修理或更换

3. 以上检查完好，应拆下传动轴，检查传动轴是否弯曲变形。如弯曲变形，应校正

4. 检查十字轴轴颈和滚针轴承是否磨损松旷、滚针碎裂。如不符合要求，应修理或更换

5. 若汽车行驶时呈连续振响，应在发动机熄火后，用手握住中间传动轴，径向晃动，检查中间支撑支架固定螺栓是否松动，轴承是否磨损松旷，橡胶垫环隔套是否径向间隙过大。如不符合要求，应修理或更换

续表

故障诊断与排除
6. 若为前桥驱动的，应拆检前驱动轴内侧等速万向节的滚道表面和钢球是否严重磨损、卡滞。如过度磨损或卡滞，应更换内侧等速万向节

故障 2　传动轴或前驱动轴异响

故障现象
☞汽车起步或行驶过程中，有撞击声出现，且在车速变化时响声更加明显，即为传动轴异响 ☞汽车行驶过程中，在加速、减速和转弯时前驱动桥出现不正常的响声，则为前驱动轴异响
故障原因
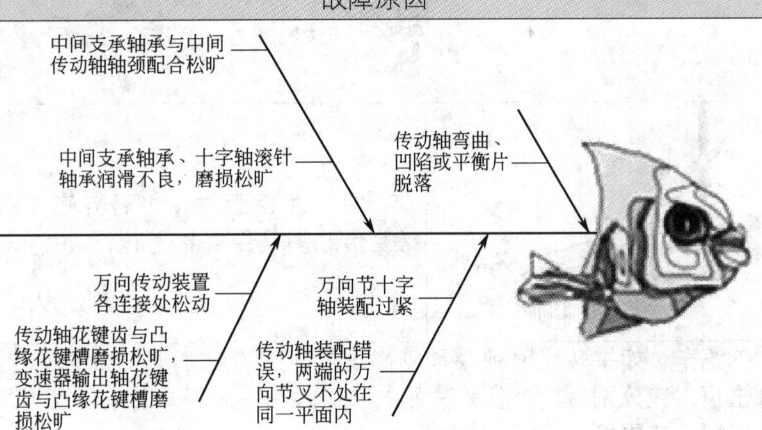

故障诊断与排除	
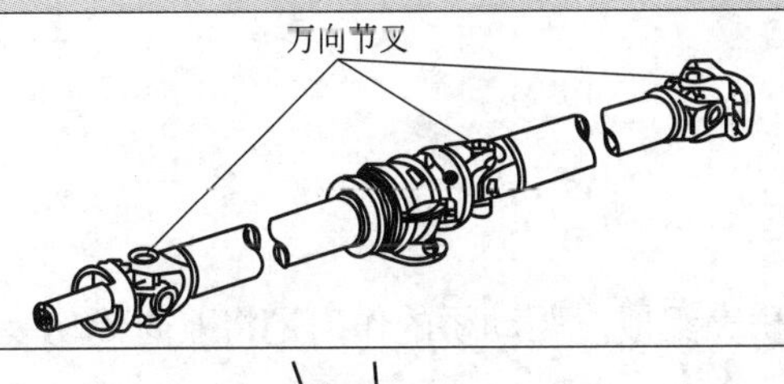	1. 检查传动轴两端的万向节叉是否处在同一平面内。若安装错误，应重新装配
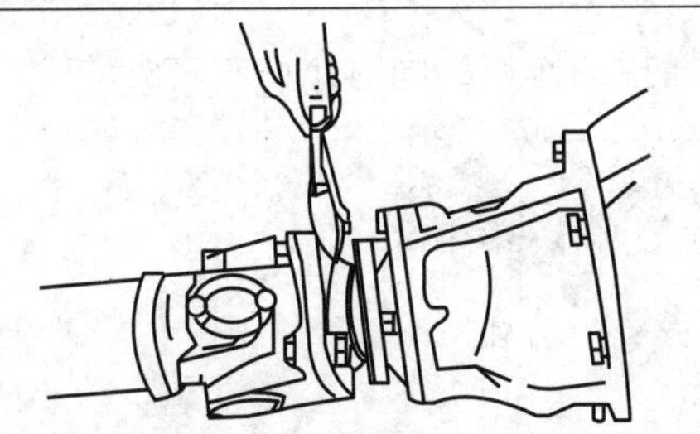	2. 检查万向传动装置各连接处的螺栓是否松动。若松动，应紧固
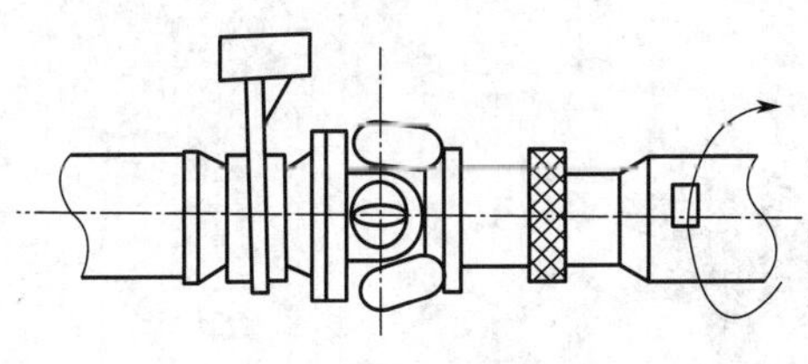	3. 若连接状况良好，则拉紧驻车制动器，用两手握住传动轴轴管来回转动。如果感到阻力很大，应检查十字轴装配是否过紧或缺油，必要时进行调整或修理。如果扭转传动轴感到松旷，应检查轴承是否缺油或磨损严重而损坏，伸缩节花键齿与槽是否磨损过大，必要时对万向节进行润滑、修理或更换

续表

<table>
<tr><th colspan="2">故障诊断与排除</th></tr>
<tr><td colspan="2">4. 检查中间支撑轴承与中间传动轴轴颈的配合。若松旷，应修理或更换轴承。检查中间支撑的安装是否欠妥，使中间支撑轴承位置偏斜，或轴承盖螺栓松紧度不当。若有，应加以调整
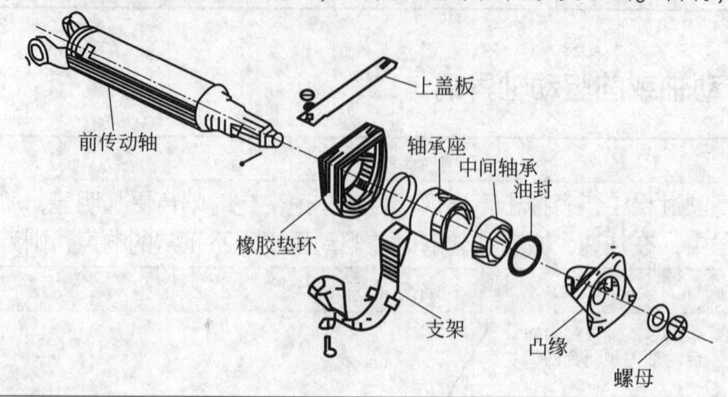
</td></tr>
<tr><td>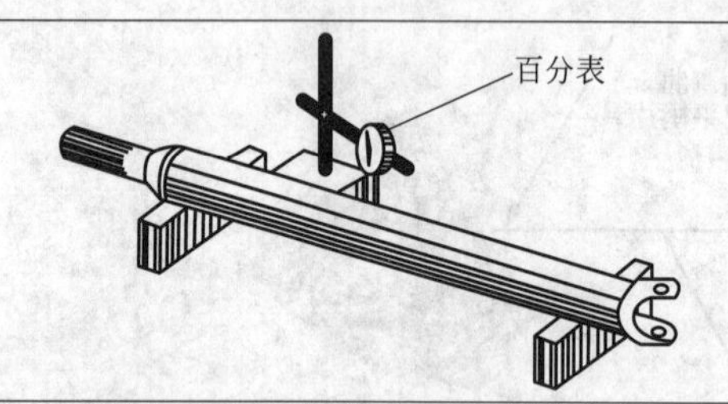
</td><td>5. 经上述检查后，仍有异响，应拆下传动轴，检查传动轴是否弯曲变形。如有变形，应修理</td></tr>
<tr><td colspan="2">6. 前桥驱动的汽车，如果转弯时前驱动轴出现异响或者在加速、减速和转弯时前驱动轴均出现金属撞击声，应分别拆检外侧等速万向节或内侧等速万向节是否磨损严重甚至损坏。若磨损松旷或损坏，应更换</td></tr>
</table>

（四）驱动桥故障诊断与排除

相关知识

驱动桥主要由主减速器、差速器、半轴及驱动桥壳组成。驱动桥的作用是将万向传功装置传来的扭矩改变方向后传给驱动车轮，并起到降速增扭的作用，同时允许左右驱动轮以不

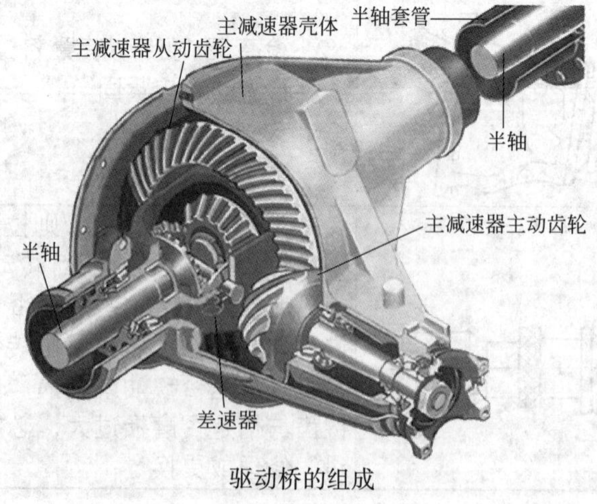

驱动桥的组成

同转速旋转。

常见故障诊断与排除

故障 1　后驱动桥异响

故障现象
☞直线行驶时无异响，但转弯时后驱动桥有异响 ☞行驶时后驱动桥有异响，而空挡滑行时异响减弱或消失 ☞挂挡行驶和空挡滑行时，后驱动桥均有异响 ☞在上、下坡时，后驱动桥均有异响 ☞后车轮运转有噪声或沉重的异响

故障原因

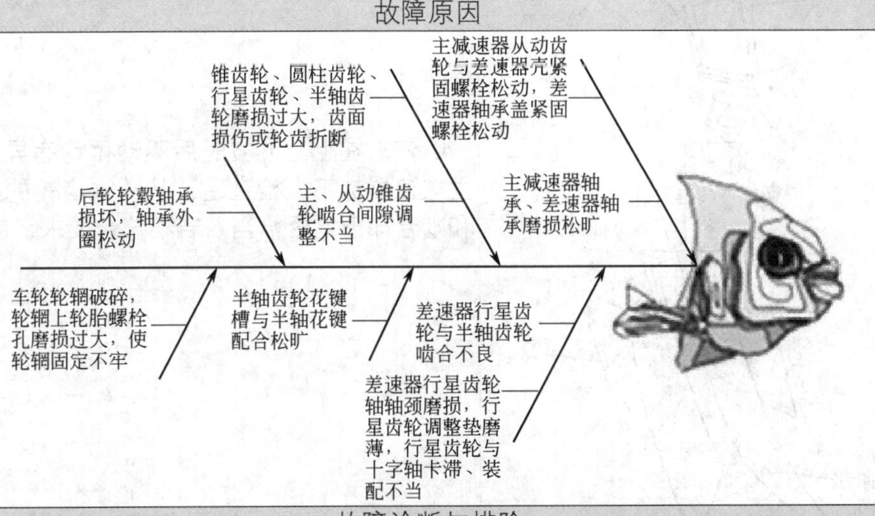

故障诊断与排除

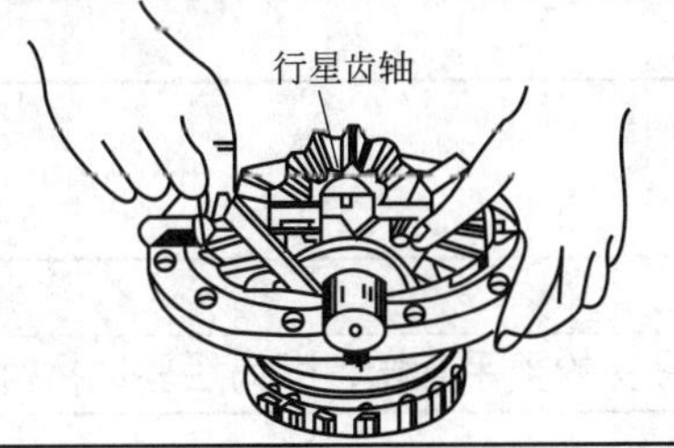	1. 若汽车直线行驶时无异响，而转弯时后驱动桥出现异响，应检查差速器两端轴承是否松旷，必要时加以调整。若不松旷，应将差速器拆下，分解检查行星齿轮、半轴齿轮、行星齿轮轴是否磨损松旷或行星齿轮啮合不良。若不符合要求，应修理或更换

续表

故障诊断与排除	
	2. 挂挡行驶时后驱动桥有异响，而空挡滑行时异响减轻或消失，应将主减速器拆下，分解检查后驱动桥主、从动锥齿轮的轮齿是否损伤折断，啮合间隙是否过大，啮合痕迹是否符合要求。若有损伤或不符合要求，应更换或进行调整
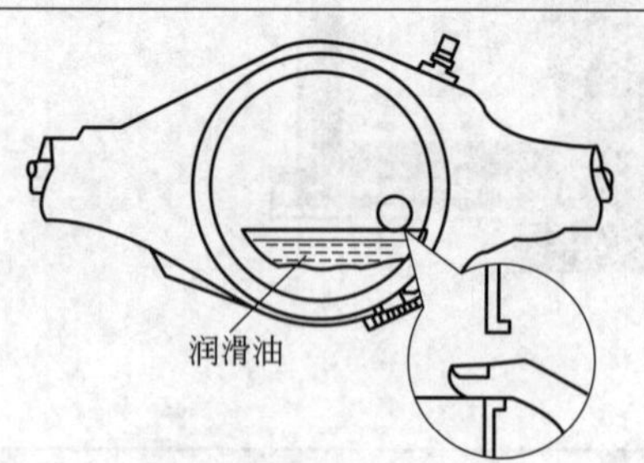	3. 汽车无论挂挡行驶或空挡滑行，后驱动桥均有异响，应检查润滑油量是否充足，必要时按要求加足。若润滑油量充足，应将主减速器和差速器拆下，检查主、从动锥齿轮的啮合间隙和差速器轴承。若不符合要求，应调整齿轮啮合间隙和轴承松紧度，必要时更换轴承
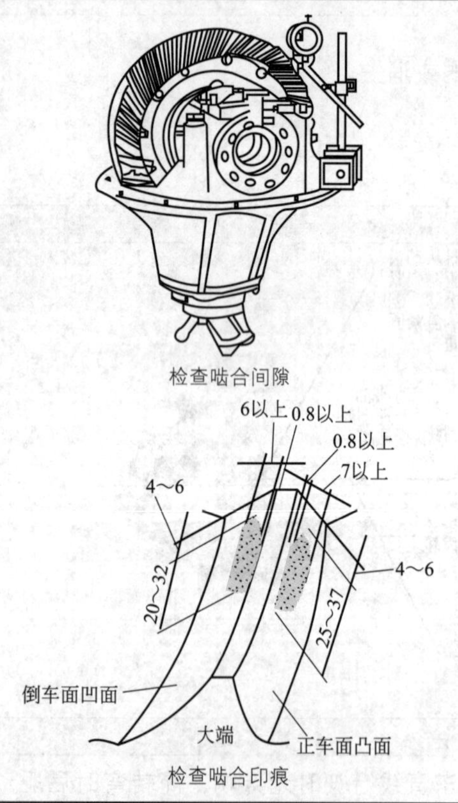检查啮合间隙 检查啮合印痕	4. 汽车在上、下坡时后驱动桥均有异响，应将主减速器拆下，检查主、从动锥齿轮的啮合间隙和啮合印痕是否恰当。若不符合要求，应调整

故障2　后驱动桥过热

故障现象
在汽车行驶一定路程后，用手触摸主减速器壳，有无法忍受的烫手感觉，即为后驱动桥过热

续表

故障原因

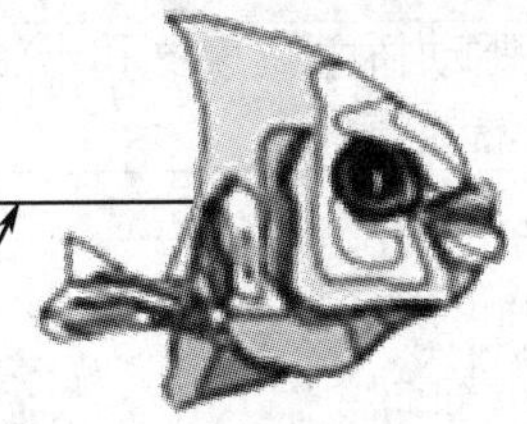

后驱动桥缺油，油质变差或型号、规格不符合要求

后驱动桥差速器轴承或主动锥齿轮轴承预紧度调整过大，使轴承装配过紧

主减速器主、从动锥齿轮啮合间隙调整过小

故障诊断与排除

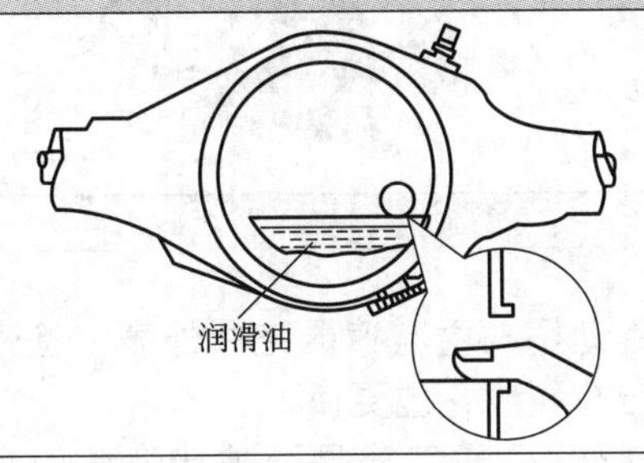	1. 当车辆行驶一定路程后，用手触摸后驱动桥壳，若普遍过热，应检查桥壳内润滑油量是否符合规定。若不足，应及时添加补足 说明：如果油量足够，应观察润滑油品质。若润滑油有变色、变稀等情况，应更换型号、规格合适的新油
	2. 若油质良好，应将主减速器拆下，检查主、从动锥齿轮的啮合间隙是否正常。若啮合间隙过小，应调整

3. 用手触摸后驱动桥各轴承部位，若有烫手感觉，说明轴承装配太紧，应重新调整

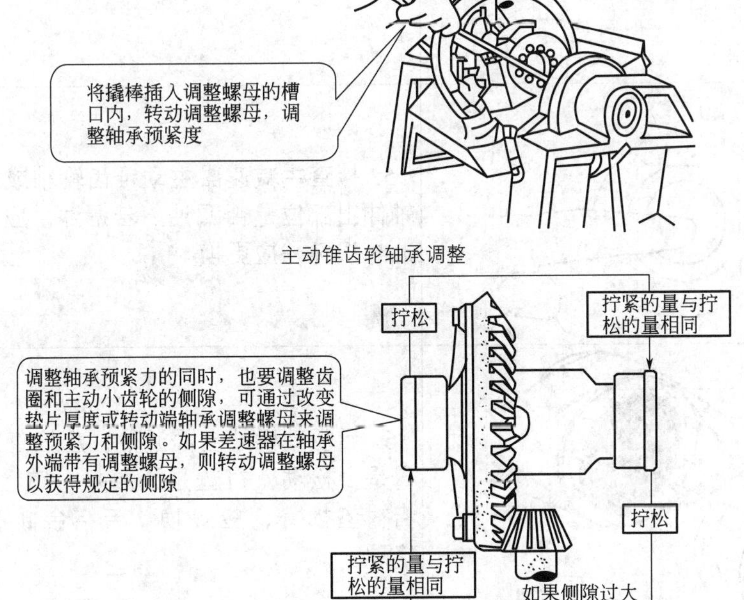

主动锥齿轮轴承调整

差速器轴承调整

故障3 后驱动桥漏油

故障现象

☞润滑油从后驱动桥主减速器和半轴油封或其他衬垫处向外渗漏

☞后驱动桥有漏油痕迹

故障原因

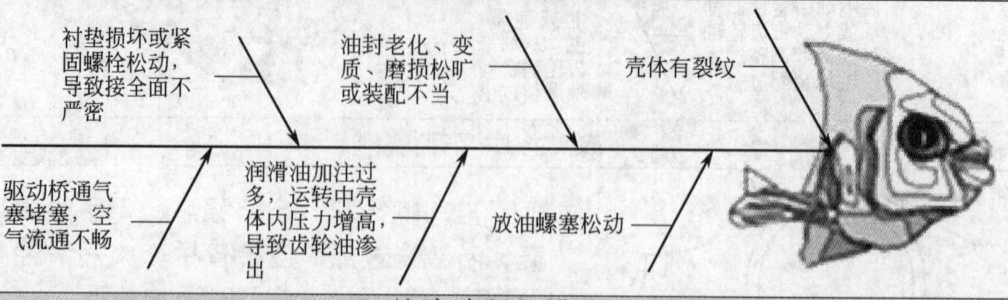

故障诊断与排除

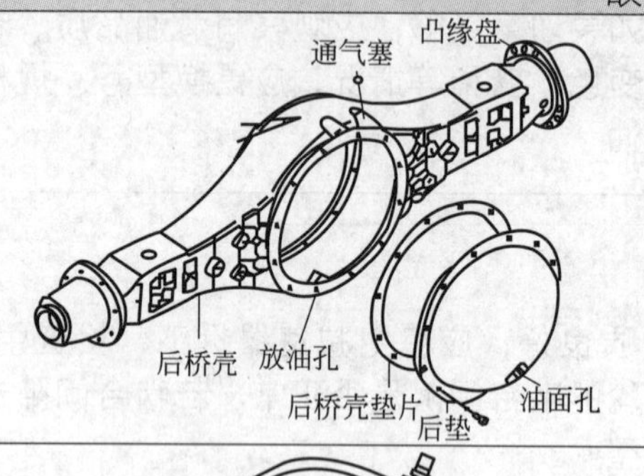

1. 清洁后驱动桥与主减速器壳体外表，检查是否有裂纹。若有裂纹，应更换

2. 检查后驱动桥通气塞是否被堵塞。如有堵塞，应清洗并疏通桥壳上的通气孔

3. 检查放油螺塞是否松动或滑扣。松动的加以紧固，滑扣的修复或更换

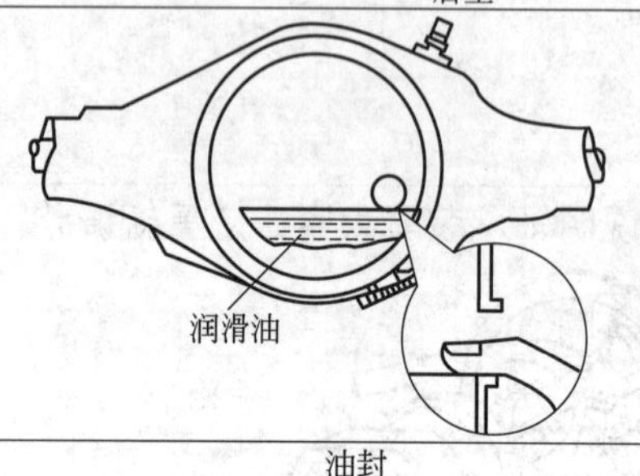

4. 检查后驱动桥内的润滑油量。若油量过多，应按规定减少润滑油

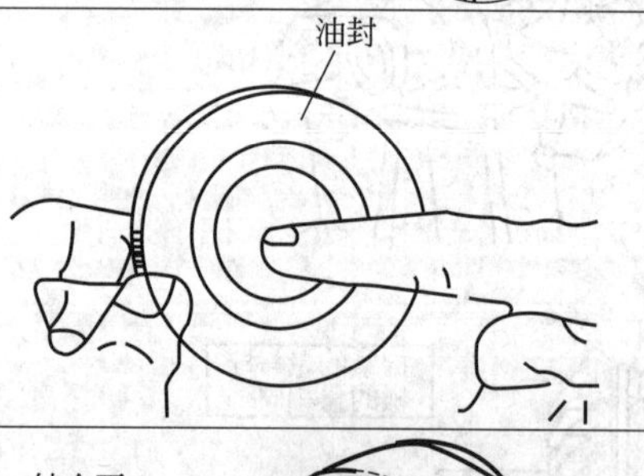

5. 检查主减速器主动锥齿轮轴或后驱动桥主动轴伸出部位是否漏油。若漏油，应拆检油封。若油封损坏，应更换

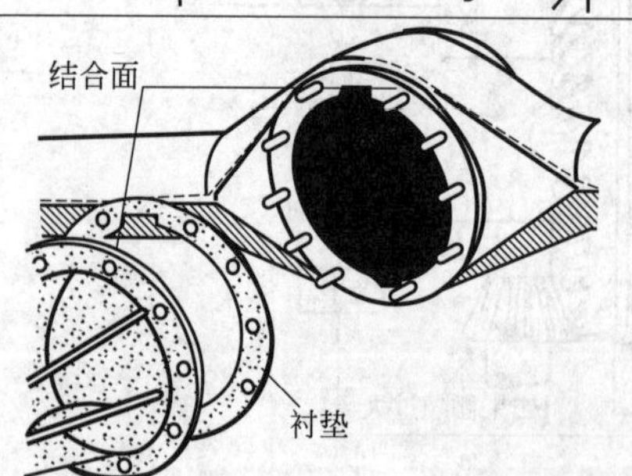

6. 后驱动桥结合面漏油，应检查连接螺栓或螺母是否松动，衬垫是否损坏，结合面是否不平。若衬垫损坏，应更换；若结合面不平，应进行修理

§3—2　转向系故障诊断与排除

学习目标

1. 熟悉转向系的组成。
2. 了解转向系常见故障现象、原因。
3. 能够对转向系故障进行诊断与排除。

（一）机械转向系故障诊断与排除

相关知识

机械转向系是以人力作为转向动力的。机械转向系由转向操纵机构、转向器和转向传动机构三大部分组成。

转向操纵机构包括转向盘、转向轴、万向节、转向传动轴；机械转向器有多种类型，轿车上常采用齿轮齿条转向器；转向传动机构包括转向摇（垂）臂、转向直（纵）拉杆、转向节臂、梯形臂、转向横拉杆等。

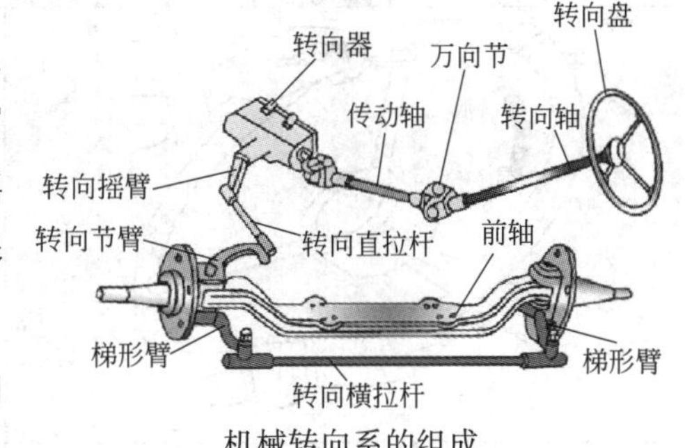

机械转向系的组成

汽车转向时，驾驶员对方向盘施加一个转向力矩，方向盘则以某种角速度向指定方向转动。该力矩通过传动轴传给转向器，经转向器降速增扭改变力矩的传递方向后传递给左转向节臂，带动左转向节转动。同时，左梯形臂带动转向横拉杆、右梯形臂运动，从而带动右转向节转动，使左、右车轮偏转相应的角度，以改变汽车的行驶方向。转向结束后，将方向盘恢复原始位置，使转向车轮恢复直线行驶位置。

常见故障诊断与排除

故障1 转向沉重

故障现象
车辆在行驶中或在停车时，不论发动机是否运转，左、右转动转向盘时，感到沉重费力

故障原因

前轮定位失准，主销后倾角过大，主销内倾角过大，前轮前束调整不当

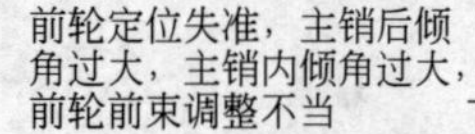

转向桥、车架弯曲变形

钢板弹簧挠度和尺寸不符合规定

横、直拉杆球头销部位缺油或过紧

转向轴弯曲

转向节止推轴承缺油、损坏或过紧

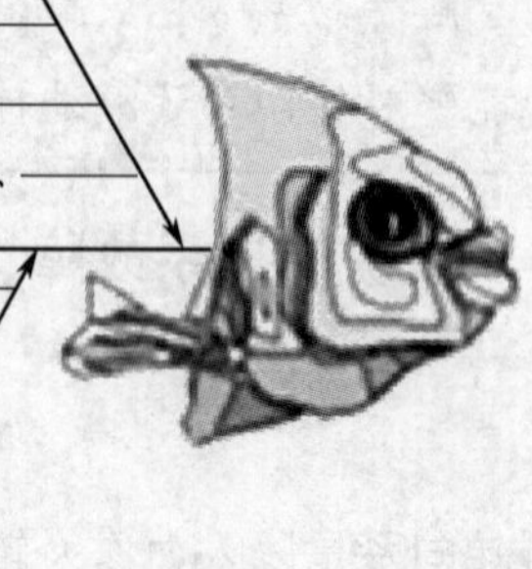

前轮轮毂轴承过紧

前轮稳定杆变形

轮胎气压不足

转向器内缺油或油过脏

转向器啮合间隙过小

转向器、转向节销、轴承衬套部位缺油或过紧

转向螺杆两端轴承过紧或轴承损坏

故障诊断与排除	
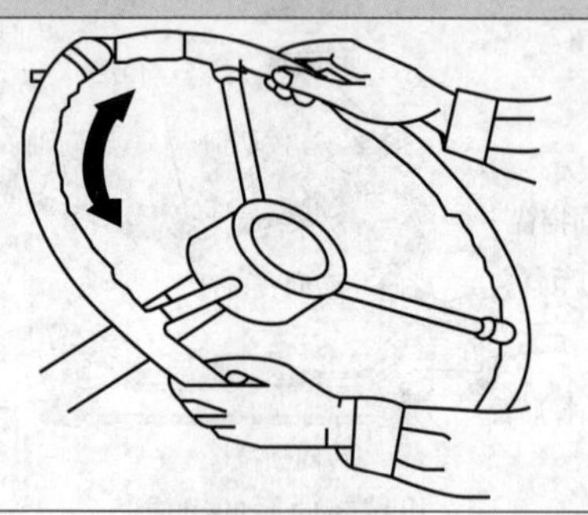	1. 支起前桥，转动转向盘。若转向盘转向灵活。应检查轮胎气压是否过低，前轮定位是否符合要求，前轮轮毂轴承是否过紧，前钢板弹簧是否良好，前轴、车架是否变形。必要时应修理或更换
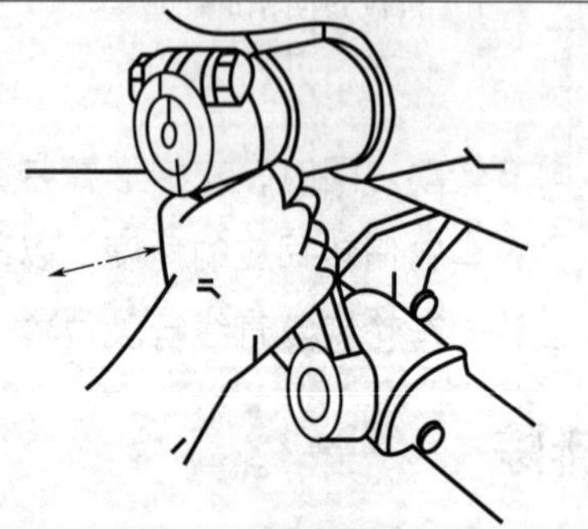	2. 支起前桥后转动转向盘仍然沉重，则拆下转向摇臂，再转动转向盘
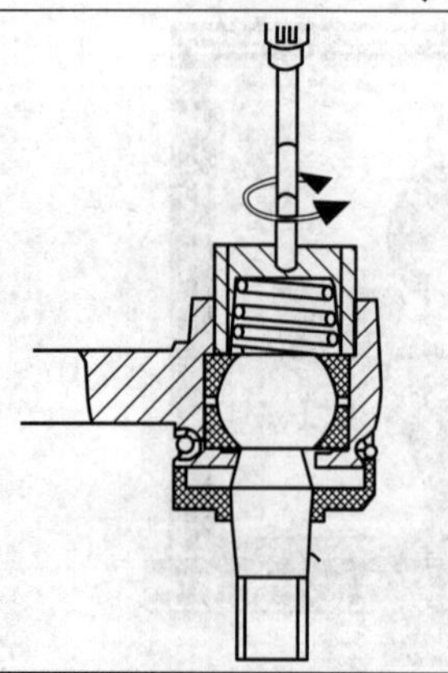	3. 若感到转动灵活，表明故障在转向传动机构，应检查各球头销装配是否过紧，主销与衬套配合是否适当，润滑是否良好，转向节止推轴承是否缺油损坏，横、直拉杆是否弯曲变形。若有损坏或不符合要求，应修理或更换

续表

故障诊断与排除	
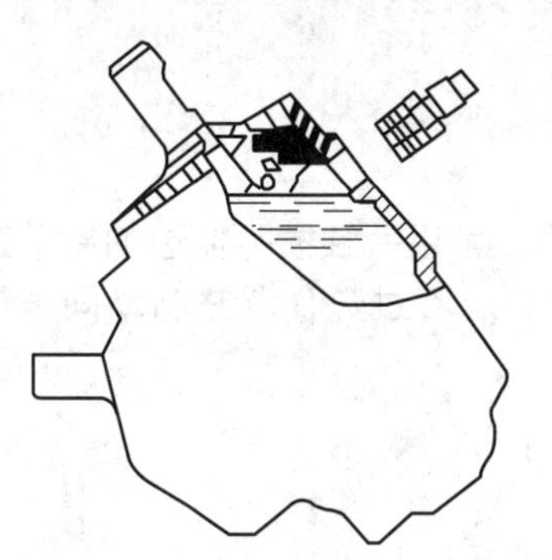	4. 若拆下转向摇臂后，转动转向盘仍然沉重，则故障在转向器。应检查转向器是否缺油或转向轴是否弯曲。若缺油，应按规定添加润滑油；若不缺油，应拆检转向器

故障 2 行驶跑偏

故障现象
汽车行驶中，转向轮自动偏向一边，必须紧握转向盘才能保持直线行驶；若稍微放松转向盘，汽车便自行跑向一边，有时其偏转力越来越大

故障原因
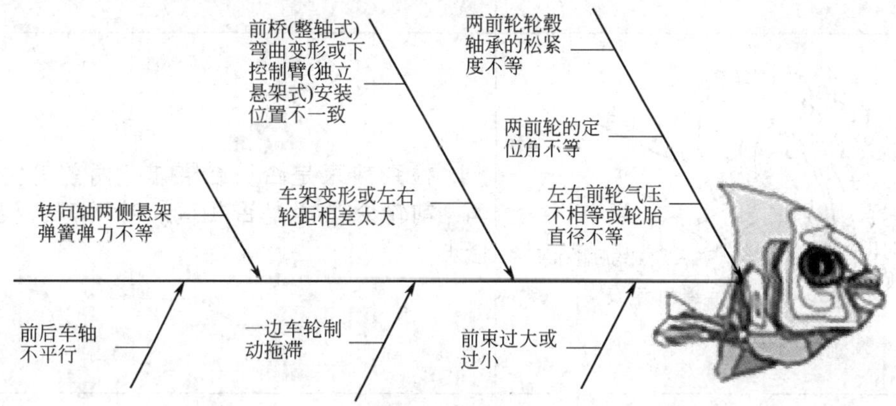

故障诊断与排除	
	1. 检查左、右轮胎新旧程度、外径尺寸及气压是否一致。保证两转向轮外径尺寸相同，并按规定加以充气

续表

故障诊断与排除	
	2. 气压一致，可用手触摸跑偏边的制动鼓和轮毂轴承是否过热。若过热，调整制动间隙或轮毂轴承
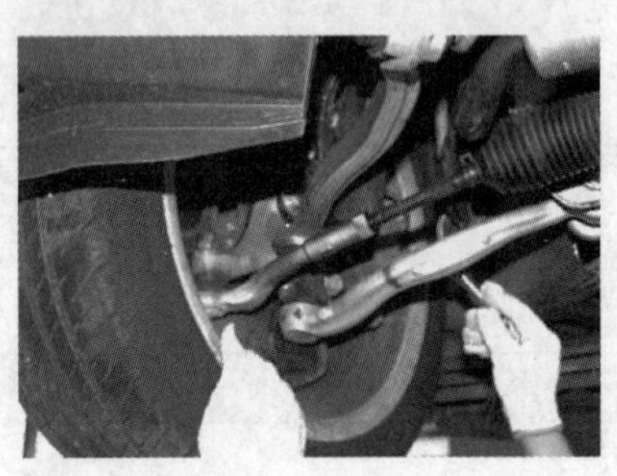	3. 若不过热，应检查转向节臂、转向摇臂、横拉杆、直拉杆、前稳定杆和前摆臂是否变形，钢板弹簧是否折断或弹力不均，必要时应予以矫正或更换
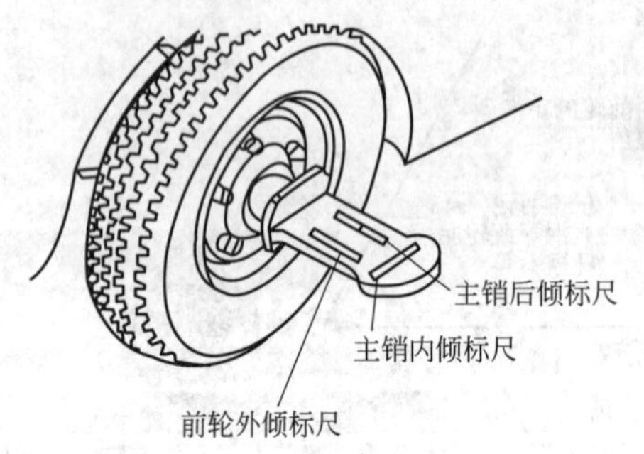	4. 检查前束是否符合要求，两前轮主销后倾角、前轮外倾角是否相同。若不符合要求，应修理
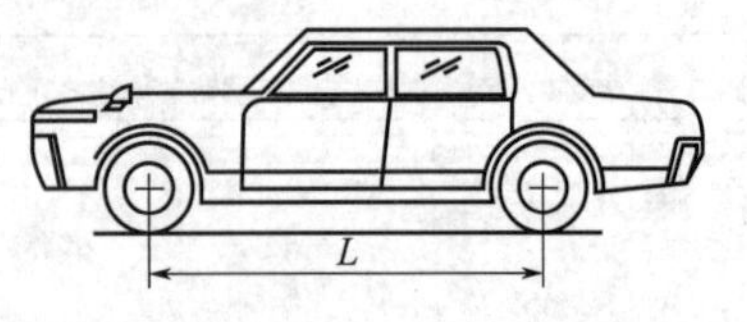	5. 以上检查均正常，则应检查左、右轴距是否相等，转向桥和车架是否变形。如不符合要求，应修理

故障3 转向轮摆动

故障现象
汽车在某转速范围内行驶时，转向轮摇摆或转向盘抖动

续表

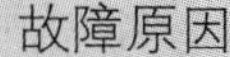

故障原因

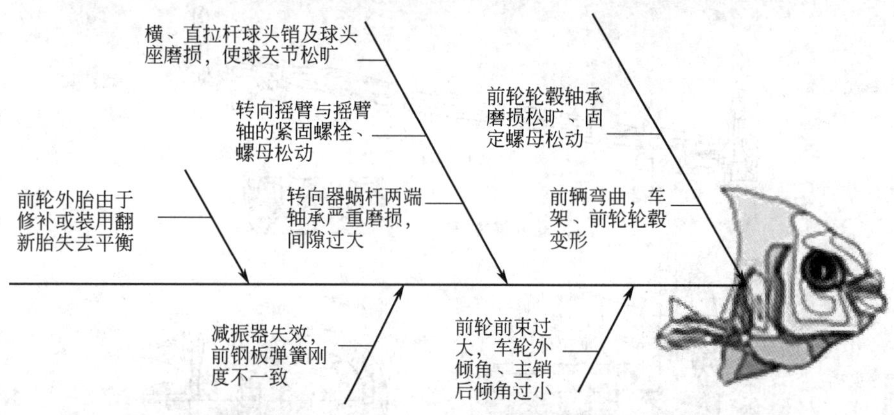

故障诊断与排除

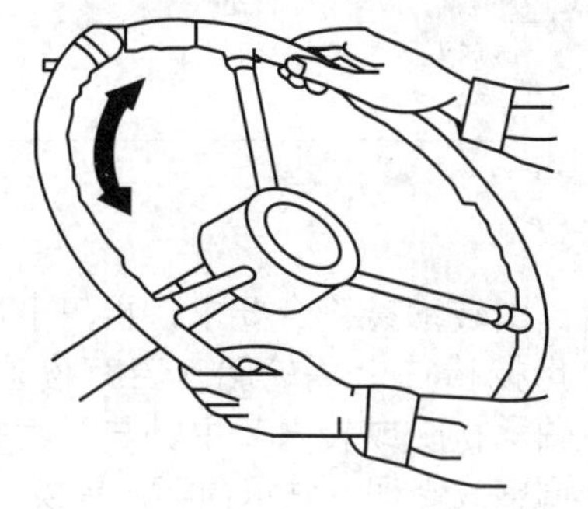	1. 一人转动转向盘，另一人在车下观察转向器和传动机构。若转向盘转动了一定角度，而转向摇臂并不转动，则故障在转向器；若转向摇臂转动了一定角度而前轮并不偏转，则故障在转向传动机构
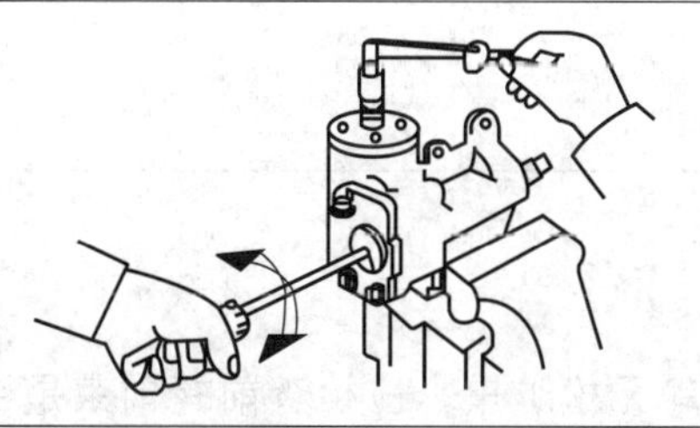	2. 若故障在转向器，应拆下转向器，检查螺杆与指销（螺母齿条与齿扇）啮合间隙是否过大。若过大，应调整

3. 如果故障在转向传动机构，应将横、直拉杆拆下，检查横、直拉杆球头销和球头碗是否磨损严重，弹簧是否折断，螺塞是否过松。必要时应重新调整或换件

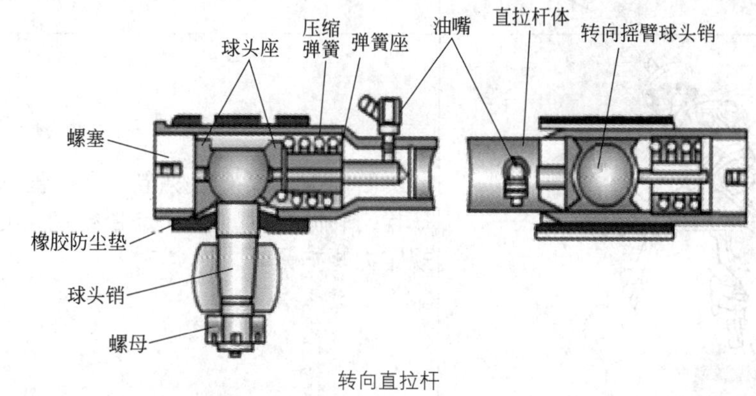

转向直拉杆

续表

<table>
<tr><th colspan="2">故障诊断与排除</th></tr>
<tr><td colspan="2">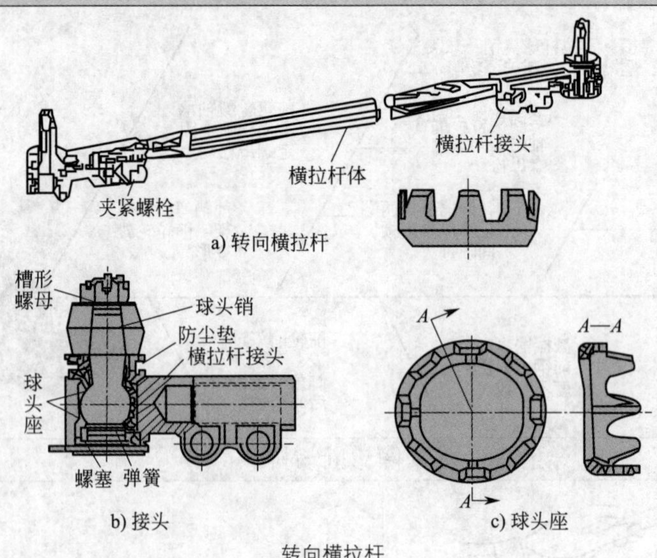

a) 转向横拉杆 b) 接头 c) 球头座
转向横拉杆</td></tr>
<tr><td>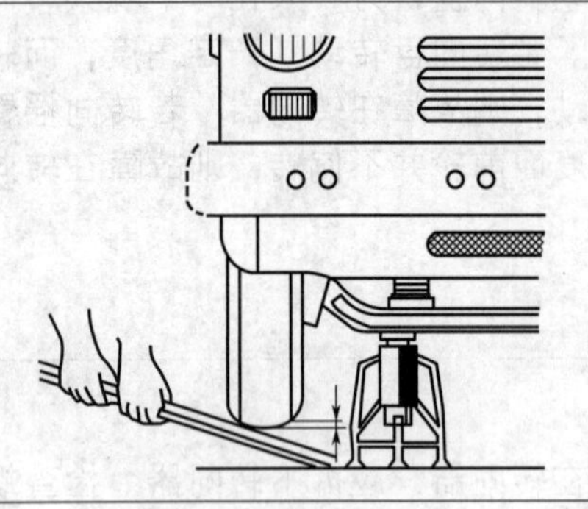</td><td>4. 若转向盘自由转动量符合要求，再用千斤顶将前轮架起，用橇棒往上撬轮胎。若有松旷量，则为前轮轮毂轴承松旷或转向节主销与衬套间隙过大，应进行调整或修理，轴承损坏应更换</td></tr>
<tr><td>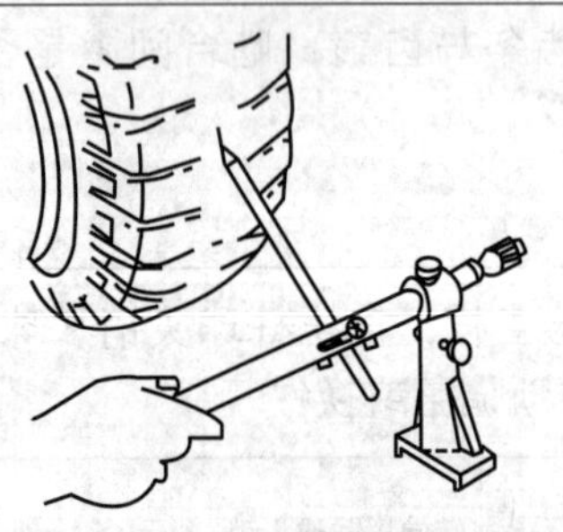</td><td>5. 确认前轮无松旷量，应检查前轮前束是否符合要求。若不符合要求，应重新调整</td></tr>
<tr><td>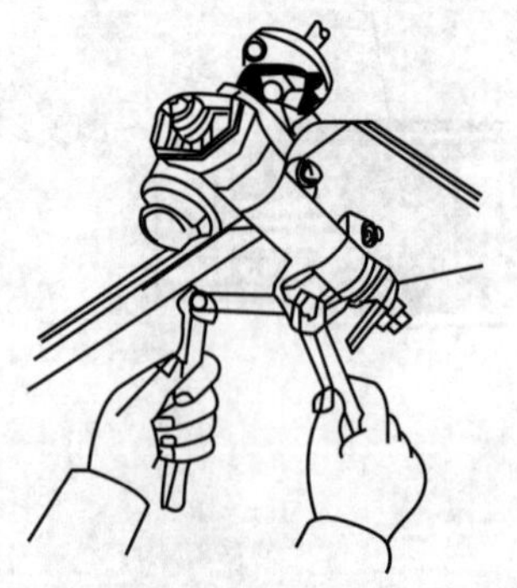</td><td>6. 若前轮前束符合规定，应检查钢板弹簧 U 形螺栓、转向器固定螺栓是否松动。若松动，应按规定力矩拧紧</td></tr>
</table>

续表

故障诊断与排除	
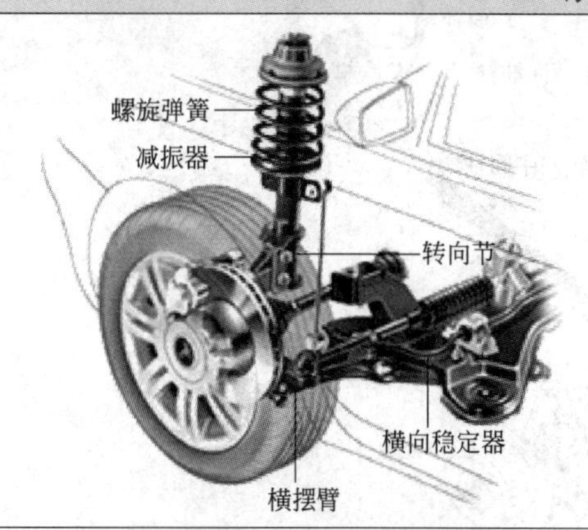	7. 上述检查无松动，应检查螺旋弹簧刚度和减振器是否失效。若刚度不符合要求或减振器已失效，应更换
	8. 若仍存在摆振现象，则应对转向轮进行平衡检测和校正
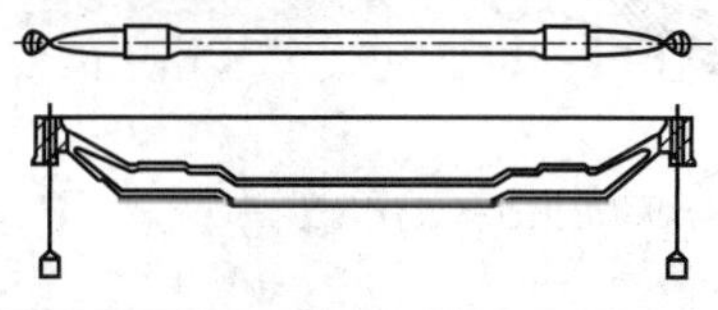	9. 经上述检查调整仍无效时，应卸下前轴和车架，检查是否弯曲变形。若变形，应校正或更换

（二）液压式转向系故障诊断与排除

相关知识

一、液压式动力转向系的组成

液压式转向系是在机械转向系的基础上，增加了转向控制阀、转向油泵、转向动力缸等一套液压助力装置，当汽车转向时，由发动机驱动的油泵产生高压油，高压油在控制阀的作用下，进入动力缸推动转向轮偏转，这时作用在转向盘的作用力就很小，从而减轻了驾驶员的劳动强度。

二、液压式转向系常见故障部位

液压式转向系常见的故障部位如下图所示。下面以液压式转向系工作不良为例，讲述液压式转向系故障诊断与排除方法。

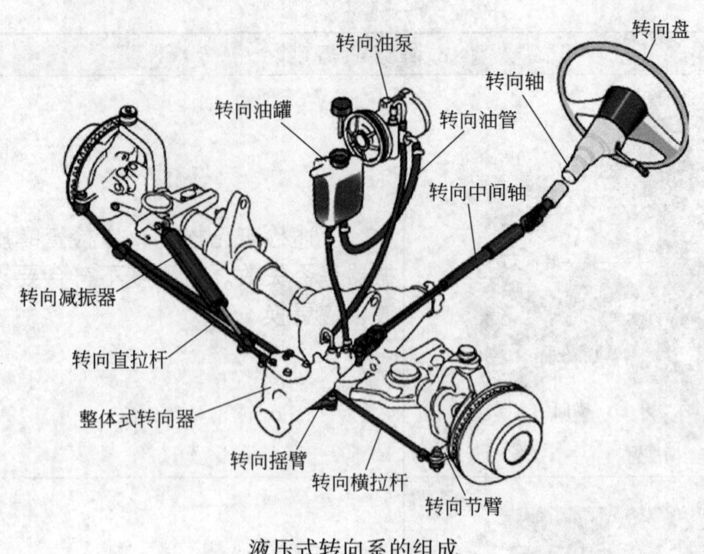

液压式转向系的组成

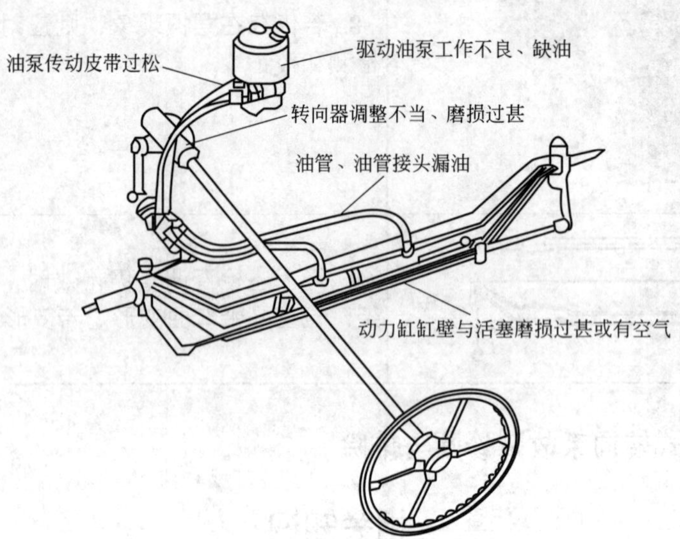

液压式转向系常见的故障部位

常见故障诊断与排除

在液压式转向系的故障诊断过程中，在排除了机械机构的故障原因后，应主要对液力系统进行检查，查明动力转向系工作不良的原因。

故障现象
☞车辆行驶中，发动机在各种转速下均无转向助力作用，转动转向盘感到费力 ☞转向突然沉重 ☞左、右转向力不等 ☞转向时有噪声

续表

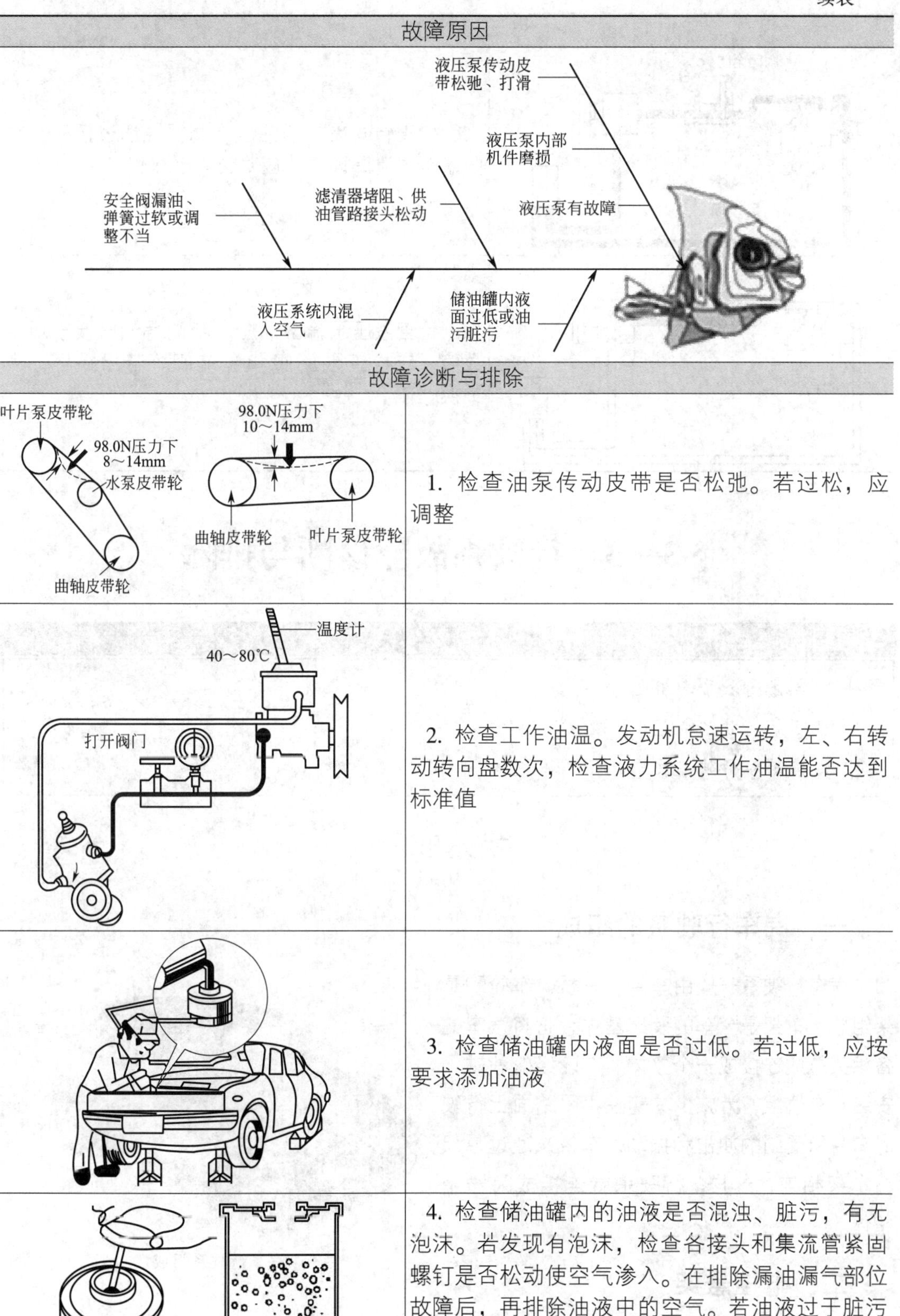

故障原因	
故障诊断与排除	
	1. 检查油泵传动皮带是否松弛。若过松，应调整
	2. 检查工作油温。发动机怠速运转，左、右转动转向盘数次，检查液力系统工作油温能否达到标准值
	3. 检查储油罐内液面是否过低。若过低，应按要求添加油液
	4. 检查储油罐内的油液是否混浊、脏污，有无泡沫。若发现有泡沫，检查各接头和集流管紧固螺钉是否松动使空气渗入。在排除漏油漏气部位故障后，再排除油液中的空气。若油液过于脏污混浊，应更换油液和油封

续表

故障诊断与排除	
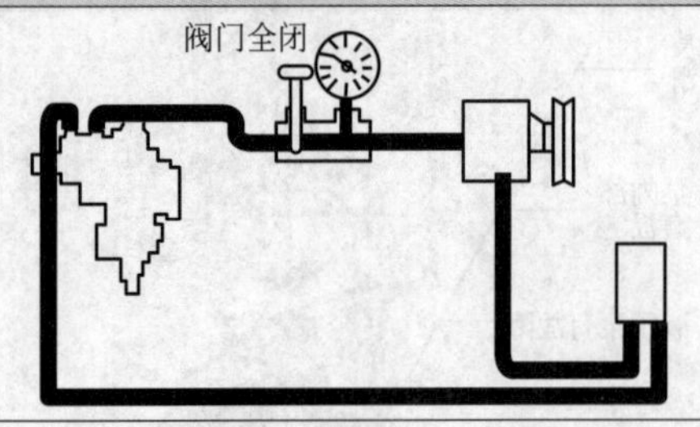	5. 检查转向齿轮的油压。测得油压过低时，转向器有内泄漏现象，应对转向器检修
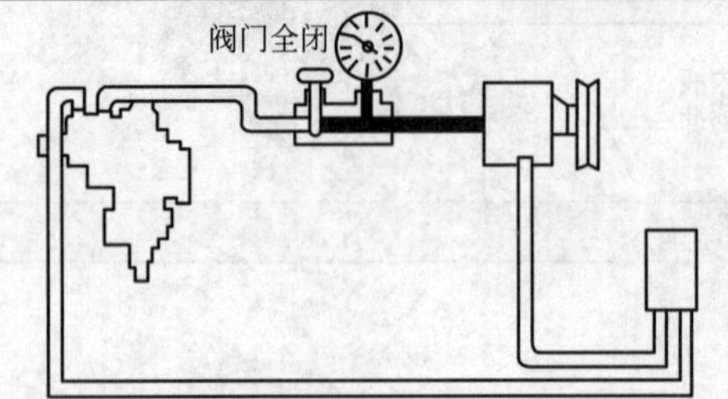	6. 检查液压泵输出油压。若测得油压低于规定数值，应检查限压阀和溢流阀。若已损坏，应更换

§3—3　行驶系故障诊断与排除

学习目标

1. 熟悉行驶系的组成。
2. 了解行驶系常见故障现象和原因。
3. 能够对行驶系故障进行诊断排除。

相关知识

一、汽车行驶系的组成

汽车行驶系一般由车架、车桥、车轮和悬架组成。车架是全车的装配基体，它将汽车的各相关总成连接成一个整体。车轮经轮毂轴承安装在车桥上，为减少车辆在不平路面上行驶时车身所受到的冲击和振动，车桥又通过悬架与车架相连，这样，行驶系就连接成为一个整体。

汽车行驶系组成

二、电控悬架

电子控制悬架能根据行驶和需要对车高、

悬架刚度和阻尼系数进行适时调节，提高车辆的行驶平顺性和操纵稳定性。

下面以凌志 LS400 型电子控制空气悬架为例做介绍。下图所示为凌志 LS400 轿车电控空气悬架电路图及其连接器。连接器（26 针、16 针和 12 针）的端子名称见下表。

A38 端子（26 针）各插脚的含义

插脚	代号	连接的零部件	插脚	代号	连接的零部件
1	+B	悬架控制器电源	14	GND	ECU 搭铁
2	IC	点火开关	15	—	—
3	L3	发动机兼传动系 ECU	16	L2	发动机兼传动系 ECU
4	L1	发动机兼传动系 ECU	17	HSW	高度开关
5	NSW	空气悬架开关	18	SPD	车速传感器
6	SS_2	转向传感器	19	SS_1	转向传感器
7	MOD1	开路	20	MOD2	搭铁
8	MRLY	NO. 2 控制继电器	21	—	—
9	VH	“增高指示灯”	22	VS	LRC 指示灯
10	—	—	23	TEM	发动机检验插接器
11	FS+	前悬架控制器	24	RS+	后悬架控制器
12	FS-	前悬架控制器	25	RS-	后悬架控制器
13	FCH	前悬架控制器	26	RCH	后悬架控制器

A37 端子（16 针）各插脚的含义

插脚	代号	连接的零部件	插脚	代号	连接的零部件
1	SCLK	高度传感器	9	SHLD	高度传感器
2	SHFR	右前高度传感器	10	SHFL	左前高度传感器
3	SHRR	右后高度传感器	11	SHRL	左后高度传感器
4	RM+	压缩机电机	12	SHG	高度传感器
5	RM-	压缩机电机	13	T_C	TDCL 和发动机检验插接器
6	CLR	检测控制插头	14	T_S	发动机检验插接器
7	DOOR	门控开关	15	TD	TDCL
8	REG	IC 调节器	16	TSW	LRC 开关

A36 端子（12 针）各插脚的含义

插脚	代号	连接的零部件	插脚	代号	连接的零部件
1	SLFR	右侧 NO. 1 控制阀	7	SLFL	左侧 NO. 1 控制阀
2	SLRR	右侧 NO. 2 控制阀	8	SLRL	左侧 NO. 2 控制阀
3	RCMP	NO. 1 控制继电器	9	SLEX	排气阀
4	IGB	高度控制电源	10	—	—
5	BAT	备用电源	11	—	—
6	STP	制动灯开关	12	RC	NO. 1 控制继电器

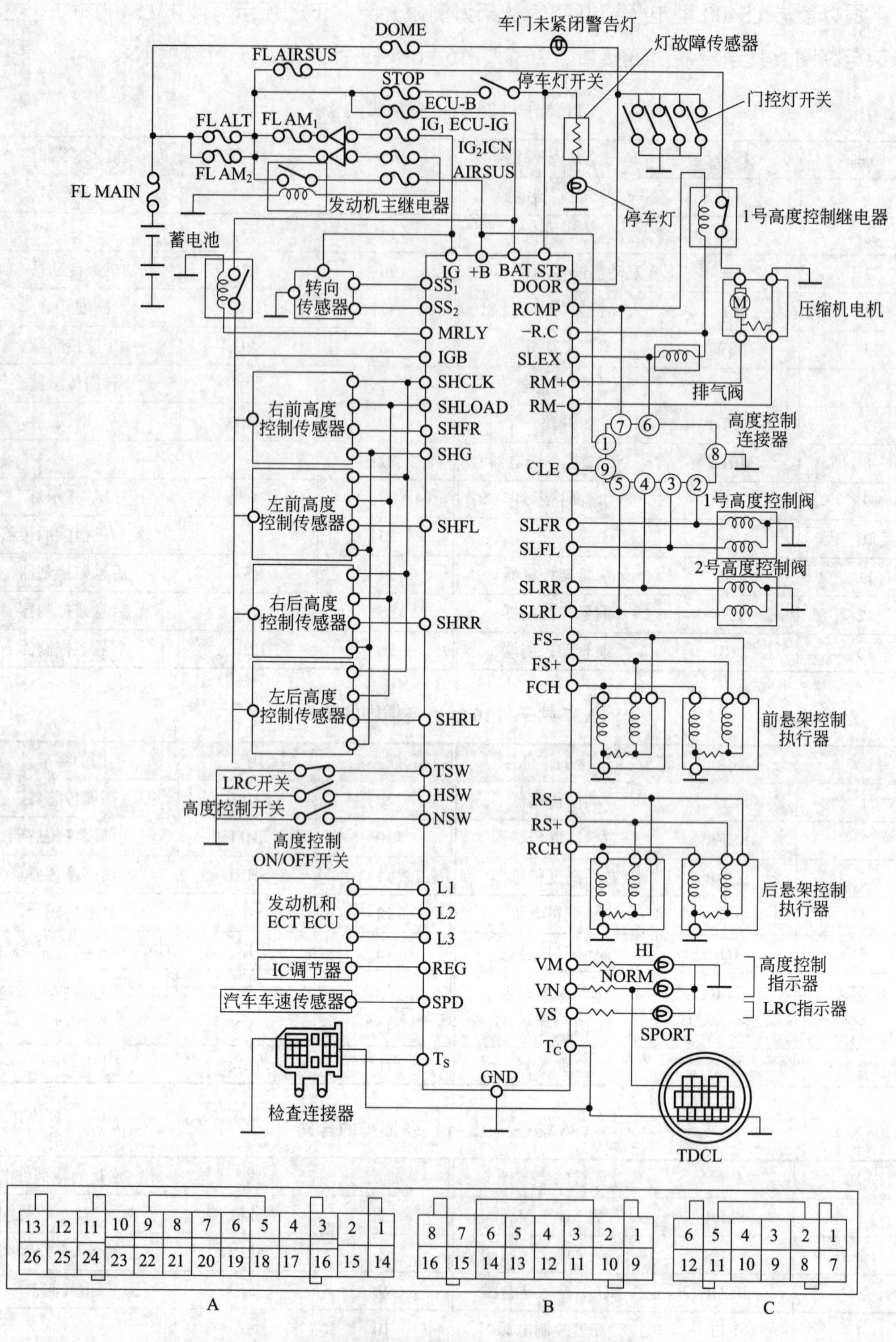

13	12	11	10	9	8	7	6	5	4	3	2	1
26	25	24	23	22	21	20	19	18	17	16	15	14

8	7	6	5	4	3	2	1
16	15	14	13	12	11	10	9

6	5	4	3	2	1
12	11	10	9	8	7

凌志 LS400 轿车电控空气悬架电路和连接器

1. 读取故障码

（1）接通点火开关。

（2）用跨接线将故障诊断插座“TDCL”的端子 T_C 与 E1 短接。

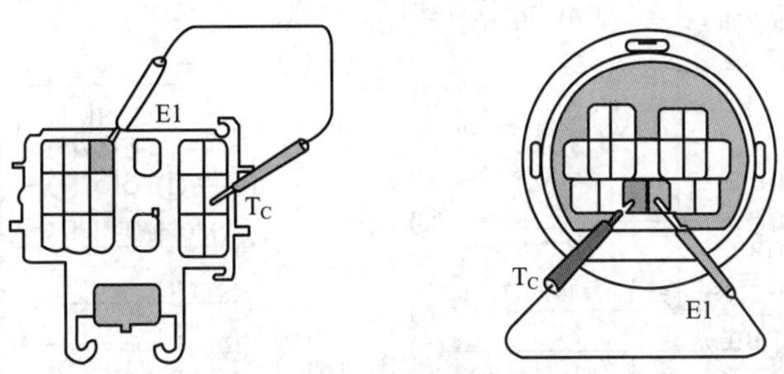

T_C 与 E1 短接

（3）根据仪表的高度控制“NORM”指示灯闪烁情况读故障码。

1）正常。指示灯以亮灭均匀间隔方式闪烁，每秒闪 2 次。

2）指示故障。读取方法为：指示灯首先闪烁故障码的十位数，指示灯通、断电间隔 0.5 s；显示完十位数后，断电 1.5 s，再显示故障码个位数，显示时通、断电时间与十位数相同。如系统有多个故障码，则按故障码由小到大的顺序显示，相邻故障码之间的时间间隔为 2.5 s。

2. 清除故障码

可以用以下两种方法之一清除故障码：

（1）关闭点火开关，拆下 1 号接线盒中 ECU-B 熔丝 10 s 以上。

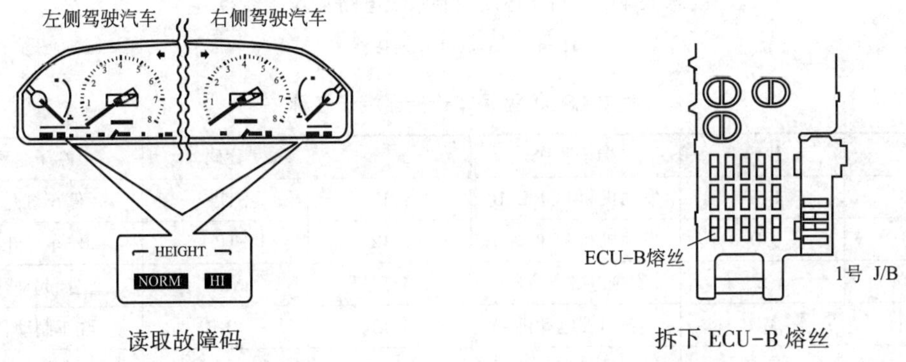

读取故障码　　拆下 ECU-B 熔丝

（2）关闭点火开关，用跨接线把高度控制连接器的端子 9 与端子 8 连接，同时连接故障诊断插座的端子 T_C 与 E1，保持该状态 10 s 以上，然后接通点火开关并脱开以上各端子。

三、巡航控制系统

汽车巡航控制系统是利用电子技术对汽车行驶速度进行调节，实现以预先设定速度行驶的电子控制装置。

下面以凌志 LS400 型轿车为例进行巡航控制系统的故障诊断与排除。下图所示为凌志

LS400 型轿车巡航控制系统电路及其连接器，连接器（10 针和 12 针）的端子名称可参见下表。

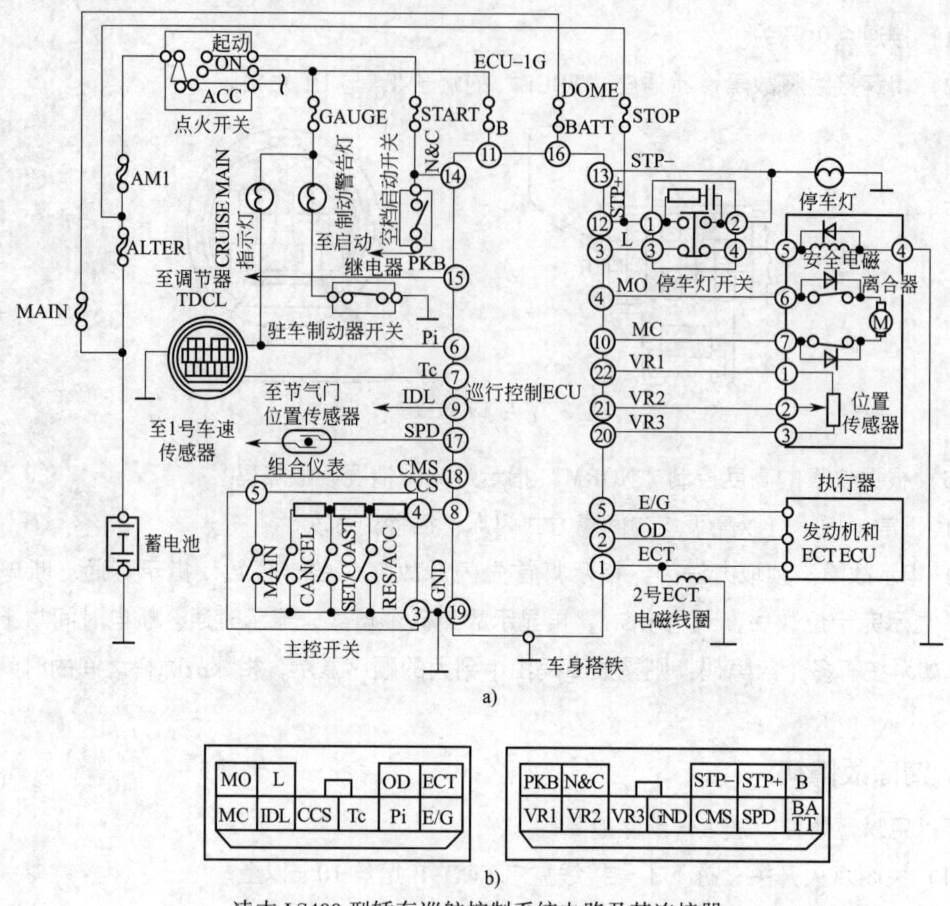

凌志 LS400 型轿车巡航控制系统电路及其连接器

a）电路图　b）连接器

凌志 LS400 型轿车连接器端子名称

编号	代码	端子名称	编号	代码	端子名称
1/10	ECT	发动机和 ECT ECU	2/12	STP+	停车灯开关
2/10	OD	发动机和 ECT ECU	3/12	STP-	停车灯开关
3/10	L	安全电磁离合器	4/12	N&C	空挡起动开关
4/10	MO	执行器电动机	5/12	PKB	驻车制动开关
5/10	E/G	发动机和 ECT ECU	6/12	BATT	备用电源
6/10	Pi	CRUISE MAN 指示灯	7/12	SPD	车速传感器
7/10	T_C	TDCL	8/12	CMS	主开关
8/10	CCS	控制开关	9/12	GND	搭铁
9/10	IDL	节气门位置传感器	10/12	VR3	位置传感器
10/10	MC	执行器电动机	11/12	VR2	位置传感器
1/12	B	电源	12/12	VR1	位置传感器

巡航控制系统出现故障时，电子控制器除中断巡航工作外，指示灯会闪烁 5 次，控制器

会自动储存故障码。

1. 读取故障码

短接故障码检测连接器（TDCL）的端子 T_C 和 E1，根据仪表上的“CRUISE MAIN”指示灯的闪烁情况即可读取故障码（读取方法同电控悬架自诊断）。

凌志轿车巡航控制系统故障码

故障代码	故障部位	故障代码	故障部位
11	电机电路或安全电磁离合器电路不正常	23	实际车速低于设定车速 16 km/h
12	安全电磁离合器电路不正常	31	控制开关电路不正常
13	电机电路或位置传感器不正常	32	控制开关电路不正常
21	车速传感器不正常	34	控制开关电路不正常

2. 清除故障码

关闭点火开关或拆下 DOME 熔丝 10 s 以上。

常见故障诊断与排除

故障 1　悬架发生刚性碰撞或异响

故障现象
汽车行驶中悬架发出撞击的异响、振动增大
故障原因

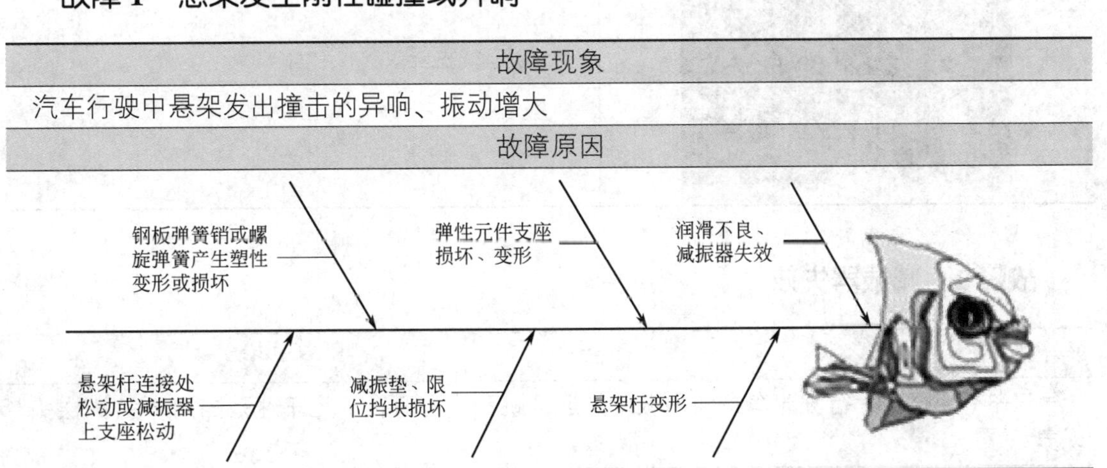

续表

故障诊断与排除	
	1. 对采用钢板弹簧悬架的汽车，先检查钢板弹簧是否折断或疲劳变形，再将汽车支起，使钢板弹簧处于自由状态，在钢板弹簧吊环支架端用撬棒上下撬动钢板弹簧。若松动，应检查钢板弹簧销、吊环支架是否间隙过大。若间隙过大，应更换钢板弹簧销或衬套
	2. 对采用螺旋弹簧的汽车，应检查螺旋弹簧是否疲劳变形或折断、支座是否松动损伤、悬架杆是否变形或松动
	3. 检查减振垫的润滑情况，必要时加注润滑脂
	4. 检查减振器

故障 2 减振器失效

故障现象
汽车在不平路面上行驶时车身强烈振动并连续跳动，有时在一定车速范围内发生“摆头”现象

续表

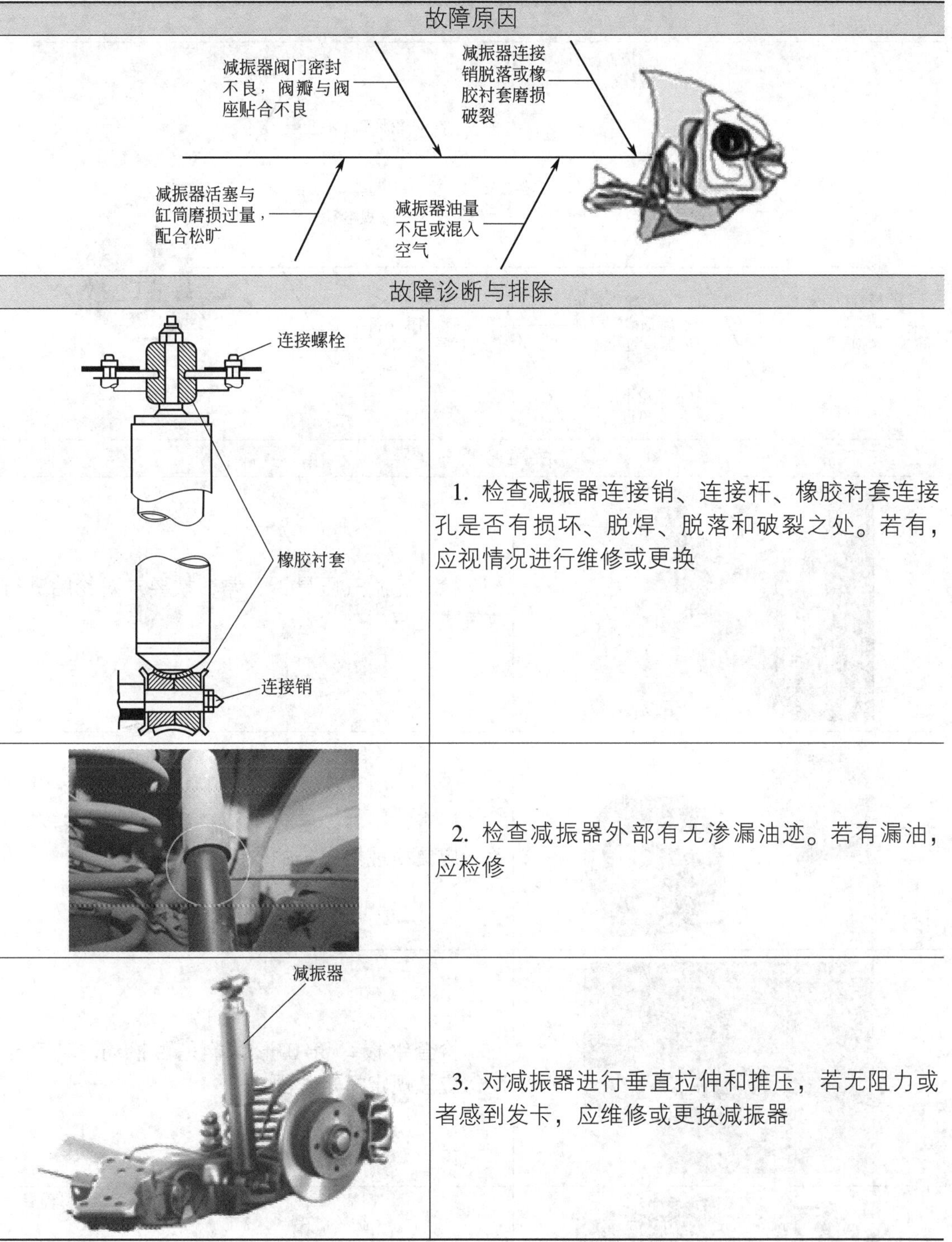

故障原因	
减振器阀门密封不良，阀瓣与阀座贴合不良；减振器连接销脱落或橡胶衬套磨损破裂；减振器活塞与缸筒磨损过量，配合松旷；减振器油量不足或混入空气	
故障诊断与排除	
（图）	1. 检查减振器连接销、连接杆、橡胶衬套连接孔是否有损坏、脱焊、脱落和破裂之处。若有，应视情况进行维修或更换
（图）	2. 检查减振器外部有无渗漏油迹。若有漏油，应检修
（图）	3. 对减振器进行垂直拉伸和推压，若无阻力或者感到发卡，应维修或更换减振器

故障 3　轮胎异常磨损

故障现象
轮胎表面出现两肩磨损、胎冠中部磨损、内侧或外侧磨损、呈锯齿形磨损或呈波浪状磨损等

续表

故障原因	
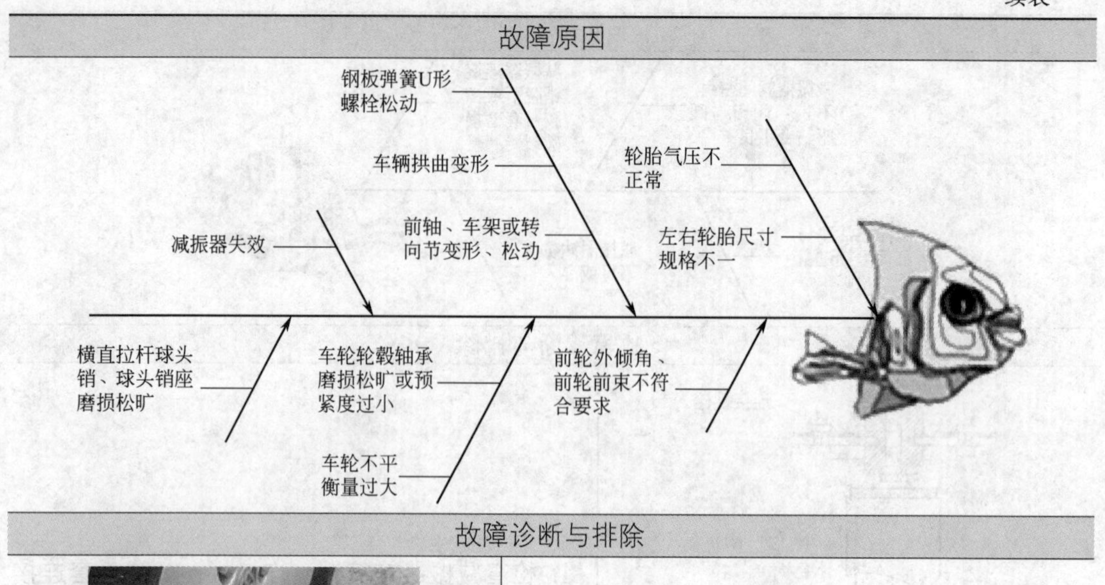	
故障诊断与排除	
	1. 检查轮胎气压是否正常，按要求对轮胎进行放气或充气
	2. 检查左、右轮胎尺寸规格是否一致。若不一致，应更换规格统一的轮胎
	3. 检查钢板弹簧 U 形螺栓是否松动。若有松动，应按规定扭矩紧固
	4. 检查悬架与车体连接是否牢固，减振器工作是否正常。若有松动，应紧固。若前减振器工作异常，应检修或更换

续表

故障诊断与排除	
	5. 检查前轮外倾角是否符合要求。若不符合要求，应进行调整或修理
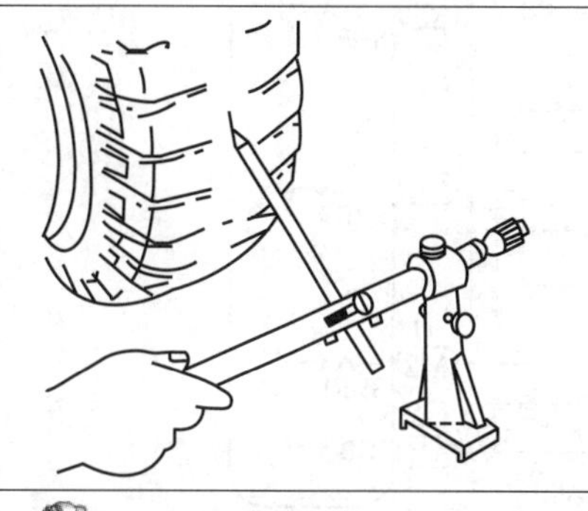	6. 检查前轮前束是否符合要求。若不符合要求，应进行调整或修理
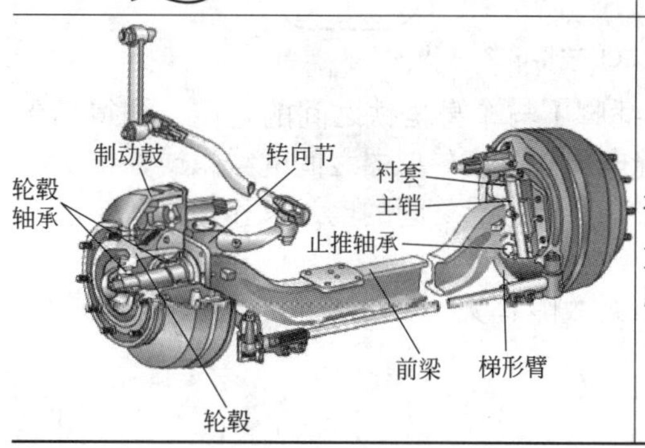	7. 若上述检查均正常，则再检查转向节主销与衬套配合间隙和轮毂轴承间隙是否过大。若过大，应进行调整或更换磨损零件，并对轮胎进行平衡检查

故障 4　电控悬架故障（凌志 LS400 型轿车）

1. 高度控制功能不起作用

故障现象
汽车在行驶、驻车或汽车总质量发生变化时，车高变化不大或没有变化甚至产生相反的变化
故障原因

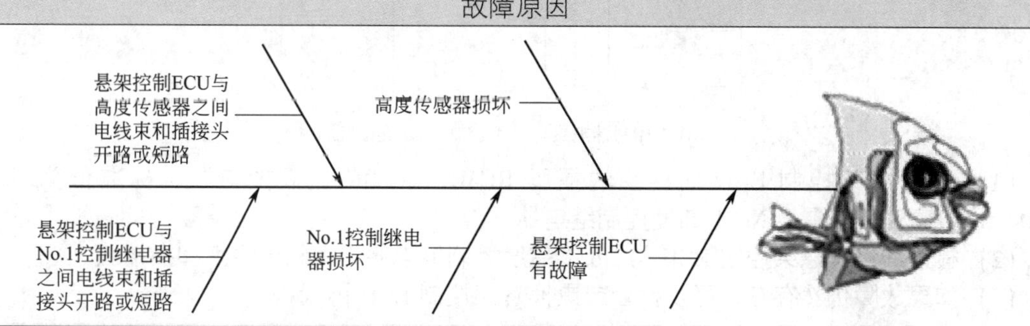

续表

故障诊断与排除
1. 进行故障自诊断，如果故障码为 11、12、13 或 14，可按以下步骤进行检测 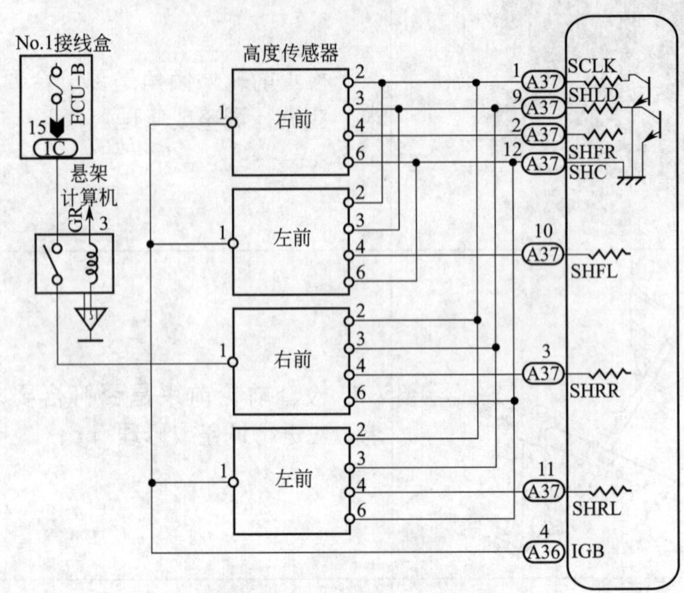 高度传感器与悬架控制 ECU 连接电路 （1）接通点火开关，检测高度传感器插接头的插脚 1 与车身搭铁之间的电压，测得结果应为电源电压。否则，应检查或修理 No. 2 控制继电器与高度传感器之间的线束或插接头 （2）检查线束的导通性。检查悬架控制 ECU 与高度传感器之间的电线束和插接头。若不良，应修理或更换线束或插接头 （3）换件比较。装用一个好的高度传感器，如果故障消失，则是传感器不良，应更换。如果故障仍然存在，可以更换悬架控制 ECU 再试 2. 如果故障码为 41，可按以下步骤进行检测 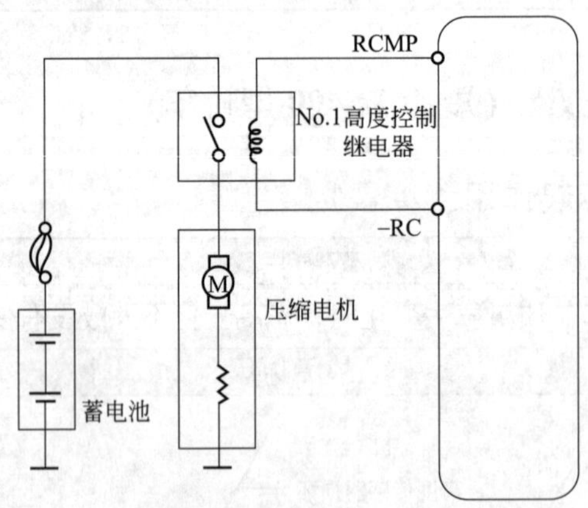 NO. 1 控制继电器与悬架控制 ECU 连接电路 （1）测量悬架控制 ECU 插接头的插脚 RCMP 与 –RC 之间的电阻，标准值为 50 ~ 100 Ω。若不符，应更换 No. 1 高度控制继电器 （2）检查和修理悬架控制 ECU 与 No. 1 高度控制继电器之间的电线束和插接头 （3）如果故障仍然存在，可以检查或更换悬架控制 ECU 再试

2. 悬架刚度和阻尼系数控制失效

故障现象
汽车在行驶时，悬架刚度和阻尼系数不随着行驶状况、路况、汽车姿态变化而调节

故障原因

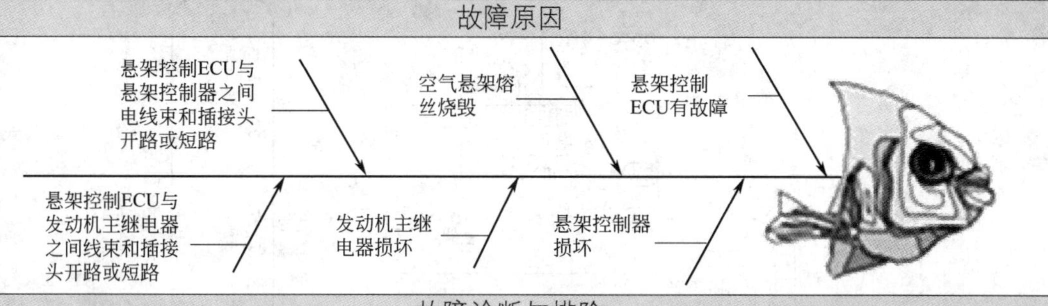

故障诊断与排除

1. 进行故障自诊断。如果故障码为 21、22，可按以下步骤进行检测

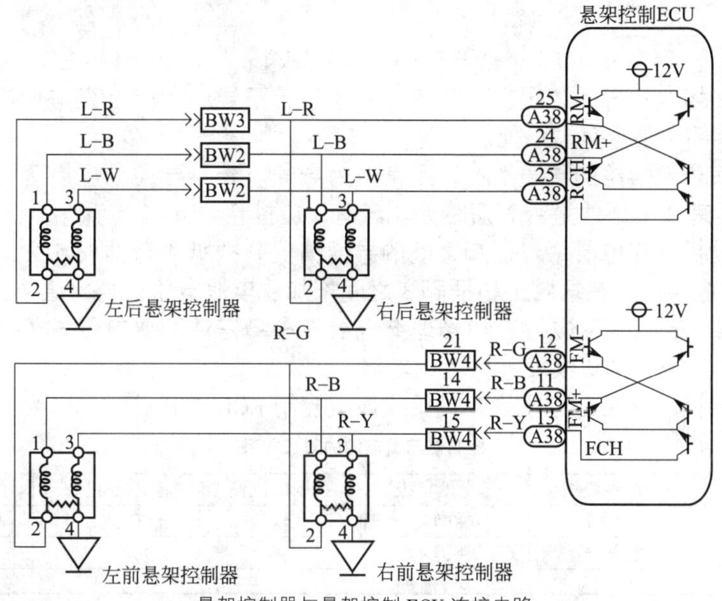

悬架控制器与悬架控制 ECU 连接电路

(1) 检查悬架控制器的操作情况。接通点火开关，将 LRC 开关分别按到“运动”侧和“正常”侧，检查悬架控制器的操作

(2) 如果悬架控制器操作不良，检测悬架控制器的电阻值

1) 拆开控制器插接头

2) 测量悬架控制器插接头插脚之间的电阻，插脚 1 和插脚 2 之间以及插脚 3 与插脚 4 之间的电阻为 3~6 Ω；插脚 2 与插脚 4 之间的电阻为 2.3~4.3 kΩ

3) 在悬架控制器插接头和插脚之间接入蓄电池，检查悬架控制器的操作，这种检查应在短时间内（1 s 之内）完成。如果不良，则更换控制器

4) 检查线束的导通性。检查悬架控制 ECU 与控制器、控制器与车身搭铁之间的电线束和插接头。如果不良，则应修理或更换电线束或插接头

2. 如果故障码为 72，可按以下步骤进行检测

(1) 检查悬架控制 ECU 插接头的插脚+B 与车身搭铁之间的电压，测量结果应为蓄电池电压。若电压过低，应检查搭铁情况，并进行必要的修理

续表

故障诊断与排除

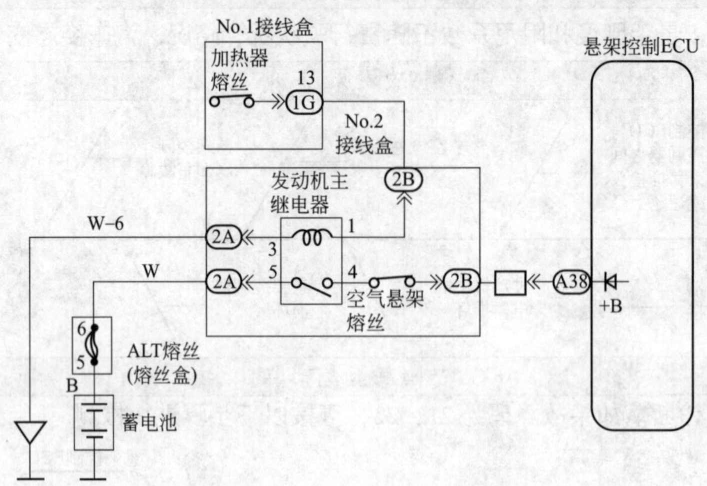

悬架控制 ECU 电源电路

（2）检查加热熔丝的导通情况，正常应为导通。若不导通，应检查与加热器熔丝连接的所有电线束和零部件是否有短路处。若有，应排除

（3）检查空气悬架熔丝的导通情况，正常应为导通。若不导通，应检查与空气悬架熔丝连接的所有电线束和零部件是否有短路处。若有，应排除

（4）检查发动机主继电器每对插脚之间的导通情况。插脚 4 与插脚 5 之间应开路；插脚 1 与插脚 3 之间应导通。在插脚 1 与插脚 3 之间施加蓄电池电压，再检查导通情况：插脚 4 与插脚 5 应导通。若正常，应检查和修理继电器与车身搭铁、继电器与蓄电池之间的线束和插接头。若不正常，则更换发动机主继电器

（5）如果故障仍然存在，可以检查或更换悬架控制 ECU 再试

控制器与蓄电池的对应关系

控制器位置	蓄电池正极	蓄电池负极	控制器位置	蓄电池正极	蓄电池负极
硬	插脚 1	插脚 2	软	插脚 2	插脚 1
中等	插脚 3	插脚 4			

3. 汽车高度调节不均匀（凌志 L400 型轿车）

故障现象
汽车在行驶、驻车、乘员和行李质量发生变化时，车辆高度控制虽有变化，但是前后左右高低变化不均匀

故障原因

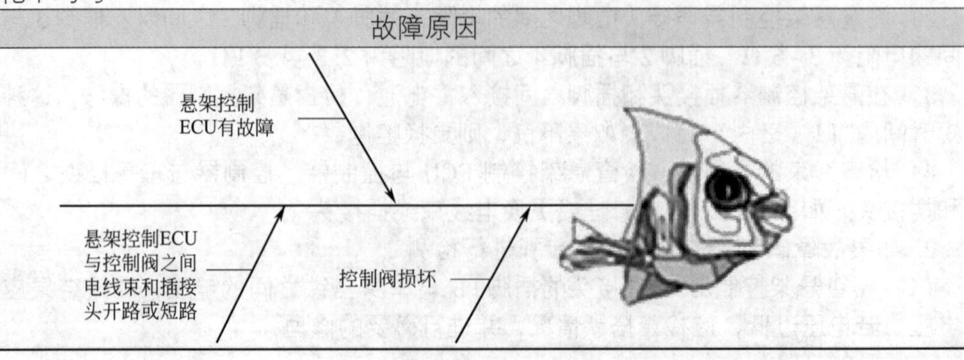

续表

故障诊断与排除

进行故障自诊断，如果故障码为 31、33、34 或 35，可按以下步骤进行检测：

1. 检查车高变化情况

（1）拆下行李箱右侧盖

（2）用万用表测量控制插接头各端子间的电阻值见下表

控制器接头各端子间的电阻值

	端子	电阻（Ω）		端子	电阻（Ω）
检测控制插接头	2-8	9~15	检测控制插接头	5-8	9~15
	3-8	9~15		6-8	9~15
	4-8	9~15			

（3）接通点火开关，用跨接线将检测控制插接头中 1、2、7 端子相互短接，右前汽车高度应上升

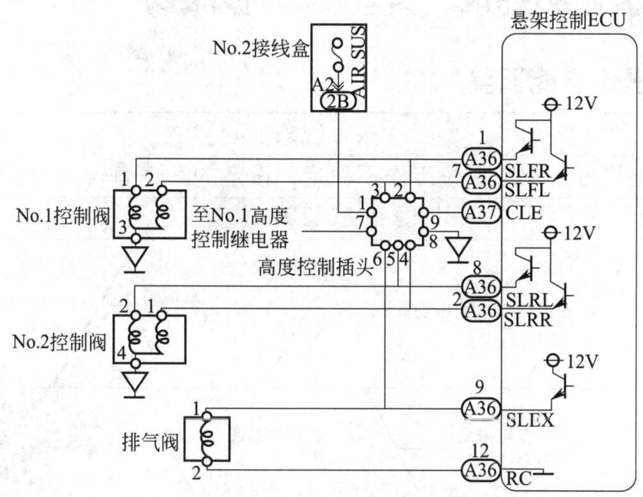

控制阀、排气阀与悬架控制 ECU 的连接电路

（4）用跨接线将检测控制插接头中 1、3、7 端子相互短接，左前汽车高度应上升

（5）用跨接线将检测控制插接头中 1、4、7 端子相互短接，右后汽车高度应上升

（6）用跨接线将检测控制插接头中 1、5、7 端子相互短接，左后汽车高度应上升

（7）用跨接线将检测控制插接头中 1、2、6 端子相互短接，右前汽车高度应降低

（8）用跨接线将检测控制插接头中 1、3、6 端子相互短接，左前汽车高度应降低

（9）用跨接线将检测控制插接头中 1、4、6 端子相互短接，右后汽车高度应降低

（10）用跨接线将检测控制插接头中 1、5、6 端子相互短接，左后汽车高度应降低

2. 如果上述检查正常，则检查悬架控制 ECU 与控制插接头之间的电线束和插接头是否有开路处。若有开路处，应修理或更换

3. 如果正常，则检查控制阀和排气阀

（1）用万用表的欧姆挡测量 No. 1 控制阀插脚 1 与插脚 3，插脚 2 与插脚 3 之间的电阻，应为 9~15 Ω

（2）用欧姆挡位测量 No. 2 控制阀插脚 1 与插脚 4，插脚 2 与插脚 4 之间的电阻，应为 9~15 Ω

（3）测量排气阀插脚 1 与插脚 2 之间的电阻，应为 9~15 Ω

（4）直接给各控制阀、排气阀加上 12 V 蓄电池电压，各电磁阀应有“咔嗒”的工作声。蓄电池电压与控制阀、排气阀各端子之间的正确连接方法见下表

续表

故障诊断与排除

阀各端子与蓄电池之间的对应关系

阀	蓄电池+	蓄电池-
1 号高度控制器	1	3
	2	3
2 号高度控制器	1	4
	2	4
排气阀	1	5

若检查结果不正常，应更换高度控制阀及排气阀；若正常，应检查高度控制器或排气阀至检测插接头之间的配线和连接线

故障 5　巡航控制系统故障（凌志 LS400 型轿车）

1. 巡航控制操作不能调整

故障现象

巡航控制速度超出设置要求或系统工作不稳定，设定的车速有较大的波动，或时升时降

故障原因

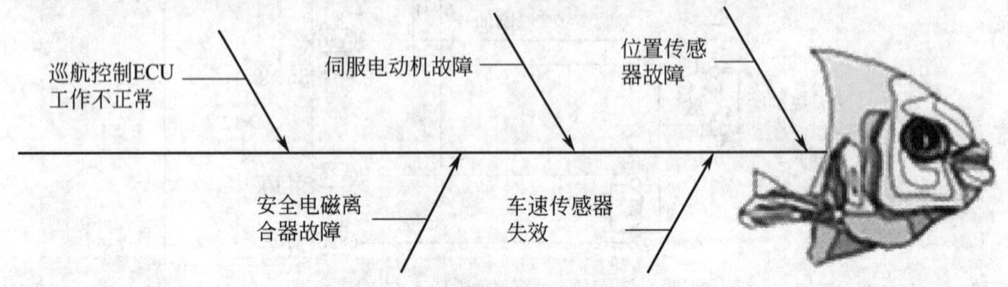

故障诊断与排除

1. 进行故障自诊断，当读出故障码为 11、12 时：

（1）检查安全电磁离合器电路

1）检查巡航控制 ECU 配线侧连接器端子 3 与车身搭铁之间的导通情况。测量值应约为 38 Ω，不正常则检查电磁离合器

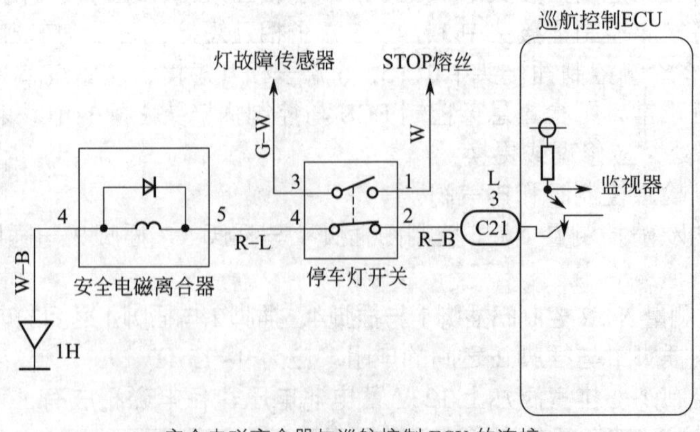

安全电磁离合器与巡航控制 ECU 的连接

续表

故障诊断与排除

2）检查电磁离合器，用万用表欧姆挡检测电磁离合器端子 4 和 5 之间的电阻，正常值应约为 38 Ω。或者进行动态检查，其正常情况是：没有通电前，扳动离合器杆应能转动；当端子 5 接电源正极，端子 4 接电源负极（搭铁），离合器杆应能锁住，不能任意扳动。若正常，则检查停车灯开关，否则更换电磁离合器

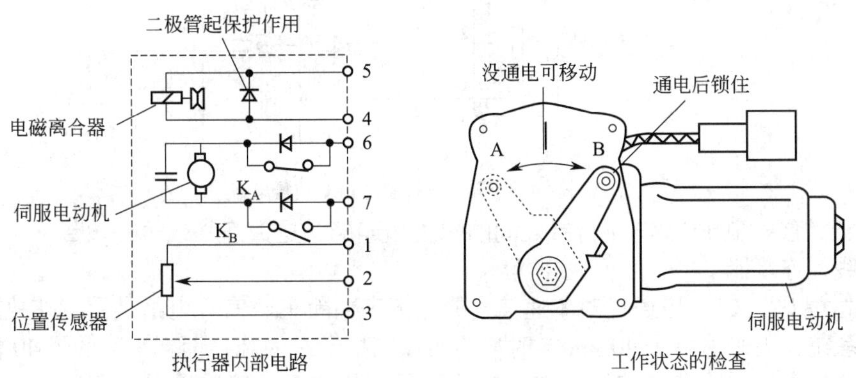

安全电磁离合器的检查

3）检查停车灯开关。踩下制动踏板时，连接器端子 1 和 3 之间应能导通（阻值小），而抬起制动踏板时，端子 2 和 4 之间应导通。若正常，则检查和修理巡航控制 ECU 与停车灯开关、停车灯开关与电磁离合器、电磁离合器与车身搭铁之间的配线和连接器。否则，更换停车灯开关

（2）检查伺服电动机电路

在离合器杆两极限位置 A 与 B 范围内运动时，保持安全电磁离合器处于通电状态，伺服电动机按下图所示进行通电

若正常，则检查巡航控制 ECU 与伺服电动机之间的配线和连接器。若不正常，则更换伺服电动机

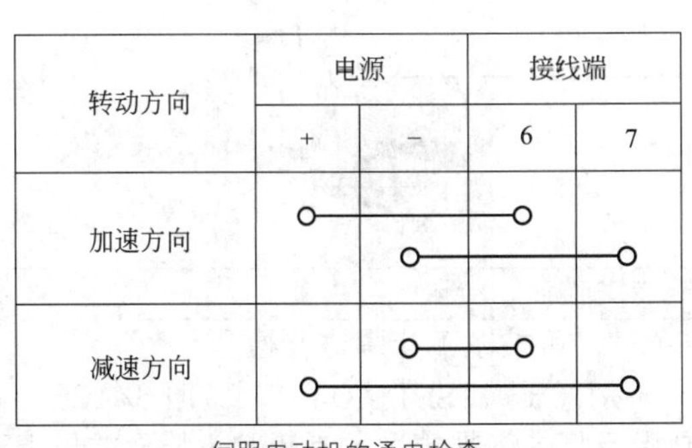

转动方向	电源 +	电源 −	接线端 6	接线端 7
加速方向	○		○	
		○		○
减速方向		○	○	
	○			○

伺服电动机的通电检查

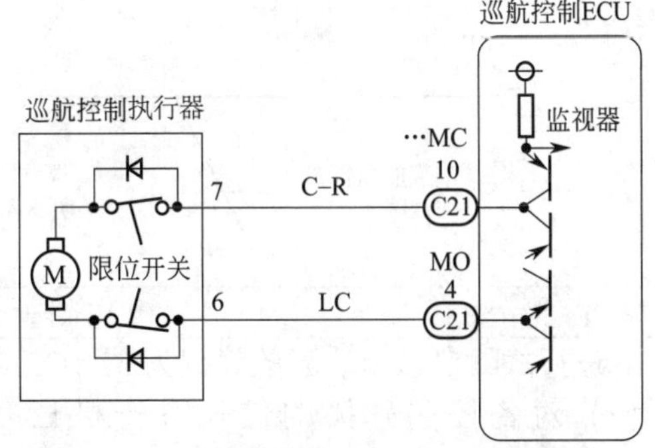

伺服电动机与巡航控制 ECU 的连接电路

2. 进行故障自诊断，当读出故障码为 13 时，检查位置传感器电路

（1）脱开电子控制器，接通点火开关，慢慢转动节气门控制臂，并用万用表测量节气门位置传感器的中间滑动端（VR2）与电子控制器搭铁（VR3）间的电压。控制臂使节气门开度最大时，电压应为 4.2 V；控制臂使节气门开度最小时，电压约为 1.1 V；控制臂转动时，电压变化应连续平稳。若不正常，应检查节气门传感器

（2）检查执行器位置传感器。用万用表欧姆挡测量电阻，端子 1 与端子 3 之间的电阻值应为 2 kΩ；当用手慢移离合器杆从 B 到 A 时，端子 2 与 3 之间的电阻应平缓地由 0.5 kΩ 向

续表

故障诊断与排除
1.8 kΩ 变化。若不正常，则更换位置传感器 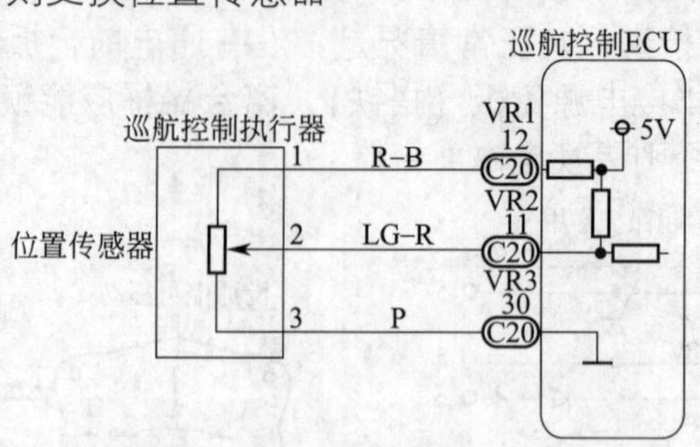 节气门位置传感器与巡航控制 ECU 连接电路 （3）检查巡航控制 ECU 与执行器之间的配线和连接器是否开路或短路。若不正常，修理或更换配线和连接器 3. 如果故障码为 21，应通过对车速信号的检查来判断车速信号电路是否存在故障。打开巡航控制系统，当车速高于 40 km/h 时，巡航控制指示灯闪烁，而当车速低于 40 km/h 时，指示灯保持常亮，说明车速信号正常，应检查配线和仪表板等连接是否可靠。否则，应更换车速传感器 4. 如果故障仍然存在，检查或更换巡航控制 ECU 再试

2. 系统间歇性工作

故障现象
巡航控制在某些时候无法设置
故障原因
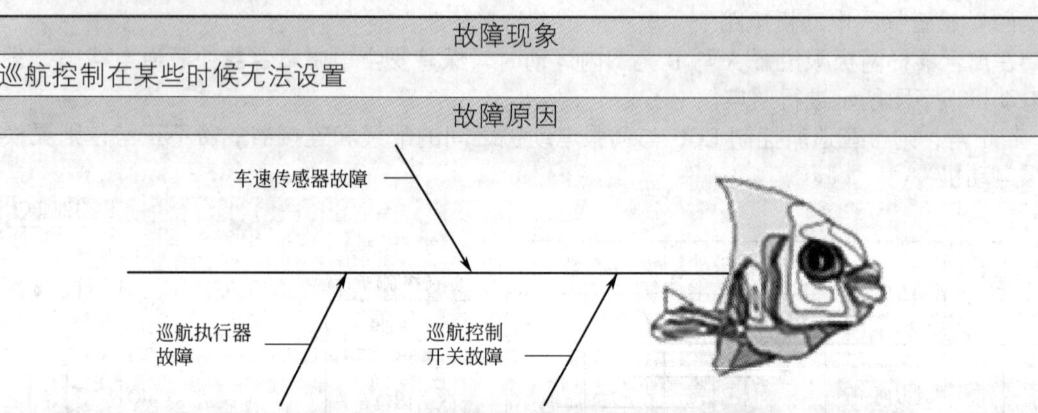
故障诊断与排除
1. 进行故障自诊断。当故障码为 31、32 或 34 时，可按以下步骤进行检测： （1）对各控制开关的信号进行检查时，分别接通“SET/COAST”“RES/ACC”和“CANCEL”开关，同时观察仪表板上巡航控制指示灯的闪烁情况，其正常闪烁形式见下表

指示灯的正常闪烁形式

开关接通状态	指示灯的闪烁形式	备　注
CANCEL(取消)开关	亮 灭	当每一开关接通时，指示灯应如表内方式闪烁，表开关与电控单元联系正常
SET/COAST(设定)开关	亮 灭	
RES/ACC(恢复)开关	亮 灭	

续表

故障诊断与排除
（2）通过测试控制开关电阻检测其技术状况。控制开关内有三个不同阻值的电阻。检测时，拆下转向盘中心衬垫，脱开控制开关连接器，在控制开关接通时，用万用表测量连接器端子 3 和 4 之间的电阻值

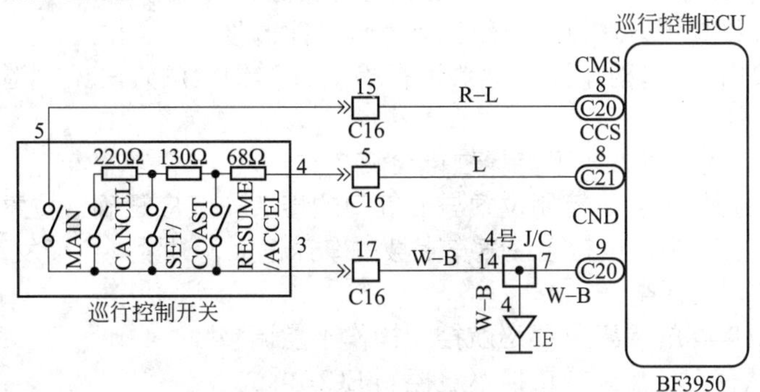

巡航控制开关与巡航控制 ECU 的连接

开关正常时，各个电阻值见下表。若不正常，更换控制开关

控制开关电阻检查

开关位置	电阻值	备注
各开关均断开	∞	各个开关分别接通时，测量端子 3 和 4 电阻值，阻值如表内数据时，开关为良好，否则开关电路有故障
RES/ACC（恢复）通	约 70 Ω	
SET/COAST（设定）通	约 200 Ω	
CANCEL（取消）通	约 420 Ω	

（3）检查巡航控制 ECU 与控制开关之间的配线和连接器是否开路或短路。若有短路或开路，应修理或更换配线或连接器

2. 当故障码为 11、12、13 时，分别对巡航控制执行器电磁离合器、伺服电动机和位置传感器进行检测（详细检测方法见“巡航控制器操作不能调整”）。

3. 当故障码为 21 时，对车速传感器及电路进行检查（详细检测方法见“巡航控制操作不能调整”）

3. 巡航控制系统不工作

故障现象
无论怎么操作开关，巡航系统失去工作能力

故障原因

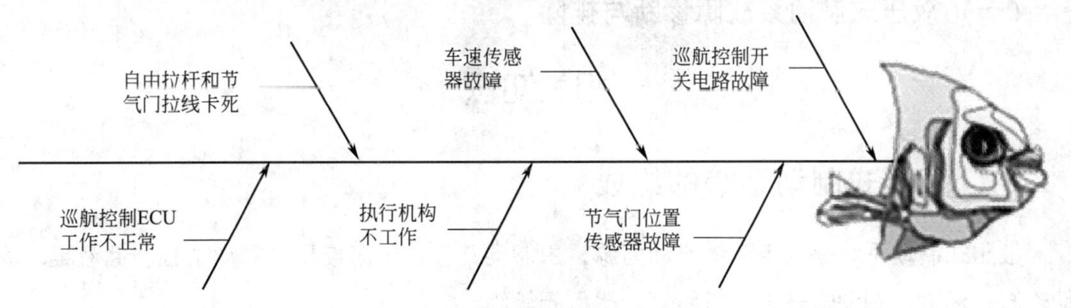

续表

故障诊断与排除
1. 进行故障自诊断。当故障码为 31、32 或 34 时，可对巡航控制开关进行检查（详细检查方法见“系统间歇性工作”） 2. 当故障码为 11、12、13 时，分别对巡航控制执行器电磁离合器、伺服电动机和位置传感器进行检测（详细检测方法见“巡航控制操作不能调整”） 3. 当故障码位 21 时，可对车速传感器进行检查（详细检测方法见“巡航控制操作不能调整”） 4. 当故障码为 23 时，可按以下步骤进行检测： （1）检查执行器控制拉索。控制拉索与节气门的接头安装应正确，拉索与节气门的动作应平衡，其松紧度应适中。过松会使汽车上坡的车速过大，过紧则会使发动机的怠速增高。若松紧度不合要求，应调整 （2）伺服电动机电路的检查见“巡航控制操作不能调整” 5. 如果故障仍然存在，检查或更换巡航控制 ECU 再试
注意事项： （1）电控悬架与巡航控制系统的维修，首先要弄清故障本身是否属于机械故障。如果没有机械故障，才能对电子控制系统进行检查 （2）检查电子控制系统时，首先应该进行故障自诊断，然后根据故障码判断可能发生的部位及性质 （3）对某电子系统进行检查之前，应先拆开蓄电池搭铁线。但拆去蓄电池搭铁线后，ECU 记忆的故障码会自动清除，因此在拆线前应先进行自诊断 （4）具体拆检时，要尽量使用专用工具和专用设备 （5）电子控制单元 ECU 一般故障很少，如必须检查时，要使用专用仪器和设备

§3—4　制动系故障诊断与排除

学习目标

1. 熟悉制动系的组成。
2. 了解制动系常见故障现象、原因。
3. 能够对制动系故障进行诊断与排除。

（一）液压式制动系故障诊断与排除

相关知识

一、液压式制动系统的组成

液压式制动系统是利用液体作动力源，由制动踏板、主缸推杆、制动主缸、储液罐、制动轮缸、油管、制动灯开关、指示灯、比例阀等组成。

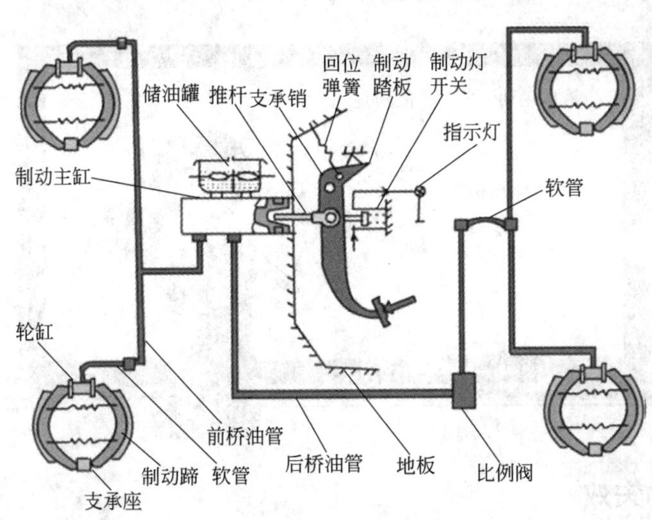

液压制动系统的组成

二、液压式制动系易发故障部位

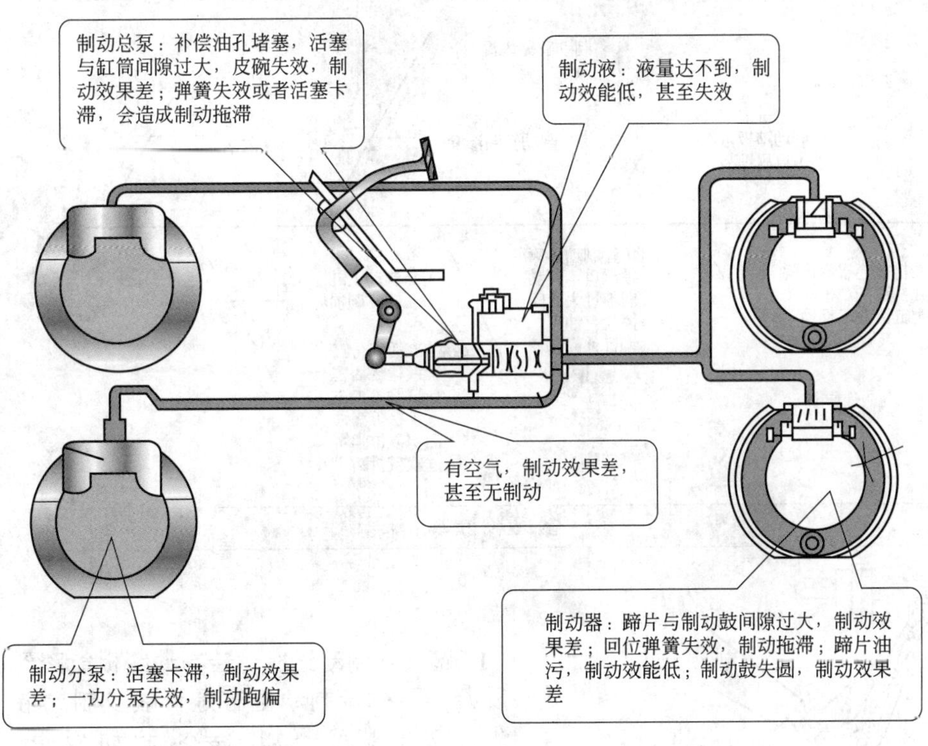

常见故障诊断与排除

故障 1　制动失效

故障现象

当汽车行驶中迅速踏下制动踏板时，感觉制动器不起作用；连续多次踩下制动踏板时，仍无制动效果，汽车不能减速或停车

故障原因

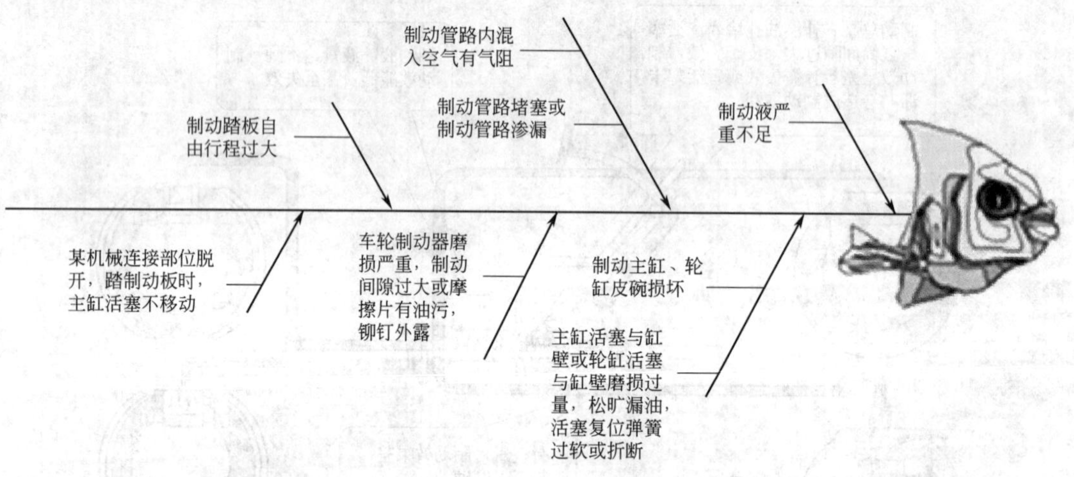

故障诊断与排除

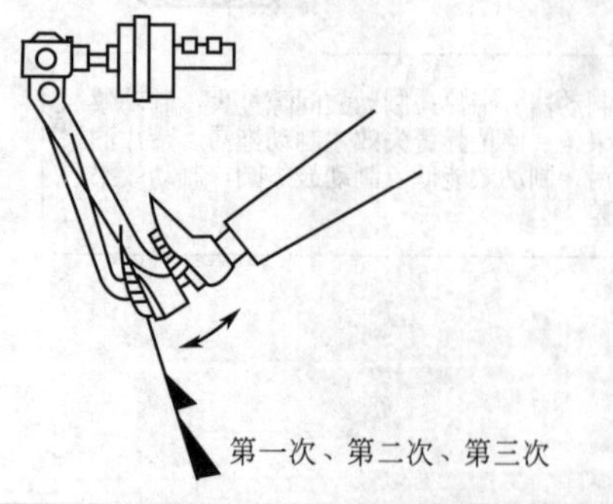	1. 踏几次制动踏板，若制动踏板能踏到底且无反力，则检查制动主缸是否缺少制动液。若缺少，应按规定添加，要求制动液距液罐口 15~20 mm，通气孔畅通

续表

故障诊断与排除	
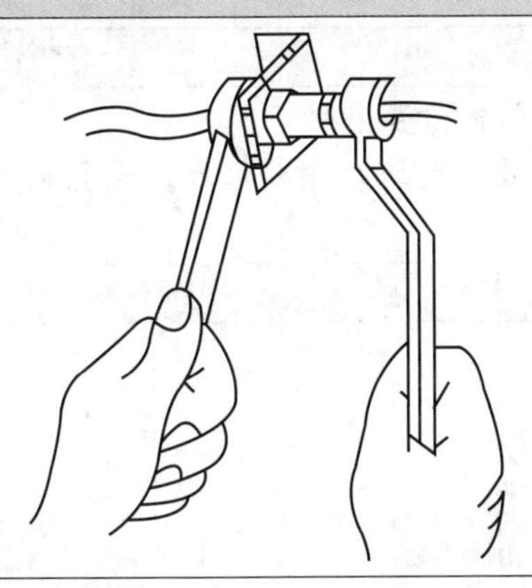	2. 若不缺，检查管路和接头有无破漏或堵塞。若有，应进行修理或更换
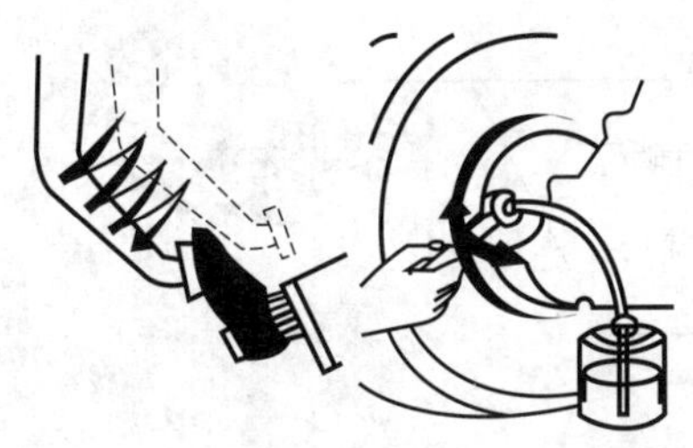	3. 检查制动系统内是否有空气，若踩制动踏板有弹性感，表示液压制动系统有空气或制动液气化，应将混入的空气排除。当使用了质量不高的制动液时，易产生气化，应更换符合要求、质量好的制动液
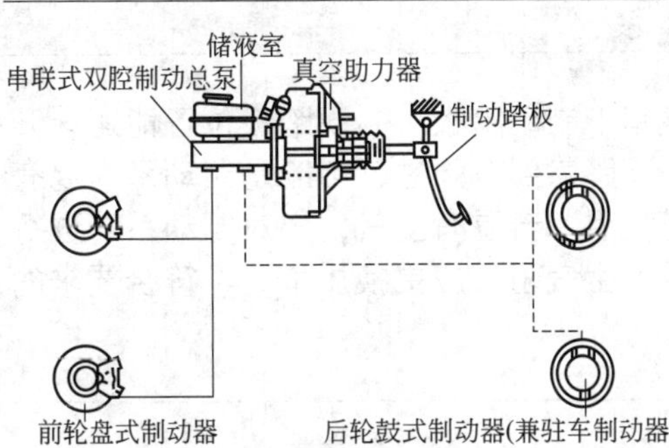	4. 检查各机械连接部位有无脱开。若有，应修复
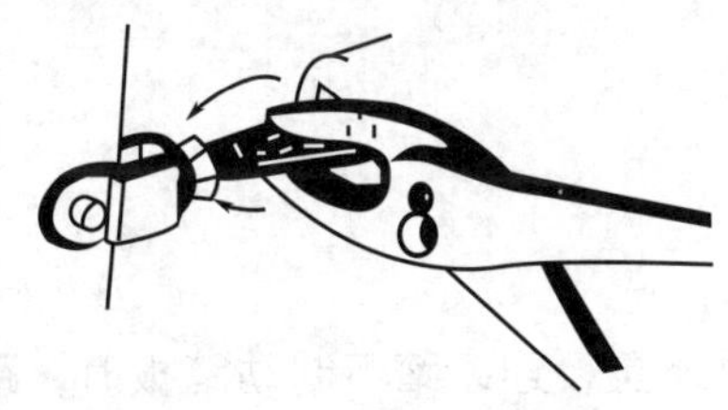	5. 若连接部位无松脱，应调整主缸推杆的自由行程或对主缸进行检修
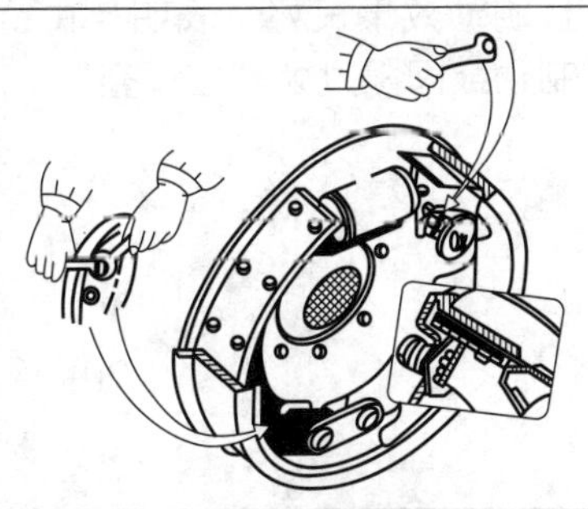	6. 若上述检查情况良好，应检查制动间隙是否过大，必要时拆检车轮制动器。检查制动蹄片磨损情况，摩擦片是否沾有油污或铆钉外露，制动轮缸是否磨损严重、皮碗踏翻，制动蹄与支撑销是否严重锈蚀卡滞等

故障 2　制动不良

故障现象

☞制动时，汽车不能立即减速或停车，制动减速度小，制动距离长

☞踏下第一脚制动踏板时，制动不灵，连续踏下踏板，制动力逐渐增高，但仍感不足，制动效果不佳

故障原因

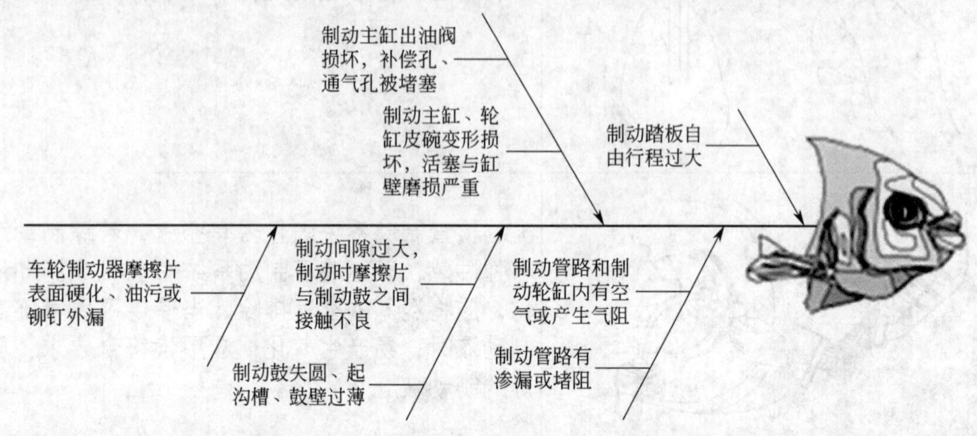

故障诊断与排除

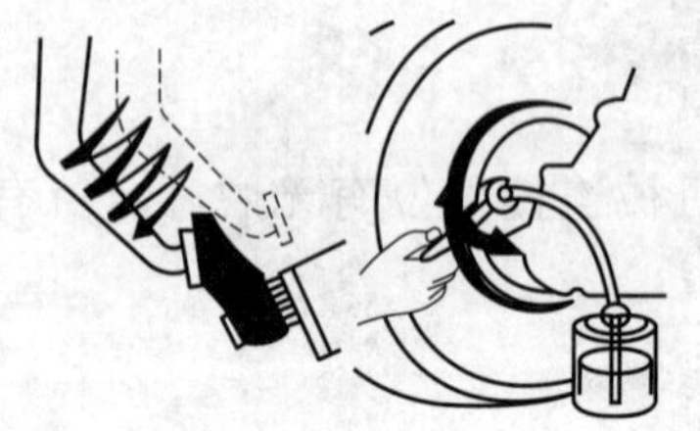

1. 连续踏下制动踏板，制动踏板位置能逐渐升高，再往下踏感到有弹性，可能是制动系内混有空气或有气阻。若混有空气，应对制动系统进行排气。若产生气阻，应更换质量高、符合要求的制动液

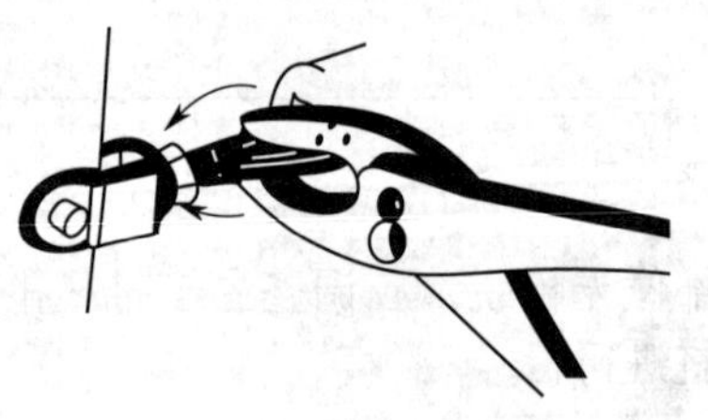

调整主缸推杆自由行程

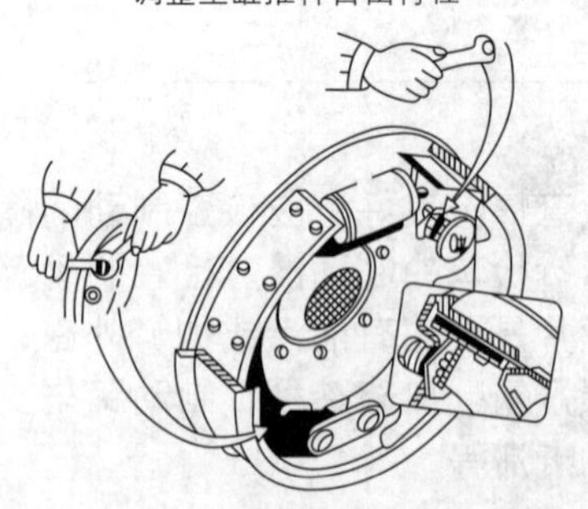

检查调整车轮制动器

2. 一脚制动不灵，连续踏下制动踏板时，踏板位置逐渐升高且制动效果良好，表明自由行程过大或摩擦片与制动鼓间隙过大，应调整

续表

故障诊断与排除	
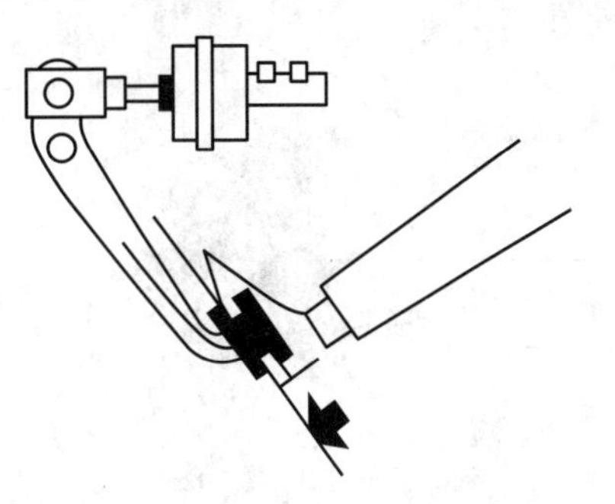	3. 连续踏下制动踏板，踏板位置能逐渐升高，升高后继续用脚踏紧，此时若感到踏板有下沉的感觉，表明制动系中有漏油之处或制动主缸出油阀关闭不严。应检查油管、油管接头和主缸
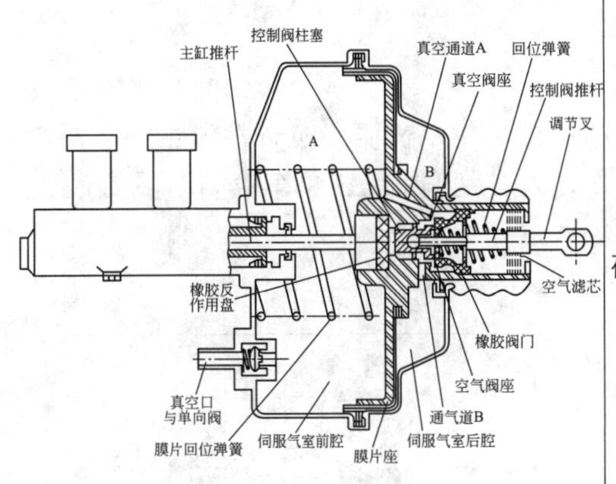	4. 若踩下制动踏板时需用力大，而且感觉很硬，应检查真空助力器
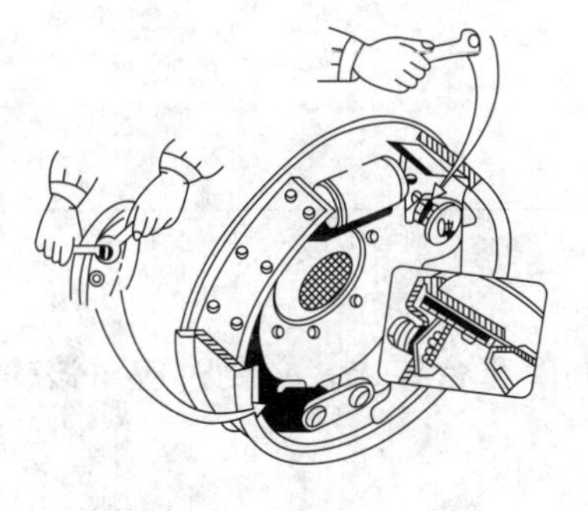	5. 当踏下踏板时，制动踏板高度符合要求，也不软弱、不下沉，但制动效果不好，应检修车轮制动器

故障 3　制动跑偏

故障现象
汽车制动时，车辆向一边偏斜，不能保持正直方向，偏斜的方向有时向左，有时向右，重脚踩下制动踏板后，车辆甚至产生横滑，制动时车轮拖印长短不一

续表

故障原因

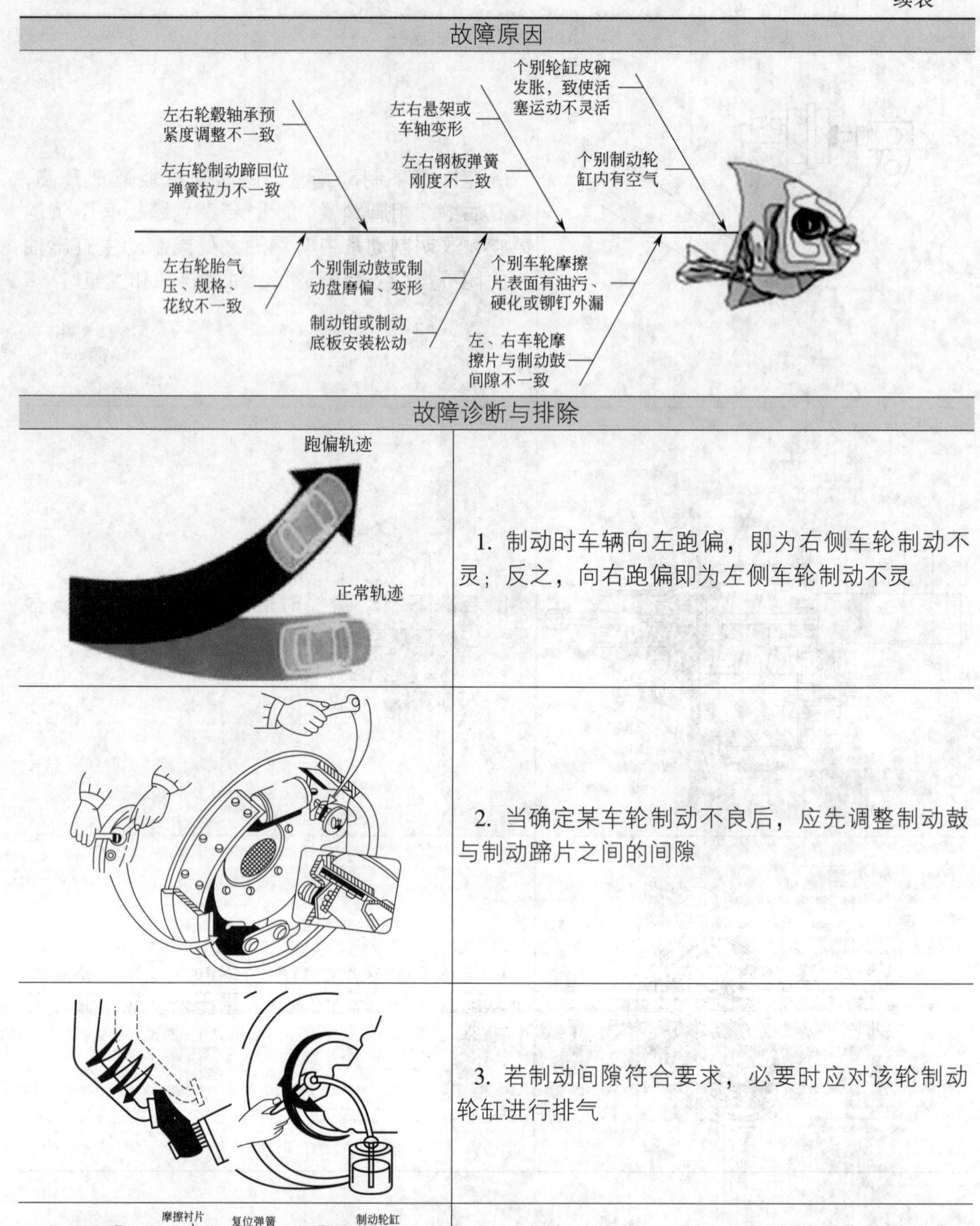

故障诊断与排除	
	1. 制动时车辆向左跑偏，即为右侧车轮制动不灵；反之，向右跑偏即为左侧车轮制动不灵
	2. 当确定某车轮制动不良后，应先调整制动鼓与制动蹄片之间的间隙
	3. 若制动间隙符合要求，必要时应对该轮制动轮缸进行排气
制动鼓 摩擦衬片 复位弹簧 制动轮缸 制动蹄 制动蹄调整器 定位销弹簧 制动蹄 定位销	4. 经上述检查调整后，仍不能排除，应拆检该车轮制动器及制动轮缸

续表

故障诊断与排除	
	5. 若各车轮的制动效能均良好，应检查两前轮的轮胎气压是否一致，钢板弹簧力及车架的变形情况等

故障 4　制动拖滞

故障现象
☞踏下制动踏板感到高而硬，踏不下去。汽车起步困难，行驶费力。当松抬加速踏板、踏下离合器踏板时，车速明显降低 ☞汽车行驶一定里程后，用手触摸制动鼓感觉发热
故障原因
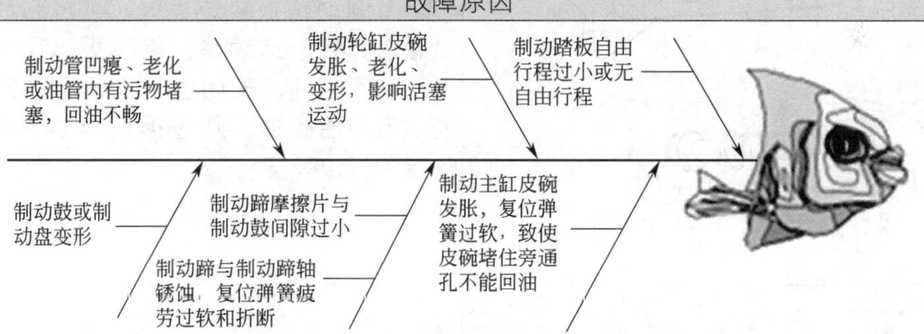

故障诊断与排除	
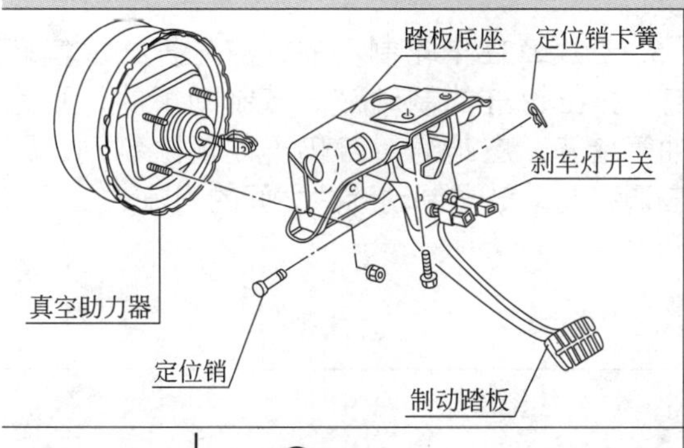	1. 汽车行驶一定里程后，用手触摸各制动鼓均感觉发热，表明故障在制动主缸、增压器或制动踏板。若个别制动鼓发热，则故障在车轮制动器
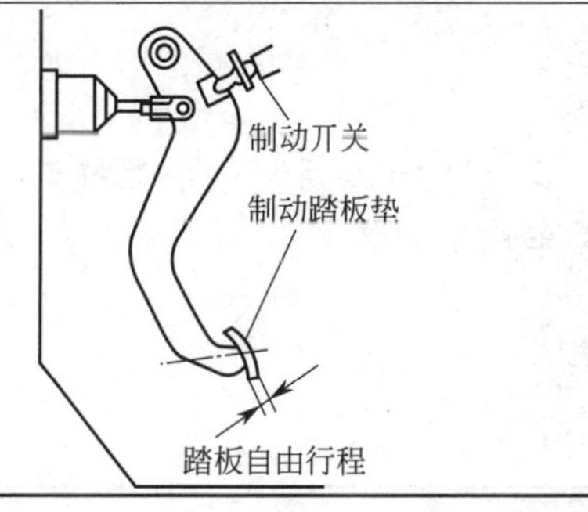	2. 若故障在制动主缸，应先检查踏板自由行程是否过小。若过小，应调整

续表

<table>
<tr><th colspan="2">故障诊断与排除</th></tr>
<tr><td>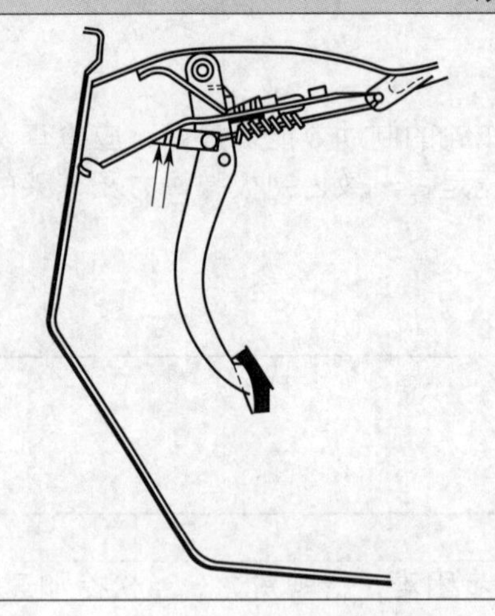</td><td>3. 若自由行程符合规定，放松制动踏板不能迅速复位，应检查制动踏板复位弹簧弹力、踏板轴及连接机构的润滑情况。必要时进行修理或更换</td></tr>
<tr><td>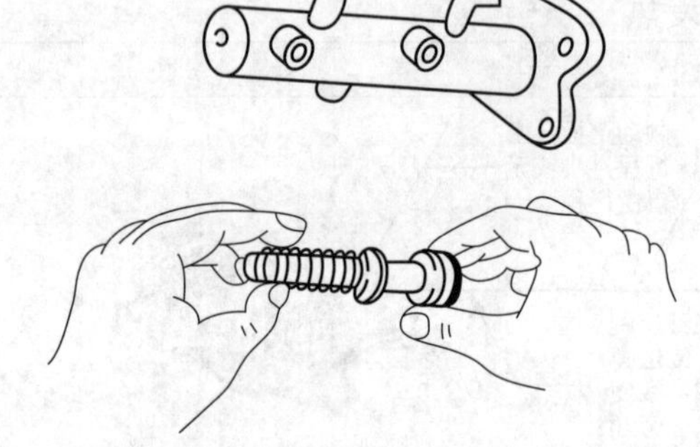</td><td>4. 若制动踏板复位良好，可将制动主缸储液罐盖打开，连续踏、抬踏板，观察回油情况。若不回油，表明主缸回油孔堵塞，应疏通。若回油缓慢，则应拆检制动主缸，检查皮碗和复位弹簧</td></tr>
<tr><td>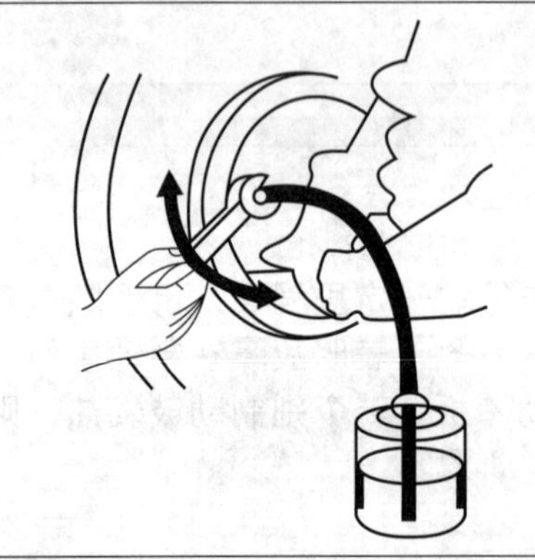</td><td>5. 若故障在车轮制动器，应先拧松放气螺钉，排出轮缸的制动液。若制动解除，则为油管堵塞，应疏通。若仍不能解除制动，则应调整制动鼓与制动蹄片之间的间隙</td></tr>
<tr><td>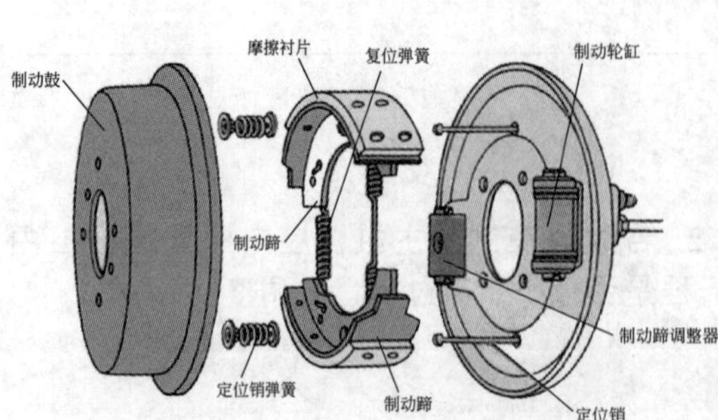</td><td>6. 经上述检查后制动仍然拖滞，则进一步拆检车轮制动器</td></tr>
</table>

（二）气压式制动系故障诊断与排除

相关知识

气压式制动系统是利用压缩空气作动力源。制动时，驾驶员通过控制制动踏板的行程，便可控制制动气压的大小，得到不同的制动强度，一般在重型和部分中型汽车上采用。

气压制动系统主要由空气压缩机、储气筒、制动阀、制动控制阀、报警装置和辅助制动装置等组成。气压制动系统采用双管路气压制动传动装置。

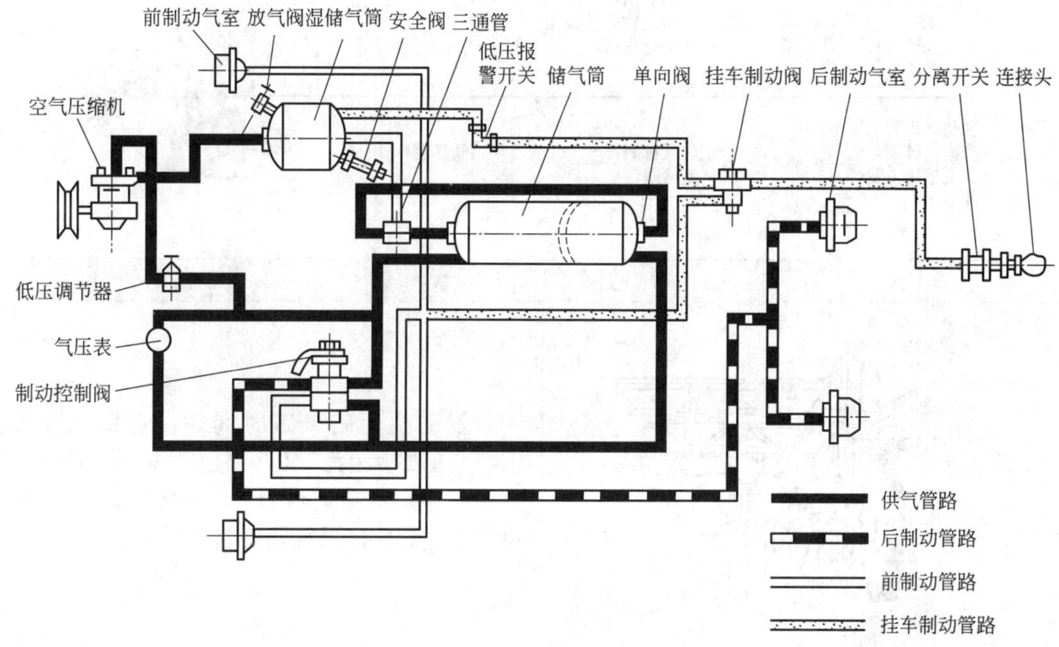

气压式制动系统的组成

常见故障诊断与排除

故障1　制动失效

故障现象
制动时，汽车不能减速或停车，制动装置不起制动作用

故障原因

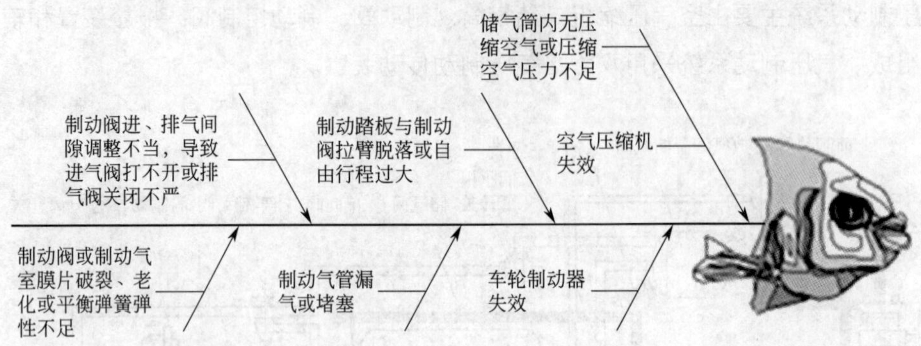

故障诊断与排除	
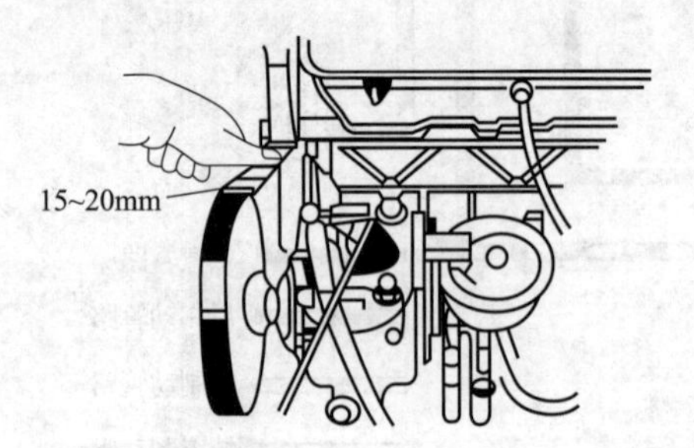	1. 发动机运转一定时间后，查看气压表。如果气压表指示为“0”或上升很慢，应检查空气压缩机皮带是否过松。检查压缩机到储气筒之间是否有漏气处。若有，应修复
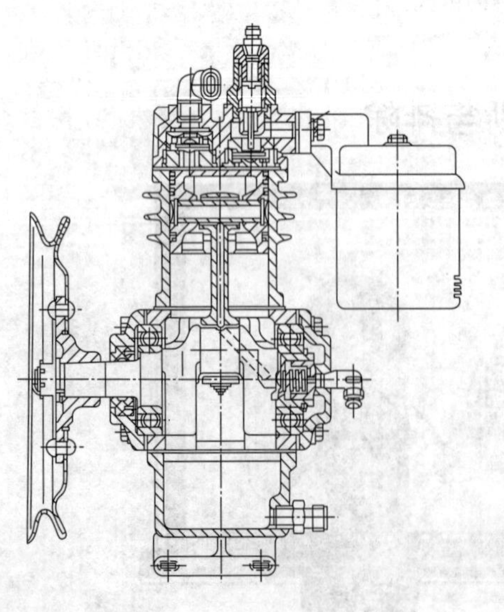	2. 若以上检查良好，应拆下空气压缩机进行检修

续表

故障诊断与排除	
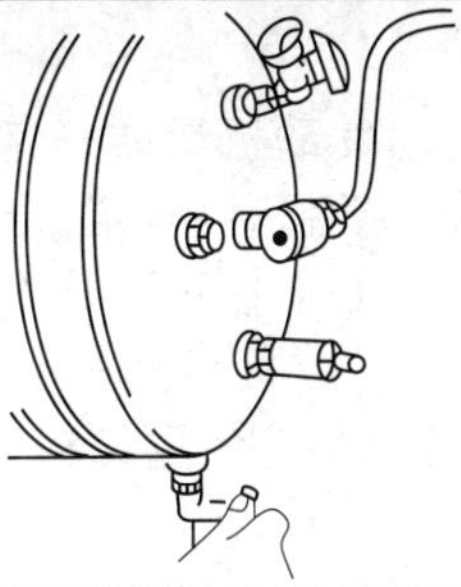	3. 若发动机运转一定时间后，储气筒内有压力较足的压缩空气，且打开储气筒放水开关时，有压缩空气喷出，则应拆检储气筒至制动阀进气阀之间的气管是否阻塞或制动阀的进气阀是否不能打开。若是，应疏通或修理
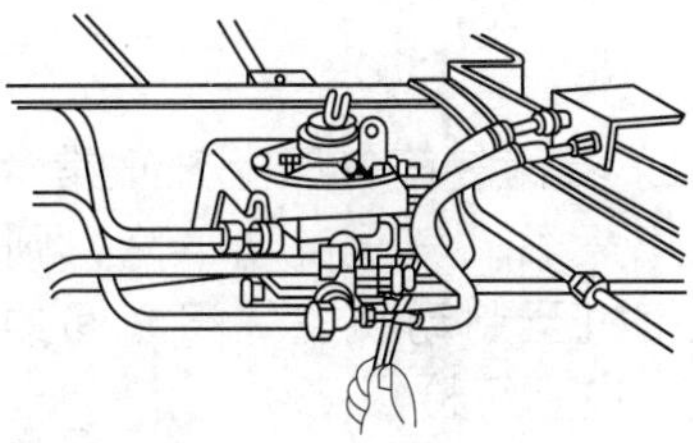	4. 当踏下制动踏板时听到有漏气声音，经检查是气管或制动气室漏气，应进行检修。若为制动阀漏气，应调整排气间隙或检修制动阀
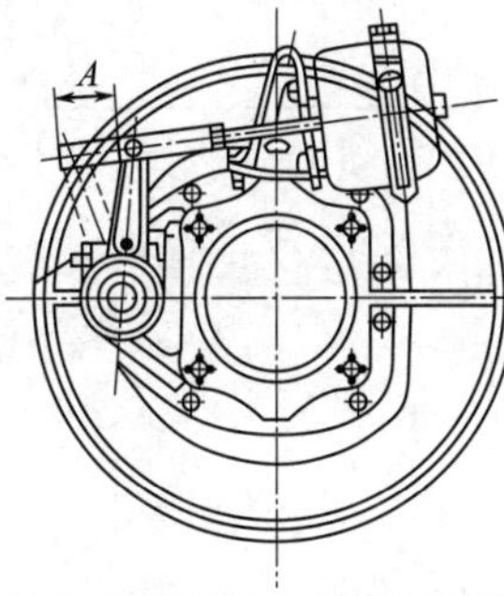	5. 当踏下制动踏板，制动气室推杆移动正常良好，且无漏气声，但仍然无制动效果，应检修车轮制动器

故障 2　制动不良

故障现象
行车时踏下制动踏板后，制动减速度小或反应缓慢，车辆不能随即减速、停车。紧急制动时，各轮均无轮胎拖印
故障原因

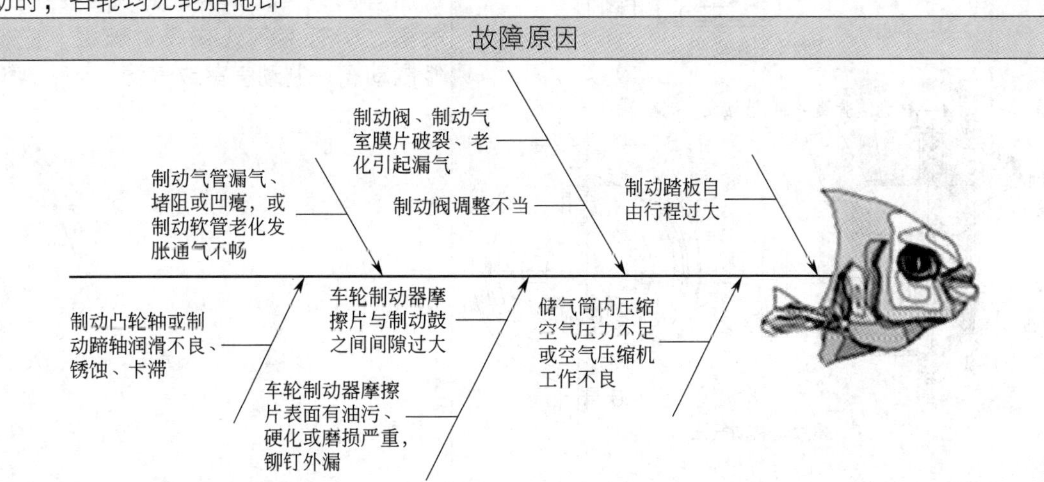

续表

<table>
<tr><th colspan="2">故障诊断与排除</th></tr>
<tr><td>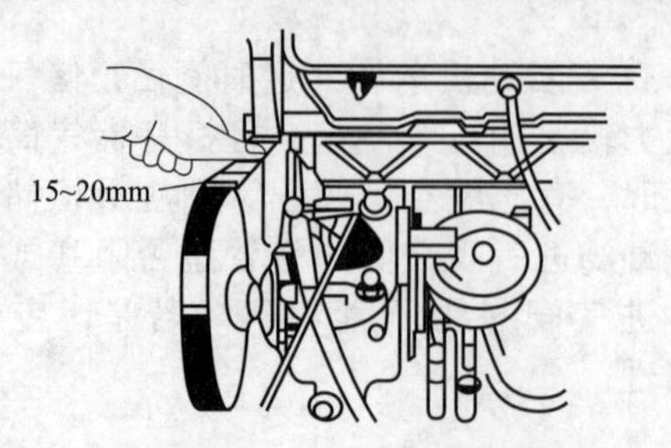</td><td>1. 起动发动机运转一定时间后，检查气压表能否达到标准。若气压不足，停机后，气压也不明显下降，表明无漏气现象，应检查空气压缩机皮带是否过松或检修空气压缩机</td></tr>
<tr><td></td><td>2. 若储气筒气压上升正常，但发动机熄火后，气压自动下降，则为空气压缩机至制动阀进气阀之间的气管漏气，应进行检修</td></tr>
<tr><td>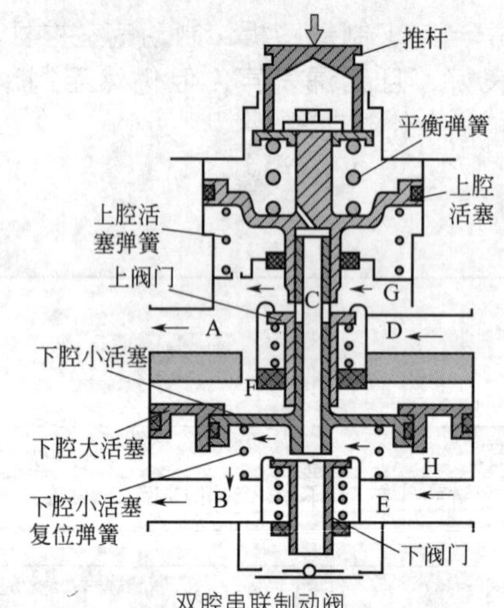双腔串联制动阀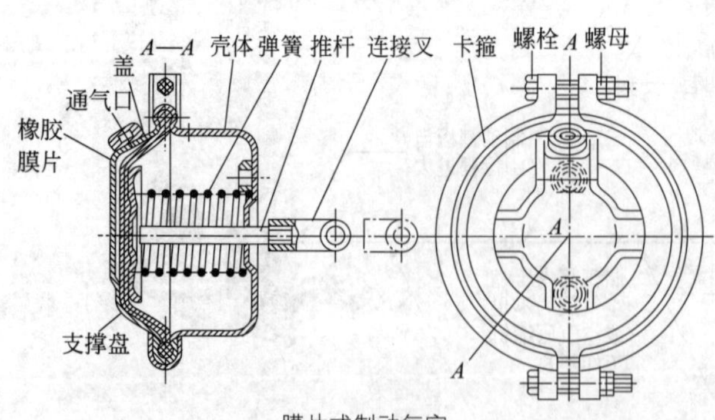膜片式制动气室</td><td>3. 若储气筒气压符合要求，发动机熄火后气压也不下降，但踏下制动踏板后有漏气声，则为制动阀到各制动气室之间有漏气处或膜片破裂，应检修制动阀、制动气室或气管</td></tr>
</table>

续表

故障诊断与排除	
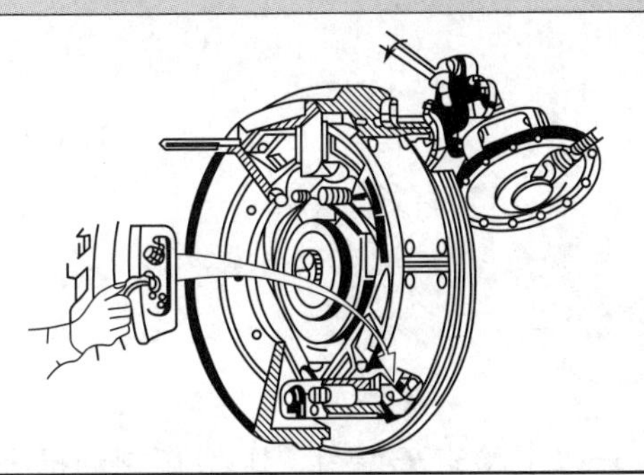	4. 若储气筒气压正常，以上各项检查也无漏气，但制动不良，则应先检查制动踏板自由行程和制动阀最大输出气压。若不符合规定，应进行调整；若符合规定，再对车轮制动器进行检查和调整，必要时进行修理

故障3　制动跑偏

故障现象
制动时汽车向一边跑偏，不能保持直线方向；紧急制动时，车辆甚至产生横滑；制动时车轮拖印长短不一
故障原因
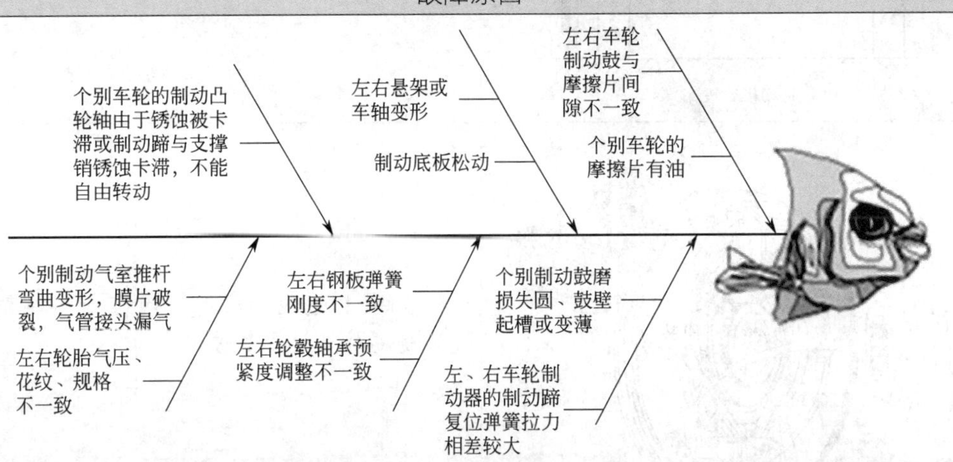

故障诊断与排除	
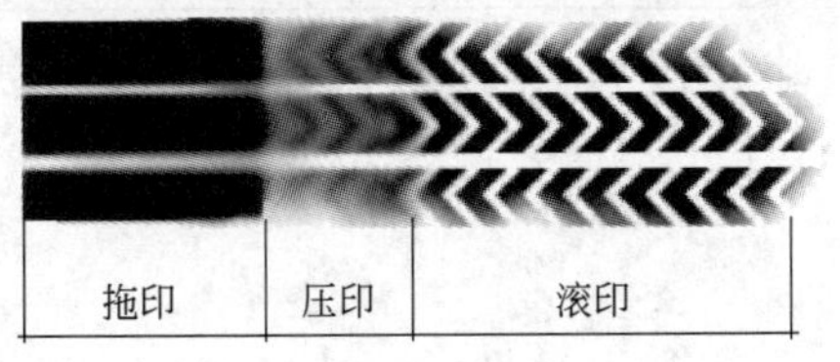	1. 首先进行路试，检查两侧制动轮胎拖印是否一致。若一致，应检查轮胎气压、花纹和规格是否一致，前钢板弹簧、弹力是否相差太多，前轴和车架有否变形等。若有，应排除
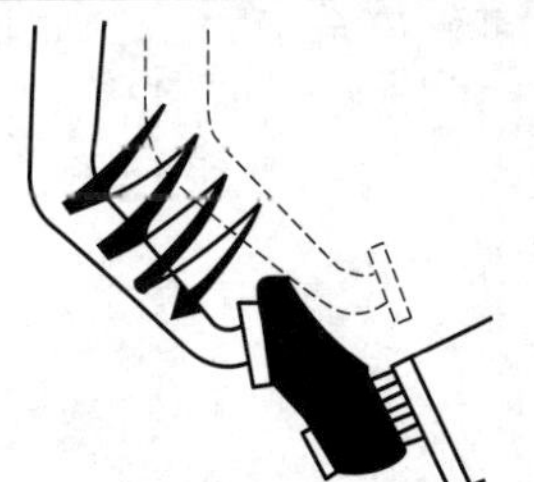	2. 若制动拖印不一致，可一人踏住制动踏板，另一人注意检查车轮制动气管接头或制动气室膜片有无漏气。若有漏气，应进行修复

续表

故障诊断与排除	
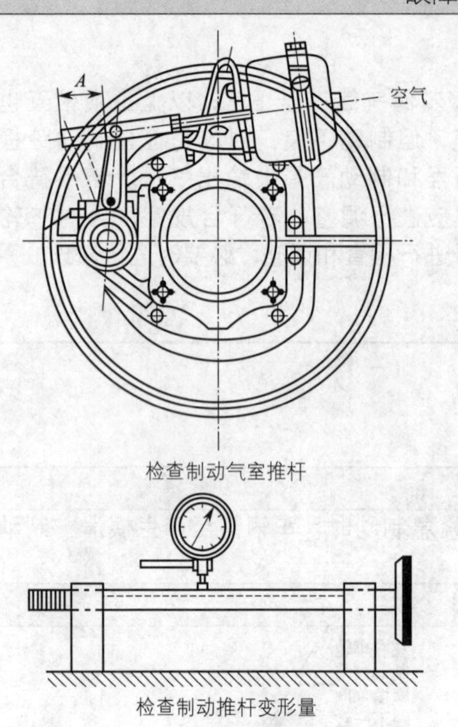 检查制动气室推杆 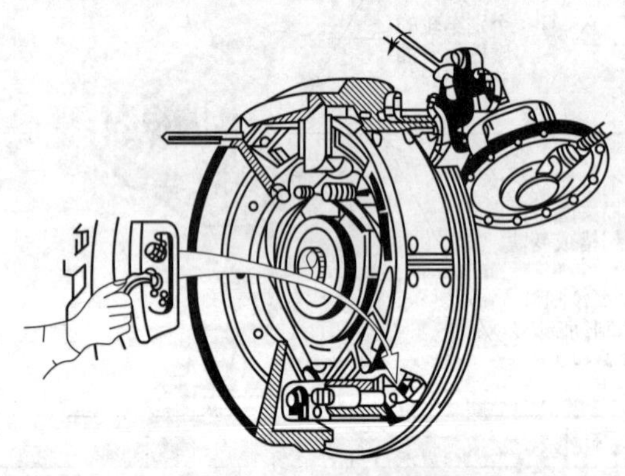 检查制动推杆变形量	3. 若以上检查无漏气，则检查制动推杆伸缩情况；推杆是否弯曲变形或被卡住；必要时应进行修理
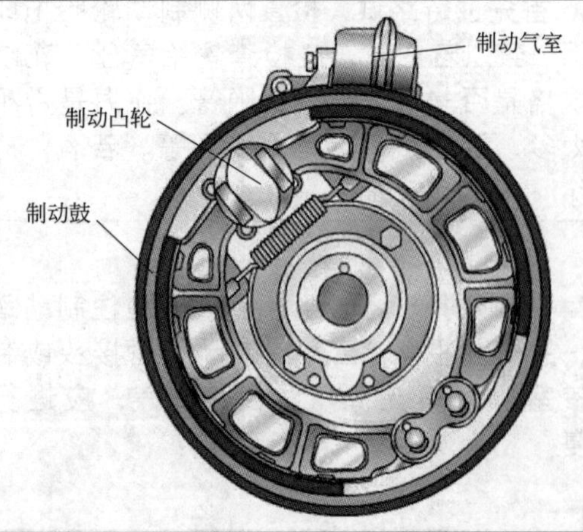	4. 如果上述检查良好，再进一步调整制动鼓与制动蹄片之间的间隙
	5. 当制动间隙符合要求时，应拆检车轮制动器

故障4 制动拖滞

故障现象

☞抬起制动踏板解除制动时，制动阀排气缓慢或不排气，使制动蹄不能立即复位解除制动
☞感到车辆起步困难，行驶费力
☞行驶一定里程后，用手触摸各制动鼓感觉发热

故障原因

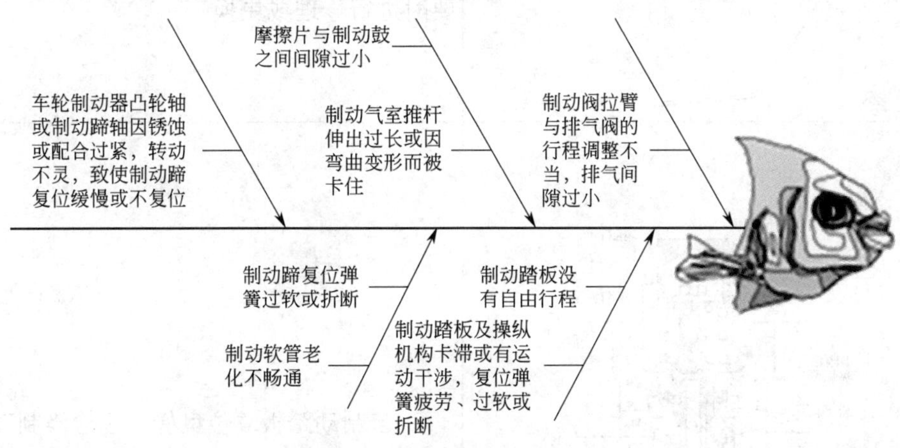

故障诊断与排除

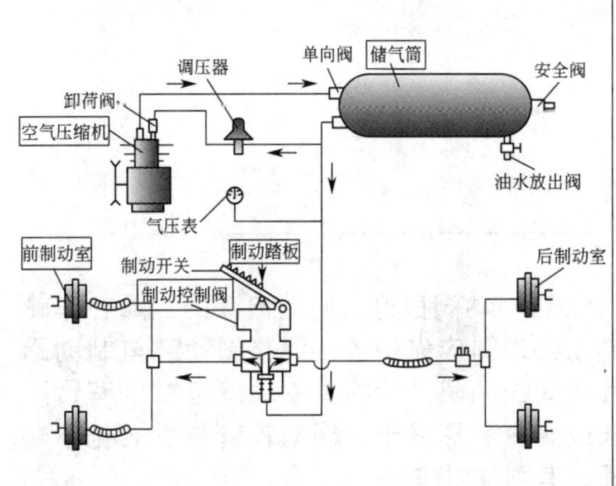

1. 汽车行驶一定里程后，用手触摸各制动鼓，若全都发热，表明故障在制动阀。若个别制动鼓发热，则故障很可能在车轮制动器

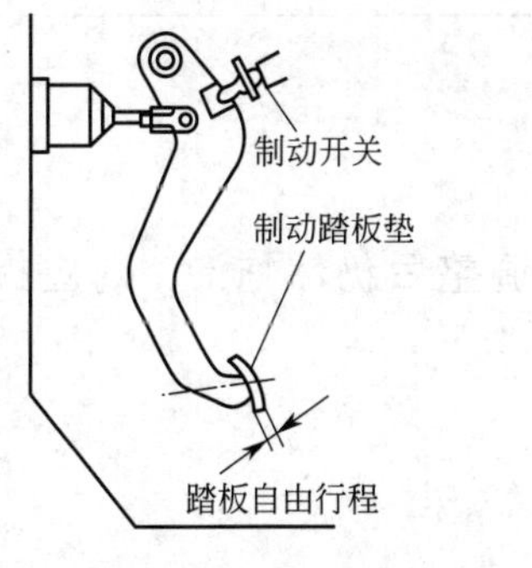

2. 若故障在制动阀，应先检查制动踏板自由行程是否过小。若过小，应调整制动阀排气间隙

续表

<table>
<tr><th colspan="2">故障诊断与排除</th></tr>
<tr><td>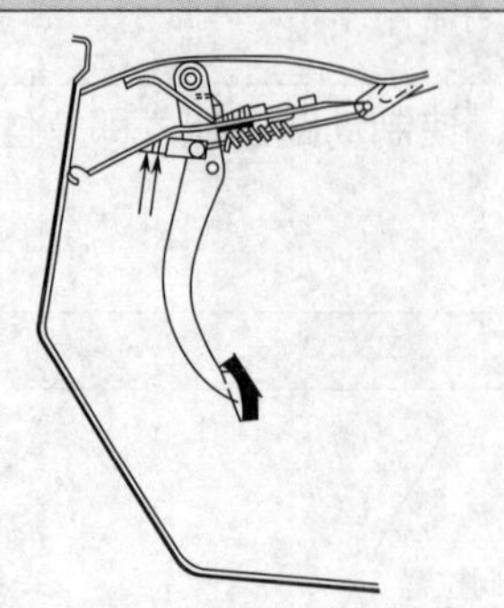</td><td>3. 如果制动踏板自由行程符合规定，但松抬制动踏板后不能迅速复位，应检查制动踏板复位弹簧弹力及连接机构的润滑情况，必要时进行修理或更换</td></tr>
<tr><td>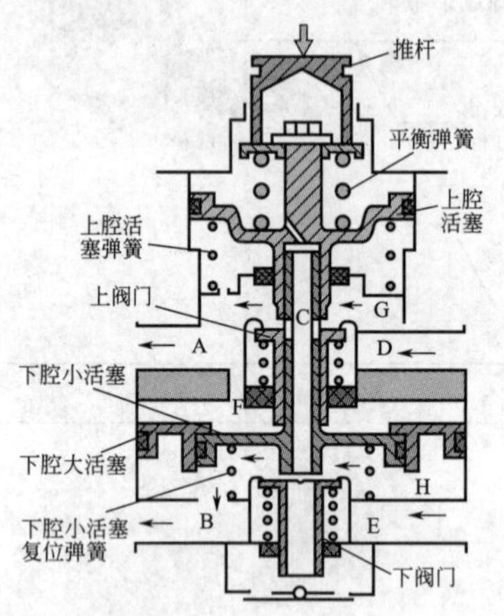</td><td>4. 若制动踏板复位良好，应检修制动阀</td></tr>
<tr><td>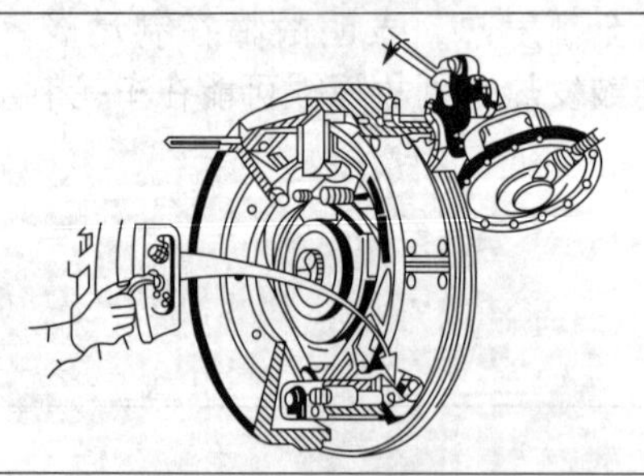</td><td>5. 若制动阀良好，制动拖滞的故障在车轮制动器，则应先检查、调整制动鼓与制动蹄片之间的间隙，并检查制动气室推杆有否过长或弯曲变形发卡，制动软管是否老化不畅通。有则加以排除</td></tr>
<tr><td>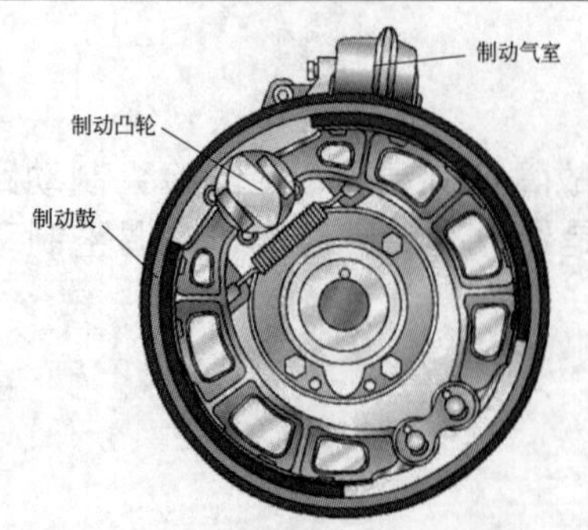</td><td>6. 经调整后仍然拖滞，则应拆检车轮制动器</td></tr>
</table>

（三）驻车制动装置故障诊断与排除

相关知识

驻车制动装置的作用是使汽车停放可靠，防止汽车滑溜，便于上坡起步，配合行车制动装置进行紧急制动或行车制动装置失效后应急制动。

驻车制动装置按其安装位置可分为中央驻车制动装置和车轮驻车制动装置两种。中央驻车制动装置通常安装在变速器的后面，其制动力矩作用在传动轴上；车轮驻车制动装置通常与车轮制动器共用一个制动器总成，只是传动机构是相互独立的。

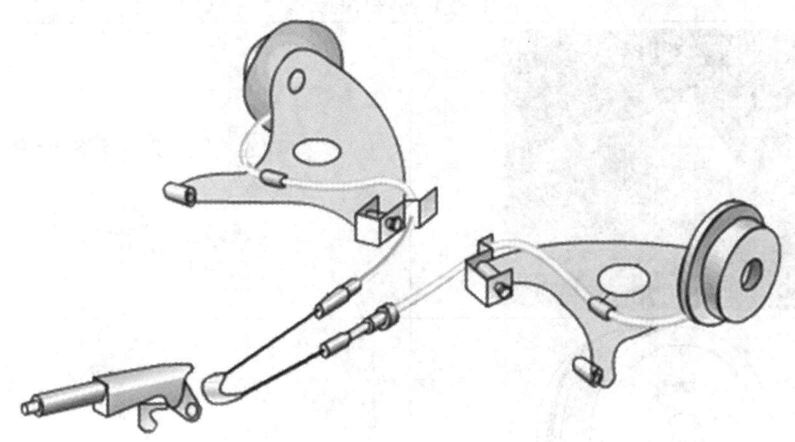

车轮驻车制动装置

常见故障诊断与排除

故障1　制动不灵

故障现象
在坡路上停车，拉紧驻车制动操纵杆，车辆仍能前后溜动

续表

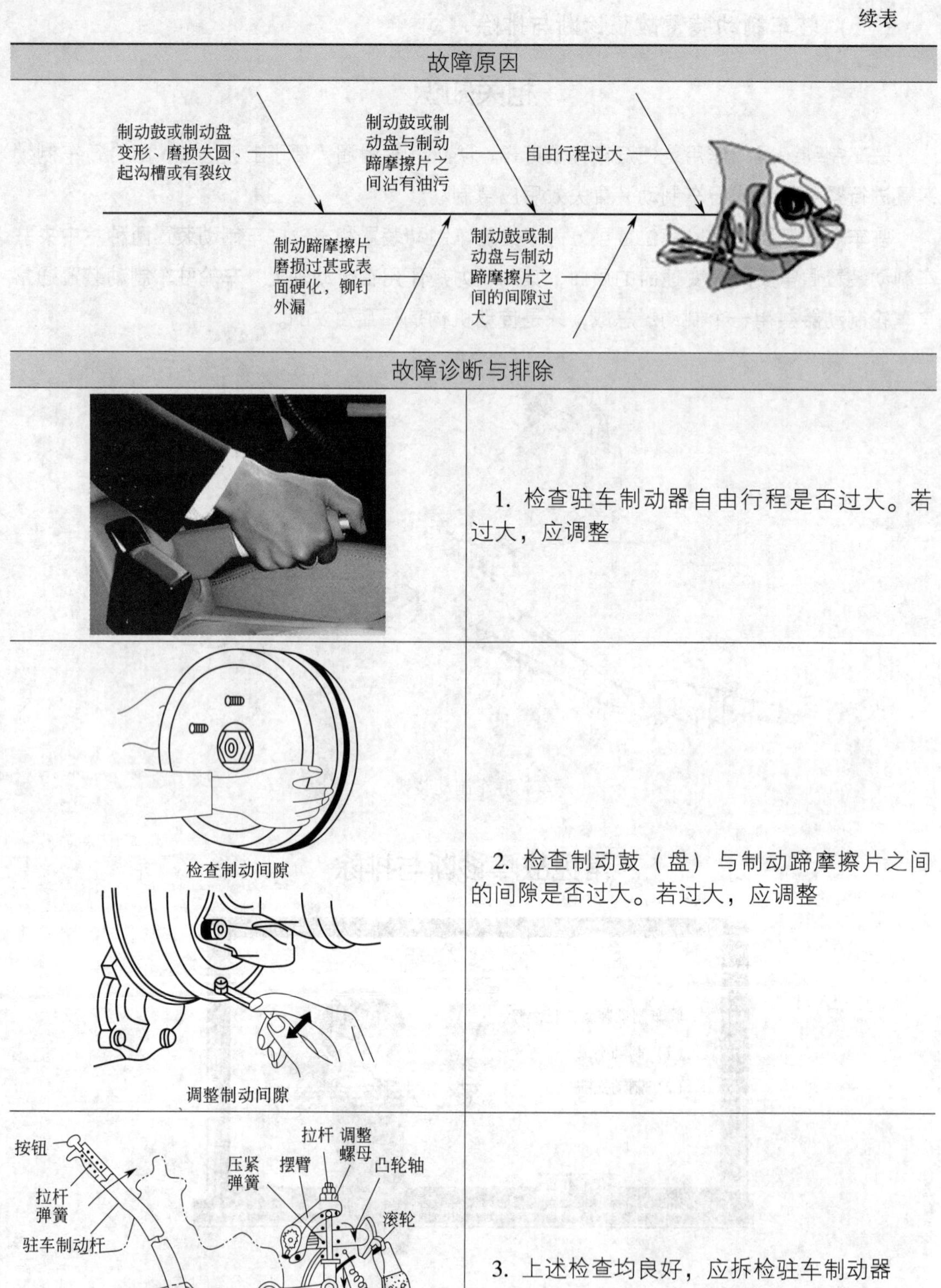

故障原因	
制动鼓或制动盘变形、磨损失圆、起沟槽或有裂纹；制动鼓或制动盘与制动蹄摩擦片之间沾有油污；自由行程过大；制动蹄摩擦片磨损过甚或表面硬化，铆钉外漏；制动鼓或制动盘与制动蹄摩擦片之间的间隙过大	
故障诊断与排除	
	1. 检查驻车制动器自由行程是否过大。若过大，应调整
检查制动间隙 调整制动间隙	2. 检查制动鼓（盘）与制动蹄摩擦片之间的间隙是否过大。若过大，应调整
	3. 上述检查均良好，应拆检驻车制动器

故障 2　制动拖滞

故障现象

☞放松驻车制动器操纵杆，汽车起步仍困难，行驶费力

☞汽车行驶一定里程后，用手触摸驻车制动鼓，感觉发热

故障原因

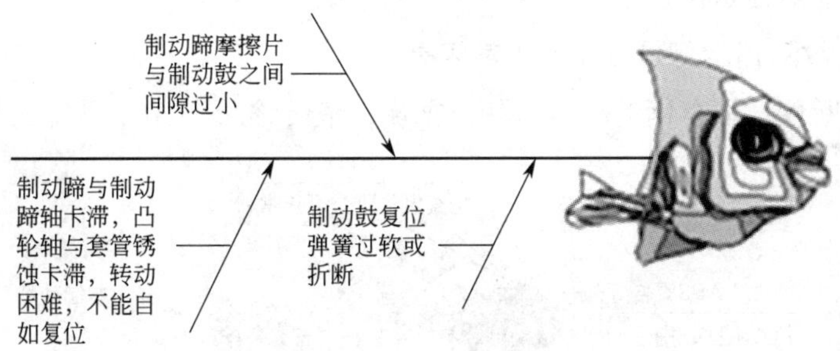

故障诊断与排除

1. 检查制动鼓（盘）与制动蹄摩擦片之间的间隙是否过小。若过小，应调整

2. 若制动间隙符合要求，则应拆检驻车制动器，检查复位弹簧是否过软，摩擦片是否破碎，制动蹄片与制动蹄轴是否锈蚀，制动凸轮轴转动是否灵活。必要时进行修理或更换

（四）制动防抱死系统（ABS）故障诊断与排除

相关知识

一、ABS 系统的故障类别

ABS 系统的故障基本上可分为电路故障、机械故障及外界干扰三大类。

1. 电路故障

如连接导线松开、破损、连接不良及短路、断路等，可修复。

如电子控制器、传感器及电磁阀等故障，需更换。

2. 机械故障

（1）传感器松动。

（2）脉冲环脏污、与轮毂不同心、环残缺。

（3）压力调节器故障。

3. 外界干扰

ABS 系统受磁场或电场的干扰。

二、ABS 系统故障初步诊断

ABS 是在常规的制动系统上增加了控制系统，当 ABS 系统出现故障而不能正常工作时，首先应进行初步检查：

1. 先检查 ABS 系统的外部连接情况，如线路连接、管路连接等，看是否有异常情况存在。
2. 检查刹车油液面是否正常。
3. 检查 ABS 故障指示灯是否能够正常闪亮。
4. 用故障诊断仪读取存储的故障码和数据流，最终诊断出 ABS 系统的故障。

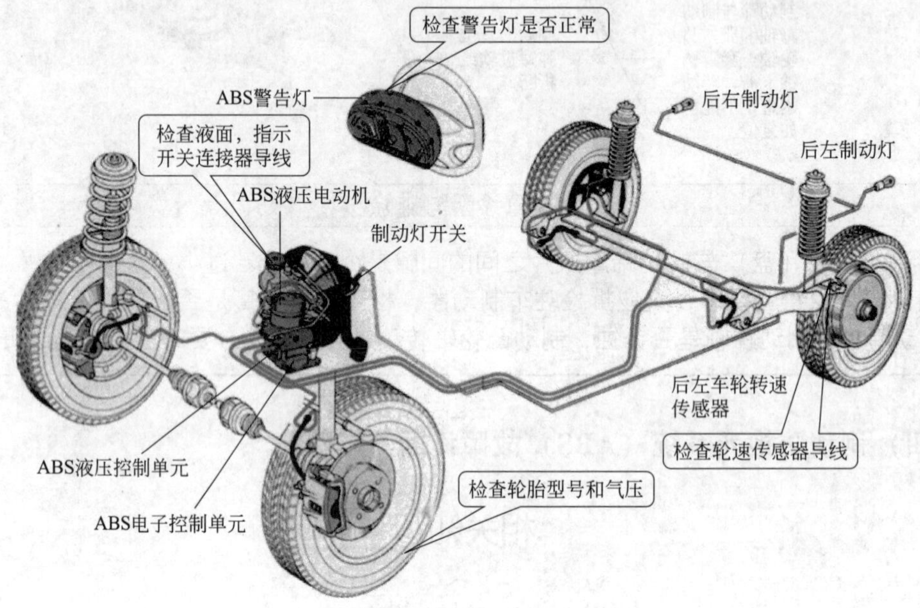

ABS 初步检查示意图

三、ABS 系统的故障自诊断

现代汽车 ABS 系统都具有故障自诊断功能，当 ECU 检测到 ABS 系统的故障信息时，仪表板上的 ABS 故障指示灯将点亮，告知驾驶员 ABS 系统中已出现故障。同时，ECU 将故障信息以故障代码的形式储存到 ECU 的存储器中。在诊断 ABS 系统的故障时，可按照设定的程序和方法读取故障代码和清除故障代码。

不同车型的 ABS 故障码的读取方法不一样。有的可以采取人工的方式，有的必须采用检测仪器和设施。具体可参考相应的维修手册，采取相应的方式和不同的仪器来读取故障码。

说明：

在ABS系统工作过程中，会出现一些与传统经验相背离的情况，有些是ABS系统的正常反应，而不是故障现象，应加以区别。例如：

(1) 发动机起动后，踩下制动踏板，制动踏板会有可能弹起，这表示ABS系统已发挥作用；反之，发动机熄火，踩下制动踏板，踏板会有轻微下沉现象，这表示ABS系统停止工作，这些都是正常现象。

(2) 汽车行驶制动时，制动踏板不时地有轻微的下沉和反弹现象，这是因为ABS在进行不断调整而引起的正常现象，并非故障。

(3) 高速行驶时，如果急转弯或是在冰雪路面上行驶，有时会出现ABS故障指示灯点亮的情况，这说明在上述工况中出现了车轮打滑现象，而ABS系统产生保护动作，这同样也不是故障。

四、用V. A. G1552故障诊断仪检测ABS系统故障

1. V. A. G1552操作方法

(1) 在断电情况下，将V. A. G1552故障诊断仪与诊断插座连接后，打开点火开关。

将V. A. G1552故障诊断仪与诊断插座连接

(2) 键入“03”后按“Q”键，即进入ABS工作环境。

(3) 键入所需的功能代码。

(4) 键入“06”后按“Q”键，退出。

(5) 在断电后，拆下V. A. G. 1552故障诊断仪。

2. 功能简介

功能01——状态信息显示。

功能02——故障查询。

功能 03——液压控制单元诊断。

功能 04——加液排气。

功能 05——清除故障代码。

功能 06——结束，退出。

功能 07——控制器编码。

功能 08——测量数据显示（如轮速信号等）。

3. 功能键

C 键——取消，更改输入数据及当前菜单。

Q 键——确认输入。

→键——下一步。

HELP 键——帮助信息。

4. 查询和清除故障代码

（1）查询故障代码

1）将 V. A. G1552 与诊断接口相连接，如果屏幕上无显示，则应检查自诊断的插口，打开点火开关，屏幕显示：

Test of vehicle systems　　HELP Insert address word XX
汽车系统测试　　帮助 输入地址指令 XX

2）输入地址码 03“制动电子系统”，屏幕显示：

Test of vehicle systems　　Q 03 Brake electronics
汽车系统测试　　确认 03-制动电子系统

3）按“Q”键确认，屏幕显示：

3A0 907 379 ABS ITT AE 23 GI VOD Coding 04505　　WCS XXXXX
3A0 907 379 ABS ITT AE 23 GI VOD 编码 04505　　WCS XXXXX

其中：3A0 907 379 ABS 为控制单元零件号；ITT AE 23 GI 为公司 ABS 产品型号；VOD 为软件版本；Coding 04505 为控制单元编码号；WCS XXXXX 为维修站代码。

4）按“→”键，屏幕显示：

Test of vehicle systems　　HELP Select function XX
汽车系统测试　　帮助 选择功能 XX

5）输入地址码 02“查询故障代码”功能，屏幕显示：

Test of vehicle systems	Q
02-Interrogate fault memory	
汽车系统测试	确认
02-查询故障代码	

6）按“Q”键确认，然后在显示器上出现所存储的故障数量，或者显示“未发现故障”。

X Faults recognized
发现 X 个故障

No faults recognized
未发现故障

7）按“→”键，所显示的故障依次显示出来。故障显示完毕后，按“→”键返回初始位置。

（2）清除故障代码和结束输出

1）查询故障代码后，屏幕显示：

Test of vehicle systems	HELP
Select function XX	
汽车系统测试	帮助
选择功能 XX	

2）输入地址码 05“清除故障代码”功能，屏幕显示：

Test of vehicle systems	Q
05-Erase fault memory	
汽车系统测试	确认
05-清除故障代码	

3）按“Q”键确认，屏幕显示：

Test of vehicle systems	HELP
Fault memory is erased!	
汽车系统测试	帮助
故障存储已被清除	

4）按“→”键，如果在屏幕上出现显示“Attention! Fault memory has not been interrogated（注意：故障存储未被查询）”，则检测过程有缺陷，应遵循正确的检测过程，即先查询再清除故障代码。屏幕显示：

Test of vehicle systems	HELP
Select function XX	
汽车系统测试	帮助
选择功能 XX	

5）输入 06“结束输出”功能，屏幕显示：

Test of vehicle systems　　Q 06-end output
汽车系统测试　　确认 06-结束输出

6）按“Q”键确认，屏幕显示：

Test of vehicle systems　　HELP Enter address XX
汽车系统测试　　帮助 输入地址指令 XX

7）输入地址码 02“查询故障代码”功能。关闭点火开关，拔下 V. A. G1552 故障阅读仪的插头。打开点火开关后，ABS 的警告灯 K47 和制动系警告灯 K118 亮约 2 s 后必须熄灭。

（3）控制器编码

通常 ABS 控制器在车辆出厂时已经编过码，维修供应的 ABS 控制器配件则没有编过码，因此更换 ABS 控制器后须用 V. A. G1552 重新编码。如果控制单元没有编码（CODE 00000）或编码错误，则 ABS 警告灯和制动系统警告灯闪烁（1 次/秒）。

1）连接 V. A. G1552，选择 03“制动电子系统”，屏幕显示：

Test of vehicle systems　　HELP Select function XX
汽车系统测试　　帮助 选择功能 XX

2）输入地址码 07“控制单元编码”功能，屏幕显示：

Test of vehicle systems　　Q 07-Code control unit
汽车系统测试　　确认 07-控制单元编码

3）按“Q”键确认，屏幕显示：

Code control unit　　Q Enter code number XXXXX（0~32300）
控制单元编码　　确认 输入编码　　XXXXX（0~32300）

4）输入 MK23-Ⅰ型 ABS 系统编码号 04505，屏幕显示：

Coding 04505　　WSC XXXXX
编码 04505　　WSC XXXXX

5）按“→”键，屏幕显示：

Test of vehicle systems　　HELP Select function XX
汽车系统测试　　　　　帮助 选择功能 XX

6）输入 06“结束输出”，按“Q”键确认。

（4）读取测量数据块

功能 08“读取测量数据块”中，01 和 02“显示组”可用于检测转速传感器工作情况，功能 03“显示组”可用于检测制动灯开关的功能。

1）连接 V. A. G1552，输入地址码 03“制动电子系统”，屏幕显示：

Test of vehicle systems　　HELP Select function XX
汽车系统测试　　　　　帮助 选择功能 XX

2）输入 08“读取测量数据块”功能，按“Q”键确认，屏幕显示：

Read measuring Value block　　Q Enter display group number　XX
读取测量数据块　　　　确认 输入显示组号 XX

3）输入显示组“01”，按“Q”键确认，屏幕显示（汽车静止时）：

Read measuring Value block 1 → 0 km/h　　0 km/h　　0 km/h　　0 km/h
读取测量数据块 1　　　　→ 0km/h　　0km/h　0km/h　　0km/h

4）为了检查转速传感器工作情况，必须用举升机升起车辆，使四个车轮离地，另一修理工用手转动车轮。屏幕显示（用手转动车轮时）：

Read measuring Value block　1　→ 1　　2　　3　　4
读取测量数据块 1　　　　→ 1　　2　　3　　4

其中：显示区域 1、2、3 和 4 分别是用手转动左前轮、右前轮、左后轮和右后轮的速度，单位是 km/h，范围为 0~255。

5）按“↑”键，进入下一个显示组，屏幕显示（汽车静止时）：

Read measuring Value block　2　→ 255 km/h　　255 km/h　　255 km/h　255 km/h
读取测量数据块 2　　　　→ 255 km/h　255km/h　255 km/h　　255 km/h

6）放下汽车，缓慢行驶，屏幕显示（缓慢行驶时）：

Read measuring Value block 2			→
3km/h	6 km/h	2 km/h	1 km/h
读取测量数据块 2			→
3 km/h	6 km/h	2 km/h	1 km/h

其中：区域 1 和 2 的数据偏差<6 km/h 为正常，区域 3 和 4 的数据偏差<2 km/h 为正常。

7）按“↑”键，屏幕显示：

Read measuring value block 3
0
读取测量数据块 3
0

其中：不踩制动时为 0，踩制动时应为 1。

（5）最终控制诊断

最终控制诊断是自诊断检查之一，液压泵和液压循环的正确功能可以用最终控制诊断，通过交替开闭阀门和释放压力来检查。检查前将车辆升起，四轮离地，一个人坐在驾驶座位上，同时操作 V. A. G1552，另一个人在车外转动车轮。先踩几次刹车排尽空气，以获得有真空加力时相同的制动压力，踩制动踏板的力必须增加。

1）打开点火开关，松开手动制动器，连接 V. A. G1552，选择 03 地址码“制动电子系统”，屏幕显示：

Test of vehicle systems	HELP
Select function XX	
汽车系统测试	帮助
选择功能 XX	

2）输入 03“最终控制诊断”功能，屏幕显示：

Test of vehicle systems	Q
03 Final control diagnosis	
汽车系统测试	Q
03 最终控制诊断	

3）按“Q”键确认。在以下工作程序 ABS 指示灯闪亮（2 次/秒），制动警告灯闪亮（4 次/秒），ABS 液压泵 V64 必须工作。屏幕显示：

Final control diagnosis	→
ABS hydraulic pump-V64	
最终控制诊断	→
ABS 液压泵-V64	

4）在 60 s 内必须按“→”键，不必踩制动踏板。屏幕显示：

Final control diagnosis →
Operate brakes
最终控制诊断 →
踩下刹车

5）按“→”键，屏幕显示：

Final control diagnosis →
IFL 0V　OFL 0 V　Wheel FL locked
最终控制诊断 →
左前进油阀：0 V　左前出油阀：0 V　左前轮锁定

6）按“→”键，屏幕显示：

Final control diagnosis →
IFL VBAT　OFL 0 V　Wheel FL locked
最终控制诊断 →
左前进油阀：电瓶电压　左前出油阀：0 V　左前轮锁定

7）按“→”键，ABS 液压泵 V64 必须工作，制动踏板必然会放松。屏幕显示：

Final control diagnosis →
IFL VBAT　OFL VBAT　Wheel FL free
最终控制诊断 →
左前进油阀：电瓶电压　左前出油阀：电瓶电压 左前轮自由

8）按“→”键，ABS 液压泵不再运转，屏幕显示：

Final control diagnosis →
IFL VBAT　OFL 0 V　Wheel FL free
最终控制诊断 →
左前进油阀：电瓶电压　左前出油阀：0 V　左前轮自由

9）按“→”键，制动踏板必须有明显感觉，屏幕显示：

Final control diagnosis →
IFL 0V　OFL 0 V　Wheel FL locked
最终控制诊断 →
左前进油阀：0 V　左前出油阀：0 V　左前轮锁定

10）按“→”键，屏幕显示：

Final control diagnosis →
Release brakes
最终控制诊断 →
松开刹车

11）按“→”键，屏幕显示：

Final control diagnosis →
Operate brakes

最终控制诊断	→
踩下刹车	

12）按“→”键，重复上述操作分别进行右前、左后、右后液压泵和液压循环的功能诊断，直至结束。

ABS警告灯和制动系警告灯熄灭，如果ABS警告灯不灭，说明系统中有故障存在。在最终控制诊断，显示时，显示屏幕上简略缩写的含义见下表。

屏幕简略缩写表

缩　写	英语全称	中文含义
FL	Front Left	左前
FR	Front Right	右前
RL	Rear Left	左后
RR	Rear Right	右后
I	Inlet Valve	进油阀
O	Outlet Valve	出油阀
VBAT	Voltage Battery at Valve	在阀上电瓶电压
0V	0 volt（No Voltage at valve）	在阀上无电压
—	Locked/free	车轮状态：锁死/自由
Hydr-P	Hydraulic Pump	液压泵

五、ABS系统故障诊断流程

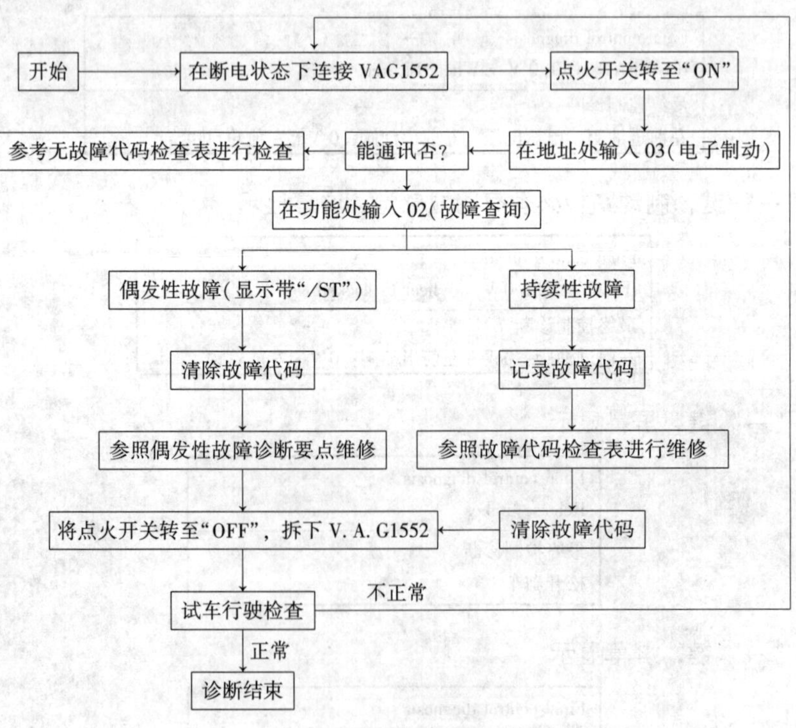

ABS系统诊断流程图

常见故障诊断与排除

ABS 系统常见故障：
（1）ABS 工作异常
（2）ABS 液压泵工作不良
（3）前轮传感器信号不良
（4）发动机起动后，ABS 警告灯常亮

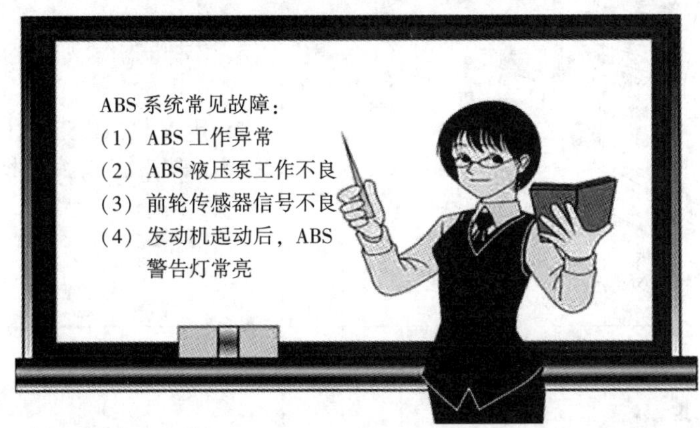

故障 1　ABS 工作异常

故障现象

☞无故障码显示
☞制动力不足
☞制动力不均匀
☞ABS 工作异常

故障原因

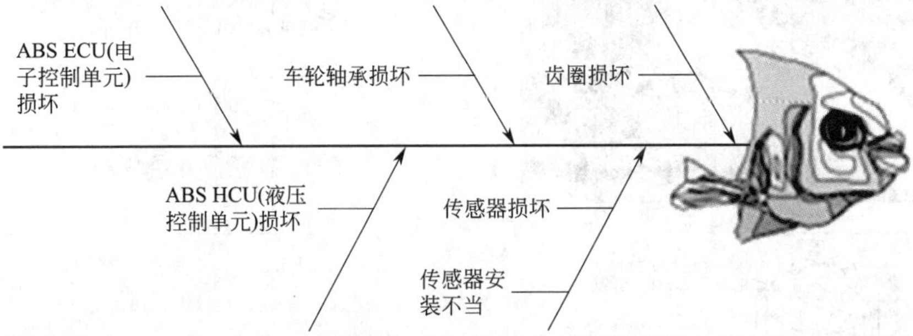

ABS ECU(电子控制单元)损坏
车轮轴承损坏
齿圈损坏
ABS HCU(液压控制单元)损坏
传感器损坏
传感器安装不当

故障诊断与排除

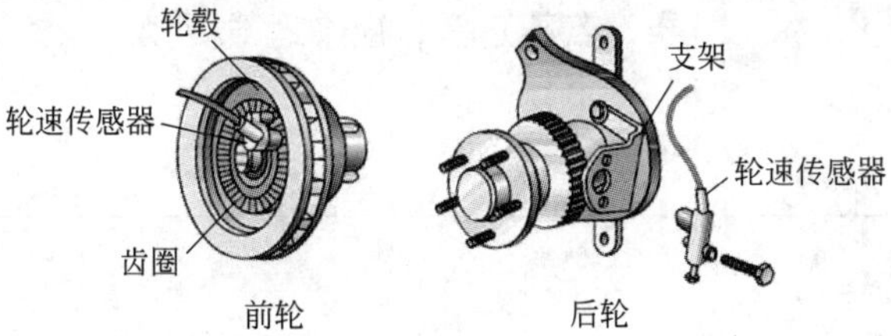轮毂 轮速传感器 齿圈 前轮 支架 轮速传感器 后轮	1. 检查传感器安装是否正确
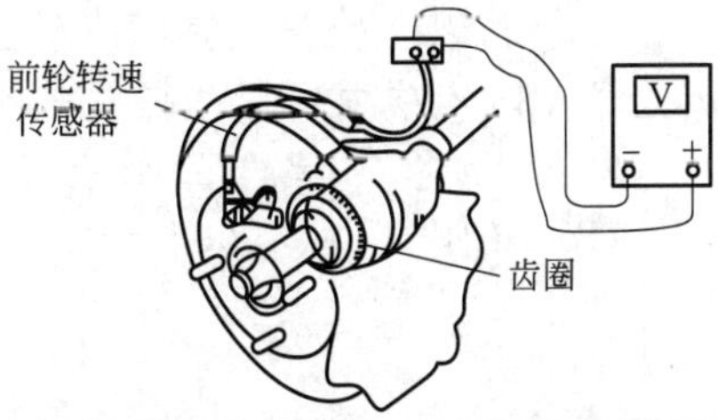前轮转速传感器 V 齿圈	2. 检查传感器输出电压。若电压不正常，则检查各个传感器。若传感器不正常，应更换

续表

故障诊断与排除	
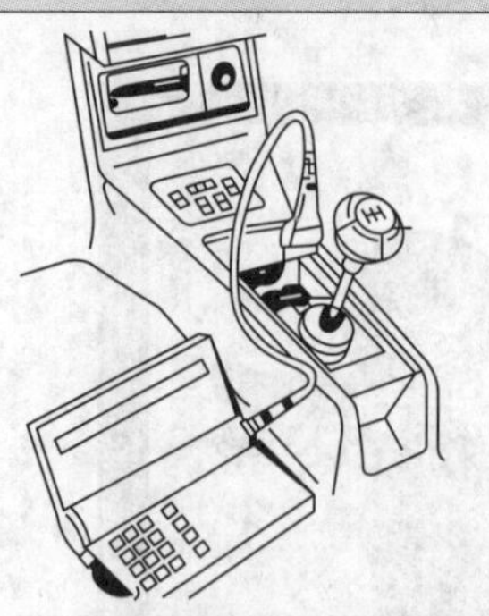	3. 用 V. A. G1552 进行液压控制单元诊断。若不正常，更换 ABS HCU
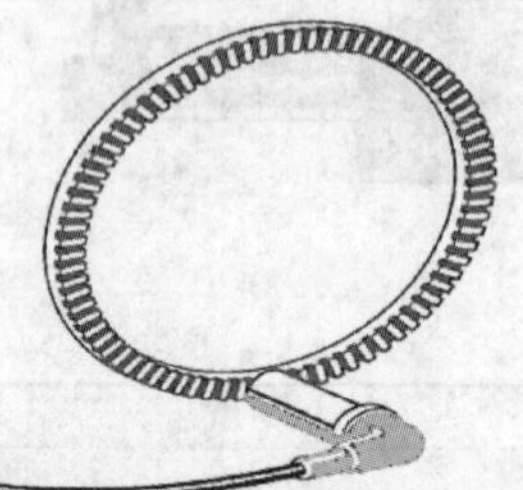	4. 检查各个传感器齿圈，若不正常，应更换
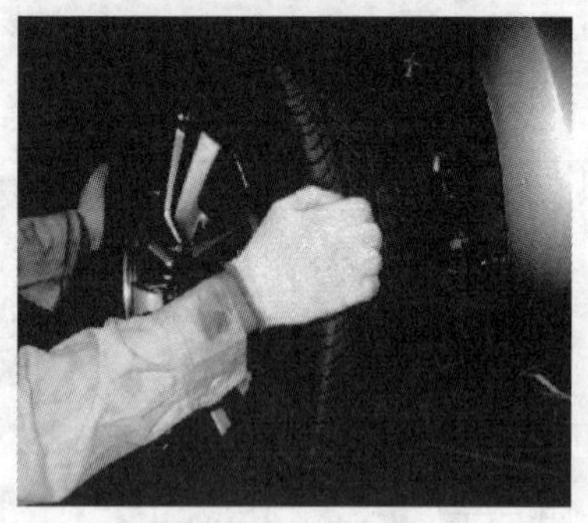	5. 若各个传感器齿圈正常，则检查车轮轴承间隙。若不正常，应修理或更换
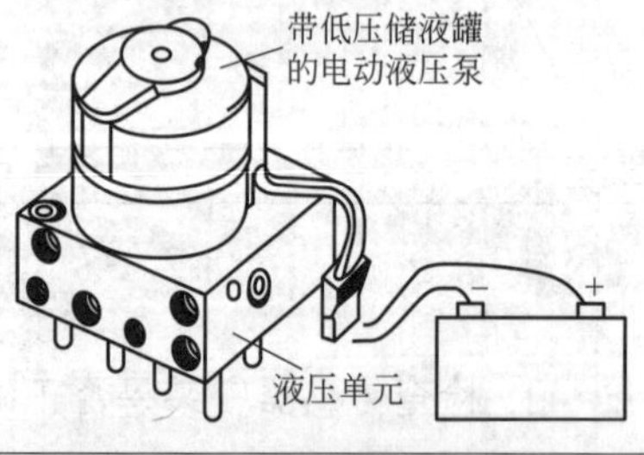	6. 检查 ABS ECU 插座及中间插接器，若不正常，应修理或更换
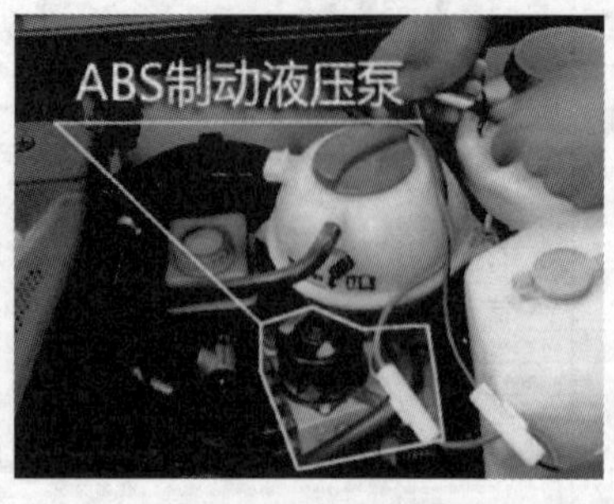	7. 若以上检查正常故障仍出现，检查 ABS 电线束各接线柱间的电阻值是否符合标准值。若不符合，更换 ABS ECU

故障 2　ABS 液压泵工作不良

故障现象

☞ABS 指示灯亮
☞制动时 ABS 工作不起作用
☞故障码显示 01276

故障原因

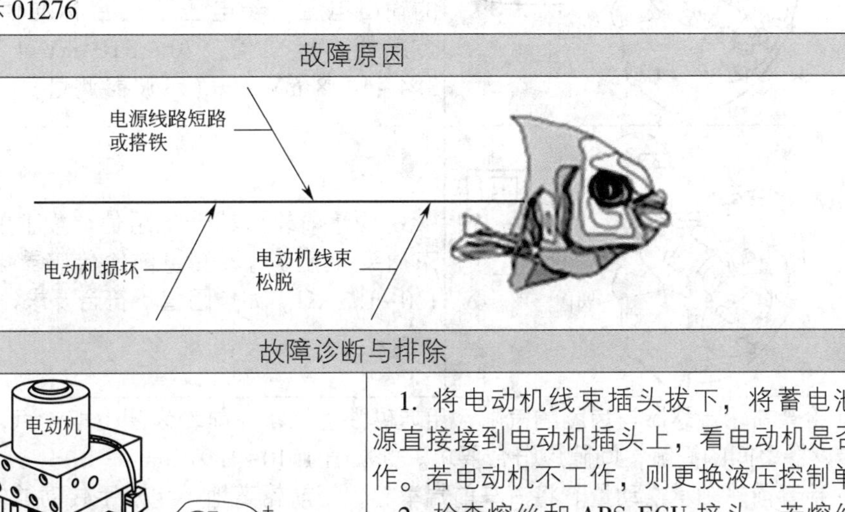

故障诊断与排除

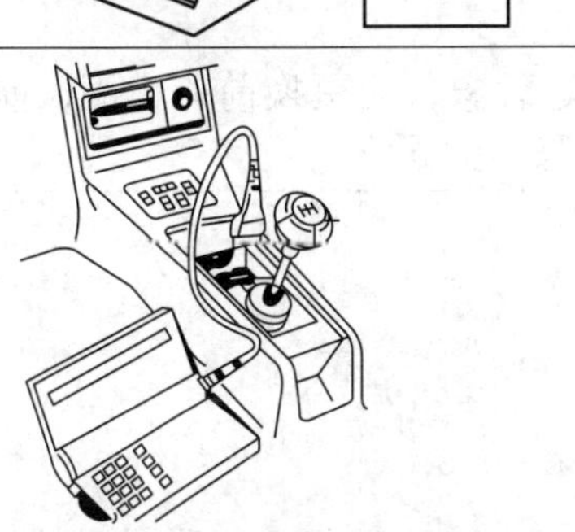

1. 将电动机线束插头拔下，将蓄电池电源直接接到电动机插头上，看电动机是否工作。若电动机不工作，则更换液压控制单元

2. 检查熔丝和 ABS ECU 接头，若熔丝烧断需更换，线束接触不良应更换

3. 连接电动机线束，点火开关打到“ON”挡，清除故障码，利用 V. A. G1552 进行液压控制单元诊断。若故障重现，则需要更换 ECU

故障 3　前轮传感器信号不良

故障现象

☞ABS 指示灯亮
☞制动时 ABS 工作不良
☞故障码显示 00283、00285

故障原因

ABS ECU
前轮传感器
信号处理电
路有故障

前轮传感器插
头或线束搭铁
或电源短路

前轮传感器
线圈短路

前轮传感器漏
装，间隙过大

前轮传感器
插接器或线
圈开路

续表

<table>
<tr><th colspan="2">故障诊断与排除</th></tr>
<tr><td>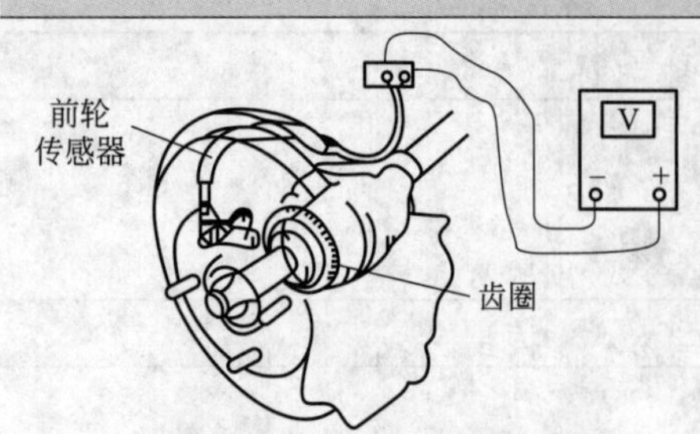</td><td>1. 检查前轮传感器是否漏装
2. 检查前轮传感器信号电压，以 30 r/min 的速度转动前轮，用万用表或示波器测量前轮传感器的输出电压，若电压不符合标准值，应更换前轮传感器。标准值：70 ~ 310 mV（万用表测量），3. 4 ~ 14. 8 mV/Hz（示波器测量）</td></tr>
<tr><td>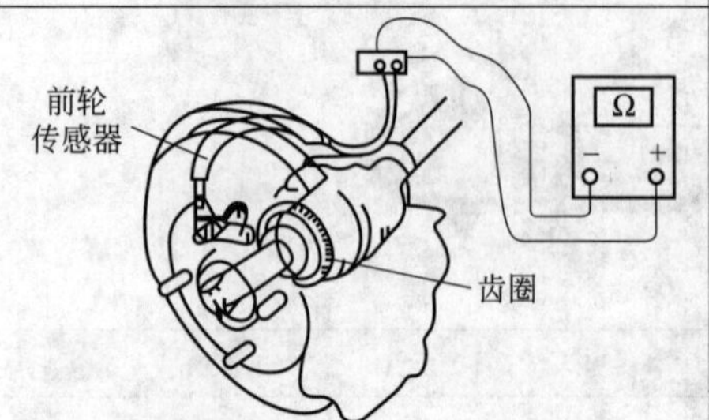</td><td>3. 测量前轮传感器电阻值。拔下前轮传感器的线束插头，用万用表测量前轮传感器电阻值。标准值 1. 0~1. 3 kΩ。如电阻值不符合要求，应更换</td></tr>
<tr><td colspan="2">4. 检查前轮传感器与齿圈的气隙，用非磁性塞尺，在前轮齿圈上取 4 点，测量齿圈与前轮传感器之间的间隙，间隙应符合要求。标准值 1. 10~1. 97 mm
5. 检查前轮轴承摆动量。将汽车前端举起，使前轮离地，用双手转动前轮，感觉前轮的摆动是否异常。若前轮轴承间隙过大，则要检查前轮齿圈的轴向摆差，应符合要求。若摆差过大，需更换前轮轴承。标准值<0. 3 mm
6. 检查前轮齿圈。前轮齿圈若有变形、断齿等现象，应更换前轮齿圈，前轮齿圈若被泥、脏物、铁石等异物堵塞，应清除前轮齿圈空隙中的异物</td></tr>
<tr><td>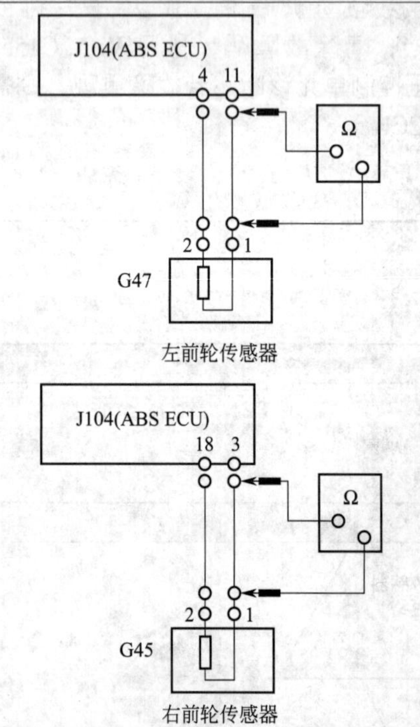</td><td>7. 检查左右前轮传感器线束的导通性。用万用表的欧姆挡测量左前轮传感器插头的 1、2 孔分别与 ABS ECU 插头的 11、4 端子之间的阻值。标准值<0. 5 Ω。用万用表的欧姆挡测量右前轮传感器插头的 1、2 孔分别与 ABS ECU 插头的 3、18 端子之间的阻值。标准值<0. 5 Ω</td></tr>
<tr><td colspan="2">说明：后轮传感器信号不良的故障诊断与排除方法同前轮</td></tr>
</table>

故障4 发动机起动后，ABS 警告灯常亮

故障现象

☞ABS 警告灯常亮
☞无故障码显示

故障原因

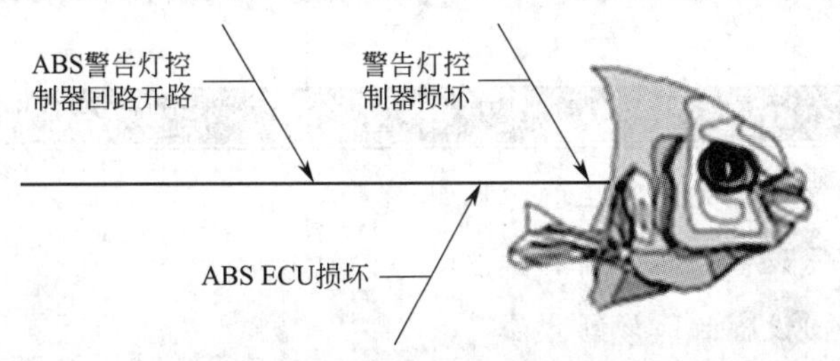

故障诊断与排除

1. 检查 ECU 和 ABS 警告灯控制器之间的电线是否开路，若开路应更换线束
2. 检查 ABS 警告灯控制器，若不正常应更换
3. 若 ABS 警告灯控制器正常，则更换 ABS ECU

注意事项：

（1）系统发生故障由 ABS 警告灯和制动装置警告灯指示。某些故障只能在车速超过 10 km/h 后才能被检测到

（2）如果 ABS 警告灯和制动装置警告灯不亮，但尽管如此，制动效果仍不理想，则可能是系统放气不干净或在常规的制动系中存在故障

（3）对 ABS 修理前，为了检查故障所在，应先用 V. A. C1552 故障诊断仪查询故障存储码

（4）插拔 ABS 电气插头之前，必须关闭点火开关

（5）开始修理前，应关闭点火开关，从蓄电池上拆下搭铁线

（6）防抱死制动系统工作必须绝对清洁，决不能接触含矿物油的物质，例如，机油或油脂

（7）拆卸前必须彻底清洁连接点和支撑面，决不要使用汽油、稀释剂等类似的清洁剂

（8）拆下的零件必须放在干净的地方，并且覆盖好

（9）把 ABS ECU 和液压控制单元分开后，必须把液压控制单元放在专用支架上以免在搬运中碰坏阀体

（10）拆下的元件如果不能立刻完成修理工作，必须小心地盖好或者用塞子封闭

（11）不要使用起毛的抹布擦洗

（12）配件要在安装前才从包装内取出

（13）必须使用原装配件

（14）系统打开后不要使用压缩空气，也不要移动车辆

（15）注意不要让制动液流到线束插头内

（16）打开制动系统完成作业后，用专用工具 VW1238A 制动液充放机与 V. A. G1552 故障诊断仪配合使用，对系统进行放气

（17）在试车中，至少进行一次紧急制动。当 ABS 正常工作时，会在制动踏板上感到有反弹，并可感觉到车速迅速降低而且平稳

第四章　汽车电气设备故障诊断与排除

§4—1　汽车电气故障诊断知识

学习目标

1. 了解汽车电气设备故障产生的原因。
2. 了解汽车电气设备故障诊断的一般程序。
3. 掌握汽车电气设备故障诊断方法。
4. 了解汽车电气设备故障诊断注意事项。

一、汽车电气设备发生故障的原因

1. 温度与湿度

过高的温度及湿度的增加往往是电子元件损坏的主要原因之一。

2. 电压的波动

正常情况下，汽车电源电压是波动的。应特别注意瞬时过电压的产生及其预防。

3. 无线电干扰

汽车上的各个电器之间会以不同的方式彼此干扰；另外，无线电设备、雷达、广播电台等发射的无线电波，都会干扰汽车上的仪器，使电子控制装置失控。

4. 其他环境

如振动、冲击以及水、盐、油及其他化学物质的危害。

二、汽车电气设备故障诊断程序

1. 根据用户的反映，通电试验或试车验证故障现象。
2. 查找可能存在故障的系统线路，检查器件及线路连接是否正确可靠。
3. 分析问题较为集中的线路及部件，逐步缩小故障范围。
4. 必要时对较大的允许单独拆检的部件进行进一步的拆检。
5. 进行必要的更换或修理作业。
6. 重新试车，验证故障是否确已排除，并不得引发其他新故障。

同一故障，可以有许多不同的分析判断方案，但首先应考虑到几个大的方面：电源是否有电；线路是否畅通（即电线、开关、继电器触点、插接器接触以及接地点等是否可靠）；

用电器是否正常等。围绕这几个方面判断就能较快地缩小范围，节省时间。有些电器设备，有时候仅用仪表做静态检测是不能发现本质问题的，必须进行动态检测。

三、常用的故障诊断方法

诊断方法	图　示	说　明
直观检验法	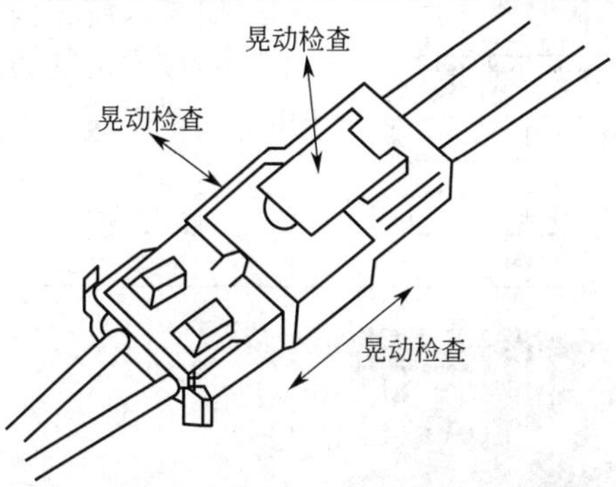	充分运用眼、耳、鼻、手等感觉器官，感知电器设备及线路的工作状态、异响、温升、气味、颜色、火花及线路接触情况等，来判断电气设备及线路工作状态的好坏
测电压法		电路系统运转时通过对检测点电压的测量，根据其有无偏差，判断故障范围
测电阻法	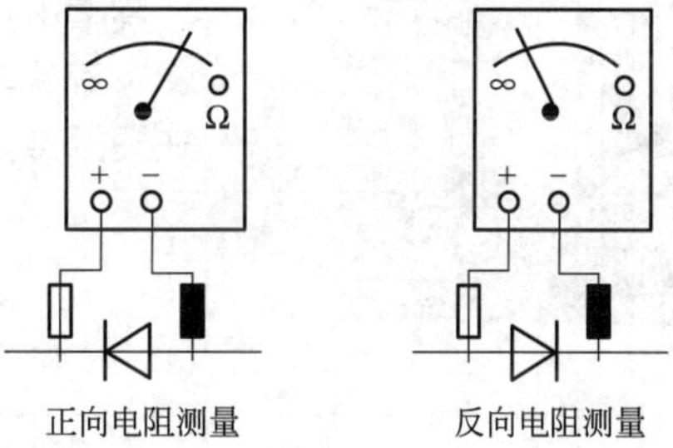	通过测量部分已切断线路或部件的电阻判断其中是否存在故障。注意被检测电路不得带电
断路比较法	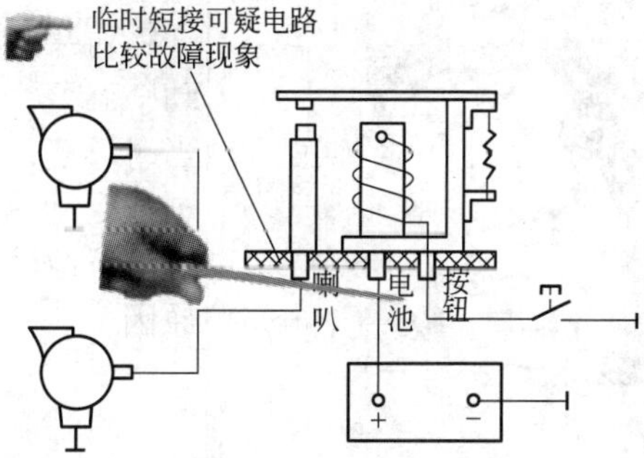	将可疑电路暂时拆下，与拆前进行现象比较，从而验证其中是否存在故障

续表

诊断方法	图　示	说　明
短路比较法	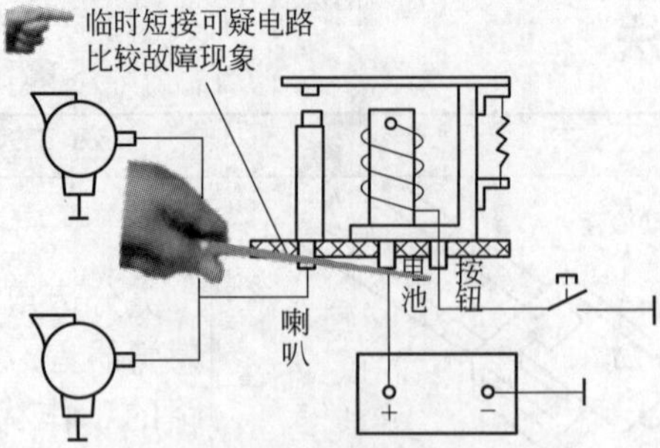	将某段电路或部件短接，如果系统工作恢复正常，则说明被短接的线路或电器内部有断路或接触不良故障
低压试灯法	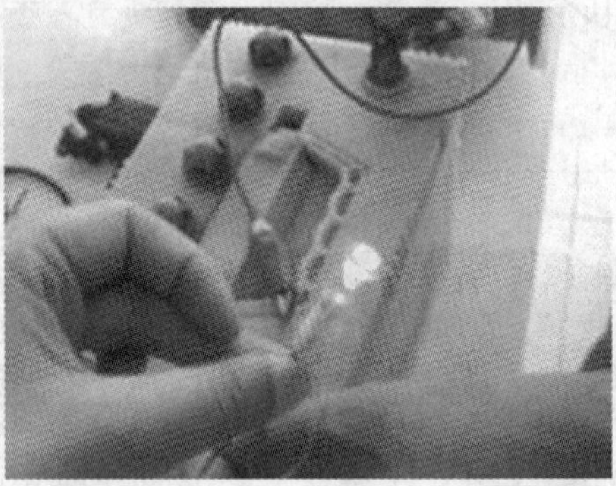	用低压试灯检测电路中某点是否有电，进而判断出故障范围
察看保险法	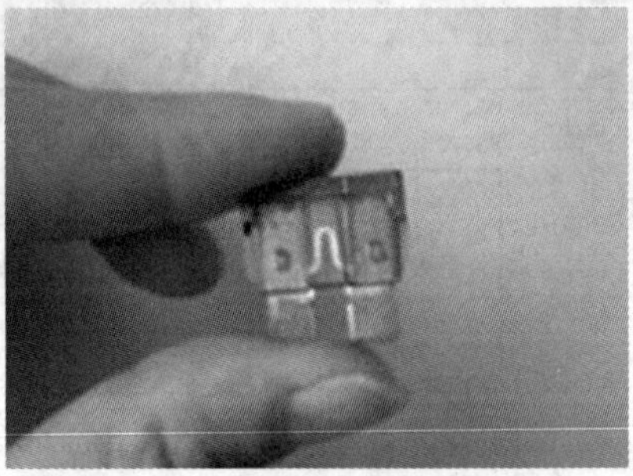	察看电路中的熔丝是否熔断，确定其后面电路中是否存在短路或过载
模拟故障环境法		针对某些故障产生的特定振动、温度、湿度等条件，模拟当时环境，对可疑线路或部件进行摇动、加热、喷水等方法来验证故障并分析故障范围及原因

续表

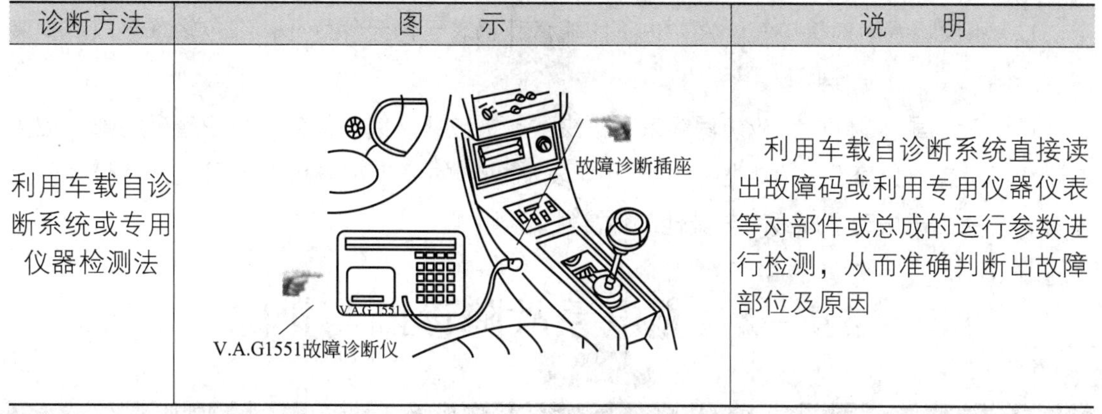

诊断方法	图　示	说　明
利用车载自诊断系统或专用仪器检测法	故障诊断插座 V.A.G1551故障诊断仪	利用车载自诊断系统直接读出故障码或利用专用仪器仪表等对部件或总成的运行参数进行检测，从而准确判断出故障部位及原因

四、诊断注意事项

1. 现代轿车电子电路的诊断，突出的问题是资料缺乏。一旦碰到不熟悉的车型和线路，常常要自己动手，测绘必要的电路图，分析电路原理，弄清线路之间的联系，再做故障分析。

2. 现代轿车许多电子器件，往往采用不可拆卸封装，如若某一故障可能涉及到器件内部时，则往往难于判断，需要先从外围逐一排除，最后确定它们是否损坏。而另一些器件虽然可拆解，但往往缺少同型号分立元件代换，故需要设法以国产或其他进口元件替代。这涉及到元件替换的可行性问题。

3. 在检修方法上，在传统汽车电器故障诊断中可用的一些方法，如“试火”等，会给某些电路或电子元件带来意想不到的损害，不允许使用。因此，维修进口汽车电器时必须借助一些仪表和工具，按一定的方法进行。未有特别说明，不要使用指针式万用表。

4. 不允许使用欧姆表及万用表的 R×100 以下低阻欧姆挡检测小功率晶体管，以免电流过载损坏器件。

5. 更换三极管时，应首先接入基极，拆卸时，应最后拆卸基极。对于金属氧化物半导体管（MOS），应当心静电击穿，焊接时，应断开电烙铁的电源进行工作。

6. 拆卸和安装元件时，应切断电源。PN 结能承受的最高工作温度一般不超过 45℃，因而宜使用恒温或功率小于 75 W 的电烙铁，焊接速度应尽可能快些，并采取必要的散热措施。若温度会超过 80℃，应先拆下对温度敏感的零件（如电子继电器和 ECU）。

7. 不要随意更换电线或电气设备，这种操作有可能损坏汽车，影响其性能或因短路、过载而引起火灾。

8. 拆卸蓄电池时，负极电缆应先拆后装。

9. 更换烧坏的熔丝时，应使用相同规格的熔丝，而且必须先排除线路中的故障。

10. 拆下或装上蓄电池电缆时，应确保点火开关或其他开关都已断开，否则会导致半导体元器件的损坏。

11. 不要粗暴地对待电气元件，也不能随意乱扔。无论元件好坏，都应轻拿轻放。安装时，应确保接头接插牢固。

12. 安装固定零件时，应确保线束不被夹住或被破坏。线束与尖锐边缘磨碰的部分应用胶带缠起来，以免磨坏。靠近振动部件（如发动机）的线束都应用卡子固定，将松弛部分拉紧，以免由于振动造成线束与其他部件接触。

§4—2 充电系故障诊断与排除

学习目标

1. 熟悉充电系的组成。
2. 了解充电系常见故障现象、原因。
3. 能够对充电系各主要部件故障进行诊断与排除。

(一) 蓄电池故障诊断与排除

相关知识

一、充电系的作用及组成

充电系的作用是给汽车上所有的电气设备提供电源，由交流发电机、蓄电池和调节器组成。在车辆正常中高速行驶时，发电机正常发电，作主电源；而在起动或发动机转速较低时，由蓄电池辅助供电。调节器对发电机输出电压进行调节，使之不随发动机转速变化而变化，始终保持在额定电压 14 V 或 28 V 左右。

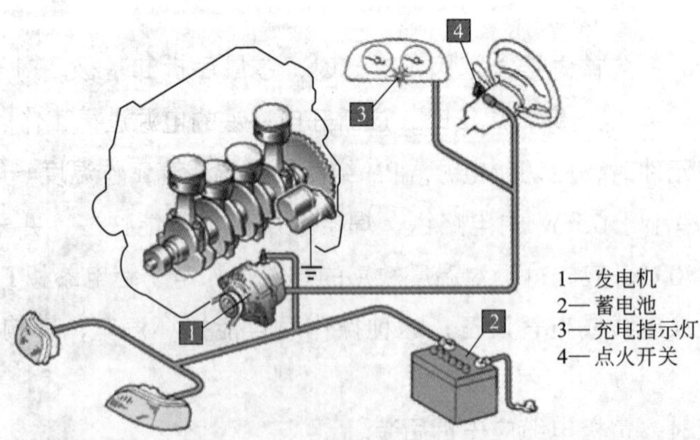

充电系的组成

二、充电系常见故障部位

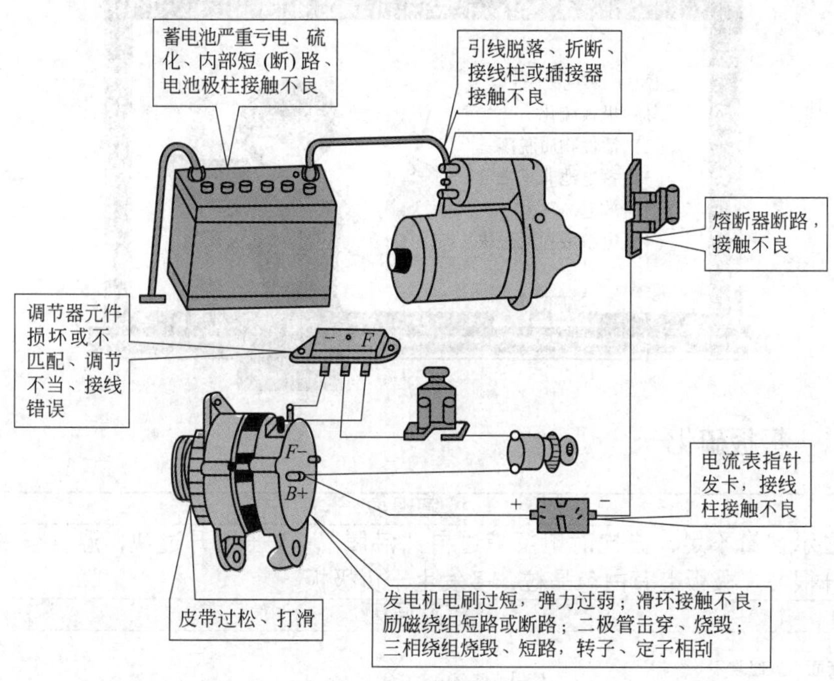

三、蓄电池的作用及结构

汽车用铅酸蓄电池与交流发电机并联，主要作用是为起动系提供强大的起动电流，分为干式荷电型和免维护型等几种。它一般由六个单格串联而成，主要由正负极板、隔板、电解液、外壳、联条和极桩组成。

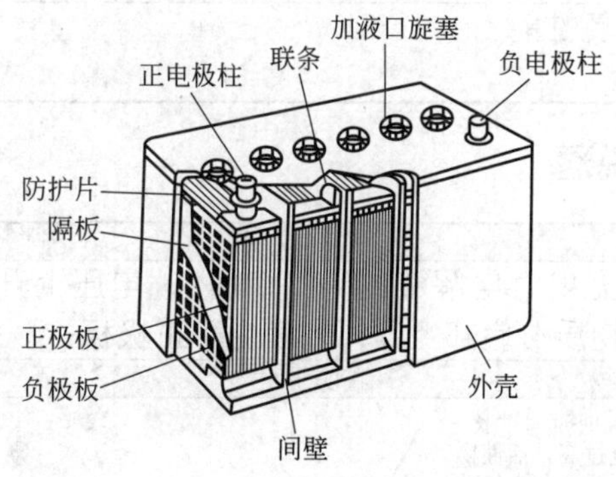

铅蓄电池放电时，正负极板上的二氧化铅和海绵状纯铅分别与电解液中的硫酸反应，生成硫酸铅和水，释放出电能；充电时，正负极板上的硫酸铅分别恢复成二氧化铅和海绵状铅，将电能转换为化学能储存起来。

蓄电池的容量主要受放电电流大小、电解液温度及电解液相对密度的影响。充满电的铅蓄电池单格电压为 2.1 V，液面高出防护片 10~15 mm，相对密度在 1.24~1.30（15℃）之间。

常见故障诊断与排除

故障1　极板硫化

故障现象

放电时显示容量不足，充电时电解液过早“沸腾”，电压上升过快，温度很快上升，但密度却上升很慢。极板上有白色晶粒，多发生于负极板

故障原因

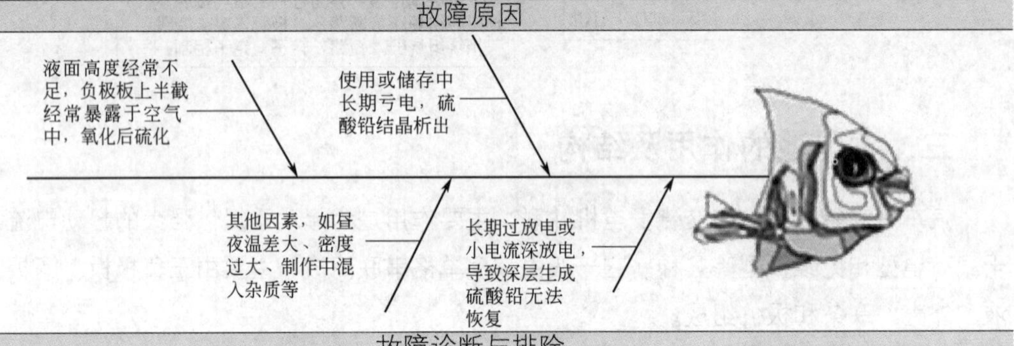

故障诊断与排除

1. 轻者用去硫化充电恢复性能
2. 严重者更换

故障2　活性物质脱落

故障现象

放电时显示容量不足，充电时电解液过早“沸腾”，电压上升过快，温度很快上升。充电时电解液混浊，有褐色物质自底部上浮，多发生于正极板

故障原因

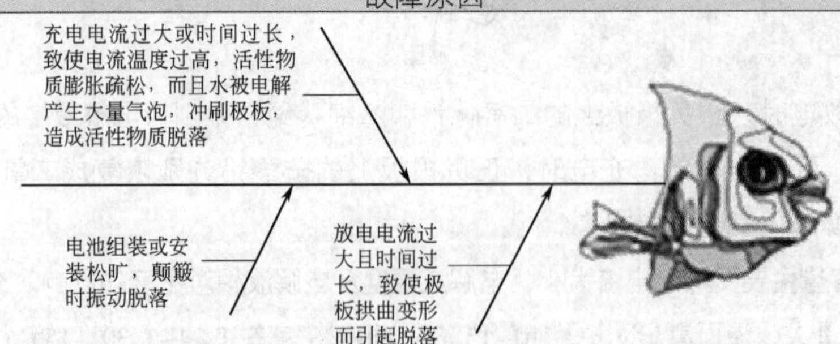

续表

故障诊断与排除
更换

故障 3　蓄电池非正常自行放电

故障现象
充足电或前一天使用良好的蓄电池，第二天使用时电压明显降低很多或几乎没有电。若充足电的电池停放一个月，平均每昼夜电能自行损失平均大于 0.7%，即为自放电故障
故障原因

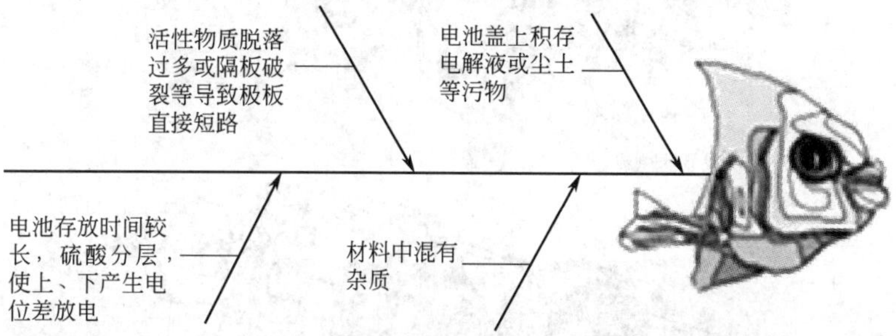

活性物质脱落过多或隔板破裂等导致极板直接短路

电池盖上积存电解液或尘土等污物

电池存放时间较长，硫酸分层，使上、下产生电位差放电

材料中混有杂质

故障诊断与排除
1. 若是电解液杂质太多所致，可把电解液全部倒出，用蒸馏水清洗，更换新电解液后再进行充、放电 2. 若是少数单格自放电严重，而电解液杂质又未超出规定，可将蓄电池解体修复，或更换新蓄电池

故障 4　电解液损耗过快

故障现象
使用中，电解液消耗过快，液面下降过大，加注频率超出正常情况
故障原因

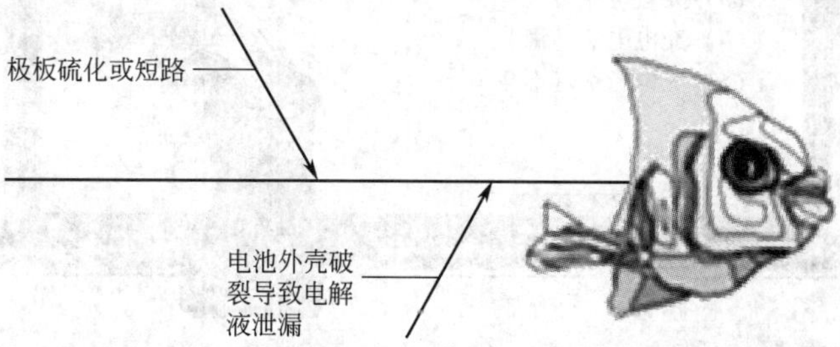

极板硫化或短路

电池外壳破裂导致电解液泄漏

故障诊断与排除
1. 有裂纹的应修补并重新加入电解液 2. 检查、调整调节器的输出电压。调节器输出电压太高将导致对蓄电池的充电电压加大，造成过充电损害电池 3. 若上述两种情况都正常，则应考虑极板硫化或短路故障，必要时应拆检修复

（二）发电机故障诊断与排除

相关知识

汽车发电机是汽车的主要电源，其功用是在发动机正常运转时（怠速以上），向所有用电设备（起动机除外）供电，同时向蓄电池充电。

汽车交流发电机主要由转子总成、定子总成、整流部分、风扇、元件板等组成。

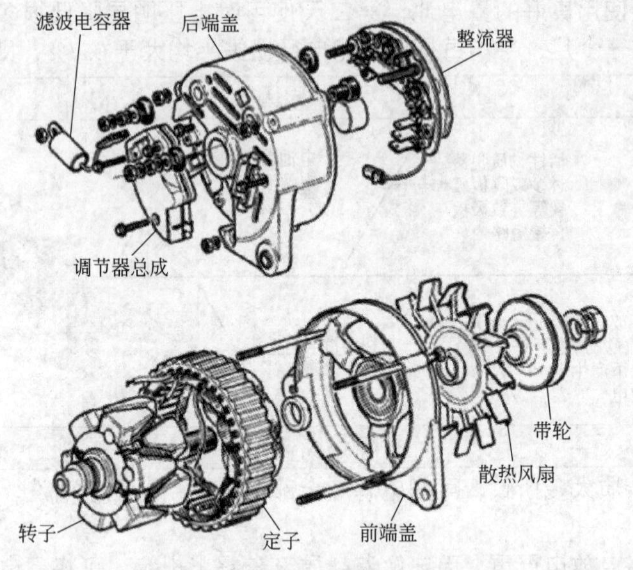

发电机的结构

常见故障诊断与排除

故障 1　不充电

故障现象
☞发动机高于怠速运转时，电流表指示放电或充电指示灯不熄灭 ☞蓄电池很快亏电

续表

故障原因

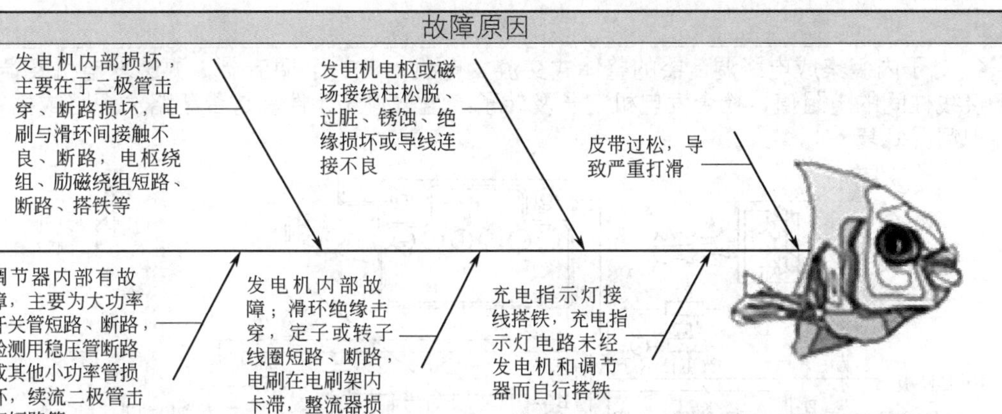

故障诊断与排除

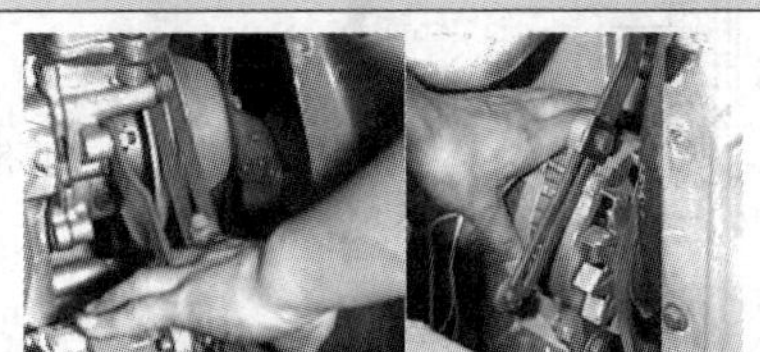	1. 检查发电机传动带是否过松或存在严重打滑现象。若过松，应按规定重新调整；如果沾有油污造成打滑，应清洗带轮并更换传动带
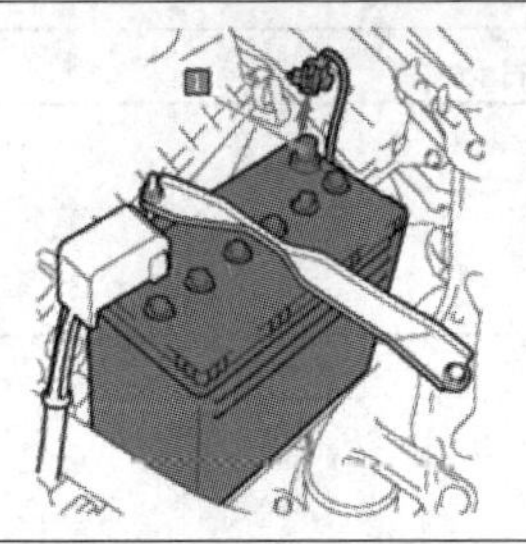	2. 检查各连接线连接是否正确、牢固，有无断路现象，以及对有无异常颜色、气味、烟雾、温升等进行检查，不符合要求时应重新连接好

3. 对于普通外接式调节器，起动发动机，直接短接调节器两端，观察电流表指示有无变化。若有电流，说明发电机良好，调节器或相关导线已断路，若无指示，说明发电机已损坏。上述检查符合要求时，表明故障在发电机内部，应检查电刷是否在电刷架内卡滞或与集电环接触不良

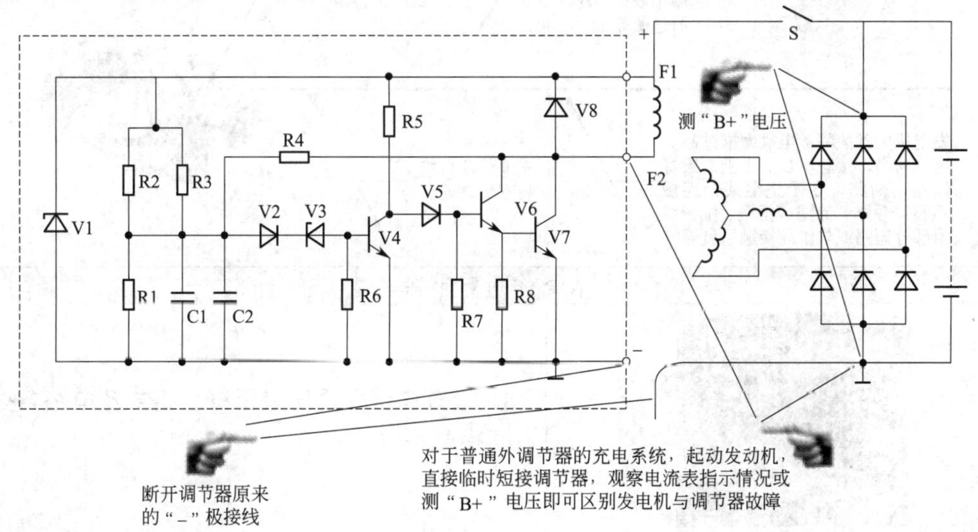

续表

故障诊断与排除
4. 对于内装集成电路调节器的整体式交流发电机，应拆下调节器，测量发电机及调节器各接线柱间的电阻值，检查发电机定子及转子绕组、整流元件等是否断路、短路或搭铁等，并视情况修复
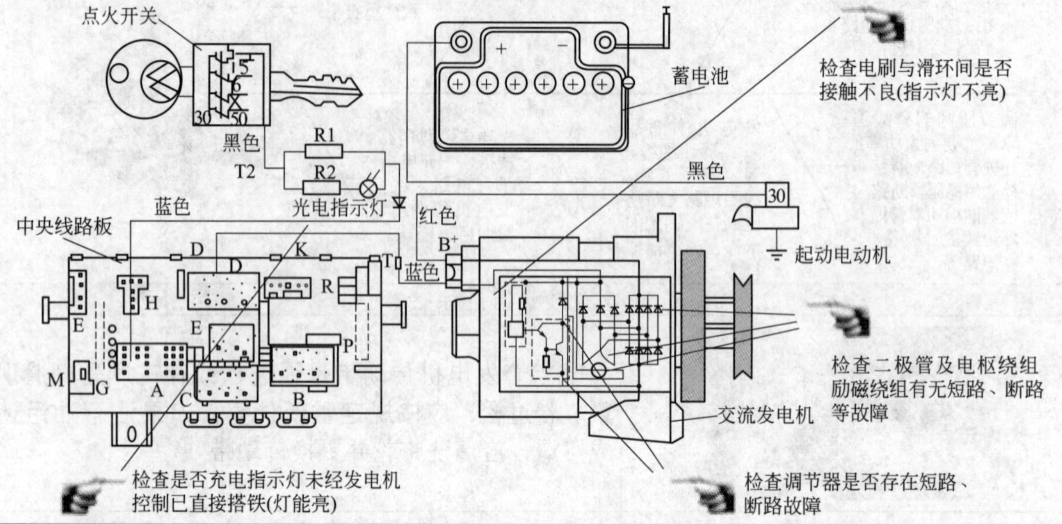
5. 检查充电指示灯电路，是否未经发电机和调节器而自行搭铁

故障 2　充电电流过小

故障现象
☞发动机中速以上运转，充电指示灯才能熄灭或电流表指示 5 A 以下 ☞蓄电池经常存电不足 ☞前照灯灯光暗淡，电喇叭声音小
故障原因
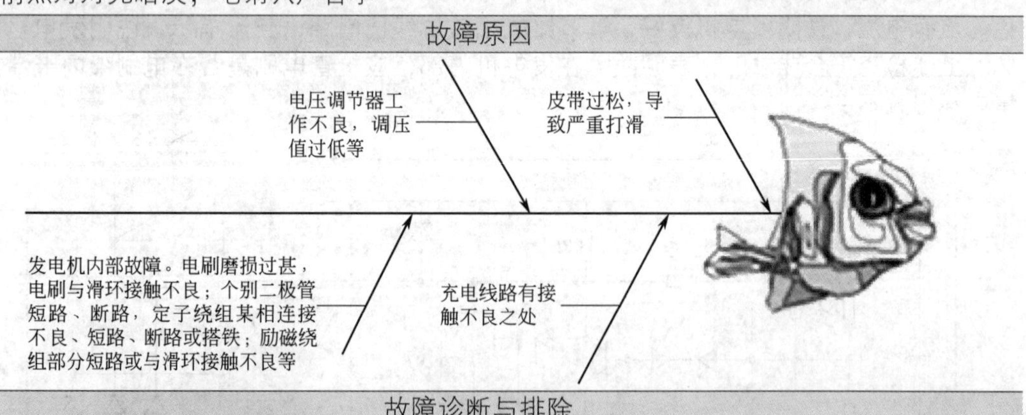

故障诊断与排除	
	1. 检查皮带松紧度是否符合要求及电路各处是否有接触不良

续表

故障诊断与排除	
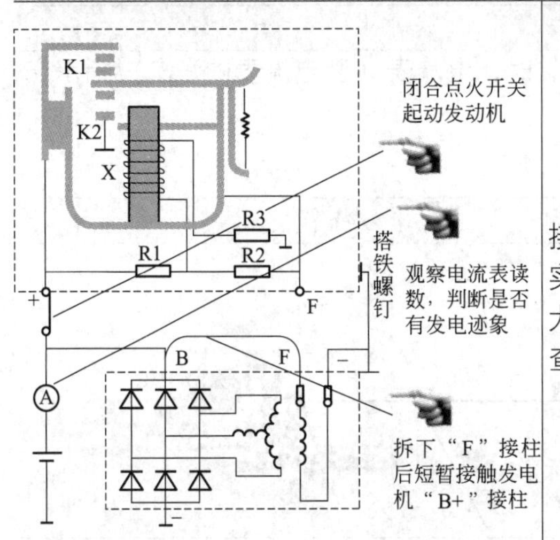	2. 区分故障在发电机还是调节器。对于普通外接式调节器，拆下“F”，起动发动机，做全励磁实验，临时迅速将其短接，观察充电电流有无增大现象。若有，为调节器问题；若无，应重点检查发电机
	3. 检查发电机和调节器。打开点火开关，对发电机探磁。若磁场强烈，应拆检内部主电路；否则应重点检查励磁回路 检查调节器时注意观察其调节电压是否过低
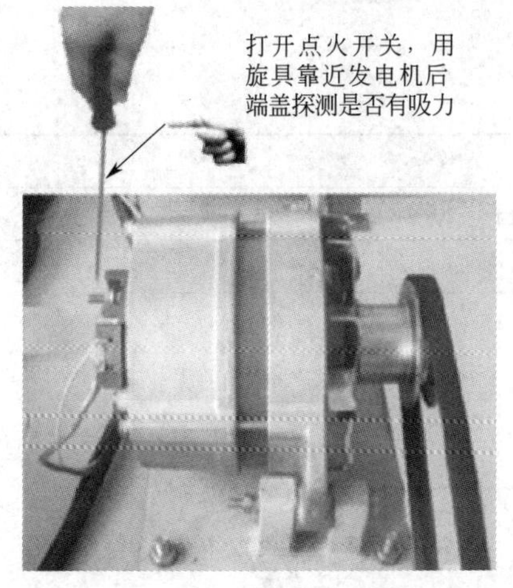	4. 对于内装式集成电路调节器，应先探磁，再拆检发电机，进而区分发电机和调节器故障

故障3 充电电流过大

故障现象
☞在蓄电池不亏电情况下，发动机中速以上运转时，电流表（装电流表的汽车）指示充电10 A以上 ☞蓄电池电解液消耗过快 ☞点火线圈和发电机过热

故障原因

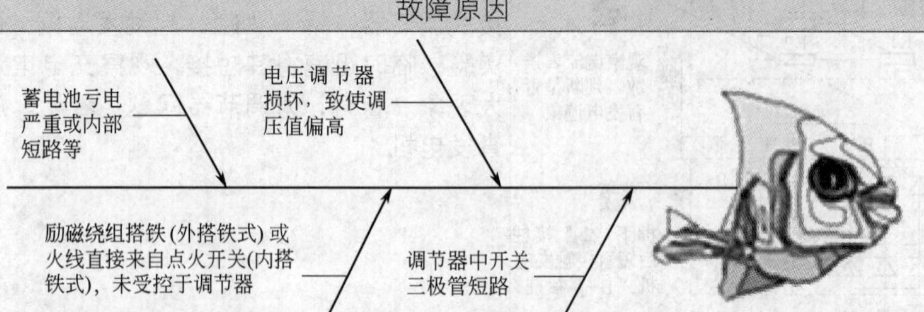

故障诊断与排除	
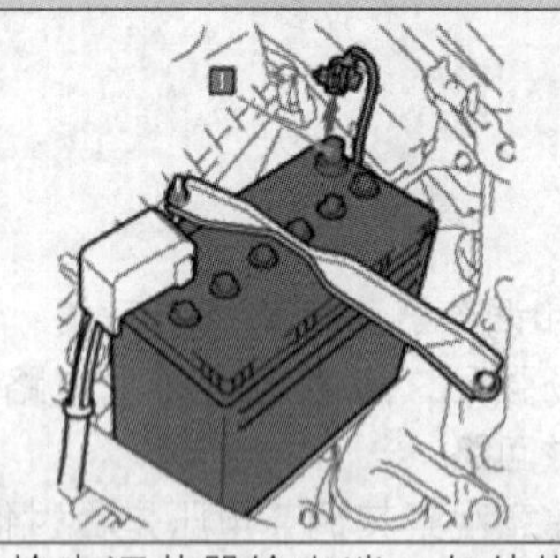	1. 检查蓄电池内部有无严重亏电和短路

2. 检查调节器输出端（如外搭铁系统的“F”和“-”间）是否无法断开。对于普通外接式调节器，起动发动机，直接短接调节器两端，观察电流表指示有无变化。若无变化，说明调节器已短路失效；若原电路中无电流表，可临时在发电机“B+”接柱上加接一量程（大于50 A）电流表

3. 上述检查无问题时或对于内装式集成电路调节器，则需解体发电机，将调节器与发电机拆开，测量励磁绕组搭铁情况，判断其是否不经调节器而直接搭铁

故障4 充电电流不稳

故障现象
发动机在中速以上运转，电流表指示充电但指针左右摆动（或充电指示灯时亮时灭）

故障原因

机械故障，如皮带运转不稳或打滑，轴承运转不良，内部有扫膛现象等

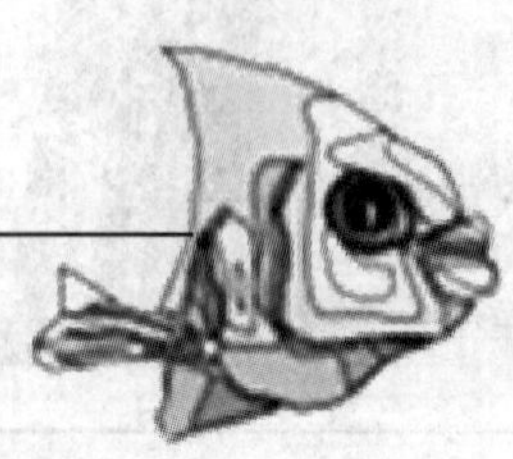

电气故障，各处接触不良、不可靠，尤其电刷与滑环间的接触，各线路接触点等

续表

故障诊断与排除	
	1. 检查皮带松紧度是否符合要求及电路各处是否有接触不稳定、不可靠之处
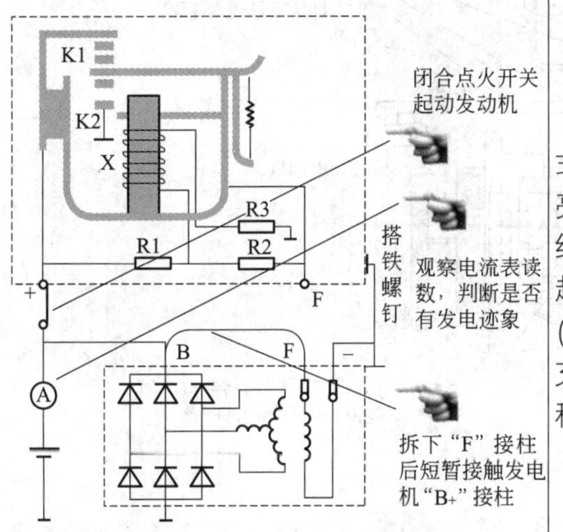	2. 参照不充电的检查方法与程序，以普通外接式调节器为例，做全励磁实验，观察充电指示灯亮度是否稳定，不稳则故障在发电机，稳定则继续检查；然后拆下调节器“F”接柱拿在手中，起动发动机，临时快速碰触调节器“+”接柱（内搭铁式）或“-”接柱（外搭铁式），再观察充电指示灯，亮度稳定则调节器内部有问题，不稳定则在线路中检查
	3. 单独检查发电机和调节器

故障 5　充电指示灯不亮

故障现象
接通点火开关后，充电指示灯不亮或暗红

续表

故障原因
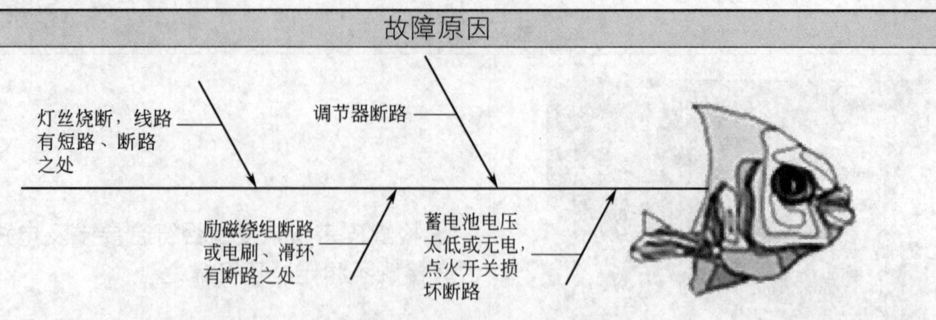
故障诊断与排除
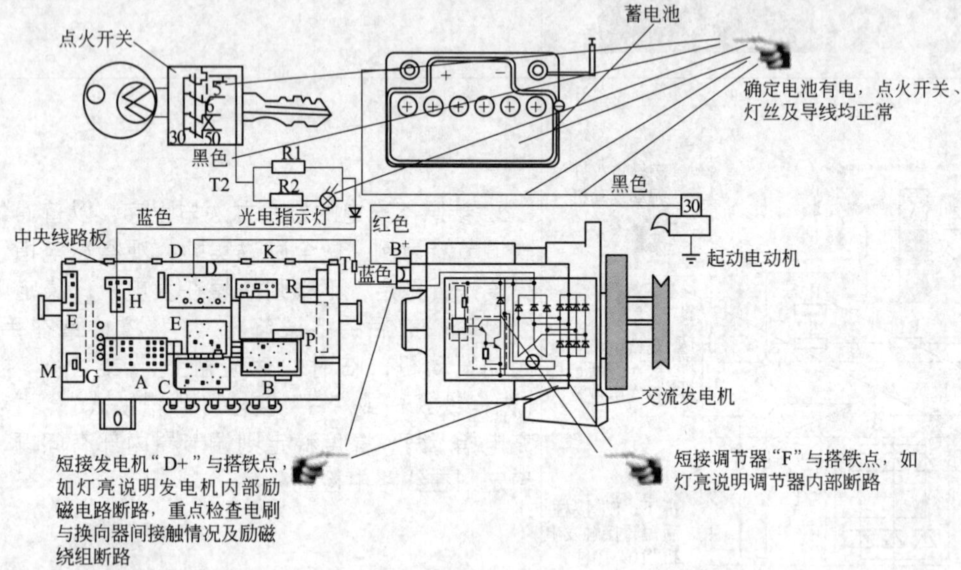 1. 检查蓄电池电压、点火开关、灯丝及连接线路 2. 检查发电机。以普通外接式调节器为例，打开点火开关，临时快速短接发电机励磁绕组两端“F”与“-”接柱（外搭铁式）或“F”与“+”接柱（内搭铁式）。若灯亮说明发电机内部励磁回路有断路故障，拆出电刷总成，检查并测量两滑环间阻值、滑环搭铁阻值进行判断；若灯不亮需进一步检查调节器 3. 检查调节器。拆下调节器“F”接柱，打开点火开关，临时快速短接调节器两端“F”与“-”接柱（外搭铁式）或“F”与“+”接柱（内搭铁式），若灯亮说明调节器内部有断路故障，需要更换

§4—3 起动系故障诊断与排除

学习目标

1. 熟悉起动系的组成。
2. 了解起动系常见故障现象、原因。
3. 能够对起动系故障进行诊断与排除。

相关知识

一、起动系的作用及组成

起动系的作用是起动发动机，由起动机、起动继电器和点火开关等组成，以蓄电池作为电源。起动系的起动电流很大，可达 200~600 A，一般不允许长时间连续工作。对于装有自动变速器的车辆，还有空挡开关。

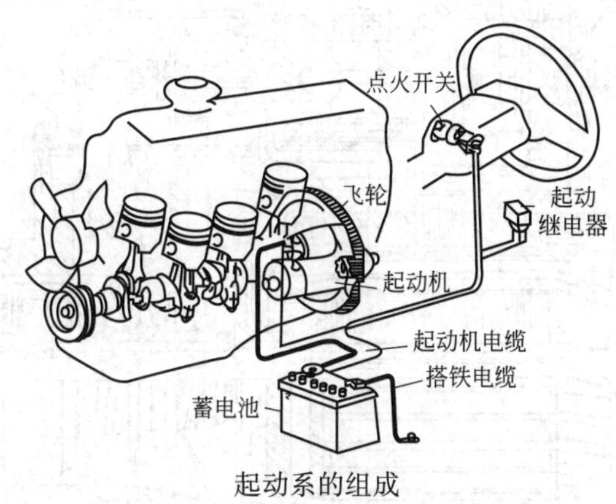

起动系的组成

起动机由直流电动机、传动机构、控制装置（即电磁开关）三部分组成。

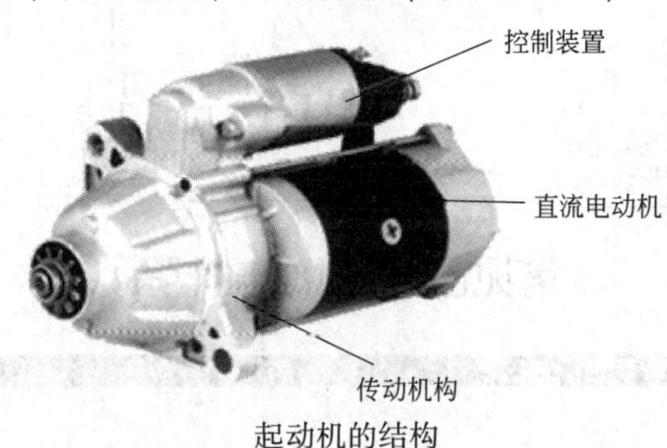

起动机的结构

电动机的作用是将蓄电池输入的电能转换为机械能，产生电磁转矩。为获得较大的起动力矩，一般均采用直流串励式电动机，少数采用复励式电动机直流串励式电动机由电枢、磁极、电刷、壳体等构成。

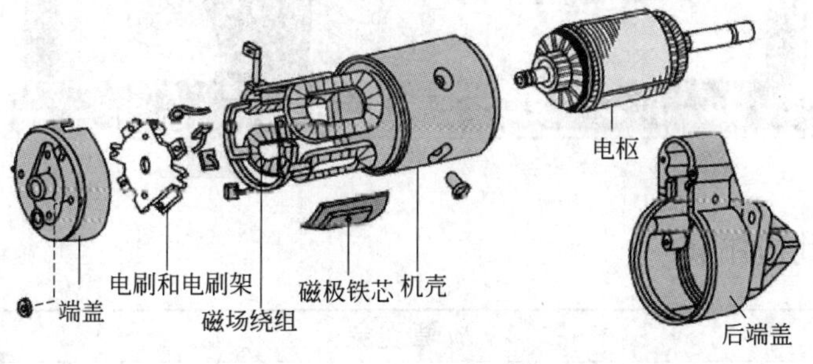

电动机的结构

二、起动机常见故障部位

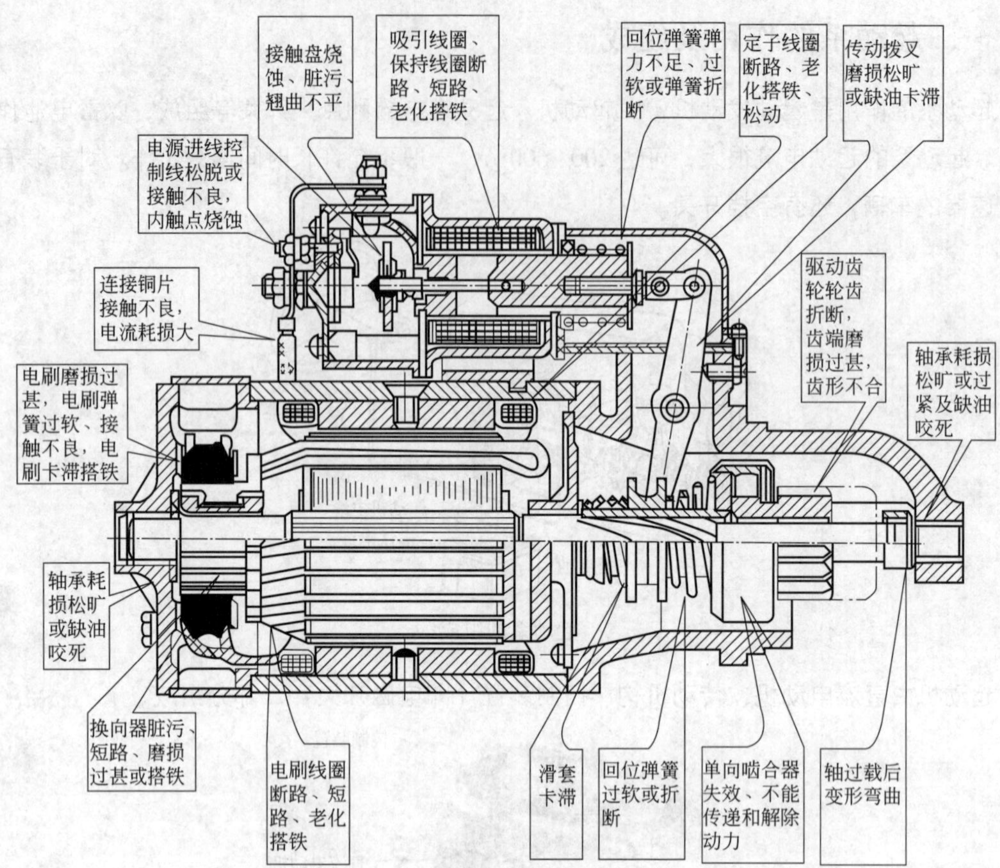

常见故障诊断与排除

故障 1 起动机不转

故障现象
将点火开关拨到起动位置时，起动机不转动

续表

故障原因	
起动机电磁开关有短路、断路、搭铁、卡滞等故障 蓄电池严重亏电；导线、开关有严重接触不良甚至断路现象 装有自动变速器的车辆，其自动变速器不在N挡或P挡，或多功能开关有故障，或控制单元有故障 电动机励磁、电枢绕组有故障，电刷与换向器有故障等 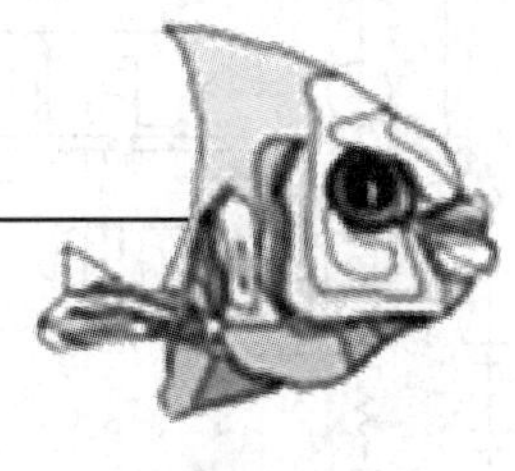	
故障诊断与排除	
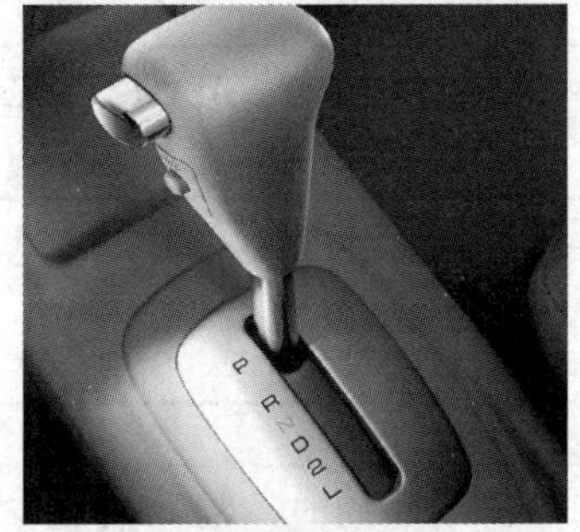	1. 检查自动变速器是否处于 N 挡或 P 挡，检查蓄电池是否有电，检查各处接线是否正确、良好
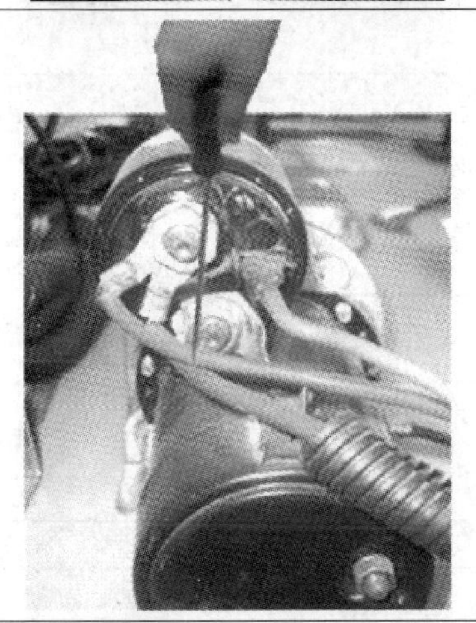	2. 检查直流电动机。用旋具短接起动机两主接柱，若电动机不转，说明其内部有问题，需拆检；若电动机能正常转动，说明电动机正常，故障在外部，需继续检查
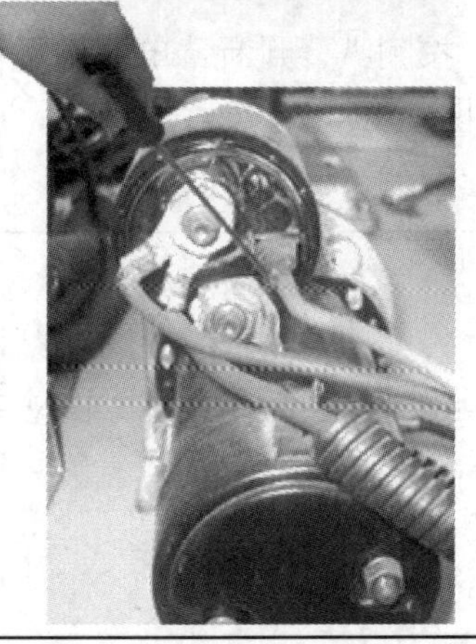	3. 检查电磁开关。短接起动机电源接柱与电磁开关火线接柱，若电磁开关有接通动作且电动机正常旋转，说明电磁开关正常，故障在外部；若电磁开关无动作，或者虽有动作但电动机不转，均说明电磁开关有故障，需拆检或直接更换

续表

故障诊断与排除	
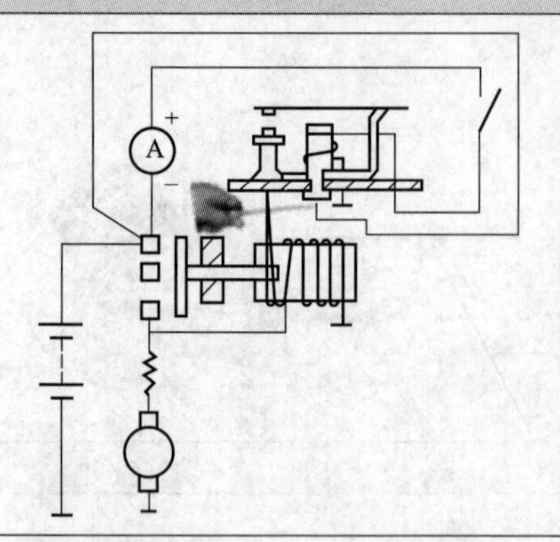	4. 检查起动继电器。在继电器火线均有电的前提下，短接触点观察起动机是否能通电转动，能转动说明触点已损坏造成断路；将线圈输出端直接搭铁，听（或摸）继电器触点能否闭合。若不能闭合，说明线圈已损坏；若能闭合，应对搭铁线或自动变速器空挡开关或其控制单元进行检查
5. 检查自动变速器空挡开关和控制单元。用专用设备如 V. A. G1551 或 V. A. G1552 进行检测，并进行相应处理	

故障 2 起动机运转无力

故障现象

起动机转动缓慢无力，带动发动机运转困难，甚至稍转即停；或起动时，起动机只发出“咔嗒”一声响，但不能转动

故障原因

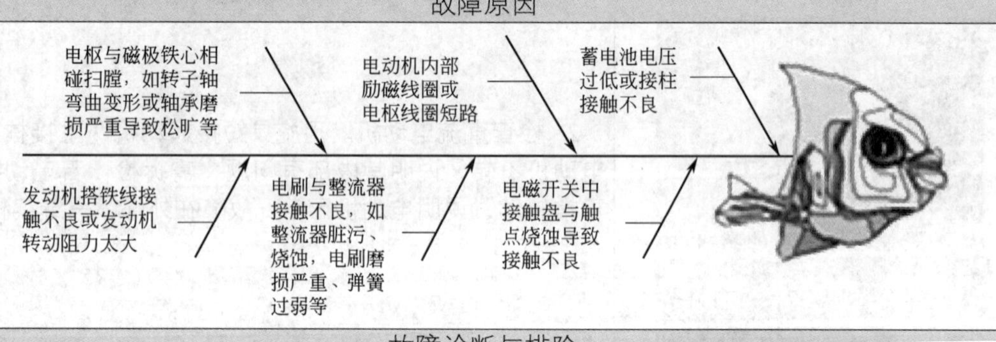

故障诊断与排除

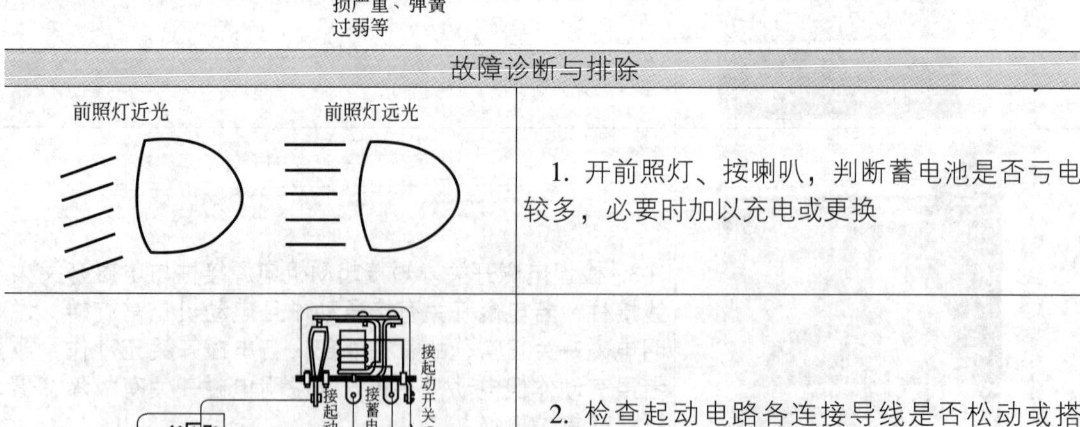

1. 开前照灯、按喇叭，判断蓄电池是否亏电较多，必要时加以充电或更换

2. 检查起动电路各连接导线是否松动或搭铁，若有加以排除

续表

故障诊断与排除
3. 短接起动机两个主接线柱，若电流很大、运转正常表明蓄电池到起动机电路良好，故障在电磁开关，应修复或更换。若仍无力，则可能起动机内部绕组有短路、搭铁处或换向器故障
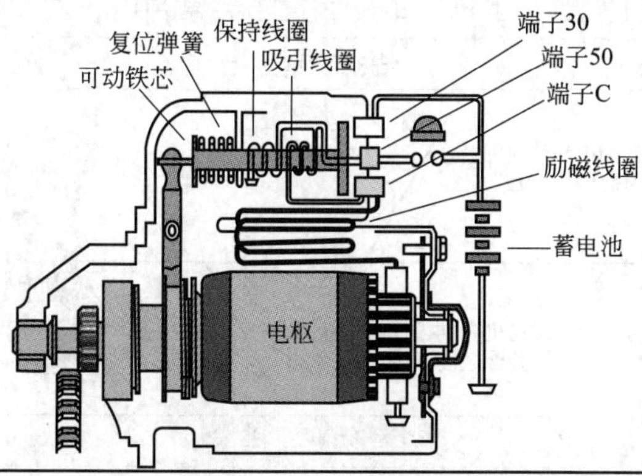

故障3 起动机空转

故障现象
起动时，起动机以高速或低速运转，但发动机曲轴不转
故障原因
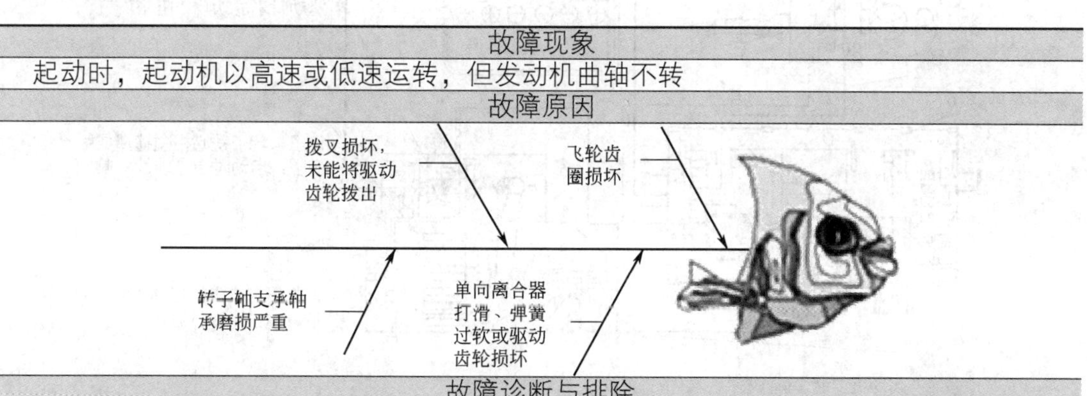
故障诊断与排除
1. 接通起动机，若起动机低速空转，说明离合器打滑 2. 若起动机高速空转，则可断开点火开关，摇转曲轴，将飞轮齿圈转过一个角度，重新起动。若起动正常，说明飞轮上有缺齿现象 3. 若起动机仍高速空转，则可能是离合器打滑严重、拨叉损坏、弹簧过软或驱动齿轮损坏，需对起动机进行拆检
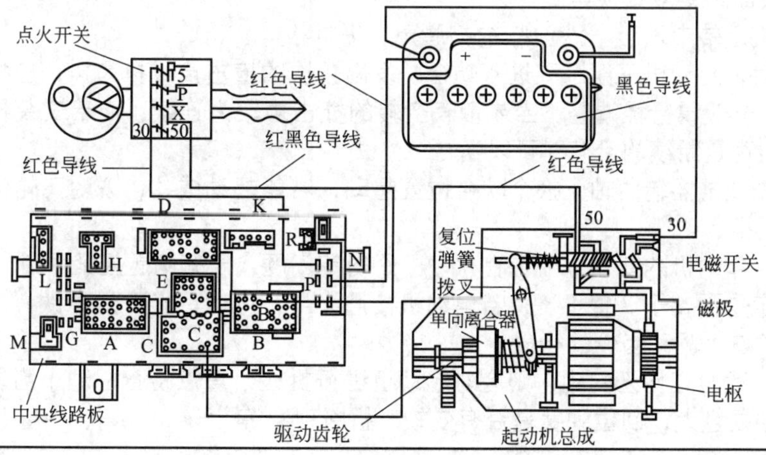

故障4 起动机异响

故障现象
起动发动机时，起动机发出“嘎嘎”的轮齿撞击异常声响，发动机曲轴不能随之转动

故障原因

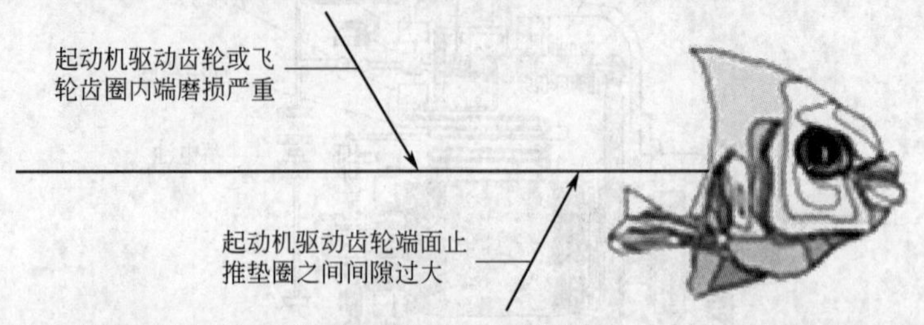

故障诊断与排除

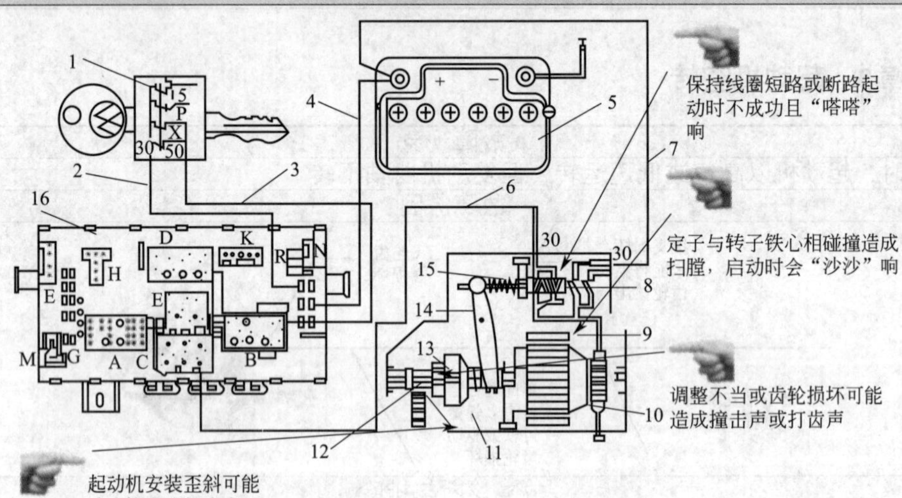

1—点火开关 2—红色导线 3—红黑色导线 4—红色导线 5—蓄电池 6—红黑色导线 7—黑色导线 8—电磁开关 9—定子 10—电枢 11—起动机总成 12—驱动齿轮 13—滚柱式单项离合器 14—拨叉 15—回位弹簧 16—中央接线盒

1. 将点火开关拨到起动挡，起动机不转，电磁开关内发出较强的“嗒嗒”声，说明保持线圈短路或断路，应更换电磁开关

2. 起动机运转中发出“沙沙”的扫膛声，需拆检

3. 起动时，起动机不能顺利进入啮合，发出较快的撞击声或打齿声，应根据响声的特征予以区别：一般属行程调整不当或带有空转的撞击声较为连续，而若安装松动或齿轮损坏引起的撞击声是断续的，有时可以啮合

（1）首先试试摇转曲轴，换个啮合位置起动，若能起动成功，说明飞轮齿圈部分牙齿已损坏，应更换

（2）确定起动机的安装是否存在松动、歪斜等问题，若有问题应紧固

（3）确定是否属于调整不当，若电动机接通太早，可通过旋入活动铁心与拨叉的连接螺钉等方法，增大驱动齿轮的行程

（4）若上述检查均无问题，则应对起动机进行拆检，重点检查驱动小齿轮或飞轮齿圈是否损坏或磨损过大，回位弹簧是否有变软、折断现象等

故障 5　单向离合器不回位

故障现象

使用起动机后，放松点火开关，起动机仍转动不停，驱动齿轮与飞轮齿圈仍保持啮合而不能回位

故障原因

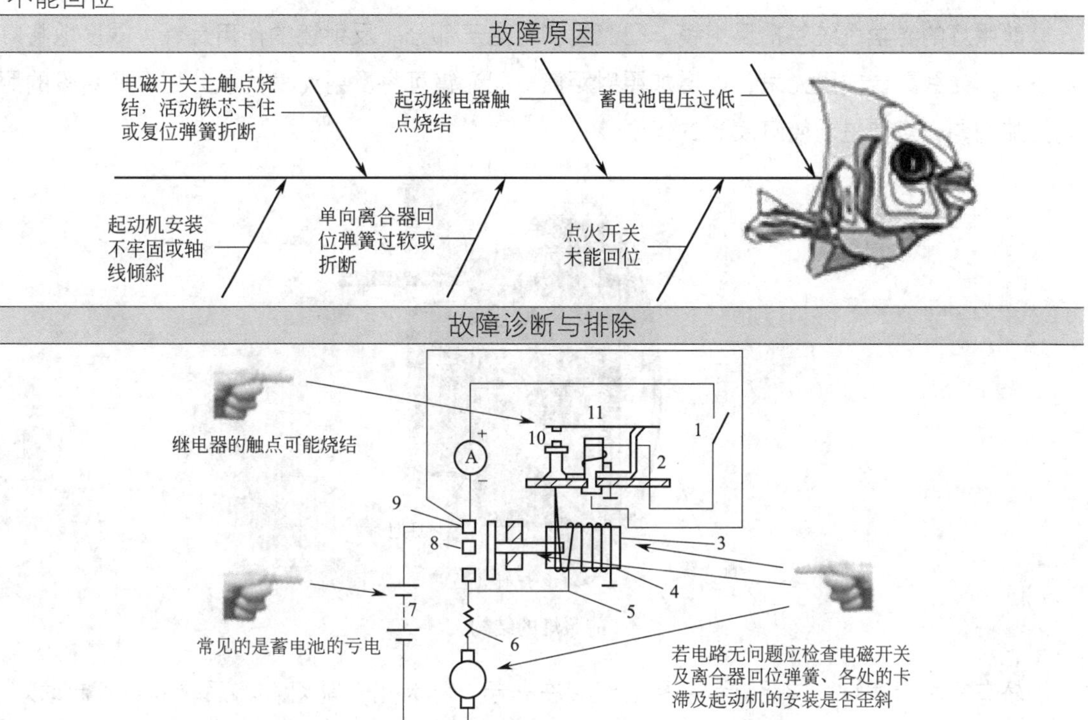

1—点火开关　2—电压线圈　3—开关铁芯　4—保持线圈　5—吸引线圈　6—起动绕组
7—蓄电池　8—起动机主回路触点　9—起动机接柱　10—起动继电器触动点　11—起动继电器

出现此故障时，应迅速断开电源总开关或拆除蓄电池搭铁线，将电源切断，然后进行诊断，以防起动机被烧坏

1. 若断电后单向离合器能回位，说明故障在电路中，应重点检查蓄电池亏电或起动继电器触点烧结

2. 若断电后单向离合器不能回位，说明属于机械故障，应重点检查各处的卡滞和起动机的安装问题

§4—4　汽车照明、信号及仪表装置故障诊断与排除

学习目标

1. 掌握照明装置常见故障的现象、原因及诊断方法。
2. 掌握信号装置常见故障的现象、原因及诊断方法。
3. 掌握仪表装置常见故障的现象、原因及诊断方法。

（一）汽车照明故障诊断与排除

相关知识

汽车照明装置一般有前照灯、雾灯、牌照灯、行李箱灯、顶灯、检修灯等。

前照灯的光学系统包括反射镜、配光镜和灯泡三部分。反射镜的作用是最大限度地将灯泡发出的光线聚合成强光束，以增加照射距离；配光镜可将反射光束扩散分配，使路段的照明更加均匀；灯泡是前照灯发光的光源。

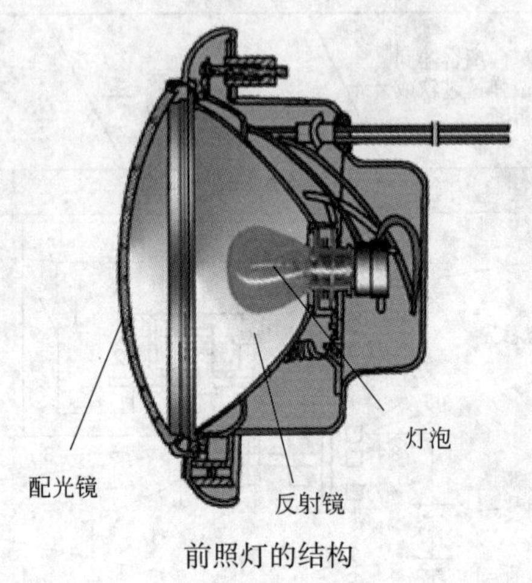

前照灯的结构

轿车常将示宽灯、前照灯和前雾灯组装在一起，称为组合前灯；将后转向灯、制动灯、尾灯、后雾灯和倒车灯等组装在一起，称为组合后灯。

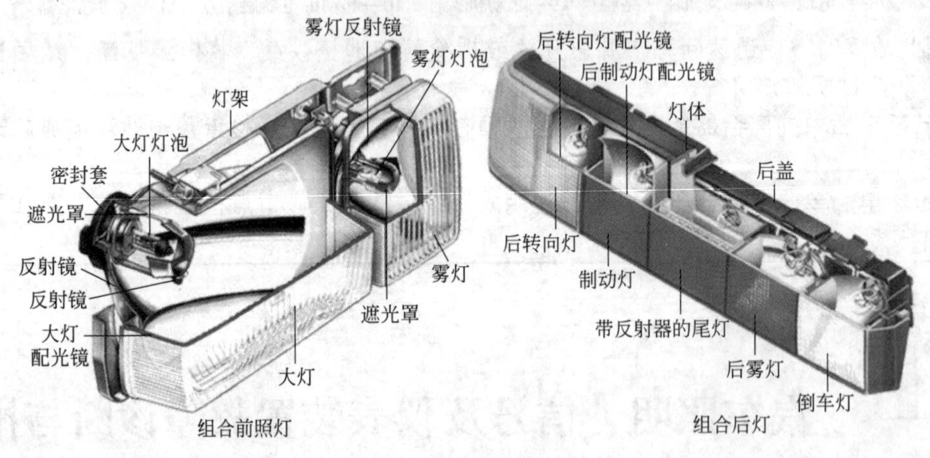

组合灯

车内照明装置包括顶灯、仪表灯、车门灯、阅读灯和工作灯。顶灯主要用于车内照明，灯光一般为白色，通常由灯光总开关和顶灯开关共同控制。有的车辆顶灯还具有门灯的作用，当车门关闭不严时灯亮，提醒驾驶员注意。这时，顶灯还受门柱开关控制。

常见故障诊断与排除

故障 1　前照灯不亮

故障现象
☞所有前照灯都不亮 ☞其中某个灯不亮

故障原因
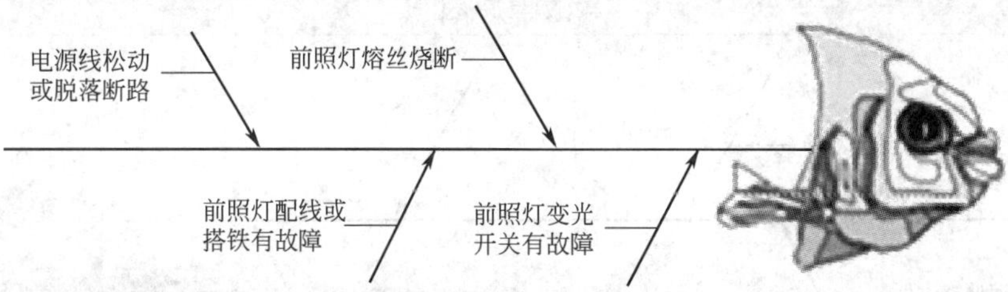 电源线松动或脱落断路 前照灯熔丝烧断 前照灯配线或搭铁有故障 前照灯变光开关有故障

故障诊断与排除	
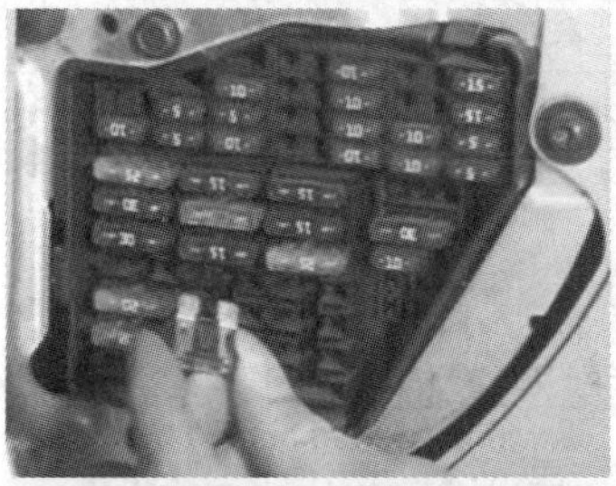	1. 检查熔丝。若熔丝烧毁，应更换
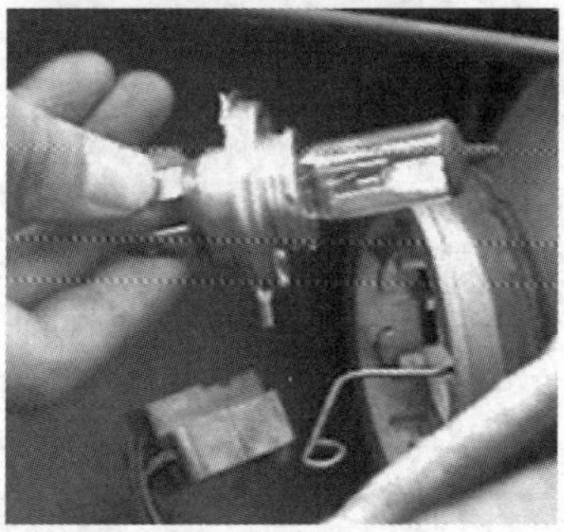	2. 若熔丝完好，则检查前照灯灯座接触是否不良，灯丝是否烧毁，并视情况修理或更换

续表

故障诊断与排除	
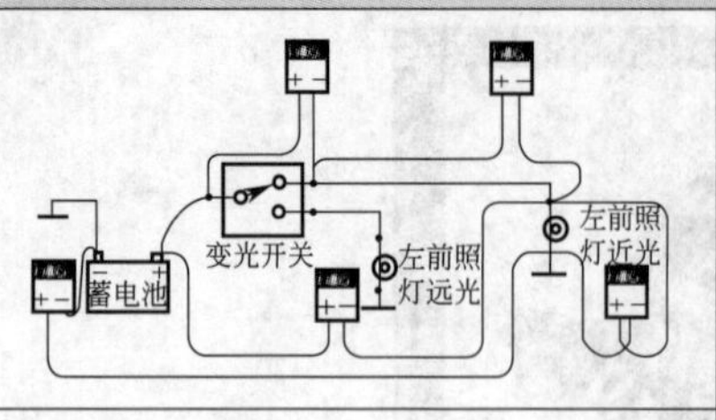	3. 检修前照灯变光开关。用万用表欧姆挡测量变光开关的导通性，若变光开关置于近光或远光位置，其电阻均为无穷大，表明变光开关损坏，应更换
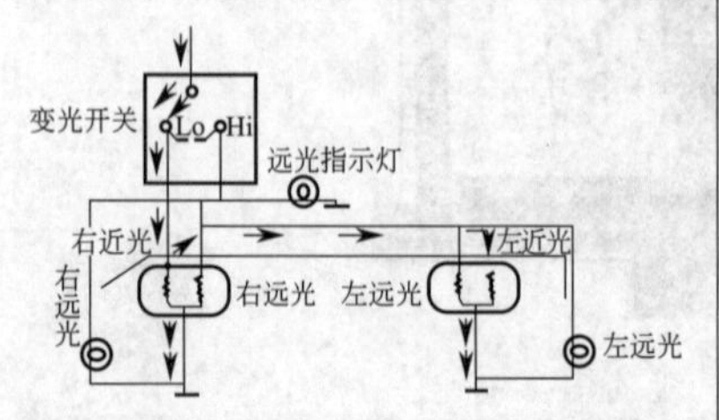	4. 逐段检修电路，排除开路

故障 2　前照灯灯光暗淡

故障现象
前照灯发光强度不够，灯光暗淡

故障原因
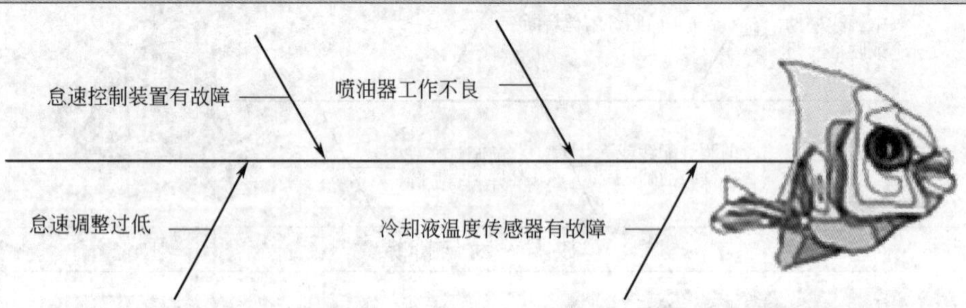

故障诊断与排除	
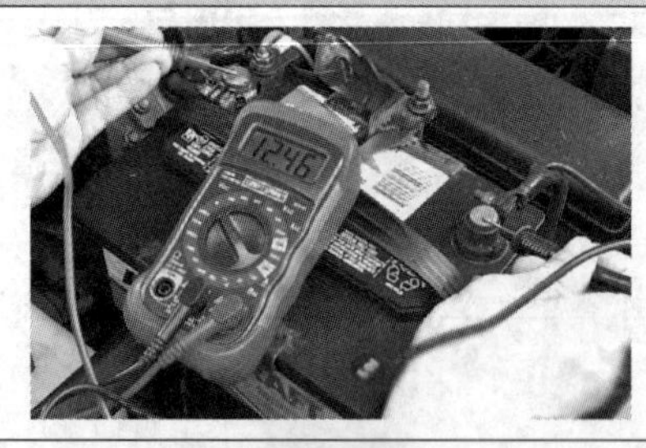	1. 检查蓄电池，如电压不足应进行补充充电
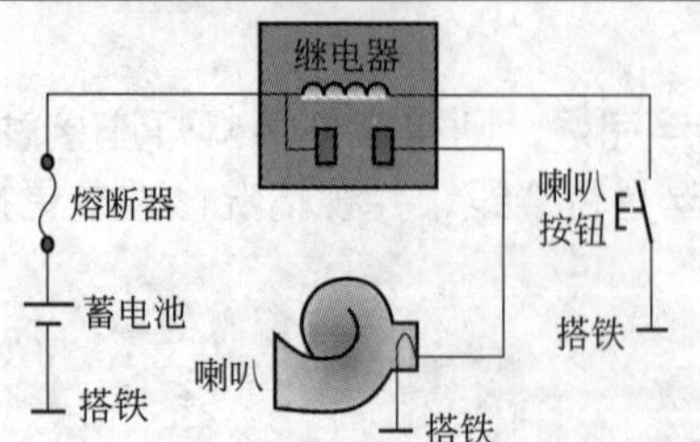	2. 检查前照灯火线电压是否过低，若正常，检查其搭铁情况是否良好 若车灯火线电压过低，则应逐步往前排查开关、继电器及导线，看是否有接触不良致使电压降过大

续表

故障诊断与排除	
	3. 检查前照灯是否反射镜、配光镜过脏，拆开前照灯，进行清洁。灯座的接触部位和接头部位也应清洁，必要时更换
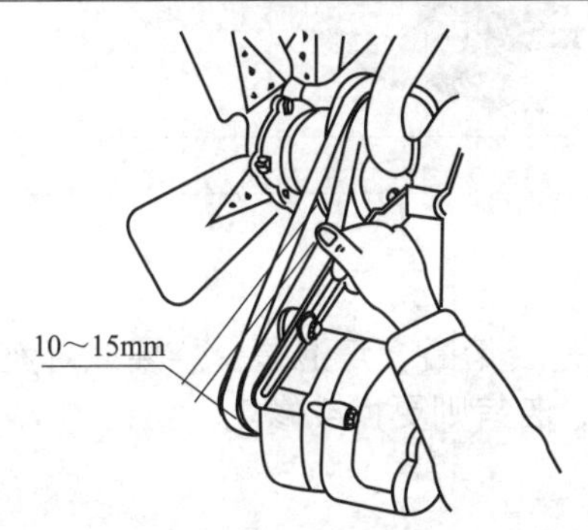	4. 均无问题应检查发电机的传动带松紧度，修复或更换发电机，检查电压调节器，必要时调整、修理或更换

（二）信号装置故障诊断与排除

相关知识

信号装置分为灯光信号与音响信号两类，其中灯光信号装置包括前小灯、后尾灯、转向及危险警报灯、制动灯等，音响信号包括喇叭与倒车蜂鸣器等。

不同车型的信号装置配置不全相同，多数车型直接用灯光总开关控制各种灯具火线，有的则安装继电器，用开关控制继电器线圈，而用继电器触点控制灯丝电路的通断。

常见故障诊断与排除

故障 1　转向信号灯不工作

故障现象

接通转向开关时，汽车左右两侧转向灯不亮

故障原因

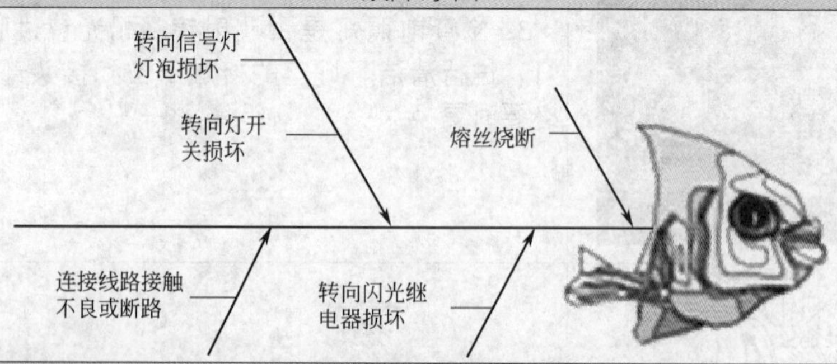

故障诊断与排除

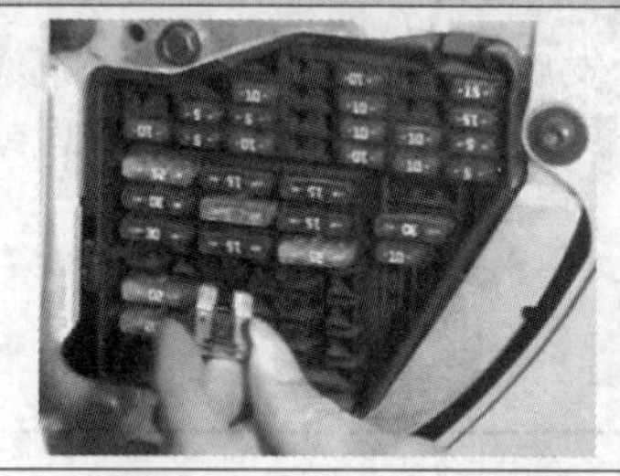

1. 检查熔丝是否熔断，灯泡是否烧坏或灯座是否接触不良，若有则更换或修复

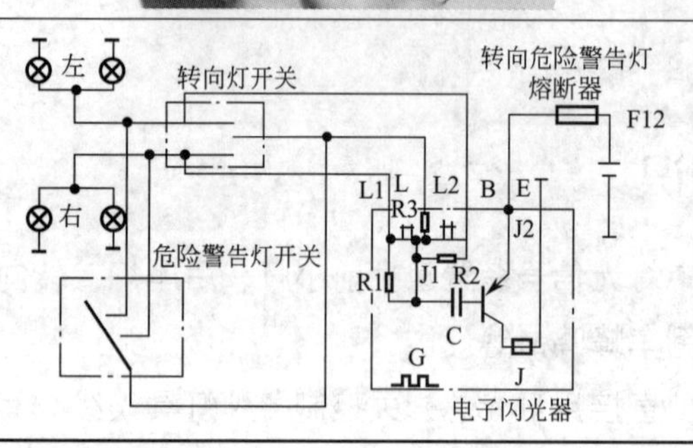

2. 在转向闪光继电器“电源”接线柱上用试灯测试。若试灯不亮，则为继电器线路断路，应加以修复或更换；若灯亮，表明电源良好

3. 短接闪光继电器“开关”与“电源”接线柱。若转向灯亮，则故障在转向闪光继电器。若转向灯仍不亮，再短接转向灯开关左、右两接线柱。若转向灯亮，则故障在转向灯开关，应修复

故障 2　制动灯不亮

故障现象

踏下制动踏板时，制动灯不亮

故障原因

连接线路接触不良或断路

熔丝烧断

制动灯座接触不良，搭铁不良或灯丝烧断

制动灯开关损坏

续表

故障诊断与排除	
1. 检视熔丝是否烧断，若已烧坏，应更换。检查灯丝是否烧断，若烧断，更换灯泡。检查灯泡与灯座接触是否良好，若接触不良，应修复	
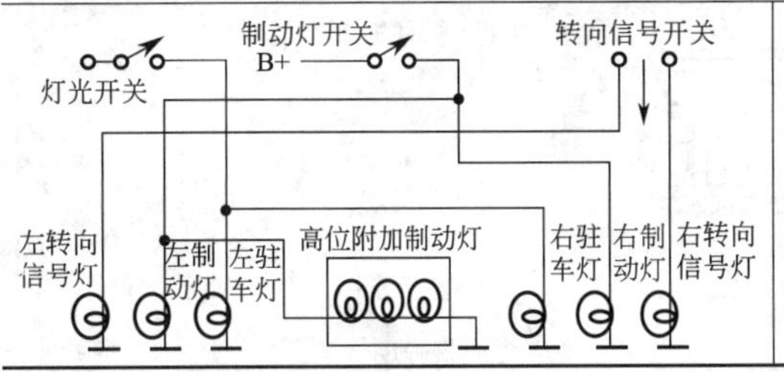	2. 检查导线连接是否可靠，否则加以修复 3. 在制动灯开关“电源”接线柱试火。若无火，故障在制动灯开关至蓄电池间断路。若有火，短接制动灯开关两接线柱，此时若制动灯亮，故障在制动灯开关内部，应更换

故障 3　喇叭不响

故障现象
按下喇叭按钮，喇叭不响
故障原因
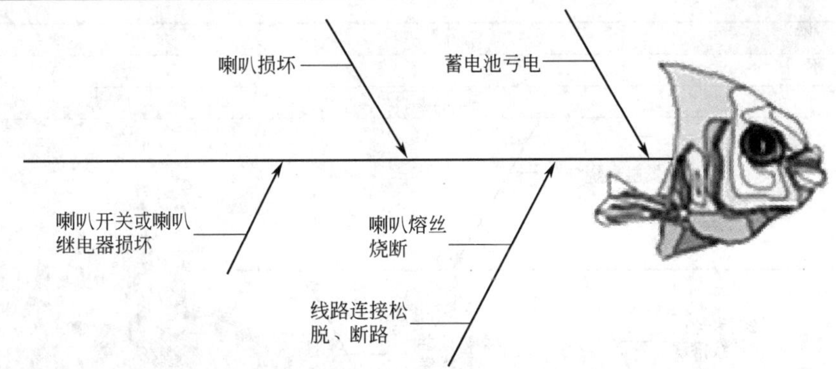

故障诊断与排除	
	1. 检查蓄电池存电是否充足。否则，给蓄电池充电或更换蓄电池
2. 检查熔丝是否烧断，线路连接是否松脱或断路。若松脱或断路，则修复或更换 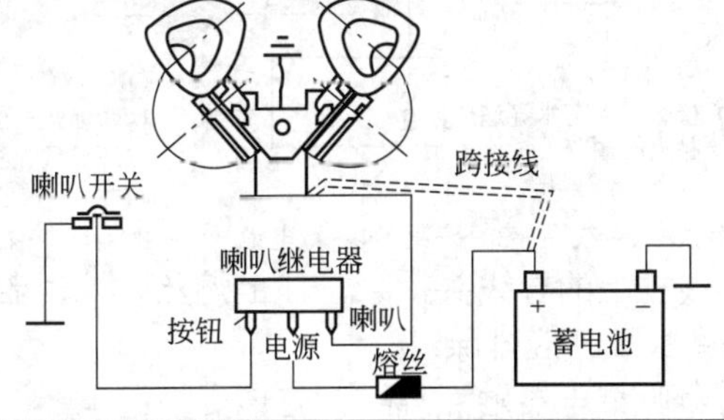	

续表

故障诊断与排除
3. 从蓄电池正极桩到喇叭端子跨接一根粗导线，如果喇叭不响，表明喇叭损坏，应更换。若喇叭响，表明故障在控制线路
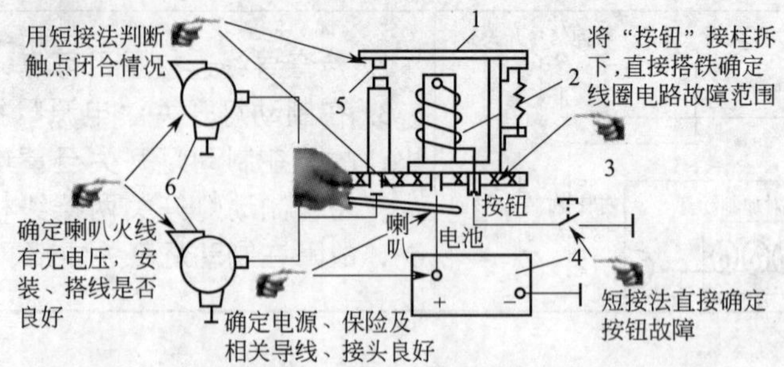 1—衔铁　2—线圈　3—按钮　4—蓄电池　5—触点　6—喇叭
4. 用导线将喇叭开关短接以检查控制线路。若喇叭响，表明喇叭开关损坏，应更换。若仍不响，表明喇叭继电器损坏，应更换

故障 4　喇叭长鸣不止

故障现象
喇叭长鸣不止
故障原因
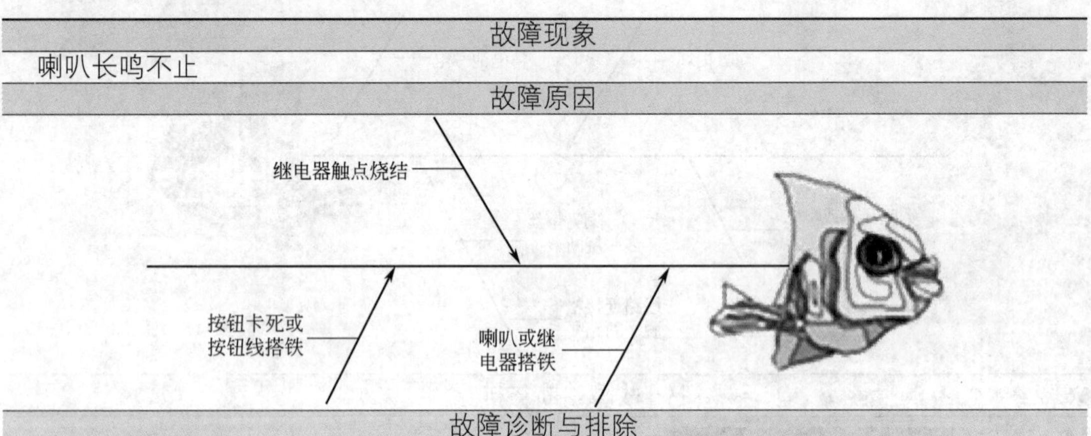
故障诊断与排除
1. 拔下喇叭熔丝，中止长鸣现象
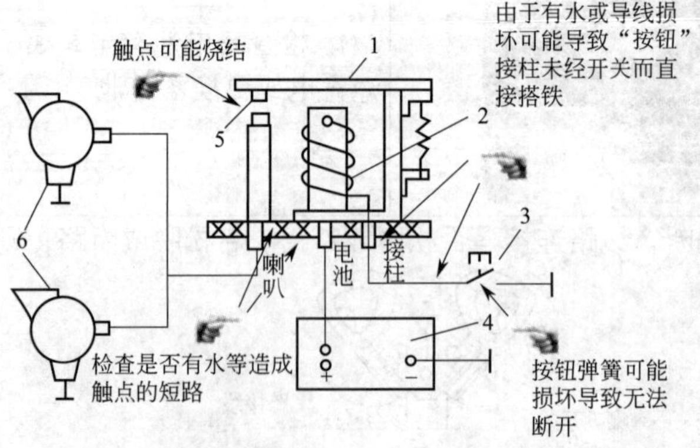 1—衔铁　2—线圈　3—按钮　4—蓄电池　5—触点　6—喇叭
2. 将继电器“按钮”接线柱上的导线头拆除，插上熔丝，此时若喇叭不再响，则为按钮至继电器接柱间电路有搭铁故障，应排除
3. 若喇叭仍长鸣，则为喇叭继电器触点烧结，应该更换继电器

故障 5　喇叭声音异常

故障现象

☞双音喇叭只有一只响

☞喇叭声音沙哑发闷或刺耳

☞音量过小

故障原因

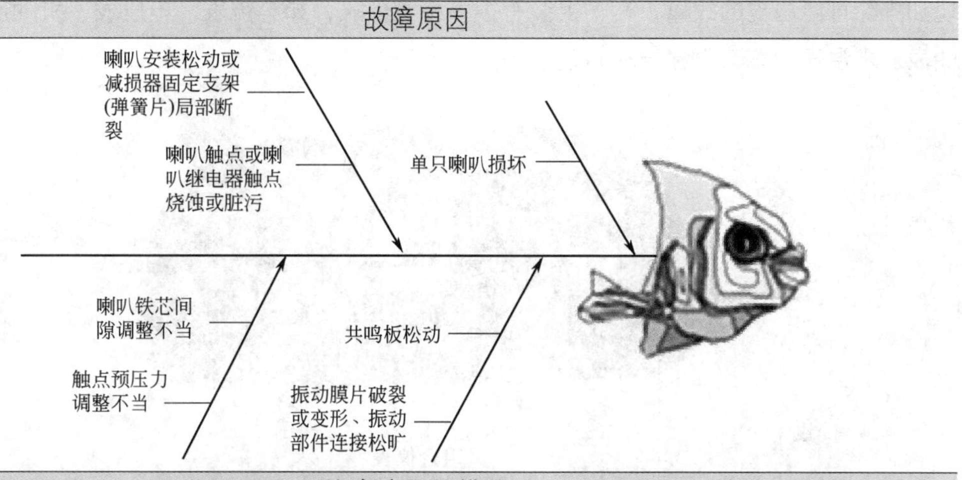

故障诊断与排除

1. 检查喇叭安装是否牢固，减振固定支架有无断裂现象。若有，则加以紧固或更换

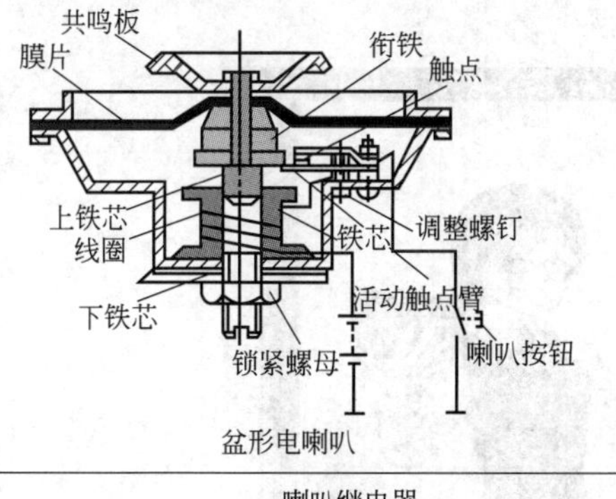

盆形电喇叭

2. 检查喇叭。检查喇叭铁芯间隙，若间隙不在 0.5 ~ 1.0 mm 范围内，应加以修理或调整。检查膜片，若膜片破裂，应更换，并注意厚度及匹配。检查喇叭触点是否烧蚀或脏污，若有，则打磨喇叭触点

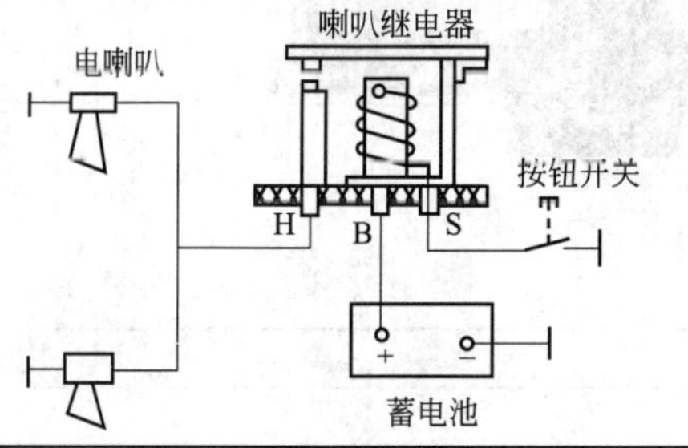

3. 若以上正常，则检查喇叭继电器触点是否烧蚀或脏污，若有，则打磨继电器触点或更换

（三）仪表装置故障诊断与排除

相关知识

为了正确地使用汽车，并了解汽车在行驶过程中发动机等主要部分的工作情况，及时发现和排除可能出现的故障，汽车上装有很多检测仪表，如电流表、电压表、机油压力表、燃油表、水温表、车速里程表和转速表等。

组合仪表

汽车仪表在汽车上的安装形式分为两大类，一类是分体式仪表，一类是组合式仪表。

仪表与警报系统产生故障时，如果是分体式仪表，可解体后对各仪表进行单独的故障诊断；而组合式仪表则一般只能在不解体状态下进行一些总体性的检查与诊断。

常见故障诊断与排除

一、分体式仪表的故障诊断与排除

故障1　电流表指针不动、指示不准

故障现象
接通点火开关，电流表指针指示不准或指针不动

续表

故障原因	
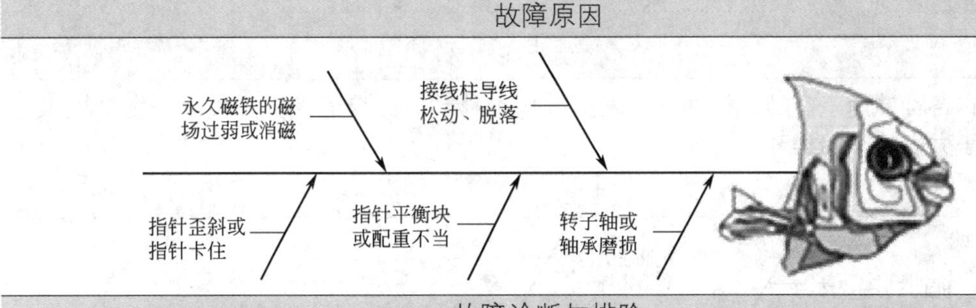	
故障诊断与排除	
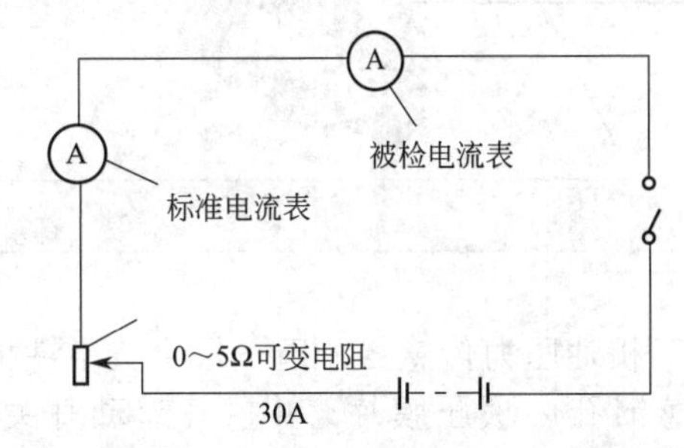	1. 拆下车上被检测的电流表 2. 用对比法诊断:把被测电流表与标准直流电表(-30~30 A)及可变电阻(0~5 Ω,电流为30 A)串联在一起,接通12 V蓄电池,并逐渐减小可变电阻值。若两电流表读数值误差在20%内,则受检电流表正常,应检查连接线路,察看线路是否断路或线路接头是否松动;反之,则为损坏,应更换

故障 2　水温表指针指示不正常

故障现象	
接通点火开关，无论发动机温度如何变化，水温表一直指在100℃或40℃处不动	
故障原因	
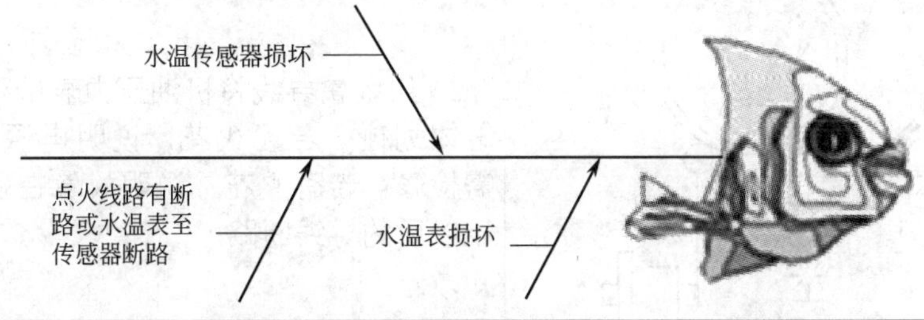	
故障诊断与排除	
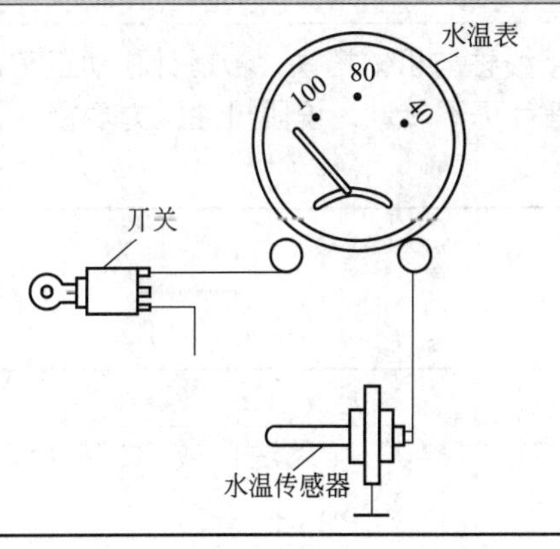	1. 将水温传感器接线柱搭铁，若表针偏转正常，表明传感器已坏，需更换 2. 若仍不偏转，可将水温传感器引线接线柱用短接搭铁，若表针动，表明连接线断路，需检修该段电路；若表针不动，表明水温表内断路，应更换

故障3 机油压力表指针指示不正常

故障现象

发动机在各种转速下运转，机油压力表指针均不移动；或接通点火开关后，发动机未发动，机油压力表就开始摆动

故障原因

机油压力表损坏
机油压力传感器损坏
机油表连接线路断路
润滑油路堵塞

故障诊断与排除

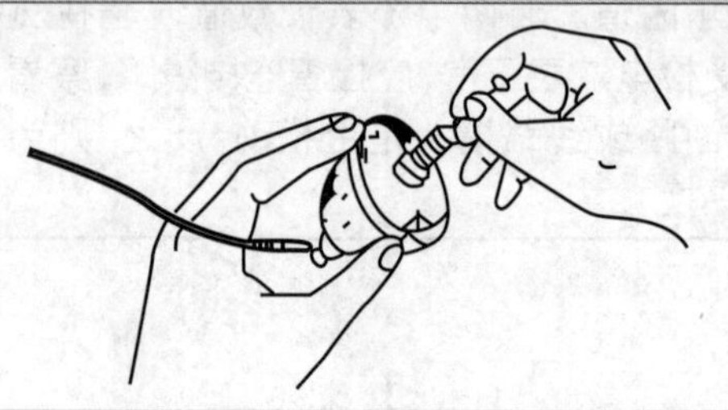

1. 拆下机油压力传感器，用一根平头小铁棍插进传感器孔内顶压膜片，并打开起动开关。若机油压力表指针移动正常，说明润滑油路堵塞，传感器处无油压

2. 起动发动机，用旋具将机油压力传感器接线柱搭铁，若机油压力表指示正常，则故障在机油压力传感器，应更换

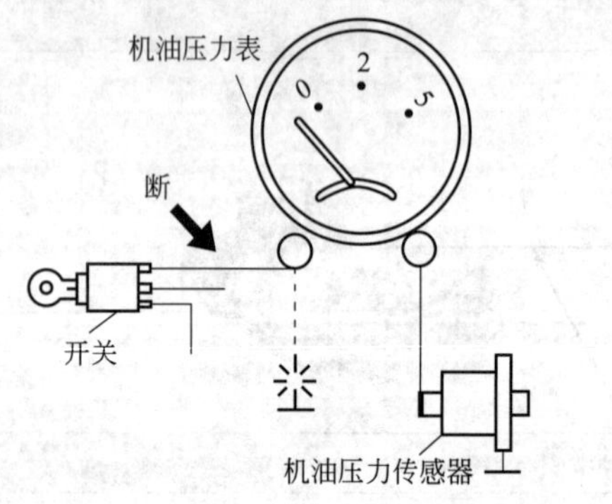

3. 用金属导线将机油压力表的电源接线柱与缸体划碰。若无火花，说明电源线路有断路，需检修；若有火花，说明故障在机油压力表或表以后的导线断路

4. 用旋具将机油压力表上与机油压力传感器连接的接线柱与机体搭铁，若指针移动正常，说明机油压力表至传感器的连接线路断路，需检修；若指针仍不转动，说明机油压力表损坏，应更换

故障4 燃油表指针指示不正常

故障现象

接通点火开关，不管油箱存油多少，燃油表指针均指向“0”（无油）或“1”（满油）的位置

续表

故障原因
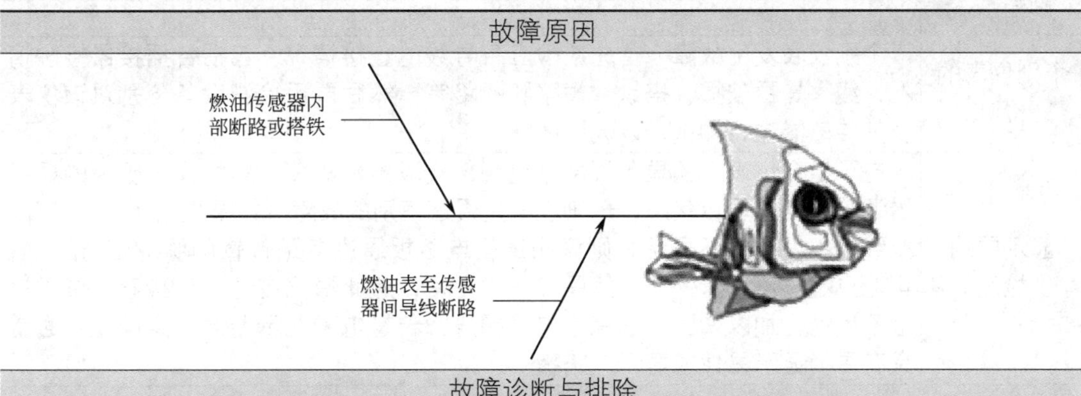
故障诊断与排除
1. 接通点火开关，将燃油传感器上的接线柱搭铁，若指针摆动，说明传感器内部断路，应更换。或拆下传感器接线柱上的导线，若指针能摆动，说明传感器内部有搭铁或浮筒损坏，应更换 2. 接通点火开关，用旋具将燃油表上与燃油传感器连接的接线柱搭铁，若指针能回到“0”位置，说明燃油表至传感器线路断路，需检修 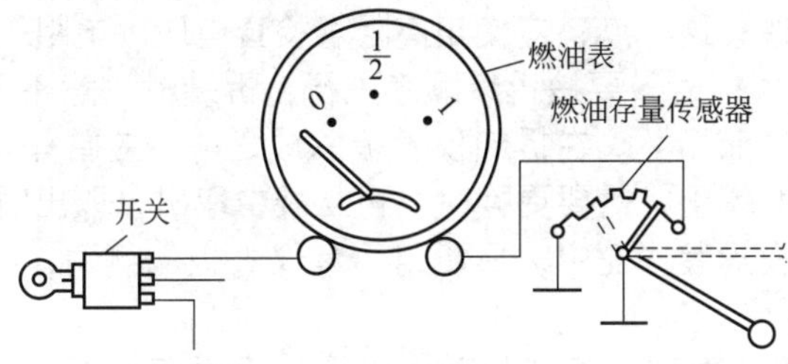

二、电子组合仪表的故障诊断与排除

故障诊断与排除	
汽车电子组合仪表的检测与故障诊断，除由车载微机自诊断系统进行自诊断外，还可使用专门的检测设备对其进行检测和诊断。在检测时，应首先将传感器电路断开或拆下，用检测设备对它们逐个进行检查	
检测内容	说明
传感器的检测	对各种电阻式传感器的检查，通常是采用测量其电阻的方法来判断它的好坏，即把所测得的电阻值与其规定的标准电阻值相比较，判断传感器有无故障。若所测的电阻值小于规定值，则传感器内部短路；若电阻值很大，则说明传感器内部断路或接触不良，应该更换传感器
针状插接器的检测	采用电子仪表的汽车，往往要用很多插接器把电线束连接到仪表板上去。这些插接器一般都采用不同颜色，以便辨认其属于哪一部分的连接，为保证其连接牢固、可靠，插接器上设有闭锁装置。在进行检测时，要注意防止插接器的闭锁装置、针状插头以及插座等受损、毁坏。特别是将测试设备与其导线连接时，最好使用备用的插接器插头，以防插接器针状插头磨损、松动等而造成接触不良

续表

检测内容	说　明
个别仪表的检测	个别仪表发生故障，首先应检查各导线的连接情况，包括各插接器接触情况，线束是否破损、搭铁、短路和断路等；然后再用检测设备分别对该仪表及其传感器进行测试，以判明故障
显示屏的检测	电子组合仪表上的显示屏部分笔画、线段出现故障，应将仪表板上的显示器调整到静态显示状态，仔细观察是否还有别的故障。如果仅有 1~2 个笔画或线段不发亮或不显示，则说明逻辑电路板通过多路传输的脉冲信号正确，可能只是显示装置的部分线段工作不正常，遇此情况应进一步检查，属于接触不良的应加以紧固，确保其电路畅通；若是电子显示器件本身问题，通常只有更换显示器件或显示电路板
注意事项	
1. 汽车电子仪表装置比较精密，对其维修技术要求较高，维修检查时应遵循维修手册的有关规定，必要时，应由专业修理厂承修 2. 汽车电子仪表显示板和母板（逻辑电路板）不仅较易损坏，而且价格较贵，因此在检查时应多加保护和特别谨慎，除有特殊说明外，不能用蓄电池的全部电压加于仪表板的任何输入端。常常由于检测仪表（如万用表）使用不当而造成微机电路的严重损坏，所以在进行仪表检测时应特别注意这一点，应使用高阻表检查电压、电阻等 3. 当需要拆卸电子仪表板时，要按拆装顺序进行，拆装时注意不要猛敲猛打，以防本来状况良好的元器件因敲打而损坏。在拆卸仪表板总成之前，应首先切断电源。新的电子仪表元件应放置在镀镍包装袋里，需要更换时，再从袋中取出，取出时注意不要碰触各接头，不要提前从袋中取出。在拆装作业中，只能用手拿仪表板的侧边，不能碰及显示窗和显示屏的表面等部分 4. 在处理电子车速/里程表的电路芯片时，必须使用原有的塑料盒，以免因静电放电而损坏。如不慎碰及电路芯片的接头，会使仪表的读数清除，此时应该将仪表送往专门修理单位进行重新编程后才能使用 5. 在检查电子仪表板时，必须用静电防护装置，即带有搭铁的装置，如腕带和放置电子部件的导电垫板等，设法使维修地点和维修人员不带静电。从仪表板上拆卸下来的电子部件应放在具有搭铁装置的导电垫板上，不能放在地毯或座椅上；检查维修人员不能穿着合成纤维面料的衣服等。否则，均会因带静电而损坏电子元器件及电子组合仪表装置	